마음공부
체험기

마음공부
체험기

선원에서 해탈의 길을 찾은
52명의 체험 이야기

무심선원 편찬

침묵의 향기

머리말

불교를 공부하는 목적은 번뇌에서 벗어나는 해탈이다.

불교 공부는 난해한 교리를 배우는 것도 아니고,

심오한 철학을 배우는 것도 아니고,

과거와 미래를 아는 신통을 얻는 것도 아니고,

자신과 가족에게 세속적 행운을 가져오는 것도 아니고,

사회를 아름답게 가꾸는 것도 아니고,

가난하게 살면서 힘들게 고행하는 것도 아니고,

열심히 기도하고 절하고 경전 읽는 것도 아니고,

남을 위하여 봉사하고 희생하여 복을 짓는 것도 아니고,

도덕적으로 부끄러움 없이 깨끗하게 사는 것도 아니고,

열심히 수행하여 비범한 능력을 얻는 것도 아니고,

심오한 진리를 알아서 자랑하는 것도 아니고,

죽은 뒤에 천당으로 가거나

좋은 곳에서 태어나기 위한 것도 아니다.

불교는 다만 마음의 번뇌와 망상에서 벗어나는 것이다.

마음이 시달리고 걱정되고 두렵고 불안하고 불만족한 것이 번뇌이

고 망상이다.

불교는 오로지 이런 번뇌와 망상에서 벗어나는 길이다.

번뇌와 망상에서 벗어나면 곧 구원을 얻은 것이다.

번뇌와 망상에서 벗어나면 어떻게 될까?

그것은 말할 수가 없고 오로지 몸소 체험하는 수밖에 없다.

여기 그런 구원의 길로 들어서는 체험을 한 이들의 이야기가 있다.

흔들림 없는 완전한 구원을 얻었다고 말할 수는 없다.

일단 번뇌와 망상에서 벗어난 길로 들어서면 그 길을 잘 가야 한다.

극락이냐 지옥이냐는 언제나 자신의 발아래에 있기 때문이다.

다만 이런 구원의 길로 들어서는 체험을

뜻 있는 이라면 누구나 할 수 있다는 사실을 알리고 싶다.

2021년 5월
무심선원

일러두기

여기에 수록한 마음공부 체험기는 무심선원에서 공부하여 체험한 수백 명 가운데 52명의 이야기를 면담하여 수록하였고, 면담 연도를 밝혔다.

면담자의 이름은 가운데 글자를 ○로 처리하였고, 성별은 표기하지 않았다.

여기 수록한 사람들은 소위 인가를 받은 사람이 아니다. 무심선원에는 인가라는 제도가 없다.

여기 수록한 이야기는 분별에서 벗어나 해탈의 길을 찾은 체험 이야기다. 해탈의 길을 찾았으면 그 길을 오래오래 잘 가야 하는데, 그 길을 끝까지 간 사람에 관한 이야기는 아니다. 심우도(尋牛圖)를 빌려 말하면, 여기 수록한 이야기는 소를 찾아 소를 키우고 있는 사람들의 이야기다.

이런 마음공부 체험기를 세상에 소개하는 이유는 불교에서 해탈의 체험을, 사람들이 너무나 멀고 어려운 이야기로 여기는 풍조가 있는 것이 안타까워서다. 분별망상에서 해탈하는 것은 그렇게 어렵지도 힘들지도 않다. 뜻이 있는 사람이 선지식을 믿고 그 가르침에 꾸준히 귀를 기울이면 저절로 해탈을 체험할 수 있다.

무심선원 김태완 선원장의 공부 이야기도 참고로 수록하였다.

차례_

머리말

일러두기

1부 마음공부 입문

1. 마음공부 할 자격이 되는 사람

마음공부를 제대로 하려면 다음과 같은 사람이어야 한다. 아직 그렇지 못하면 그렇게 되도록 노력해야 한다.

외면적, 물질적인 것보다는 내면적, 정신적인 것에 훨씬 더 관심이 많고 훨씬 큰 가치를 두어야 한다.

남과 비교하거나 남의 눈을 의식하기보다는 자기 마음의 만족을 추구하기를 좋아해야 한다.

덧없는 세속의 가치인 부귀영화보다는 세속을 떠난 영원한 가치인 진실에 더 관심이 많고 진실을 추구하려는 강한 뜻이 있어야 한다.

나의 개인적 이익보다 먼저 인간세상과 자연세계를 고려하는 이타적 태도가 있어야 한다.

평소에 도덕적으로, 양심적으로 부끄럽지 않게 살려는 자세가 늘 갖추어져 있어야 한다.

우주 앞에 경건하고 겸손해야 한다.

자신의 육체와 지식과 생각이 보잘것없고, 믿고 의지할 만한 것이 아님을 잘 알고 있어야 한다.

영원하고 참된 것은 자신의 생각을 넘어서 있다고 믿어야 한다.

물질적, 육체적, 사회적 만족보다는 정신적, 내면적, 개인적 만족이 훨씬 더 중요함을 알아야 한다.

자기가 알고 있는 현재의 자기 자신을 넘어서 무한함을 추구하고 싶어 해야 한다.

남보다 뛰어난 초능력이나 초자연적인 것을 추구하지 말아야 한다. 진실은 우리의 분별과 생각을 넘어서 있지만, 초자연적이거나 초능력은 아니다. 그러므로 초자연적인 신비나 초능력을 추구하면 안 된다. 진실은 우리가 태어날 때부터 우리 마음에 갖추어져 있는 것이다. 다만 분별하여 알 수 있는 것은 아니다.

늘 진실 앞에서 자신의 생각과 견해를 버리고 경건해야 한다. 진실은 무한하여 알 수가 없고, 자신의 생각은 허망하여 믿을 수 없는 것이다.

안다고 여기는 자신을 믿지 말고, 알지 못하는 진실을 믿어라. 그래야 유한한 자신에서 벗어나 무한한 진실로 들어갈 수 있다.

자기의 마음 밖에서 무한한 진실을 찾지 마라. 무한한 진실은 알 수 없는 것이지만, 자기의 마음속에 본래부터 갖추어져 있다.

언제나 공명정대하고 떳떳하게 살아서 스스로 부끄럽지 않아야 한다. 부끄러워서 숨기고 싶은 일이 없도록 살아야 한다.

2. 종교의 목적은 구원이다

종교의 목적은 인간을 근원적 고통에서 구원하는 것이다.

인간의 근원적 고통이란 빈곤, 질병, 전쟁, 독재, 무지와 같은 경제적으로나 정치적으로 극복 가능한 사회적 고통이 아니다.

인간의 근원적 고통이란 '나'의 몸과 마음이 일으키는 불만, 불안, 부자유 등 인간 개인의 개별적 고통이다.

'나'는 '나'의 몸과 마음에서 벗어날 수 없기 때문에, '나'에게 이 고통은 도저히 극복할 수 없는 것으로 여겨진다.

'나'의 몸과 마음이 일으키는 모든 고통은 어떤 시대, 어떤 지역에 사는 사람이든 누구나 태어나서 죽을 때까지 결코 피할 수 없는 근원적 고통으로서, 벗어날 수 없는 굴레로 여겨진다.

그러나 엄밀하게 말하면, 몸과 마음이 고통의 근원은 아니다.

몸과 마음이 고통이 되는 이유는 '나'의 몸과 마음이기 때문이다. '남'의 몸과 마음이 나의 고통이 되진 않는다.

결국 고통의 가장 근원은 '나'라는 의식(意識)이다.

모든 사람은 '나'라는 의식에서 벗어나지 못하므로 고통에서 벗어나지 못한다.

'나'라는 의식에 묶여 있는 것은 마음의 문제다. 의식은 마음의 영역이기 때문이다.

고통과 평화, 불행과 행복 등은 모두 본질적으로 '나'라는 의식에서 말미암은 마음의 문제다.

그러므로 인간의 근원적 구원은 '나'라는 의식에서 벗어나는 것이다.

이 '나'라는 의식을 일반적으로 자아(自我, ego)라고 하지만, 불교에선 '아상(我相)'이라 한다.

세속의 교육에선 타인과의 관계 속에서 사회적으로 건전하고 건강하고 선한 자아를 만드는 것을 목적으로 삼는다.

그러나 아무리 건전하고 선한 자아를 만들더라도, 자아 때문에 생기는 근원적인 불안, 불만, 부자유 등의 고통에서 벗어날 수는 없다.

'나'의 문제를 해결하려면, 결국 '나'의 진실이 무엇인지 밝혀야 한다.

'나'의 진실을 밝히는 것은 마음의 문제이지 육체의 문제는 아니다.

지금 내가 알고 있는 '나'가 정말 본래의 참된 '나'일까? 태어난 이후 살면서 만들어진 '나'라는 의식은 아닐까? 태어날 때 타고난 원래 그 모습의 '나'는 어떤 것일까? 지금 '나'의 이 삶이 과연 변할 수 없는 진실일까?

어떤 개념이나 견해도 미리 전제하지 않고, 아무것도 알지 못하여 모든 것을 의심하는 이런 질문이 바로 종교적인 질문이다.

이 의문을 파고드는 것이 바로 종교 활동이고 마음공부다.

3. 구원은 어떻게 얻는가?

'나', '나의 몸과 마음'이라는 것이 있다고 나는 알고 있다. 그런데 이 '나', '나의 몸과 마음'이라는 것 때문에 고통이 생긴다.

'나', '나의 몸과 마음'이라는 것은 내가 아는 것이고, 생각하는 것이고, 분별하는 것이고, 의식하는 것이다. 즉, '나'와 '나의 몸과 마음'은 아는 세계, 의식세계에 속한다.

내가 아는 세계, 의식하는 세계에는 '나', '나의 몸과 마음'뿐만 아니라, 이 세계의 삼라만상 모든 것이 다 있다. 즉, 나는 내가 알고 있는 세계, 의식하는 세계에 살고 있는 것이다.

그런데 내가 알고 있는 이 세계는 수많은 부조리와 모순이 있는 세계이고 내가 단 한 번도 진실로 좋아하고 믿고 의지한 적이 없는 세계이다. 우리 인류는 언제나 이 세계에 있는 많은 문제를 해결하려 노력하고 싸우면서 살아왔다. 이 세계 속에 살고 있는 사람들 역시 완전히 바람직한 사람은 어디에서도 찾아보기 어렵고 모두들

제각각의 문제를 안고 있음을 잘 안다.

즉, 우리 모두는 우리가 아는 지금 이 세계와 이 세계에 살고 있는 사람들이 모두 불완전하고 문제가 많다는 사실을 잘 알고 있다.

그러므로 이 세계와 이 사람들의 범주 속에서는 우리가 바라는 완전한 구원을 얻을 수가 없다. 상대적으로 조금 더 바람직한 사회를 만들 수는 있겠지만, 완전무결한 사회나 인간을 바랄 수는 없음을 우리는 잘 안다.

우리가 바라는 구원은 이러한 모든 문제와 부조리가 전혀 없는 완전무결함을 얻는 것이다.

보통 비종교인들은 이런 완전무결한 구원은 있을 수 없다고 여기고 애초에 추구하지도 않는다. 그들은 이런 고통스러운 삶을 당연하고 자연스러운 것이라고 여기고, 이 삶 속에서 조금 더 고통을 줄여 가는 것이 합리적인 선택이라고 주장한다. 그러나 이들은 자신이 지금 알고 있는 세계를 넘어서 자신이 알지 못하는 세계가 있을지도 모른다는 생각을 하지 않거나, 그런 생각을 하더라도 그 알지 못하는 세계에 대한 탐구심이 없다.

탐구심이 강하고 더 철저히 파고드는 사람은 지금 내가 알고 있는 세계를 넘어서 어떤 알지 못하는 세계가 있을 수도 있다는 사실에 흥미를 느낀다. 이런 흥미를 가진 사람이 진정한 종교인이 될 수 있다.

지금 우리가 알고 있는 세상은 모순과 부조리와 고통으로 가득 찬 세상이고, 이런 모순과 부조리와 고통이 없는 세계가 있다면 그 세계는 우리가 알 수 없는 곳에 있는 세계일 것이다.

우리가 알 수 없는 완전무결한 구원의 세계가 지구 속의 어떤 물리적인 공간일 수도 없고, 그렇다고 하늘 위에도 그런 세계는 있을 수 없다는 사실을 우리는 잘 안다. 만약 우리가 누구나 쉽게 갈 수 없는 우주 저 멀리 어딘가에 그런 공간이 있다면, 그런 공간은 우리에게 구원의 장소가 될 수 없다. 구원이란 누구나 어렵지 않게 얻을 수 있어야 의미가 있지, 미래에 어떤 극소수의 특수한 사람만이 구원에 도달할 수 있다면 그런 구원은 우리와는 상관이 없으므로 우리는 그런 구원에 대해서 추구할 까닭이 없다.

의미 있는 구원이란, 지금 우리가 누구나 쉽게 추구할 수 있고 어렵지 않게 얻을 수 있어야 한다.

사실을 말하자면, 고통이 마음에서 비롯하듯이, 구원도 마음에서 얻어진다.

고통이 내면의 주관에서 비롯하듯이, 구원도 내면의 주관에서 얻어진다.

객관적 사실에서 고통이 비롯하지는 않는다. 어떤 사물이나 사건이 고통이 되느냐 고통이 되지 않느냐는 나의 마음에 달린 것이지, 그 사물이나 사건에 달린 것이 아니다.

물론 우리는 언제나 거꾸로 그 사물이나 사건이 나를 괴롭힌다고 착각하고 있다. 이런 착각이 인간의 근본적인 어리석음이고, 이 어리석음 때문에 우리의 고통은 더욱 해결이 어렵다.

이런 어리석음은 '나'와 '나의 것'에 대한 집착 때문에 생긴다. '나'와 '나의 것'에 대한 집착은 '나'와 '나의 것'이 해를 입을까 봐 극도로 두려워하게 하는데, 이 두려움 때문에 '나'와 '나의 것' 아닌 다른 것을 공격하는 어리석은 행위가 일어난다.

보통 사람들이 세상을 바로잡고자 열중하는 것은 바로 이런 어리석음 때문이다. 종교인이라고 자부하는 사람들 중에도 많은 이가 이런 어리석음에서 벗어나지 못하고, 마치 자신의 종교가 이 세상을 바로잡아서 구원할 수 있는 듯이 믿고서, 자신이 세상을 바로잡겠다고 강하게 주장한다. 그리하여 종교 사이의 갈등이 발생하는 것이다.

이런 어리석음의 근본 원인은 '나'와 '나의 것'과 그 밖의 다른 것을 분별하는 생각이다. '나'라는 생각이 분별이다. '나의 것'이라는 생각이 분별이다. 삼라만상 모든 것이 전부 분별이다. 의식하고 아는 것이 전부 분별이다. 이 분별이 바로 인간의 근본적 어리석음이다.

보통 사람들이 자신을 돌아보지 않고 언제나 타인이나 사회가 잘못되었다고 여기고 타인과 세상을 비난하는 것은 기본적으로 이런 어리석음 때문이다. 종교인들 가운데에도 많은 이들이 이런 어리석음에서 벗어나지 못하고 마치 종교의 본질이 이 세상의 부조리를 바로잡는 것이라는 듯이 믿고서 자신이 세상을 바로잡겠다고 주장하기도 한다.

자신을 돌아볼 수는 있는가? 거울이 자신을 비출 수 없고, 눈이 자신을 볼 수 없듯이 우리는 자신을 돌아볼 수 없다. 돌아볼 수 없는 자신을 어떻게 돌아보란 말인가?

자신을 돌아볼 수 없다는 말은 자신이 자신을 분별할 수 없다는 말이다. 분별은 주관이 객관을 비추어 보는 것이다. 그러므로 자신을 돌아본다고 하면 보통 자신의 모습을 객관인 대상으로 만들어 분별하는 것이다. 그러나 그렇게 객관화된 자신은 생각이 만든 헛된 모습이지, 살아 있는 진짜 자신은 아니다.

살아 있는 진짜 자신은 분명히 살아 있지만, 비추어 볼 수 없고 분별할 수 없다. 객관이 아니기 때문이다. 내가 나를 분별할 수도 없고 비추어 볼 수도 없다고 하여, 내가 없는 것은 아니다. 분명히 살아 있지만, 무엇이라고 분별하여 알 수가 없을 뿐이다.

분별할 수 없고 생각할 수 없는 자신은 분별이 아닌, 생각이 아닌 길로 확인해야 한다. 분별하여 아는 것이 아니고, 의식으로 생각하여 아는 것이 아닌 다른 길로 확인하는 체험이 바로 깨달음이다.

이 깨달음이 바로 구원을 얻는 길이다.

불교에선 '모습인 상(相)'이 곧 '모습 아닌 본성(本性)'임을 보는 견성(見性)을 깨달음이라고 한다. 모습만 보는 것은 분별이고, 모습이 곧 모습 아님을 보는 것이 깨달음인 것이다. 우리가 경험하는 세상에는 모습으로 분별되는 면이 있고, 모습으로 분별되지 않는 면이 있다. 모습으로 분별되지 않는 면을 일러 우리의 타고난 본성이라 하기도 하고, 우리 마음의 참 모습이라 하기도 한다.

불교에서 말하는 중생의 근본적 어리석음인 무명(無明)은 바로 모습만 분별할 줄 알고, 모습을 넘어선 세계에 어둡다는 말이다. 모습을 넘어선 세계를 깨달아 그 세계에 밝아지면, 그것이 곧 열반이고 해탈이고 깨달음이고 중생제도이고 구원이다. 모습의 세계에 있는 모든 부조리와 모순과 고통이 모습을 넘어선 세계에는 존재하지 않기 때문이다. 《금강경》에선 "무릇 모습으로 있는 것은 모두 허망하다."라고 하였고, 또 "만약 색깔로 나를 보거나 음성으로 나를 찾는다면, 이 사람은 삿된 도를 행하는 것이니 여래를 볼 수 없다."라고 하였다.

불교에서 중생에게는 본래 무명이 있다고 하듯이 기독교에선 인간에게 본래 원죄가 있다고 한다. 그 원죄란 최초의 인간인 아담과 이브가 선악과(善惡果)라는 과일을 먹고서 선(善)과 악(惡)을 분별하게 되었다는 것이니, 기독교에서 말하는 원죄는 불교에서 말하는 무명과 다르지 않다.

《우파니샤드》에서 "눈에 보이는 것만을 숭배하는 것과, 눈에 보이지 않는 영원한 것을 숭배하는 것, 이들은 각기 다른 결과를 가져온다는 것을, 우리는 지혜로운 사람들에게서 듣는다."라는 말이나, "아니다. 아니다."(neti. neti)라는 말도 바로 진리는 우리의 분별을 넘어서 있음을 말한 것이다.

《노자 도덕경》에서 "도(道)를 말할 수는 있으나 영원한 도는 아니고, 이름을 일컬을 수는 있으나 영원한 이름은 아니다. 이름 없는 것이 천지의 시초이고, 이름 있는 것은 만물의 어머니다."라는 말도 역시 분별하여 이름 붙이고 말하는 세계는 우리가 아는 만물의 세계이지만, 우주의 시초인 진리는 아니라는 말이다. 우주의 시초에 통달하려면 이름 없고 분별할 수 없는 것에 통달해야 한다는 것이다.

《장자》응제왕편에서 남해의 임금인 숙과 북해의 임금인 홀이 중앙의 임금인 혼돈(混沌)의 얼굴에 눈, 귀, 코, 입이 없음을 보고 혼돈의 얼굴에 눈, 귀, 코, 입을 뚫어 주자 혼돈이 그만 죽어 버렸다는 이야기도 역시 진리는 분별할 수 없는 하나인데, 그것을 분별하면 진리는 죽어 버린다는 사실을 말하고 있다.

분별이 지혜가 될 수 없음을 불교에선 '장님 코끼리 만지기'라는 비유로 설명한다. 장님은 자신이 만진 코, 귀, 다리, 배, 꼬리 등을 하나하나 분별하여 그것이 코끼리라고 알 수 있을 뿐, 한 마리 전체 코끼리를 알지는 못한다. 코, 귀, 다리, 배, 꼬리 등을 모두 만져 본 장님이 그것들을 가지고 생각으로 헤아려 끼워 맞추어 코끼리의 모습은 이렇구나 하고 그려 낸다고 하여도 그것이 살아 있는 한 마리 코끼리는 아니다. 마찬가지로 우리가 이 세계를 알 때에는 하나하나를 분별하여 알고 그 분별한 것들을 합하여 그 모습을 그려 낼 뿐, 살아 있는 이 하나의 세계를 있는 그대로 밝힐 수는 없다. 코끼리가 단순히 코, 귀, 다리, 배, 꼬리의 결합물이 아니듯이, 이 세계는 우리가 분별하여 아는 삼라만상의 결합물이 아니다. 세계는 분리될 수 없는 하나다.

세계가 하나이듯이 우리의 마음도 그렇다. 느낌, 감정, 기분, 욕망, 생각 등 여러 가지 의식(意識)의 결합물이 마음인 것은 아니다. 보고 듣고 느끼고 생각하고 아는 것들은 사실 알 수 없고 끝도 없는 마음 위에 나타나고 사라지는 일시적인 현상일 뿐이다. 일시적으로 나타나고 사라지는 현상이 아니라, 그 밑바탕인 본질을 깨달아야 한다. 마음의 밑바탕은 모습이 없어서 분별되지 않고 알 수가 없다. 그러나 마음의 밑바탕은 바로 우리 존재의 본질이기 때문에 분별이 아니라 깨달아서 확인되고 체험된다.

기독교에 "진리가 너희를 자유롭게 하리라."라는 말이 있듯이, 분별을 넘어서 마음의 밑바탕인 본질을 깨달으면 우리는 이 현상세계를 벗어나 어디에도 얽매이지 않고 무엇에도 의지하지 않고 무엇도 필요하지 않은 자유를 얻는다. 이 자유가 바로 해탈이고 열반이며, 종교가 가져다주는 구원이다.

그러므로 종교의 구원은 곧 자유다. 무엇으로부터의 자유인가? 모든 것으로부터의 자유다. 물질세계이든 정신세계이든 모든 것으로부터의 자유다. '나'를 얽어매는 객관세계도 없고, 얽매이는 '나'도 없고, 자유를 얻은 '나'도 없는 절대적 자유다. '누구'도 없고, '무엇'도 없다. 그러므로 주객(主客)이 사라지고, 안과 밖의 분별이 없다고 한다.

물론 이 자유는 마음의 자유이지 몸의 자유는 아니다. 몸은 물질적 조건을 벗어날 수 없다. 행복과 불행, 구속의 고통과 풀려남의 자유는 마음에 달려 있지, 몸에 달려 있지 않다. 몸이 자유로워도 마음이 무엇에 의지하거나 매여 있다면 고통 속에 있는 사람이고, 몸이 설사 감옥에 있더라도 마음이 자유로우면 고통이 없는 사람이다.

'나'도 없고, '나의 것'도 없고, '나의 세계'도 없다. '없다'고 마지못
해 말하지만, 사실은 '없다'는 생각도 당연히 없다. 깨달음을 가리키
는 열반(nirvana)은 소멸(消滅)이라는 뜻이고, 공(空)은 분별할 무엇
이 없어서 텅 빈 허공과 같다는 말이다.

《반야심경》에서는 "그 마음에 걸리는 것이 없으면 두려움도 없고
꿈같은 어리석은 생각을 벗어나 마지막 열반에 이른다."고 하였다.

그러므로 종교에서 구원을 얻은 사람에게는 마음에 아무것도 가
진 것이 없고 마음이라고 할 무엇도 없다. 이것을 일러 "망상(妄想)
에서 벗어난다."고 하고, 또 "우상(偶像)을 부순다."고 한다. 마음에
어떤 신념이나 견해나 개념이나 의지하는 것이나 믿는 것이나 좋
아하는 것이나 추종하는 것이나, 무엇이든 티끌만큼이라도 있으면
그것에 걸리고 묶여서 자유가 없다. 이런 자유를 누리는 사람에게
는 당연히 좋아함과 싫어함의 갈등이 없고, 옳음과 그름의 갈등도
없다.

모든 것이 사라져서 어떤 것에도 걸리지 않는 자유가 있지만, 세
상의 삶은 그대로 살아간다. 마치 텅 빈 거울에 온갖 모습이 나타나
고, 투명한 수정구슬에 온갖 모습이 나타나듯이, 마음은 아무것도
없이 텅 비어 있으나 세상을 살아가는 삶은 이전과 다름없이 살아

간다. 여기에 현묘(玄妙)함이 있다.

4. 세계의 실상

　동서고금의 철학과 종교에서 말하기를, 세계에는 드러난 현상세계와 숨겨진 본질세계의 양면이 있다고 한다.

　현상세계는 시간(언제), 공간(어디서), 주관(누가), 객관(무엇을)이라는 구조 속에서 의식되고 분별되고 인식되고 생각되고 기억되고 말할 수 있는 세계다.

　본질세계는 시간이니 공간이니 주관이니 객관이니 하는 어떤 분별도 없는, 모든 분별에서 벗어난 세계로서, 생각할 수도 없고 기억할 수도 없고 말할 수도 없는 세계다.

　이 두 세계는 하나인 세계의 양면이다. 마치 텅 빈 거울과 그 위에 나타나는 모습, 투명한 유리구슬과 그 속에 나타나는 모습과 같이 별개의 둘이 아니다.

　불교에선 현상세계를 세간이라 하고 본질세계를 출세간이라 한다. 세간은 분별하여 알 수 있는 세계이므로 모습의 세계라 하며, 출세간은 분별할 수도 없고 알 수도 없으므로 불가사의라 한다. 또 세간을 오온(五蘊), 십팔계(十八界)라 하고 출세간을 공(空)이라 한다. 또 세간의 모습은 생기고 사라지는 변화를 하므로 생멸문(生滅門)이라 하고, 출세간은 생기고 사라지는 모습이 없으므로 진여문(眞如門)이라 한다.

《노자 도덕경》에선 현상과 본질을 이름 있음과 이름 없음으로 구분했고, 기독교에선 피조물과 창조주로 구분했다.

현상세계인 세간만 알아서 세간이 이 세계의 전부인 줄 알면 중생이라 한다. 중생이 분별을 벗어나 본질세계를 체험하면 깨달았다고 하고, 해탈했다고 하고, 열반에 들었다고 한다.

우리가 의식적으로 경험하는 모든 일은 전부 세간의 일이고 중생의 일이다. 일상적인 경험이든 신통한 경험이든 자연적인 경험이든 초자연적인 경험이든, 시간과 공간 속에서 주관이 객관을 의식하는 경험은 모두 세간의 일이고 중생의 일이다. 모든 의식과 분별이 사라져서 텅 빈 허공처럼 아무것도 없어야 출세간이다.

본질세계를 깨달아 본질세계로 들어가 현상세계의 모든 문제에서 벗어나는 것이 종교의 구원이다.

현상세계와 본질세계는 분리될 수 없는 하나의 세계이므로, 구원을 얻은 사람은 현상세계에 살면서 동시에 현상세계를 벗어난 본질세계에서 산다. 이것이 무한한 현묘함이다.

그러므로 구원을 얻은 사람은 태어나고 늙고 병들고 죽지만, 태어남이 없고 늙음이 없고 병듦이 없고 죽음이 없다. 이것이 생사윤회에서의 해탈이며 영원한 삶이다.

5. 마음공부는 어떻게 하는가?

분별을 벗어나야, 알 수 없는 본질이라는 진리에 통하고 고통을 벗어나 자유를 얻는다.

마음공부는 분별을 벗어나는 것이고, 분별할 수 없는 곳에 통하는 것이다.

분별할 수 없는 곳으로 나아가는 것이니, 길을 알 수 없고 방법을 알 수 없다.

분별할 수 없는 곳이므로 모든 생각과 판단이 소용없고, 아무것도 알지 못한다.

아무것도 알지 못하고 어떻게 해야 할지도 모르지만, 깨닫고 싶어서 목이 마르다.

어떻게 해야 분별을 벗어나 깨달을 수 있는지를 알 수는 없다. 안다면, 아는 그것이 바로 분별이기 때문에 분별을 벗어날 수 없는 것이다.

이처럼 깨닫기 위하여 스스로 할 수 있는 일이 없으니, 이미 깨달은 사람의 가르침에 의지할 수밖에 없다. 그러므로 깨달은 선지식의 가르침을 잘 들어야 한다.

그 가르침의 말씀을 듣더라도 생각으로 이해하여 기억하면 모두 분별이어서 망상이 된다.

다만 알 수 없고 분별할 수 없는 마음의 비밀스러운 진실을 깨닫고자 하여라.

처음엔 막막하고 답답하겠지만, 끈질기게 듣고 또 들으면 어느 날 문득 깨달음이 체험된다.

6. 마음공부에 필요한 태도

공부와 깨달음에 관하여 보고, 듣고, 경험하여 배운 어떤 지식이나 상식에도 의지하지 마라.

불교 경전이나 선어록이나 정신세계에 관한 각종 책에서 얻은 지식을 옳다고 여기지 마라.

자기가 아는 모든 것을 긍정하지 말고, 내려놓아라.

지금까지 자신이 얻은 마음공부와 깨달음에 관한 모든 지식은 자신이 실제로 깨달음을 체험한 뒤에 그 옳고 그름이 판명 날 것이라고 여기고, 그 모든 지식은 일단 옆으로 밀쳐놓아라.

의식(意識)은 알 수 있으나 마음은 알 수 없으니, 그 알 수 없는 마음을 체험하는 것만이 마음공부의 길임을 명심하라.

체험이란 마치 모르는 음식을 처음 맛보는 것과 같아서, 아직 맛보기 전에는 그 맛을 절대로 알 수 없다.

깨달음이 어떤 것인지는 오로지 체험하는 것이지, 생각으로 상상하여 알 수는 절대로 없다.

마음공부는 어떻게 해야 한다는 생각도 가지고 있지 마라. 이런 생각을 가지고 공부한다면 생각이 이끄는 대로 나아가는 것이니 생각에서 벗어날 수 없다.

아무것도 모르고 앞뒤가 꽉 막힌 의문 속에서 선지식이 가리키는 것을 들어라. 선지식이 가리키는 그것에 통하는 순간, 체험이 일어날 것이다.

보고 듣고 느끼고 아는 것은 모두 분별이므로, 보고 듣고 느끼고 아는 것에서 깨달음을 찾지 마라. 분별심에서 벗어나는 해탈은 느낌도 아니고 생각도 아니고, 보이거나 들리는 무엇도 아니다. 생각을 벗어난 알 수 없는 마음이 드러나는 일이다. 《유마경》에선 "법을 구하는 자라면, 보고 듣고 느끼고 알고 하는 일을 구하지 않는다. 까닭이 무엇일까? 법은 보거나 듣거나 느끼거나 알 수 없기 때문이다. 만약 보고 듣고 느끼고 알려고 한다면, 이것은 보고 듣고 느끼고 아는 것을 구하는 것이니, 법을 구한다고 할 수 없다."라고 하였다.

분별심에서 벗어나는 해탈은 일부러 노력해서 이룰 수 없다. 의도를 가지고 무엇을 목표로 노력하는 것은 그 행위 자체가 분별하는 행위이므로 그렇게 해서는 결코 분별심에서 벗어나지 못한다.

분별심을 벗어난 곳은 선지식이 가리키고 있고, 나는 그것이 어떤 것인지도 알 수가 없고 어떻게 해야 하는지도 전혀 알 수가 없다. 다만, 선지식을 믿고 그 가르침을 따르는 수밖에 없다.

털끝만큼이라도 어긋나면 하늘과 땅만큼 차이가 난다는 말은, 털끝만큼이라도 생각하거나 의도하는 것이 있다면 절대로 분별심에서 벗어날 수 없다는 말이다. 의도를 가지고 무엇을 추구하는 것은 이미 이것과 저것을 분별하여 취하고 버리는 행위이므로 모두 분별심이다.

《노자 도덕경》에서 "늘 욕망이 없어야 그 분별할 수 없는 현묘한 본질을 보고, 욕망이 있으면 그 분별되는 말단을 본다."는 말이 이것을 의미한다. 예전 선사들도 늘 말하기를 "깨달음을 목표로 추구하면 깨달음은 얻을 수 없다."라고 하였다. 그대의 의도와 욕망을 버리고 스승의 가르침을 따르라.

진리에 대하여 아는 것이 없어야 하고, 아는 것이 없다는 생각도 없어야 한다.

7. 참선지식과 거짓 선지식

참 선지식은 그대가 이해할 수 없는 가르침으로 그대의 생각을 막아서 그대의 생각이 꼼짝하지 못하게 만든다. 거짓 선지식은 그대가 이해할 수 있도록 설명하여 그대의 생각이 더욱 활동하도록 만든다.

참 선지식의 가르침은 이해할 수 없고 알 수 없어서 아무런 맛이 없고 재미가 없다. 거짓 선지식의 가르침은 그럴듯한 이치와 말로써 설명하여 그대의 생각이 재미를 느끼며 즐거이 활동하도록 만든다.

참 선지식의 가르침을 들으면 마치 철벽에 가로막힌 듯하고 함정에 빠진 듯하여 손발을 쓸 수 없게 된다. 거짓 선지식의 가르침을 들으면 상상의 나래가 더욱 넓어지고 생각의 폭과 깊이가 더욱 확장되는 듯한 즐거움이 있다.

참 선지식의 가르침을 들으면 그대가 가진 지식과 견해가 자꾸 사라지고 빠져나가서 그대의 마음이 더욱 가난해질 것이다. 거짓 선지식의 가르침을 들으면 새로운 지식과 견해를 더욱 많이 얻어서 마음이 풍요로워지고 부자가 될 것이다.

부처님은 언제나 분별을 멈추고 생각을 내려놓으라고 하셨고, 노자는 도(道)에 통하는 공부는 덜어 내고 또 덜어 내는 것이라고 하였고, 예수님은 마음이 가난한 자만이 천국에 들어갈 수 있다고 하셨다.

참 선지식은 그대에게 아무것도 요구하지 않는다. 참 선지식은 그대에게 무엇을 하라고 요구하지도 않고, 무엇을 하지 말라고 요구하지도 않는다. 거짓 선지식은 그대에게 무엇을 하라고 요구하기도 하고 무엇을 하지 말라고 요구하기도 한다.

참 선지식은 무엇이 있다거나 없다고 주장하지 않는다. 전생, 후생, 윤회, 세계의 시초, 세계의 종말, 깨달음, 해탈, 열반, 반야 등이 있다거나 없다거나 이렇다거나 저렇다고 주장하지 않는다. 다만 이런 말들을 방편으로 사용할 뿐이고, 이런 말들에 해당하는 사실이 있다거나 없다고 주장하지는 않는다. 거짓 선지식은 방편의 말을 사실이라고 오해하여 이런 말들을 사실이라고 주장한다. 무엇이 있다거나 없다거나 이렇다거나 저렇다는 주장은 모두 분별일 뿐, 우리가 깨달아야 할 중도(中道)의 실상(實相)이 아니다. 중도의 실상은 분별을 벗어난 불가사의하고 묘한 지혜다.

참 선지식의 가르침을 들으면 생각에서 점점 풀려나 마음이 점차 가벼워지고 견해나 고정 관념에서 벗어나게 된다. 거짓 선지식의 가르침을 들으면 고정 관념이나 어떤 견해가 더욱 강하게 자리 잡게 되어 그런 관념이나 견해에 더욱 집착하게 된다.

《금강경》에선 마음에 어떤 견해나 개념, 즉 상(相, 想)을 가지면 깨달은 사람이 될 수 없다고 하였고, 마음이 어디에도 머물지 말아야 한다고 하였고, 부처는 모든 생각에서 벗어난 사람이라고 하였다.

참 선지식의 가르침을 들으면 마음에서 견해나 주장이 사라지므로 시비와 갈등이 사라지게 된다. 거짓 선지식의 가르침을 들으면 마음에 견해나 주장이 강하게 자리 잡게 되므로 시비와 갈등이 더욱 많이 일어난다.

참 선지식의 가르침은 촌철살인(寸鐵殺人)으로 매우 단순하고 간명하며, 단도직입(單刀直入)으로 직접적이다. 거짓 선지식의 가르침은 복잡하고 교묘하며 여러 가지 절차나 종류가 많다.

참 선지식은 어떤 수행의 방법이나 깨달음으로 가는 길을 제시하지 않고, 다만 곧장 분별을 벗어난 마음을 가리키는 직지인심(直指人心)을 행할 뿐이다. 거짓 선지식의 가르침은 수행의 단계와 방법을 제시하고, 각 단계마다 행해야 할 것과 겪어야 할 것을 미리 가르쳐 준다.

참 선지식은 처음부터 길 없는 곳으로 안내하여 분별을 벗어난 지혜가 열리도록 한다. 거짓 선지식은 깨달음으로 가는 길이 있는 것처럼 제시하고, 그 길을 잘 알아서 찾아가야 한다고 가르친다.

참 선지식은 말을 할 때 이분법으로 딱 잘라서 말하지 않는다. 그러므로 참 선지식의 말은 들어도 기억되어 남는 것이 없다. 오히려 듣는 사람이 가지고 있던 견해들이 허물어져 사라지게 된다. 거짓 선지식은 말을 할 때 '반드시 이렇다.'거나 '반드시 이렇지 않다.'는 식으로 이분법으로 딱 잘라서 말한다. 그러므로 거짓 선지식의 말을 들으면 어떤 주장으로 기억되어 남고, 그러므로 이미 가지고 있던 견해에 다시 하나의 견해가 더해진다.

참 선지식은 무엇을 가지고 있으라거나 버리라고 가르치지 않는다. 가지고 있거나 버리는 것은 분별이고 망상이기 때문이다. 거짓 선지식은 흔히 어떤 것은 잊지 말고 꼭 기억하라거나 잃어버리지 말고 잘 간직하라고 가르치고, 어떤 것은 반드시 버려야 한다고 가르친다. 그러므로 거짓 선지식의 가르침은 따르기 쉬우나, 참 선지식의 가르침은 따르기 쉽지 않다.

참 선지식은 공부하는 사람이 가지고 있는 지식이나 견해를 사정없이 부수어 버린다. 모든 지식과 견해는 전부 분별망상이기 때문이다. 거짓 선지식은 수많은 지식과 그럴듯한 견해와 기발한 생각을 자랑한다. 그러므로 참 선지식의 말은 재미가 없지만 들으면 생각이 쉬어지고, 거짓 선지식의 말은 재미가 있지만 들으면 생각이 더욱 복잡해진다.

참 선지식은 언제나 이분법적 분별을 떠나서 말한다. 깨달음은 불이중도로서 분별을 벗어난 것이기 때문이다. 그러므로 참 선지식의 말은 중생들이 들어도 알 수가 없고 이해가 되지 않는다. 중생들은 분별 속에 갇혀 있기 때문이다. 거짓 선지식은 늘 이분법적으로 분별하여 말한다. 중생의 분별심을 벗어나지 못했기 때문이다. 그러므로 거짓 선지식의 말은 중생들이 듣고서 쉽게 이해하기 때문에 그 말을 따르기 쉽다.

8. 마음공부에서 깨달음의 성취

• 방편(方便)의 말 : 깨달음의 진실은 분별을 벗어나므로 생각할 수 없고 말할 수 없다. 그러나 공부하는 이들을 위하여 방편으로 말할 수는 있다. 보리달마는 말하길 "도(道)에는 말이 없으나, 말을 하지 않으면 도를 드러낼 수 없다."라고 하였고, 석가모니는 임종에 이르러 말하기를 "나는 처음 설법한 이후 지금까지 단 한 마디도 말하지 않았다."고 하였다. 깨달음의 진실 자체에선 입을 열 수 없지만, 공부하는 이들을 위하여 말하지 않을 수 없는 것이다.

• 돈오(頓悟) : 《수능엄경》에서 "도리(道理)는 문득 깨닫고 깨달음과 더불어 도리조차 사라지고, 현실은 문득 제거하지 못하니 차차로 없어진다."라고 하였듯이, 깨달음은 언제나 절차 없이 즉각적인 깨달음 즉, 돈오(頓悟)다. 그러나 문득 깨달았다고 하여 그 즉시 현실생활에서 깨달음을 완전히 실현하면서 살 수는 없다. 왜냐하면 익숙해진다는 문제가 있기 때문이다. 문득 깨달았지만 깨달음에 익숙해지려면 많은 시간이 필요하다. 《대승기신론》에선 본래 깨달아 있는 우리의 본성〔본각(本覺)〕을 지금 비로소 문득 깨달아〔시각(始

覺)], 이 깨달음에 새롭게 익숙해져야(신훈(新熏)) 함을 말하고 있다. 《심우도》에선 소를 찾은 뒤에 소를 잘 길러야 소도 사람도 사라져서 하나의 일원상(一圓相)이 된다고 한다.

• 중도(中道) : 《법성게》에서 "부처는 실상(實相)인 중도(中道)에 앉아 있다."고 하였듯이, 깨달음은 불이중도(不二中道)의 성취다.

• 색즉시공(色卽是空) : 《반야심경》을 가지고 불이중도의 성취를 설명해 본다.

① 오온(五蘊)이 모두 공(空)임을 비추어 보면 모든 고통에서 벗어난다. 오온은 물질세계인 색(色)과 정신세계인 수(受; 느낌)·상(想; 생각)·행(行; 의지)·식(識; 의식)으로서 모두 분별되는 세계, 즉 우리 모두가 아는 세계다. 공(空)은 텅 비었다는 말이니, 분별할 것이 없는 분별을 벗어난 것을 가리킨다. 그러므로 오온이 모두 공이라는 것은 분별되는 것이 곧 분별되는 것이 아니라는 말이다. 이것이 중도(中道)다. 《금강경》의 "모든 모습을 모습이 아니라고 보면, 곧 여래를 본다."라는 말도 동일한 말이다.

② 색이 곧 공이고, 공이 곧 색이며, 색은 공과 다르지 않고, 공은 색과 다르지 않다는 말은 곧 색과 공이 둘이 아닌 중도(中道)라는 말이다. 즉, 분별세계는 곧 분별 없는 세계이고 분별 없는 세계는 곧 분별세계라는 말이다. 달리 말하면, 무언가 있는 세계는 아무것

도 없는 세계이고, 아무것도 없는 세계는 무언가 있는 세계라는 말이다. 색과 공, 즉 있음과 없음이 둘이 아닌 중도임을 말한 것이다.

③ 삼라만상은 모두 텅 빈 모습(시제법공상(是諸法空相))이라고 하여, 모습으로 분별되는 것들이 모두 모습 없이 텅 비었다고 말하니 역시 중도(中道)를 말하고 있다.

④ 텅 빈 공(空) 속에는 어떤 것도 없다는 말은 어떤 분별할 것도 없다는 말이다. 얻을 것이 없다(무소득(無所得))는 말도 역시 알 수 있거나 분별할 수 있는 무엇도 없다는 말이니, 공(空)이란 곧 분별을 벗어나 분별 없음을 가리키는 말이다. 만약 공을 텅 빈 우주의 허공처럼 분별할 수 있는 것으로 이해한다면, 공은 색과 다름이 없는 분별된 대상이 되니 잘못이다. 또 공(空)을 헛되고 허망하다고 이해한다면, 깨달음은 세계를 허망하다고 보는 허무주의나 염세주의가 되니 역시 잘못이다. 불교는 세계의 진실한 모습을 깨달아 허망한 번뇌망상에서 벗어나 대자유의 참된 삶을 살라는 가르침이지, 허무주의나 염세주의가 아니다.

⑤ 반야바라밀의 지혜에 머무는 보살에게는 마음에 걸릴 것이 없고 두려움이 없고 꿈처럼 헛된 생각인 전도몽상에서 멀리 벗어나 마지막 열반에 이른다고 하였으니, 역시 공(空)을 깨달아 중도를 성취함을 가리킨다.

⑥ 결국, 색수상행식의 오온은 분별세계로서 우리가 이미 잘 알고 있는 세계다. 깨달음은 분별을 벗어나는 체험인 공(空)을 체험하는 것이다. 문득 분별을 벗어나 공을 체험하면 구원이 이루어지는 것이다.

⑦ 공을 체험하면 이 세계는 모습으로 나타나 있지만 실상은 텅 비어서 아무것도 없으니, 모습으로 나타난 세계에서 겪는 온갖 고통은 본래 없는 것이다. 분별을 벗어난 공을 체험하면 저절로 모든 번뇌와 고통에서 해방된다.

⑧ 모든 모습의 세계가 텅 비어서 아무것도 없는 세계라는 이 중도(中道)가 바로 우리 마음세계의 본래 모습인 실상(實相)이다. 분별을 벗어나 불이중도를 이루는 체험은 곧 우리가 타고난 우리의 본래 모습을 회복하는 것이라고 할 수 있다. 그 까닭에 본각(本覺)이라 하고 여래장(如來藏)이라 한다.

9. 깨달음의 성취에 대한 쉬운 설명

① 발심 : 깨닫고자 결심함.

② 선지식의 가르침을 들음 : 선지식을 찾아서 깨달음의 가능성을 엿보고 그 선지식을 믿고 그 법문을 들음.

③ 돈오 : 문득 분별을 벗어나는 체험을 함. 무언가 알 것 같지만 사실 아는 것은 없음. 다만 분별을 벗어나 마음이 가볍고 죽어 가던 사람이 다시 살아난 것 같은 안도감이 있음.

④ 낯익은 것에 낯설어지고 낯선 것에 낯익어 감 : 지금까지 알고 있던 온갖 일이 있는 낯익은 세계가 불편하고 싫어서 낯설어지게 되고, 새로 체험한 아무 일도 없는 낯선 세계가 편하고 좋아서 익숙해져 가는 시간. 이 기간은 중국 선사들이 30년이라고 말했듯이 꽤 오래 걸린다. 그동안에는 불편한 분별세계와 분별을 벗어난 편한 세계가 따로 있어서 마치 두 개의 세계가 마음에 있는 듯하다.

⑤ 불이중도의 성취 : 어느 순간이 되면 문득 분별되는 세계와 분별을 벗어난 세계가 따로 있지 않게 된다. 편안함과 불편함의 두 세계가 사라지고 예전처럼 분별하면서 살아가는데 언제나 아무것도 없는 묘한 불이중도의 세계가 성취된다.

⑥ 반야바라밀의 삶 : 분별과 분별 없음의 둘이 하나인 중도의 세계에 딱 들어맞으면 반야바라밀이라는 지혜가 저절로 밝아진다. 반야바라밀이란 분별하는 이법(二法)의 망상세계를 벗어나(바라밀) 중도에 들어맞는 지혜(반야)라는 뜻이다.

⑦ 자전거의 비유 : 자전거를 탈 수 있기 전에는 이쪽으로 넘어지거나 저쪽으로 넘어지는 이법(二法)의 세계였는데, 자전거를 탈 수 있게 되면 이쪽으로도 넘어지지 않고 저쪽으로도 넘어지지 않는 중도에 들어맞게 된다. 이제 자전거를 능숙하게 탈 수 있도록 꾸준히 타는 시간만 남았다.

⑧ 요약 : 깨닫고자 하는 뜻을 세움 → 선지식을 찾아 가르침을 들음 → 선지식이 뭔가를 가리키고 있음은 알겠는데, 무엇을 가리키는지는 알 수가 없음 → 이미 알고 있던 것들이 아무 쓸모가 없음 → 점차 알 수 없는 곳으로 빠져들어 가지만, 오히려 마음은 안정되고 편안해짐 → 잡다한 생각들이 점점 쉬어짐 → 깨달음에 관해서는 더욱더 알 수 없음 → 이윽고 자신의 힘으로는 깨달을 수 없음을 알게 됨 → 깨달음에 대한 희망도 사라짐 → 마치 영혼이

없는 사람처럼 느껴짐 → 어느 날 갑자기 모든 상황이 끝나 버리고, 마음이 가벼워지고, 문제가 해결된 것 같고, 죽어 가던 사람이 다시 살아난 것 같고, 모든 것에서 빠져나온 것 같음 → 시간이 지날수록 점차 자신이 새로운 세계에 들어왔음을 알게 됨 → 새로운 세계에는 아무것도 없는 것처럼 느끼면서도, 비로소 영원한 삶을 살고 있음을 느낌 → 모든 것에서 벗어나 아무것도 없는 것이 좋고, 이전에 익숙했던 온갖 것은 성가시게 느껴짐 → 무언가 있는 세계를 싫어하고 아무것도 없는 세계를 좋아함 → 꽤 긴 시간이 지나면서 점차 있는 세계와 없는 세계의 부조화가 불안하고 불편함 → 어느 날 갑자기 없는 세계가 사라짐 → 이제 남은 것은 예전처럼 모든 것이 있는 세계인데, 그 모든 것이 있는 세계가 곧 아무것도 없는 세계임이 밝혀짐 → 이제는 좋아하거나 싫어하는 일이 없고 추구할 무언가가 사라져서, 진정으로 할 일이 없어짐 → 드디어 법계의 진실을 보는 참된 곳에 자리 잡았음을 알게 됨 → 생각 없는 지혜가 저절로 발휘됨 → 부처님과 조사들의 말씀을 보면 저절로 알게 됨 → 시간이 지날수록 더욱 지혜가 밝아짐.

10. 마음을 바로 가리킴

마음이 무엇인가?

이것(책상을 두드리며)이다!
진실하지도 않고 헛되지도 않다.
있지도 않고 없지도 않다.
같지도 않고 다르지도 않다.
옳지도 않고 그르지도 않다.
좋지도 않고 나쁘지도 않다.
깨끗하지도 않고 더럽지도 않다.
더할 수도 없고 뺄 수도 없다.
알 수도 없고 모를 수도 없다.
잡을 수도 없고 놓을 수도 없다.
어리석음도 없고 깨달음도 없다.
공부를 하면 어긋나고 공부를 하지 않아도 어긋난다.
다만 이것(책상을 두드리며)이다.

2부 마음공부 체험기

무심선원

무심선원에서 공부하여 분별망상에서 벗어나 마음의 본질에 입문한 분들의 체험담을 소개합니다. 여기 체험담은 처음 입문한 체험담입니다. 공부를 완성한 체험담이 아니라, 처음으로 분별에서 벗어나 마음의 본질을 체험한 이야기입니다. 자기 마음의 장벽인 분별망상이 허물어지고 알 수 없는 마음의 본질을 체험한 뒤에 그 체험을 완성해 가는 것이 참된 깨달음으로 가는 마음공부입니다. 사람마다 다양한 체험의 이야기가 있으나, 분별에서 벗어나는 체험으로 말미암아 온갖 경계에서 풀려나 자유로워져서, 비로소 이러한 해탈의 세계가 있다는 사실이 현실이 되는 것은 모든 체험에 공통됩니다. 이 해탈의 세계에 철저하게 익숙해지는 것이 참된 마음공부입니다. 여기 체험담을 소개하는 이유는 아직 이런 체험을 하지 못한 이들에게 믿음과 희망과 자극을 주기 위한 방편임을 밝혀 둡니다.

뭘 해도 둘이 아니다

1. 김○서 2005년 녹취

실례지만 연세가 어떻게 됩니까?

올해 64살입니다.

선원에 나오셔서 김태완 선생님의 설법을 듣기 시작한 것은 언제쯤이었나요?

정확하게 기억은 못 하겠는데… 2003년 가을 무렵일 겁니다.

그 전엔 어떤 공부를 해 오셨습니까?

공부라고 할 건 없고, 쉽게 이야기해서 기복(祈福) 있잖습니까? 어디 누구에게 가면 사업도 잘되게 해 준다더라. 그러면 거기 가서 시키는 대로 절하고… 뭐 그런 식이었고요. 일반적인 의미에서 공부란 것은 여기에서 처음 해 보았습니다.

처음에 선원에 오셔서 김태완 선생님 설법을 들었을 때 어떠셨습니까?

선생님의 설법을 처음 들었을 때 망치를 가지고 뒤통수를 후려치는 것 같았습니다.

어떤 면에서요?

저는 그전까지 한 번도 이렇게 설법을 하고, 이렇게 강렬하게 이끌어 주시는 선생님은 보지 못했습니다.

이전에 선(禪) 수행이나 그와 관련된 책을 보신 적은 없으셨어요?

전혀 없었어요. 저는 여기에 와서 《원오심요》니 《서장》이니 《벽암록》이니 그런 책들을 알게 되었습니다. 그냥 절의 큰스님들께서 이번에 이런 것 하면 사업 잘되고 아이들도 학교 잘 들어간다고 얘기해 주시면 얼마 내고 새벽 기도 하러 다니고 하는 그런 식이었지, 이런 공부를 해 본 적은 없었습니다. 흔히 그렇듯이 도사라고 하면 날아다니면서 앞일도 내다보고 세상 이치에 훤해야 하는 줄로만 알았습니다.

그런데 여기 와서 선생님의 설법을 들어 보니까 뒤통수를 얻어맞는 듯한 느낌이었어요. 그러면서 설법을 듣다 보니까 '열심히만 하면 나도 여기에 근접해 갈 수 있겠다.'라는 자신감이 생기더라고요. 그래서 아마 제가 법회에 빠진 날이 거의 없었을 거예요. 모든 것을 제쳐 놓고 여기에 와서 선생님의 법문을 들었습니다.

나중에는 하루라도 선생님의 설법을 듣지 않으면 정신적으로 육체적으로 피폐해지는 것 같았어요. 그래서 계속 설법 녹음 테이프도 듣고, 선원에서 무슨 법회나 모임만 있다고 하면 꼭 와서 들었어요. 듣고 나면 그렇게 마음이 편안했어요.

보통 처음 오셔서 기존의 통념과는 다른 말씀을 듣게 되면 거부감이 들거나, 아

니면 믿음이 안 간다거나, 이렇게 해서 되겠는가 하는 불안감 같은 것은 없으셨습니까?

처음엔 그런 게 있더군요. 그런데 다행이었던 것은, 제가 개인적으로 잘 알고 있는 스님 한 분에게, 내가 이런 곳에서 공부하고 있는데 한번 봐 달라고 무심선원 인터넷 홈페이지의 글들을 보여 드렸더니 "공부하는 데는 여러 가지 길이 있는데, 이 길도 갈 수 있는 길인 것 같으니 열심히 하십시오."라고 말씀해 주시더라고요. 만약 그때 "이렇게 해서는 안 됩니다."라고 했으면 아마 못 했을 거예요.

앞서 말씀하신 것처럼 설법을 듣다 보면 편안함을 느끼고, 법회에 빠지지 않고 참석하시면서 공부해 나가는 과정 중에 '이제 말은 알아듣겠는데 왜 선생님께서 말씀하시는 체험이 안 될까?' 하는 그런 걱정 같은 것은 없으셨나요?

왜 없었겠습니까? 처음에는 바로 공부가 될 것 같았어요. 바로 잡힐 것 같았어요. 이런 것 같으면 곧 알겠다 싶을 정도로. 그런데 시간이 가면 갈수록 그렇게 안 되니까 그 절망감이란 것이…. 나중엔, 이 바보 같은 놈, 그렇게 듣고도 모르고…. 여기(손가락을 들어 올리며) 있다고 하는데, 왜 이것이 안 되느냐 이거예요. 눈 뻔히 뜨고도 그것을 모른다는 것이 도저히 자존심에 용납이 안 되었습니다. 부끄럽기도 하고 미칠 것 같기도 하고.

　한참 그러다가, 이제 그만 나와야겠다. 이 정도로 해도 안 되고… 더이상 못하겠다… 그런데 어느 보살님 한 분이 제게 상당히 도움을 주었어요. 그 보살님이 옆에서 뭐라 하시는가 하면, 저쪽에 앉은 젊은 사람들도 공부 다 되었는데 혼자만 그렇게 다닌다고 그러는 거예요. 그래서 제가 어느 죽 파는 집에 모시고 가서 "보살님, 어찌해야겠습니까?" 하니까 "열심히 하세요, 열심히만 하면 됩니다."라고 그러시더라고요. 그다음부터 선원에 와서 이렇게 둘러보면 다른 사람들은 다 공부가 되어서 같은 설법을 들어도 나랑은 180도 다를 텐데, 나는 이렇게 앉아서 뭐 하고 있는가… 부끄러워 죽겠는 거예요.

나중에는 실의에 빠지고, 절망감… 이렇게 살아서 뭐 하겠느냐… 이 바보 같은 놈, 이 나이가 되도록 이것 하나 해결 못 하고… 정말 죽겠더군요. 그래서 그때부터 털어 냈어요. '아, 내가 이것을 얻으려고 해서는 안 되겠다.' 고통스럽고 안 되니까. 선생님이 가끔 설법 중간에 한 3년만 하면 된다고 하셨으니까, 내가 이제 공부 시작한 지 얼마나 되었다고 이렇게 조급해하느냐, 안 돼도 하는 수 없는 것 아니냐. 설법 들으면서 이렇게 편안한 것만 해도 얼마나 좋으냐. 나는 이것으로 끝나도 좋다. 이 편안함만 유지해도 되겠다. 공부 안 해야겠다. 그래도 사람 욕심이 그렇습니까?

그게 안 놓아지죠.

예, 안 놓아지죠. 나 자신이 싫어 죽겠는 거예요. 마지막엔 선생님 설법이 듣기 싫어지는 때가 오더라고요. 극단적인 거부 반응이 오더군요. 왜냐하면 내가 외우라면 외울 수도 있을 정도였으니까. 그렇게 좋던 설법이 어느 날부터 소리가 왕왕왕 울리는 것뿐이지 분명하게 와닿지 않더라고요. 그래도 끝없이 들었어요.

그러니까 생각으로 이해하는 것 자체가 불가능해졌던 거군요.

예, 왕왕왕왕 울리는 것뿐이지 전혀 와닿지를 않는 거예요. 그리고 듣는 것 자체가 싫었어요. 집에서 잘 때 (설법 테이프를 들으려고) 이어폰을 끼고 자다가 한쪽 귀가 아프면 다른 쪽 귀로 번갈아 들을 정도로 열심히 들었는데 이어폰을 빼게 되더라고요. 듣기가 싫어졌어요. 그런 상태가 오더라고요. 그런데 그렇게 설법이 듣기가 싫으면서도 나도 모르게 이어폰을 또 꽂게 되는 거예요.

달리 방법이 없었으니까.

예, 또 꽂게 되더라고요. 그게 싫은데도. 그런 시간들이 상당히 흘렀죠. 저는 제가 이런 경험을 하리라고는 아예 꿈에도 생각을 못 했어요. 이렇게 해도 안 되는데 도대체 어떻게 해야겠는가. 나는 아예 안 되는구나. 포기해야겠구나. 나이도 많은데.

그러니까 얼마 전부터…

그렇죠. 쉽게 이야기하면 완전 그로기 상태, 완전 절망이었어요. 그렇게 절망 속에 있었어요. 해도 안 되고 어떻게 할 수도 없고… 설법도 듣기 싫어지고 어떻게 해 볼 수가 없었어요. 모든 게 하기가 싫어지는 것 있잖아요. 그런데도 3년은 해 보라고 했으니까 3년은 해 보고 그만둬도 그만둬야 할 것 아닌가. 정말 한 번도 법회에 빠지지 않았어요. 오로지 여기에 매달렸어요.

　그런데 어느 날 법회 시간에 선생님께서 이렇게(손가락을 들어 올림) 하시는데, 처음 보고는 속으로 '또 그거 하는구나. 또 저거 시작하는구나.' 하면서 고개를 숙이고 한참 있었어요. 다시 고개를 들고 보니까 또 이렇게(손가락을 들어 올림) 하고 계시는 거예요. 거의 마지막 무렵에 선생님께서 뭐라고 하셨느냐 하면, "이 법뿐이지, 내가 어디 있느냐? 내가? 이것뿐이야!"라고 하시는데, 그 말씀을 하는데 탁! 무엇인가가, 무엇인지는 모르겠는데, 찡 하면서 강렬하게 뭔가가 부닥치더라고요. '이게 뭐지?' 몰랐어요. 그리고 (법회는) 끝났어요.

선생님께 여쭤보지는 않으셨나요?

말씀도 안 드렸죠. 저는 그게 무엇인지도 몰랐는데…. 이상하더라고요. 법회를 마치고 나와서 '그게 뭐였지? 이상한데?' 하면서 주차장에서 차를 타고 로터리를 돌아서 나가는데 가로수하고 차들이 확 눈앞으로 들어오는데, 뭐라고 말을 못 하겠습니다만, 너무나 완벽하게 너무나 뚜렷하게 다가오는데 눈이 부셔서 운전을 못 하겠더라고요. 그래서 '이래서는 운전을 못 하겠다.' 해서 제가 늘 올라가는 산 밑으로 차를 몰았어요. 그리고 물이 내려오는 계곡 쪽에 차를 세워 놓고 그리로 올라갔어요.

그러면서 어떤 현상이 오기 시작했는데, 풀이 말라서 한들거리고 있었는데 그게 이것(손가락을 들어 올림)이었어요. 먼 산을 봐도 이것(손가락을 들어 올림)이에요. 옆에 피어 있는 꽃을 쳐다봐도 이것(손가락을 들어 올림)이고, 그냥 온 천지가 다 이것(손가락을 들어 올림)인 거예요! 이것(손가락을 들어 올림)밖에 없는 거예요! 나중에는 내가 나 자신을 주체하지 못하겠어요.

나도 모르게 "으아아아!" 고함이 나오고 온 천지가 진동을 하는데, 그러다가 거기서 넘어져 버렸어요. 넘어졌다 일어나도 그냥 이것인 거예요. 그런 상태에서 계속 산을 올라갔어요. 그래서 산꼭대기까지 올라갔다니까요. 그런데도 끊임없이, 그것이, 그 밝음이 들어온다고 해야 할까, 그 밝음 속에 있는 거예요. 제가 이것을 뭐라고 말씀드리지 못하겠어요. 보는 것마다 다 이것이… 그저 선생님께서 늘 이야기하시던 이것(손가락을 들어 올림)이에요.

　나는 공(空)이라고 하길래, 앞에 보이는 이런 물건이 없어지고 거기에 공이 있는 거라고 생각했는데, 그게 아니고 너무나 완전하고 너무나 완벽하게 확 들어오더라고요. 그게 계속되더라고요. 그런데 집에 돌아와서 목욕한 뒤 보니까 팔이 붓기 시작했어요. 산에서 넘어졌을 때 아마 잘못 짚었던 모양이에요. 그것도 모르고 그렇게 좋더라니까요. 그리고 저는 잠을 자고 일어나면 그런 상황이 계속될 줄 알았어요. 그런 현상이 계속될 줄 알았는데, 다음 날 아침에 눈을 뜨니까 그냥 분명하기만 하고 그런 떨림이나 그런 게 없는 거예요. 그런데 차를 타고 나오는데 다시 확 하고 강렬하게 다가오는 거예요.

　그리고 여기 왔는데 저는 이야기를 안 하려고 했어요. 너무 이상해서. 그러다가 옆에 계신 그 보살님에게 물어봤어요. 내가 이상하게 이런 현상들이 오는데 알면 좀 이야기해 달라고 했더니, 그 보살님이 하시는 말씀이 선생님한테 물어보라고 하는 거예요. 그래서 선생님한테 물었던 거죠. 저는 그런 현상이 수그러졌다가 다시 확 일어나는 것이 한 일주일 가더라고요. 그 강렬함이 점점점점 사라지면서 그저 그냥 뚜렷하고 그냥 보면 이것인 상태로 머물더라고요. 이제는 더욱 열심히 공부하고 있습니다.

참 감동적인 이야기였습니다. 어르신 덕분에 주위의 도반님들이 공부에 대한 발심을 하는 데 많은 도움이 될 것 같습니다. 어르신께서도 마찬가지였겠지만 주위 도반들 덕에 공부를 계속해 나갈 수 있는 것 아니겠습니까?

그럼요. 저도 공부가 뭔지 조금 맛을 보게 되니까 보는 사람마다 왜 공부 안 하느냐고 흔들고 있습니다. 죽기 아니면 살기로 하자고. "같이 갑시다. 같이 공부해서 같이 알아야지. 이 나이 많은 사람도 이렇게 공부하는데. 내가 어떻게 옆에서 도와서 조금이라도 공부가 빨리 된다면 내가 무엇이든 할 테니까 하여튼 열심히 합시다." 그렇게 주위 분들에게 권하고 있습니다.

선생님께 끝없는 존경과 아울러 오늘을 있게 해 주신 그 은혜에 깊은 감사를 드립니다.

2. 주○림 _{2008년 진술}

노환으로 거동이 불편하신 아버지 병 수발을 3년쯤 들었는데, 아마도 이것이 이 공부를 하게 된 단초가 된 것 같다. 그 당시 심신이 몹시 지친 나에게 동료가 명망 높은 어느 스님의《금강경》강의를 들어 보라고 권유하였다. 종교적 위안도 받고 싶고 또 불교에 대해 구체적으로 알고 싶은 호기심도 작용해서인지, 이끌리듯 자연스럽게 그 설법 자리에 참석하게 되었다. 나는 처음으로 접한 불법에 큰 감동을 받게 되었고, 내친김에 2년제 불교대학 공부를 비롯하여 수년간 경전 공부를 하였다. 특히 '무상', '무아', '무주상', '연기', '중도'라는 교리를 피상적으로나마 이해하게 되면서 마치 우주를 얻은 듯 자만하기도 했다. 그러면서도 신, 이데아, 자아에서부터 니이체의 '해체'나 하이데거의 '무'에 이르는 서구철학의 형이상학적 실체에 대한 관심은 여전했다.

그러던 어느 날, 아는 분의 소개로 무심선원에서 개설한《도덕경》강의를 듣게 되었다. 그 첫 시간부터 나는 충격을 받았다. 선원장이신 김태완 선생님께서 연달아 손을 들어 흔들며, 그동안 내가 배우고 믿어 온 모든 것이 망상이라는 것을 짚어 주며 실상을 확인하는 '이것'을 보여 준 까닭이었다. 나는 그때까지 관념을 실상으로 여기며 꿈속을 살아왔던 것이다. '뛰어봤자, 부처님 손바닥'인 셈이었다.

"다만 이것(손가락을 흔들며)이다!"

이것은 나에게 실로 놀라운 사건이었다. '눈먼 거북이 천년 만에 물 위에 올라와 나무에 목을 걸치는 경우'처럼 정법을 만나기가 어렵다는데, 내가 하나의 바른길을 만나게 된 것이다.

나도 정신적 세계니 예술적 영혼이니 구체적 삶과 역사적 현실이니 하는 것에 가치관을 두었었다. 또 말이나 이론이 아닌 행위로서의 실천을 덕목으로 삼기도 했다. '공(空)'에 대해서도 '없다', '아니다', '텅 빈 충만' '진리' 같은 추상적 관념으로 접근했었다. 심지어는 과학적 근거에 의해 '공(空)'을 증명해 보려는 시도에 공감하기도 했었다. 그런데 '조사선'을 표방한 김태완 선생님의 설법을 들으면서, 내가 갖고 있는 지식 체계나 실상, 그리고 실천이라는 것이 전도망상(顚倒妄想)에 지나지 않는다는 것을 알게 되었다.

그리고 부처와 조사들께서 전해 준 진리의 확인에 대한 굳건한 믿음을 갖게 되었다. 아마 도반님들도 나와 비슷한 입문 과정을 겪으시리라고 본다. 특히 불법은 결코 심오하거나 어려운 것이 아니라, 누구나 닿을 수 있는 보편적이고 쉬운 것이라는 강력한 설파에 힘입어 이 공부에 대한 자신감도 가지게 되었다. 결국 김태완 선생님을 만남으로써 일대사인연에 대한 발심을 하게 된 것이다.

선생님께서 시중(示衆)하시는 직접 설법과 녹음 법문을 꾸준히 들었다.

64

하지만 내 공부는 아직은 사과 맛을 직접 보는 게 아닌, 사과 맛에 대한 이런저런 이해와 견해에 불과했다. 이해할수록 법에서 멀어지지만 법에 통하면 법 아닌 것이 없다는데, 지해(知解)의 벽에 갇힌 나로서는 참 답답하기 그지없었다. 더구나 함께 공부하는 도반들 중에는 견성 체험한 분들이 여러 분 있었다. 그분들이 부럽기도 하고, 나도 언젠가 그 시절이 오겠지 하고 자위도 했다. 그러면서도 어둠 속이나 벽에 갇힌 나 자신이 한심하기도 하고 답답하고 분하기도 했다. 조급증이 일어 불안할 때도 있었다.

그러나 법문을 귀 기울여 듣는 길 외에 어찌할 방도가 없었다. 그동안 세상을 떠나신 부모님을 보며 인생의 무상함을 뼈저리게 체험했는데, 이것도 내 공부에 채찍이 되었다고 본다.

경향 각지에서 도반들이 지리산에 모여 여름 정진 법회를 열었다. 나는 갈피가 잡히지 않는 '이것'을 잊어버리고는 오랜만에 출현한 은하수도 보고 물소리도 들으며 혼자만의 시간을 즐겼다. 저녁 무렵 멍하니 대나무 숲 가에 서 있었다. 개구리들이 엄청 큰 소리로 울어대고 있었다. 마침 그 옆을 지나가시던 선생님께서 갑자기 물으셨다.

"이게 무슨 소리입니까?"

엉겁결에 불쑥 나도 모르게 대답이 나와 버렸다.

"개구리 소리 아닙니까?"

나의 당연하다는 이 답변에 선생님께서는 천연덕스러운 표정을 지으며 오히려 반문하는 것이었다.

"그래요? 나는 새소리인 줄 알았습니다!"

바로 그 순간이었다. 어떤 썰렁한 것이 가슴을 쓰윽 스치고 지나가는데, 무엇을 놓쳐 버린 듯 너무도 안타까웠다. 하지만 감감무소식이었다. 분명 무엇이 지나갔는데, 이게 뭐지? 이게 뭐지? 나는 심연처럼 알 수 없는 그 무엇이 못내 아쉬웠다.

다음 날 밤 법회 시간, 법문이 유난히 또렷이 들리고 몰입이 잘되는 것 같았다. 〈지공선사 십이시송〉 법문이 며칠째 계속되었다. 그런데 흘러가는 법문 중에 "캄캄한 밤에 손전등이 땅을 비추는데, 빛이 저한테서 나온 줄을 모르고 오히려 땅에서 올라온다고 착각한다."는 말끝에 그만 모든 것이 사라져 버렸다. 한순간도 아니고 영원한 시간도 아니었다.

머리끝에서 발끝까지 무엇이 관통한 듯했다. 문득 내가 사라져 버린 것이었다. 온 세상도 녹아서 없어져 버렸다. 가슴이 뻥 뚫려 버리고 머리를 제거해 버린 듯 텅 비었다. 그저 정체 모를 눈물만이 하염없이 흘러나왔다. 손이 사라지니, 붙잡는 것마다 모두 진실할 뿐이었다.

한 달이 지나가도 여전히 나는 평화로운 기쁨으로 벅찼다. 나는 이것이 고양된 심리 상태이거나 착각일지도 모른다며 스스로 꼬집어 보았다. 한편 밝고 또렷한 이것이 사라질까 봐 염려하기도 했다. 살아오며 가슴에 응어리졌던 온갖 감정의 옹이들과 심리적인 찌꺼기들이 사라지고 안정된 상태가 계속되었다. '만법유식' 같은 불설이 '이것'에서 확인되는 것이었다. 무엇보다도 '있는데 없으며, 없는데 있다'는 관문이 사라짐으로써, 어록을 위시한 논장들도 예전과는 비견할 수 없을 만큼 소화가 잘되었다. 경전의 말씀과 선(禪)은

상동(相同) 관계라는 것도 알 수 있었다.

평소에 지루하게 느껴지던 《원오심요》도 예전에 연애소설을 읽던 것처럼 재미있고 무엇이 가슴을 탕탕 치는 듯했다. 이젠 좋아하던 시(詩)도, 이런저런 이치도, 정치적 견해에도 붙잡히지 않게 되자 번민의 굴레를 벗어나 큰 깃털처럼 가벼웠다. 그저 직장이나 집에서 바쁘게 일하지만 마음은 한가했다. 물론 예전의 습성에 이끌려서 술자리나 분별사량을 일삼는 담소 자리에 끼기도 하지만 금방 '이것'이 확인되었다. 이것은 자전거를 탈 줄 알게 되면 타는 법을 잊어버리지 않는 것과 같았다.

선생님께서는 '이것'을 확인하는 것, 실재를 체험하는 것은 매우 중요하면서도 입학에 불과하다고 했다. 초발심과 하심으로 정진하길 독려하셨다.

흔히 "뛰어봤자, 부처님 손바닥!"이라고들 말하는데, '부처님 손바닥'이 무엇인가? 여기서 잔꾀를 부리며 날뛰는 손오공을 거머쥔 부처의 신통력을 본다거나, 부처라는 절대적 인격과 심오한 사상을 구한다면 망상에 떨어진 것이다.

나도, 그리고 우리 도반들도 좀 더 선생님의 가르침에 귀를 기울이며 한 가지 좋은 소식이 당도하길 기다려 본다.

3. 신○화 2008년 진술

　나는 어려운 환경을 보내면서 자연히 사람은 스스로 노력하면 못 할 것이 없다는 생각을 하게 되었다. 어려운 일이 생기면 어떻게 해결할까 궁리하다가, 노력해도 안 되면 그냥 놔둔다. 그러다 보니 항상 긍정적이고 적극적이며 인상이 밝다는 소리를 많이 들었다. 자연히 그냥 즐겁게 지냈다. 그런데 30대 중반쯤 연년생 남자아이 둘을 낳아 눈코 뜰 새 없이 바쁠 때, 남편과 크게 싸웠다. 남편은 화를 못 이겨 손으로 장롱을 쳤는데, 손가락뼈가 부서져 수술을 받을 정도였다. 충격이었다. 처음으로 남편을 다시 봤다. 집안일로 아이 일로 바빠서 남편에게 관심을 주지 못한 것이 싸움의 원인이었다.

　결혼 8년 만에 낳은 아이들은 정말 너무 귀여웠다. 아이들은 나의 모든 것이었다. 24시간이 모자랄 정도로 아이들과는 즐거웠지만, 나의 심신은 지쳐 가고 있었다. 그것도 이해하지 못하는 남편이 미웠지만, 나는 내 방식대로 해결책을 찾기 시작했다. 먼저 남자의 심리에 관한 책을 보고, 대화의 기법이라든지 '화'를 다스리는 법 등의 책을 읽으면서 이해하려고 노력했다. 그러다 류시화의 번역 소설을 보면서, 인간 내면의 영적인 내용에 관심을 가지게 되었다. 그

68

당시에 틱낫한 스님의 책도 베스트셀러가 되었는데, 서점의 서가에 틱낫한 스님의 책 옆에 무심선원 원장이신 김태완 선생님의《선으로 읽는 금강경》이란 책이 보였다. "금강경? 금강경이 뭐지?" 하면서 책을 뽑아 읽었다. 서점에 서서 1시간을 읽었지만 다 못 읽어서 사 가지고 집에 와서 읽었다.

어릴 때 엄마가 절에서 가져오신《반야심경》이라는 책이 있었는데, 한글로 쓴 책인데도 이해할 수가 없었다. 그래서《선으로 읽는 금강경》도 그럴 것이라 여겼는데, 이 책은 읽기가 매우 쉬웠다. 읽다 보니 책에서 말하는 '이것'이 무엇일까 하는 의문이 생겼다. "이것이 뭐지?" 하면서 수시로 읽었다. 그 책은 재미있었다. 아이들 데리고 놀이터 갈 때도, 외출할 때도 책이 크고 무거웠지만 짬만 나면 읽었다. 아파트 사람들이 이상하게 생각할 만큼 책을 끼고 다녔다. 첫 번째는 순서대로 다 읽고, 두 번째는 마음 내키는 대로 펼쳐지는 대로 읽었다. 도대체 이분이 말하는 '이것'이 뭐지? 책을 보다가 아이 한번 보고, 책을 보다가 바깥 구경 한번 하고, 책을 보다가 바람이 불면 쉬기도 하면서 쉬엄쉬엄 읽었지만, 시간만 나면 책을 찾았다.

나도 모르게 머릿속에는 '이것이 뭘까?' 하는 생각이 꾸준히 있었나 보다. 대전에 사는 친구가 놀러와서 팔공산 계곡에 함께 놀러 갔는데, 나는 심각하게 말했다. "부산에 사는 어떤 사람이 '도(道)는 이렇게 물처럼 생생하게 흘러가고 있다'고 해. 손을 넣어서 휘저으면 느껴지는 이 물살의 감촉처럼." 그러면서 양말을 벗고 계곡의 물에 발을 담갔다. 그때가 초봄이라서 발이 엄청 시렸지만, 나는 '이것이 뭘까?' 하는 생각에 잠겨 발을 담갔다 뺐다를 반복하다가, 친구가 말려서 겨우 신발을 신었다.

책을 읽은 지 석 달쯤 되었을까, 밤에 자려고 자리에 누웠는데, 먼저 자던 우리 아이가 몸부림을 치면서 발로 무엇을 찼는지 "딱!" 하는 소리가 났다. 그 순간 머릿속이 하얗게 되었다가 다시 깜깜해졌다. 엉! 이게 뭐지? 머리가 텅 비어 버린 느낌이었다. 이상하다고 생각하면서 그냥 잤는데, 아침이 되어 아이들 유치원 보내고 이리저리 바빠도 어리둥절한 느낌이었다. 지금까지 의심해 왔던 '이것이 뭘까?' 하는 생각도 사라지고, 멍한 듯하면서 도무지 어떻게도 생각을 할 수 없었다. 한편으론 겁도 났다. 왜 이럴까? 3일째 되던 날 《선으로 읽는 금강경》 표지에 있는 무심선원 홈페이지를 찾아 나의 상태에 대해 글을 올렸다. 김태완 선생님이 한번 만나자고 연락이 왔다. 선생님을 만났지만 여쭤볼 질문도 없었다. 선생님의 말씀만 주로 들었는데, 손에 들고 있는 물컵이 유난히 또렷했다. 선생님이 주시는 책과 설법 테이프를 받아 들고 돌아왔다.

그 이후에는 선생님의 설법 테이프를 들으면서 많이 답답해했던 것 같다. 이어폰을 몇 개나 사서 바꿀 정도였고, 워크맨이 몇 번 부서질 정도로 듣고 또 들었지만, '이것이 뭘까?' 하는 의문이 계속 갑갑증을 자아냈다. 선생님이 절대 생각으로 헤아리지 말라고 하셨기 때문에, 다만 설법을 듣고 또 들었다. 책을 읽으면 자꾸 이해하려 들었기 때문에, 테이프를 주로 들었다. 청소할 때나 외출할 때도 이어폰이 귀에서 떨어질 날이 없었다. 남편이 "중 염불에 미쳤군!" 하고 말했지만, 자나깨나 매일 들었다.

70

두 달쯤 지났을까, 곶감을 먹다가 꼭지만 남았는데, '이것이 뭐지?' 하다가, 문득 '이것이지!' 하며 감꼭지가 선명했다. "아! 이것!" 옆에서 아이가 뭐라고 말을 하고 있는데, 아이의 입도, 천장도, 벽도, 눈길이 가는 곳마다 모두 '이것'이었다. 내 대답이 없자 아이가 울었는데, 우는 소리마저도 '이것'이었다. 조금 후 아이의 울음소리가 더 커져서야 나는 아이를 꼭 껴안고 행복한 목소리로 말했다. "좀 전에 뭐라고 했지?"

그 후 책을 읽으니 이해도 되고 재미도 있었다. 그래도 모르는 말이 많았다. 다시 《선으로 읽는 금강경》을 읽었는데, '이것'이 생생하게 확 드러났다. 이번에는 이 책의 내용을 하나하나 살피며 읽었다. 《원요심요》, 《임제록》, 《법안록》, 《마조어록》, 《서장》 등의 책을 읽었는데, 처음 접하는 말이 많았지만 모두 '이것'을 말하고 있었다. 때로 무슨 말일까 하고 의문이 생기기도 했지만, 말로써 이해하지도 말고 뜻으로 해석하지도 말라고 하신 선생님의 말씀을 떠올리며, 책을 놓고 다시 테이프를 듣기도 하였다. 테이프를 들으면 의문이 저절로 해결되는 경우가 많았다. 내가 가진 의문의 답변이 선생님의 법문 속에 대개 다 들어 있었다.

부산 영도에서 열린 무심선원의 겨울 정진법회에 처음으로 참석했다. 그 기쁨은 이루 말할 수가 없었다. 직접 참석하여 듣는 법문은 테이프에서 듣는 것보다 더욱 생생하였고, 무슨 말인지 아니까 더욱 재미가 있었다. 그곳에서 선생님과 대화를 나누었는데, 선생님이 손을 올리면서 "이것이 바로 탁 와닿습니까?" 하고 물으셨다. 지금 생각하면 우습지만, 나는 "아뇨. 조금 있다가 느껴집니다." 하고 대답했다. 그 법회 이후에 '이것'과 '이것' 아님과의 사이에서 늘 '이것'에 있으려고 노력했다.

어떻게 생겨났는지 모르지만, 선생님에 대한 나의 믿음은 가히 절대적이다. 만약 선생님이 돌을 보고 "콩이다. 이것을 먹어라. 네 몸에 좋을 것이다." 하고 말하면, 나는 주저 없이 먹을 것이다. 힘들 때, 공부가 잘 안된다고 느껴질 때, 선생님께 메일을 보내는데, 선생님은 나의 기분과는 전혀 상관없이, 항상 일관되게 칭찬이나 호된 꾸지람이나 안타까운 염려를 통해 '이것'을 보이신다. "선생님, 허수아비로 사는 게 뭐가 좋습니까?" 하는 나의 메일에, "당장 눈앞의 법이 분명하면 밝고 어둠이 없어요. 믿음에 변함이 없다면 공부가 더 성숙할 겁니다."라는 답장이 왔고, "공부하는 게 하나도 즐겁지 않은데, 왜 즐겁다고 합니까?"라는 나의 메일에, "걸림 없고 막힘 없고 남는 것이 없다면서, 또 무슨 즐거움을 찾습니까? 즐거움이 무엇입니까?"라는 답장을 보내셨다. 항상 아귀가 딱 맞는 칠교 놀이처럼, 선생님 말씀은 언제나 딱딱 들어맞아서 더이상 다른 생각을 하지 못하게 된다.

요즘은 다시 편하게 책을 본다. 물론 테이프도 열심히 듣는다. 하지만 책을 읽고자 해서 읽는 것이 아니고 듣고자 해서 듣는 것이 아니다. 읽거나 듣는 구분이 없다. 마찬가지로 '이것'과 '이것 아님'의 구분도 없다. '이것'이라는 생각도 없다. 그냥 편하게 생활한다. 그렇다고 아무 일이 없어서 편한 것은 아니다. 편하다는 말은, 여러 가지 일이 모두 일어나지만 화내고 사랑하고 불안하고 즐겁고 슬프고 할 때가 모두 한결같다는 말이다.

"어떻게 겨자씨 속에 수미산이 들어가지?" "어떻게 내가 우주보다 더 넓단 말인가?" "어떻게 태어나지도 않고 죽지도 않는단 말인가?" 한 번도 이런 의문을 가지고 답을 바란 적은 없었다. 그냥 선생님이 말씀하시는 '이것'이 궁금했고, 설법에 귀를 기울였을 뿐이다. 나의 경험으로는 공부란 '이것이 뭘까?' 하는 의문을 가지고 꾸준히 설법을 듣는 것이다. 또 가르치는 사람에 대한 절대적 믿음이 있어야 한다.

선생님은 설법하시며 여기저기서 마구마구 '이것'을 내던진다. 난 '이것'만 보인다. 그 던지는 것 중에 하나라도 받으면 된다. 받는 것이 아니라, 깨어나는 것이랄까? 깨어나는 것도 아니라, 알아차리는 것이랄까? 한번 알아차리면 잃어버리지 않는다. 잃어버릴 수가 없다. 온 우주에서 점 하나도 '이것' 아닌 것이 없다. 그래서 깨달았다고 할 수도 없다. 오른팔만 쓰는 마을에서 오른팔을 쓸 수 있다고 자랑하고 다닌다면, 마을 사람의 눈에는 허풍쟁이로 보일 것이다. 이 공부는 육체적 수행을 요구하지도 않고, 그렇다고 정신적 문제에 매달리게 하지도 않는다. 불교 경전의 뜻을 찾아 배우기보다는 먼저 '이것'을 알고자 하는 마음이 간절해야 한다. 그러다가 한 번 마주치면 되는 것이다. 무심선원에 오시는 모든 도반님들, 그리고 나처럼 멀어서 자주 못 오시면서 테이프로 공부하시는 도반님들, 하루바삐 '이것'과 마주치기를 바랍니다. 감사합니다.

4. 이○경 2008년 진술

어릴 때 어머니를 따라서 별 거부감 없이 절에 나가게 되었고, 이후 몇 번 사찰을 옮겨 다니면서 어린이회, 학생회, 청년회를 두루 경험했다. 머리 깎은 스님들이 낯설기는커녕 너무 친숙했고, 그분들이 해 주시는 말씀을 항상 새겨들었다. 그래서인지 머리를 깎으려고 결심했던 적도 있었다.

무심선원을 알게 된 것은 친오빠 덕분인데, 한 날 집에 와서는 김태완 선생님 설법 테이프를 한 개 놓고 갔다. 당시 다니던 사찰이 있던 터라 선뜻 그 테이프에 손이 가지 않았다. 6개월 정도 손도 대지 않고 식탁 위에 방치해 두었다. 오빠는 한 번씩 집에 들러서는 제대로 마음공부를 하려면 테이프를 꼭 들어 보라고 권했다. 그래도 썩 마음이 내키지는 않았다. 그러나 오랜 기간 마음공부를 한답시고 해 왔는데 항상 제자리에만 맴돌고 있는 것 같은 왠지 모를 미진한 마음에 무심코 테이프를 카세트에 꽂아 보았다.

경전 강의인 줄로만 알았었는데, 나의 지레짐작과는 다르게 선생님의 설법은 너무나 신선하고 시원했다. 그래서 오빠에게 가지고 있는 선생님의 설법 테이프를 다 갖다 달라고 부탁했다. 들으면 들을수록 더욱더 빠져들게 되었다. 이젠 테이프 듣는 것만으로는 성에 차지 않아 무심선원 홈페이지의 자료실에 있는 글을 모두 인쇄해서 밑줄 쳐 가며 읽고 또 읽었다. 그 글들은 지금까지 내가 마음공부라고 해 온 것을 아주 명확하게 짚어 주고 있었기 때문에 무척 재미있었다.

그러나 당장 부산 법회에 나갈 수는 없는 처지였고, 사실 너무 오랫동안 다닌 사찰이기에 다른 곳으로 간다는 게 망설여졌다. 하지만 이제 테이프를 듣거나 글을 읽는 것만으로 부족해졌다. 무슨 수를 써서라도 선생님 법회에 참여하고 싶었는데, 우연히 토요일에 자연스럽게 시간이 나서 부산 법회에 맘 편히 나올 수 있었다.

그 어떤 형식도 없이 오직 '이것'만을 보여 주시는 선생님의 현장 설법은 테이프를 듣는 것으로는 도저히 상상도 할 수 없었던 충격 그 자체였다. 다른 모든 일을 제쳐 두고라도 무조건 이 법회에 나와야겠다고 다짐했다. 지금 생각해 보면 당시에는 '이것'이 무엇인지도 몰랐고, '이것'에 대한 관심조차 없었다고 할 수 있는데, 이 단 한 번의 법회에서 선생님에 대한 무조건적인 믿음이 생긴 것 같다.

이후 토요일 정기법회에 빠지지 않고 참여했고, 한 번만으로는 모자라서 수요일 저녁법회에도 참여했다. 월요일, 화요일 《반야심경》 소참법회에도 참여했다. 법회가 있다면 어떻게 해서라도 시간을 내어 법회에 참여했다. 일주일에 서너 번씩 교통체증 때문에 2, 3시간이 걸려 부산에 도착한 적이 부지기수였지만 단 10분이라도 직접 설법을 들을 수 있다는 생각에 고속도로에 투자한 시간들이 전혀 아깝지 않았다. 법회에 많이 참여하면 '이것'을 알 수 있으리라는 기대를 가지고 설법을 들은 적은 단 한 번도 없었다. 법회 올 때는 법회 시간에 늦을까 봐 애를 끓였을 뿐이고, 법회 때는 선생님 말씀에 최대한 귀를 기울였을 뿐이고, 또 마치고 집으로 돌아갈 때는 버스를 놓치지 않으려고 죽도록 뛰었을 뿐이다. 그냥 이렇게 하는 것이 힘들지 않고 재미있었다.

그런데 어떤 일을 계기로, 선생님 설법을 개념으로 이해해 놓고서는 이것을 공부라고 착각했음을 뼈저리게 반성하게 되었다. 그즈음에 들었던 《서장》 설법 중에 유독 와닿았던 구절이 "깨닫지 못하면 그만이지만, 깨닫는다면 반드시 옛사람이 직접 깨달아 얻었던 곳에 곧바로 당도하여야 비로소 크게 쉴 땅으로 여길 것입니다." ('증시랑이 묻는 편지 1')였다. 선생님께서는 진짜로 불교 신자라면 석가모니 부처님과 똑같은 깨달음을 얻는 것을 목적으로 삼아야 한다고 하셨다.

지금까지 나는, 나라는 인간을 그럴싸하게 포장해 주는 한갓 악세사리 정도로 이 공부를 취급해 왔다는 것을 그제야 깨달았다. 너무나 부끄럽고 한심하게 느껴져서 나 자신을 거들떠보기도 싫었다. 과연 내가 공부할 자격이 있을까? 심한 자괴감에 빠졌지만, 그래도 선생님 설법을 듣는 것만은 포기하고 싶지 않았다. 그동안 습관적으로 알아 왔고 알게 된 것이 모두 내 것이 아님을 인정하고, 마치 기계처럼 부산을 왔다 갔다 하며 그 어떤 기대도 없이 오직 설법만 들었다.

설법 도중에 선생님께서는 '이것'은 마치 도둑놈이 찾아오듯 오는 것이라고 말씀하셨다. 도대체 저게 무슨 소리일까? 이제 보니 선생님께서는 항상 손을 들어 올리면서 '이것', '이것'이라고 하시는데 저건 또 뭘 가리키는 것이지? 궁금해졌다. 궁금해지니까 설법에 더 귀 기울이게 되었다. 너무 집중하다 보니까 어느 날 법회에서는 선생님 손가락만 보였고, 또 어느 날은 귀에서 무슨 굉음처럼 꽝 하고 무너져 내리는 소리가 울렸다. 선생님께 여쭤보니 경계이니 계속 꾸준히 하라고 하셨다.

여느 때와 다름없이 버스를 타고 부산에 도착할 즈음 무심코 차창 밖을 보고 있었는데, 문득 '도대체 내가 무엇을 보고 있었던 거지? 창문인 거야? 아님, 창문 밖의 건물인 거야?'라는 생각이 들었다. 한 번도 그런 적이 없었는데, 순간 눈앞이 또렷해졌다. 이상했다. 주변을 다 둘러보았는데, 역시 또렷했다. 선생님 설법에 더욱 귀 기울였지만, 이상하게도 이전까지 뭘 들었는지 도대체 기억이 나지 않았다. 선생님께서 "이것!"하며 손을 들어 올리셨는데, 지금까지와는 다르게 그것에 대해 그 어떤 의문도 생기지 않았다. 그냥 통과였다. 지금까지 '이것'이라는 뭔가가 있다고 생각하며 뚫어져라 선생님 손가락을 보고 있었는데, 그건 내가 만들어 놓은 생각이고 개념이었다.

지금까지 들어 왔던 설법 테이프를 다시 들어 보았다. 그동안 내가 무슨 생각으로 무얼 들어 왔는지 전혀 생각나지 않았다. 《선으로 읽는 금강경》, 《원오심요》, 《서장》 등의 책과 그동안 밑줄 쳐 가며 읽었던 너덜해진 글들을 다시 보았는데, 글이 안 보이고 글자 한 자 한 자에 '이것'만 있을 뿐이었다. 쳐 놓은 밑줄이 무색해질 정도로. 선생님께서 법상에 앉아서 설법을 시작하자마자 웃음이 나왔고, 책을 펴서 한 글자 읽는데 이게 뚜렷할 뿐이었다. 선생님께 이 이상한 경험에 대해 말씀드렸더니 '거위왕' 얘기를 해 주시며, 이제 시작일 뿐이니 오직 법만 남게 될 때까지 더 꾸준히 해 보라고 하셨다.

눈앞이 또렷해지기 전보다 법에 대해 목이 더 말랐다. 그동안 허송세월한 게 너무 아까워서라도 더욱 그랬다. 모든 일을 내팽개치고 월, 화, 수, 목, 토요일 법회 있을 때마다 참석했다. 한 날은 고속도로가 너무 막혀 법회 시간에 매우 늦게 도착해 버렸다. '이것'에 대한 목마름이 너무 강했기 때문인지 아직 법회가 끝나지 않은 것이 다행스러워 안도의 눈물을 삼키곤 했다. 그러나 예전에 생각으로 하는 습관대로 '이것'을 마치 있다고 여겨 마치 수학 공식처럼 모든 것에 적용시키는 경우도 있었다. '사람들이 교육받은 대로 생각하는 습관이 아주 깊이 박혀 있는 거구나. 함부로 판단하지 말고 함부로 적용시키려 들지 말고 매우 조심스럽게 공부해야겠구나.'

그런 뒤에도 법회에 빠지지 않고 꾸준히 설법만 들었다. '이것'을 애써 보여 주시는 선생님 법회는 항상 내 공부의 거울이다. 솔직히 지금 나 자신이 '이것', '공부'라고 말을 붙이는 것조차 민망하다. 선생님께서 요즘 '불이법(不二法)'에 대해 자주 말씀하시는데, 정말 그렇다. 처음엔 공부와 공부 아닌 것이 둘이었다. 그러나 점차 그 구별이 사라졌다. 뭘 해도 걸림이 없고, 뭘 생각해도 둘이 아니다. 다만 '하하하' 웃음만 나올 뿐이다. 항상 내 공부에 부족함을 느끼게 해 주시는 선생님께 감사할 따름이다.

5. 이○욱 2009년 녹취

반갑습니다. 무심선원에 와서 선생님을 만나 뵙기 전에는 어떤 공부를 했습니까?

제가 처음 화두 참선을 접하게 된 것이 20살 때였습니다. 안거 때 이 절 저 절 돌아다니면서 앉아서 좌선하고 그랬죠. 화두를 받아서 하루에 10~12시간씩 앉아 있곤 했습니다. 그렇게 절에 들어가 있다가 나와서 군대 제대하고 또 여기저기 다니다가, 27살에 부산 무심선원으로 왔습니다. 그동안 유명하다는 절에는 대충 찾아다녀 보았습니다. 처음에 ○○정사 ○○ 스님 회상에서 첫 안거를 냈는데, 그때 '만법귀일'이라는 화두를 받았어요. '만법귀일'이라고 하는데 저는 어떻게 해야 하는지를 몰랐습니다. 지금 기억해 보면 "눈앞에 놓고 만법귀일이라는 글자를 관하라."고 얘기해 주셨던 것 같은데… 그런 식으로 했죠. 그러다 2006년 여름쯤에 부산 무심선원으로 왔습니다.

무심선원하고는 어떻게, 언제 인연을 맺게 된 겁니까?

2005년 겨울 정진법회 때 처음 참석했습니다. 그때 2박 3일 동안 법문을 듣고 난 후 집으로 올라가야 했는데, 선생님 밑에서 계속 공부하고 싶은 거예요. 어떤 도반 분하고 대화를 하던 중에 제가 올라가기 싫다고 얘기했더니 그분이 "그럼 안 올라가면 되겠네요."라고 하시더군요. '아, 안 올라가면 되는구나!'라고 생각하고는 몇 개월 후에 부산으로 내려오게 된 겁니다.

겨울 정진법회는 어떻게 알고 오신 거예요?

○○선원에서 들었습니다. 무심선원 오기 전에 ○○선원에 조금 다녔는데 거기서 무심선원 얘기를 처음 들었어요. 그런데 정진법회를 한다고 해서 한번 가 보고 싶다는 생각에 내려오게 되었죠.

그렇다면 불교에 대해서 공부하고 싶었던 계기는 무엇입니까?

고등학교 때 사는 게 괴롭다고 생각했거든요. 왜 이렇게 고통스럽게 살아야 하는가? 그러다 보니까 '도대체 왜 살아야 하고, 나라는 게 무엇인가? 죽는 게 뭔가?' 그런 의문이 컸죠. 그래서 그런 의문을 갖고 있다 보니까 자연스럽게 공부 쪽으로 방향을 잡은 거 같습니다. 출가를 결심하고 잠시 해인사에서 행자 생활도 하였습니다.

무심선원에 와서는 어떻게 공부했습니까?

그전에 하던 집중하는 식의 공부는 모두 버렸고, 단지 선생님 말씀만 들었습니다.

무심선원에서의 공부와 그 이전 화두 참선하는 좌선 공부는 어떻게 다르던가요?

좌선하며 앉아 있고 화두에 집중하고 있으면 편안하고 고요하다는 느낌을 받았습니다만, 무심선원에 와서부터는 계속 힘들었습니다. 분명히 뭔가를 말씀하시는데 저는 모르니까, 그게 너무 힘들더라고요.

그러면 무심선원에 입문해서 한 고비를 넘긴 체험에 대해서 말씀해 주세요.

쭉 힘들었습니다. 그런데 어느 때가 되니 공부를 하고자 하는 생각, 내가 이 법을 알아야겠다는 생각마저도 포기해 버리게 되더군요. 지금 돌이켜보니 가장 마지막까지 남았던 생각이 '내가 깨달아야겠다.'는 거였어요. 그런데 그 생각마저도 놓아지더군요. 놓아 버리고 싶어서 놔 버린 게 아니라 저절로 놓였어요. 그렇게 공부조차도 포기한 시간은 한 일주일에서 열흘 정도 되었던 거 같아요.

그때 선원에서 저는 설법을 녹음한 카세트테이프를 만드는 일을 했습니다만, 그 당시는 일을 하면서도 일을 어떻게 하는지 일이 눈에 들어오지 않았습니다. 마치 비닐에 싸여 있는 것 같은 느낌이라고 할까요? 꼼짝할 수 없이 꽉 막혀 있는 것 같은… 지금 그렇게 기억됩니다. 그렇지만 테이프 주문이 자꾸 들어오니 테이프를 만들기는 해야 했습니다.

어느 날 녹음된 테이프 원본을 테이프 복사기에 넣고 테이프를 돌려 놓았는데, 조금 있으니 "탁!" 하고 테이프가 다 감긴 소리가 나더군요. 저는 의자에 앉아 있다가 일어나서 복사기 쪽으로 걸어가려 하는데, 그 순간 뭔가 쑥 꺼지는 것 같더라고요. 그러자 그동안 괴롭다고 생각한 것들, 어릴 적부터 해 왔던 고민이나 생각들이 모르는 사이에 싹 사라져 버렸어요. 언제 그런 적이 있었나 싶을 만큼 (웃음). 그런데 분명히 이렇게 시원해졌는데도, 이게 뭔지를 모르겠는 거예요. 그래서 선생님께 말씀드렸지만, 원래 말을 잘 못하기도 해서인지, 분명하게 말씀드리진 못한 것 같아요.

그 후 시간이 조금씩 지나갈수록 점차 더 분명해졌습니다. 몇 개월 뒤 명절 때 버스를 타고 고향 집으로 가고 있는데, 또다시 그 체험이 분명하게 오더라고요. 그래서 선생님한테 문자로 그것을 알려드렸어요. 그러자 선생님께서 집에 갔다가 돌아온 뒤 보자고 하시더라고요. 그래서 갔다 와서 선생님과 얘기했죠.

그때가 부산 무심선원으로 오고 나서 얼마 지난 뒤인가요?

아마 1년 반 정도….

그 체험 당시에 어떤 기분이었습니까?

저는 환희심이 마구 차오르고 그러지는 않았어요. 모든 문제가 다 사라진 건 아닌데 뭔가 뚝 잘려 나간 것처럼 그랬어요. 아주 기쁘고 눈물이 나거나 그렇게 심하지는 않았어요. 그냥 혼자서 웃었습니다. 저절로 웃음이 나오더군요. 제가 노거사님하고 함께 사는 부담감이 나름 컸는데, 그 일이 있고 나서부터는 어려운 거사님이 아니라 그냥 집안 할아버지처럼 느껴지더군요. 그런 식으로 어려움이라는 것들이 없어졌습니다.

선생님께 그 체험을 말씀드리니 선생님께서는 뭐라고 말씀하셨습니까?

처음에 제가 말씀드렸을 때는 계속 공부하라고 하셨습니다. 그 당시 저에게 희한한 체험이 왔는데, 이걸 표현하지 못하겠는 거예요. 그 뒤 명절 때 고향으로 가면서 또 한 번 그런 체험이 오고서 선생님께 말씀드렸더니, 이제 간신히 걸음마를 시작하는 것이니까 끝까지 공부를 잘 해서 건강하고 자유롭게 뛰어갈 수 있을 때까지 공부를 중단 없이 하라고 말씀하셨습니다. 이걸 겨우 알았다고 자만하지 말고, 공부를 멈추지 말고, 공부를 끝까지 해야 하 는 것이라고 말씀하셨습니다.

누구에게 자랑하고 싶거나 말하고 싶지는 않았어요?

예. 누구한테 이것에 대해서 막 얘기하고 싶을 때가 있었습니다. 그렇지만 그때 선생님께서 한 말씀 한 말씀 해 주시는 것을 듣고서 제가 너무 부끄럽고 그랬습니다. 공부해 가는 데 비뚤어지지 않도록 선생님께서 말씀해 주시고 그랬습니다.

그 체험을 한 뒤와 하기 전의 공부에 차이가 있습니까?

체험하기 전에는 공부가 아닙니다. 공부는 체험 후에 시작하는 것이지요. 이 고비를 넘어서지 못하고서 하는 모든 행위는 공부가 아니라 그냥 헤맨다고 말해야 합니다. 기도든 염불이든 좌선이든 모든 것이요. 절집에서는 그런 것을 공부라고들 말하지만, 사실은 그냥 이전의 껍질을 벗지 못하고 헤매고 있을 뿐인 거죠.

지금 이 순간 여여한가요? 정말 100% 이것밖에 없습니까?

(주먹을 휘둘러 보이고서) 굳이 말을 하자면 이 방에 들어오기 전이나 혹은 들어와 앉을 때나 지금 얘기를 할 때나 이렇게 손을 움직일 때나 그렇습니다.

실례지만 올해 나이가 어떻게 됩니까?
서른한 살입니다.

마지막으로 하실 말씀이 있다면요?
이런 말씀드리면 또 분별한다고 하실지도 모르지만, 선생님과 노거사님은 제 아버지요 할아버지 같은 분들이십니다. 제가 정말 새 삶을 살 수 있게 해 주셨습니다. 깨달음이라는 것을 구하러 다닐 때도 저는 평생 헤매다가 아파하면서 죽을 거라고 생각했습니다. "내가 과연 깨달음을 맛볼 수 있을까?" 했는데, 선생님과 거사님을 만나게 되어서… 무어라 감사의 말씀을 드려야 할지 모르겠습니다.

6. 이○일 2009년 녹취

무심선원에 오기 전에는 어떤 공부를 하셨습니까?

여러 가지 수련 단체를 많이 다녀 보았습니다. 다만 불교 쪽 단체는 접해 보지 못했고, 주로 교회 쪽이었습니다. 기(氣) 수련도 좀 했고요. 그런 곳을 찾아다니다 보니 어울리는 친구들이 대부분 도(道)를 공부한다는 사람들이어서, 그런 친구들하고 정보를 서로 주고받으면서 어디가 좋더라 하면 거기 또 가 보고 하면서 그렇게 돌아다녔습니다.

언제부터 그런 공부 생활을 하신 겁니까?

공부라고 하기엔 좀 그렇긴 한데, 대략 17살 정도 되니까 살아가는 것이 무언가 어긋나 있고 맞지 않는 느낌이 들면서, 이것은 아닌데 하는 의문이 많이 들었습니다. 그러면서 처음 찾아간 곳이 종교 쪽이었습니다. 또 어머니가 교회 신자이셔서 자연스럽게 그쪽으로 가게 되었죠. 그렇게 약 20년 가까이 기독교를 접했죠. 교회에 다니긴 했지만 신자라고 할 정도로 열렬하지는 않았습니다. 그저 무언가에 목말라 있었죠.

무심선원과는 언제 어떻게 인연을 맺게 되었습니까?

예전에 경기도 광주에서 국선도 하시는 분과 유대를 맺고 있었습니다. 저는 그분이 운영하는 국선도의 회원이었죠. 그런데 김태완 선생님의 《서장 공부》라는 글이 불교신문에 연재되었을 때, 그분이 가끔 부산에 가서 선생님의 법문을 듣고 온다고 그러시더군요. 그러다가 그분의 초청으로 선생님이 경기도 광주의 그분 국선도 수련장에 오셔서 법회를 열게 되었다고 하더라고요. 그때 처음 가게 되면서 무심선원과 인연이 된 거죠. 지금으로부터 대략 6년 정도 전의 일인 것 같아요.

무심선원에서 공부해 보니까 그 이전에 여러 수련 단체를 찾아다니면서 했던 공부와 어떻게 다르던가요?

그런데 이것을 체험하기 이전에는 사실 공부라고 할 만한 것을 한 것이 아니에요. 체험하여 알고 나서 하는 것이 공부죠. 그 전에는 공부를 했다고 할 수 없어요. 물론 그때에도 어떤 열정이나 갈망이 있긴 했지만, 그렇다고 해서 수련에 빠져서 아주 열심히 했다거나 종교에 심취해 있었던 건 아니거든요. 아무것도 확실히 손에 잡히는 게 없었기 때문에, 그때는 열심히 하지도 못했고 할 수 있는 상황도 아니었죠.

그러면 선원에 와서 공부는 어떻게 하셨습니까?

음성 법문을 들었죠. 처음에는 선생님 법문하실 때 한 글자도 안 놓치려고 했어요. 사실 법문을 들으면 졸음 같은 게 오잖아요. 더구나 식사까지 한 오후에는 더 많이 졸리잖아요. 그런데도 한 글자도 안 놓치려고 애를 많이 썼던 것 같아요. 그리고 테이프도 꽤 들었고요. 책도 봤는데, 그때는 무슨 말인지 모르겠더라고요. 법회 자료나 선생님이 쓰신 책을 읽어도 잘 모르겠더라고요. 도대체 무슨 말을 하는지 몰랐어요. 읽어 봤자 졸리기만 했고 재미도 없고 그랬으니까요. 그래도 법문을 듣는 것은 쉬우니까 주로 음성 법문을 많이 들었죠.

그러면 한 고비를 넘기고 '이것'을 알게 된 체험에 대해서 말씀해 주십시오.
선생님 법문을 들으려고 쫓아다닐 때는 '아, 이렇게 열심히 해도 되지 않는구나.'라는 기분이었어요. 저 나름으로 공부라는 것을 해 온 햇수가 벌써 10년도 넘었는데, 이렇다 할 수확이 없으니 갑갑했습니다. 그렇다고 딱히 선생님에게 물어볼 말도 없었어요. 그 당시 선생님께서는 의문이 있으면 물어보는 것이 좋다고 하셨지만, 질문할 것이 없었어요.

　그러다 어느 날 선생님께서 법문 중에 이것에 대해서 말씀하시다가 '찰나'라는 말씀을 하셨어요. 그 '찰나'라는 것이 짧은 순간을 말하는 것이잖아요. 그런데 뜬금없이 '아, 저 찰나가 얼마만큼의 시간일까?'라는 생각이 들었어요. 그냥 그런 생각이 들더라고요. 선생님께서 질문을 하라고 하셨는데 다른 사람들이 질문을 안 하기에 제가 손을 들어서 "찰나라는 시간이 도대체 얼마만큼의 시간입니까?"라고 물었습니다. 그때 선생님께서는 안색이 변하면서 정색을 하시고 "머리를 가지고 머리를 찾는구나."라고 말씀하시면서 손가락질을 하셨는데, 저는 좀 민망하더라고요. 그래서 질문을 잘못했나 보다 하고 창피하다는 생각도 들고 해서 가만히 있었어요. 제 성격이 좀 내성적이기도 하구요.

그런데 선생님께서 하신 "머리를 가지고 머리를 찾는구나."라는 말이 머릿속에서 떠나질 않고 맴도는 거예요. 법회 끝나고서 집으로 돌아와 다음 날 회사 출근하려고 집을 나서는데, 또 선생님이 하신 "머리를 가지고 머리를 찾는구나."라는 말이 머릿속에서 떠오르더라고요. 제가 억지로 한 것도 아니고 저절로 떠오르더라고요. 또 다음 날도 "머리를 가지고 머리를 찾는구나." 하고 자꾸 그 생각이 나더라고요.

그렇게 일주일 정도 지났을 때 저와 같이 일하던 사람들을 퇴근시켜 주고 혼자서 차를 몰고 집으로 오는데, 또 그 생각이 나더라고요. "머리를 가지고 머리를 찾는구나… 머리를~ 가지고~ 머리를~ 찾는구나~" 그러다 문득 오더라고요. 확 밝아지면서 선생님께서 법문하셨던 말씀들이 머릿속에서 스윽스윽 지나가고 떠오르고 하더라고요. (책상을 한 번 치며) "아, 이것이구나!" 단번에 알겠더라고요. "아, 이것이로구나! 이걸 얘기한 거로구나." 약간 흥분되더라고요. 제일 먼저 집에 가자마자 법회 자료를 먼저 봤죠. 이 자리를 체험하면 법문이 한눈에 들어오고 다 소화된다고 하는 말씀이 기억나더군요. 그래서 법회 자료를 봤는데 '이것' 한 가지만 쓰여 있더라고요. 《금강경》과 같은 경전에도 여러 가지 내용이 있는 줄 알았는데 이것 하나만 나타나 있더라고요. "아, 이게 맞구나!"

그때가 몇 년도입니까?

그때가 서른두 살 정도였으니까… 6년 정도 되었군요.

일주일 동안 그 문제에 부닥쳐서 아득한 상태에 있다가 문득 깨어났을 때 기분이나 감동 같은 것을 어떻게 말씀하시겠습니까?

굉장히 좋았어요. 체험하고 나서도 3, 4개월 정도까지는 굉장히 좋았죠.

그 3, 4개월 동안 생활의 변화가 있었을 거 같은데요?

그럼요, 많이 있었죠. 환상적이라 할 수 있죠. 제가 그 전에도 물을 마셨지만 지금은 진짜 물을 마실 줄 알아요. 그 전에도 밥을 먹을 줄은 알았지만 지금 진짜 밥 먹을 줄 알고요. 편해지니까 많이 웃게 되죠. 그런데 그때는 혼자 가만히 있는 걸 좋아했어요. 그때는 아직 혼자 살 때였는데, 창가에 앉아서 그냥 가만히 있었어요. 거기에 빠져서….

이러한 경험을 한 뒤에 선생님께 말씀드렸어요?

예. 일주일 정도 뒤에 말씀을 드렸어요. 선생님은 손뼉을 치면서 좋아하셨어요. 그러고는 여기에 대하여 일부러 말하지는 말라고 하시고, 또 몇몇 주의사항 같은 것도 말씀해 주셨고요. 그랬던 걸로 기억합니다.

그 이후로 변함없이 체험에서 통한 묘한 자리가 지속되고 있습니까?

그럼요. 감정적으로 아주 좋았던 것은 처음에 그랬고요, 그런데 그것만 가지고 공부의 척도를 삼을 수 있는 건 아니니까요.

아까 물맛에 대해 말씀하셨는데, 체험하기 전의 물맛과 체험 후의 물맛이 어떻습니까?

제가 왜 그런 표현을 썼느냐면, 사람이 진짜 살아 있는 느낌이 있어요. 불꽃이 활활 타오르고 있어요. 사람이 살아 있어요… 예, 정말 살아 있어요! 그런 것 때문에 제대로 된 물맛을 보는 거고. 물맛이 여기서 여기까지라고 하면, 그걸 다 느끼는 거예요. 그냥 살아 있는 거예요. 예로 물과 밥을 들었지만….

선생님께서 이 공부는 줄타기와 같다고 비유를 하시죠. 줄을 탈 줄 알고 제법 잘 타게 되었는데도 어느 순간 떨어질 때도 있죠. 물론 줄에서 떨어지거나 법에서 멀어지더라도 한순간에 다시 극복되죠. 거기에 대해서 예를 들어 말씀해 주신다면?

지금 무심선원에 와서 '이것'을 경험하고 이렇게 살아가게 됐어요. 하지만 이전까지 살아왔던 기간이 더 길잖아요. 그래서 이전의 습(習)이 더 강하지요. 그렇지만 어쩌다 다시 이전의 습이 나와도 곧 저절로 이 법으로 회복이 돼요. 저절로 되죠. 생각을 가지고 제 모습을 관찰하거나 하지는 않습니다. '야, 이렇게 되었으니 다시 저쪽으로 가!'라고 생각하지 않습니다. 예를 들어 집사람한테 화내거나 할 때, 사실 화를 잘 내는 건 아니지만, 잠깐 줄에서 떨어졌다고 표현하는 경우가 되었을 때도 저절로, "아!" 하고 즉시 이(책상을 두드림) 자리를 회복하는 것이지요. 사실을 말하자면 줄에 올라간 적도 없고 줄에서 떨어질 수도 없어요. 올라갔다고 말할 수도 있겠지만, 떨어질 수는 없다고 하는 것이 맞아요.

지금 "법이 뭡니까?"라고 묻는다면 어떻게 답하시겠습니까?

"법이 무엇이다."라고 말하고 싶지는 않습니다만, 그냥 쉽게 말한다면 원래의 자리 같아요. 법이라는 건 본래 그대로⋯ 아까 이 공부 하기 전에 살아오면서 무언가 맞지 않고 좀 어긋난 것 같았다고 말했잖아요. 그랬던 것이 이제 다시 제자리에 돌아왔다고 할까요? "법이 무엇이다."라고 말할 만한 그런 무엇은 없어요. 제가 원래 말을 앞세우는 것을 싫어해요. 이 자리를 알고부터는 더 싫어해요. 아마도 헛된 말에 길들어 있었던 것이 싫기 때문인가 봐요. 말하거나 머리로 아는 것보다는 최대한 몸으로 스며들게끔 하고 싶죠. 공부가 머리가 아닌 몸으로 스며들기를 바라죠. 아주 자연스럽게.

그 공부를 한번 내놔 보라고 하면 어떻게 내놓겠습니까?

보시는 그대로⋯(책상을 두드림). 그런데 아니 법을 나만 가지고 있는 것도 아니고 각자 다 가지고 있는 건데 무슨 물건인 양 내놓으라고 하니 참 웃기지도 않아요.

올해 나이가 몇이시죠?

서른여덟입니다.

같이 공부하는 도반들이나 선원에 하고 싶은 말이 있다면요?

자기가 아는 것에서 벗어나는 게 가장 힘들 겁니다. 말에서 걸리고. 체험을 했더라도 말에 잘 속아 넘어가거든요, 아까 줄에서 떨어진다고 말씀하셨듯이. 또 우쭐해질 수도 있고요. 선원이 잘되면 좋겠습니다. 바른 법을 펼치면 자연히 잘 흘러갈 것이고, 저절로 잘되겠죠. 바른 법을 하는데 엉뚱한 사람이 끼어들겠어요? 잘될 수밖에 없다고 저는 그렇게 믿고 있습니다. 제가 치밀하지가 못해서… 아마 지금까지 제가 했던 말 중에서 부족한 게 아주 많을 거예요. 오해의 소지도 있을 만한 게 거의 다라고 해도 과언이 아닐 겁니다. 아마 말로써 뭐가 잘못되었다고 집어서 얘기하실 분들도 있을 텐데, 그걸 집어서 얘기해 주면 제가 거기에 대해서 잘못 전달된 부분에 대해서 얘기할 수는 있죠. 그런데 사실 얘기해도 누가 오해하거나 말거나… 오해하면 어떻고 안 하면 어떻습니까.

7. 박○자 2009년 진술

　혹시 저의 공부 얘기가 다른 도반께 도움이 됐으면 하는 마음에
용기를 내어 말씀드리겠습니다. 2002년 3월경 친구 소개로, 김태완
선생님께서 부산대 강의실에서 불이법문(不二法門)을 하신다고 하
기에 법문을 들으러 찾아간 것이 인연이 되었습니다. 대학 강의실
에서 법문을 들으니 옛날 학생 때 생각이 나기도 하고, 또 듣고 싶
었던 법문이기도 했습니다.

　제가 공부를 하게 된 연유는 82년도에 9살 된 아들을 잃은 사건
때문이었습니다. 아들을 잃고 난 뒤 죽고 싶었지만 죽을 수 없는 마
음에 "나도 생사해탈을 해 봐야지."라고 하는 마음을 품게 된 것이
계기였습니다. 마음은 매우 간절했고 수행도 여러 가지 해 보고 싶
었습니다. 그러나 부모님을 모시고 시집살이를 했기 때문에 집을
떠날 수 없었고 수행도 할 수 없었습니다. 남들처럼 절에 가서 용맹
정진도 해 보고 싶었으나 그것도 할 수 없었습니다. 그리하여 기껏
집에서 혼자 책을 보는 것으로 만족할 수밖에 없었습니다. 그러나
늘 숙제를 못 하고 있는 학생처럼 답답했습니다.

　그러한 나에게 선생님과의 만남은 숙제를 할 수 있는 유일한 시

간이었습니다. 일주일에 한 번이라도 법회에 참석하는 것이 공부하는 시간이었습니다. 법문을 몇 번 듣고 나니 넘을 수 없는 산이 앞을 가로막고 있었습니다. 여태껏 부처님은 2,500년 전에 인도에 출현하여 위대한 깨달음을 얻으시고 불교를 만들어 가르치신 분이라고만 알고 있었는데, 선생님의 설법은 이런 생각을 송두리째 부수어 버렸습니다. 선생님은 "부처가 무엇입니까?" 하고 질문하고서, "볼펜." "마이크."라고 하거나, 손을 흔들면서 "이것."이라고 말했습니다. "도가 무엇입니까?" 하고 질문하고서, "컵." "죽비."라고 말했습니다. 이런 말도 되지 않는 말씀과 도저히 이해할 수 없는 행동… 갑갑하기만 하고, 사람을 놀리는 것 같기도 하고… 사람이 사람 말을 못 알아듣다니… 그렇다고 무어라 한마디 반박할 수도 없고. 그래도 스스로는 법문을 들으면 이해할 정도는 된다고 생각하고 있었는데, 전혀 그렇지 못했습니다. 가슴이 답답하고, 화도 나고, 여지껏 내가 무엇을 했는가, 왜 이렇게 내가 바보인가 하는 마음도 들어서, 법문 시간에 참을 수 없는 눈물이 부끄러움도 모르고 펑펑 쏟아졌습니다. 무슨 한이 맺힌 사람처럼 눈물을 멈출 수가 없었습니다.

2002년 여름에 남산동으로 선원을 옮겼습니다. 그해 12월 말쯤 임제록 법문 시간이었습니다. 선생님이 말씀하셨습니다.

"당신은 지금 어디에 계십니까?"

다시 말씀하셨습니다.

"당신은 지금 어디에 계십니까?"

그때 문득 "앗! 선생님과 내가 한자리잖아!" 하는 생각이 스쳐 가며, 순간 캄캄하게 모든 것이 끊어졌습니다. 생각도 시간도 공간도 다 사라져 버렸습니다. 환하게 밝아진 것 같기도 했습니다. 여전히 법문은 듣고 있는데 어떻게 이런 일이… 어리둥절하기도 했습니다. 입이 열리지 않았습니다. 다만 "감사합니다. 감사합니다. 감사합니다." 하고 끝없는 감사가 올라왔습니다. 어떻게 나에게 이런 일이….

　몸과 마음이 날아갈 것 같이 가볍고 편안했습니다. 가로막혀 있던 의문도 사라지고, 공부해야 한다는 강박관념도 사라지고, 두려움도 없어지고, 온통 감사함과 안락함이 있었습니다. 한편으로는 왠지 화도 나더군요. 너무나 평범하고 너무나 아무것도 아닌 거에요. "이것을 가지고 어려운 팔만사천 법문이 왜 필요한가?" 여자들은 깨달을 수 없으니 다음 생에 남자 몸을 받아서 공부하라고 하다니… 이렇게 쉬운 것을… 세수하다가 코 만지는 것처럼 쉬운 일이라는 말이 실감이 되었습니다.

　아직 이것을 알지 못하는 도반님들, 어렵게 생각하지 마세요. 아는 것이 너무 많아서 탈입니다. 이것은 우리 모두 처음부터 가지고 있던 것입니다. 너무나 당연하고 너무나 평범하고 결코 특별한 무엇이 아닙니다. 숨 쉬는 것보다 더 당연한 것입니다. 생각할 필요가 전혀 없는 것입니다. 우린 누구나 깨달을 수 있습니다. 저의 체험으로 말씀드리는데, 법문 시간에 졸지 마시고 나 자신이 법문을 하듯이 선생님과 하나가 되도록 하세요. 법문 시간에 선생님이 "이것뿐입니다." 하고 손을 드시면, 저는 전기가 통하는 것 같이 찌릿찌릿했습니다. 딴생각 하지 마시고 간절한 마음으로 선생님과 통하도록 하십시오. 꼭 웃을 날이 올 것입니다. 감사합니다.

8. 김○희 2009년 녹취

무심선원에 와서 선생님 만나기 전에는 어떤 공부를 어떻게 하셨습니까?

저는 원래 종교에 대해서 썩 좋은 감정을 가지고 있지는 않았어요. 그래서 《장자》나 《노자》를 읽어 봤어도 거기에 나오는 도(道)라는 개념도 한학에서 말하는 주리(主理)니 주기(主氣)니 하는 관념을 하나 세워 놓고 사람이 거기로 딸려 가는, 뭔가 해소되지 않게 바라만 보고 좇아가게 하는 것, 그 정도쯤으로 치부해 버렸기 때문에, 도라는 데 관심이 없었습니다.

그런데 개인적으로 어렸을 적부터 그런 건 있었어요. 채워지지 않는 느낌 같은 거요. 모든 것이 있어도 뭔가 만족되지 않는 부분…. 그래서 어렸을 적부터 무의식적으로 가장 찾고자 했던 것이 자유라는 것이었어요. 뭔가 채우고 싶은데 채워지지 않는 게 있었어요. 그러다가 학교 다니고 대학에 가고… 그래도 이것을 어디서 얻는지 그 방법을 몰랐던 거예요. 직장생활 하니까 외부에서 받는 스트레스도 커지고…. 그래서 저 나름대로 해소법이 '인생이라는 것은 어차피 한 세상 사는 것인데, 스트레스 받지 않고 그냥 잘 사는 게 잘 사는 것인가 보다.' 하고 저 하고 싶은 것 다 하면서 여행

다니면서 살았어요. 그러나 제가 끌리는 것을 다 하고 살아도 만족이 안 돼요.

그러다가 2006년에 TV에서 ○○사에서 단기 출가하는 것을 다큐멘터리로 찍은 프로그램을 본 적이 있어요. 아, 절에서 템플 스테이라는 것을 하는구나. 그래서 그동안 일 년에 한 번씩 배낭여행을 떠났는데, 2006년도에는 그래, 절에나 가서 한번 쉬어 보자 하고, 컴퓨터에서 검색해 보니까 남도에 있는 △△사라는 사찰에서 7박 8일 프로그램이 있더라고요. 그래서 거기에 갔어요. 그해 7월 초에 휴가를 내어서 갔어요. 처음에는 무슨 화두라는 주제를 가지고 좌선을 해서 뭔가를 하는데, 저는 그 화두라는 개념조차도 세속에서 말하는 화두로만 알고 있었어요. 불교적인 논제를 가지고 토론하는 것으로만 알고 갔는데, 가자마자 묵언하게 하고 좌선을 하게 앉혀 놓고 못 쉬게 하고 일괄적으로 화두를 주더라고요. 전체적으로 화두를 주는데 '이 뭐꼬?'라는 화두를 주더라고요. 저는 이왕 왔으니까 조용히 잘 지내다 와야겠다 하고 뭔지는 모르겠지만 앉아서 시키는 대로 했어요.

첫날은 처음 좌선을 하는 것이다 보니까 너무 힘든 거예요. 둘째 날 저녁때부터 앉아 있는데, 사물이 제가 늘 인식했던 대로 그대로 보이는 게 아니라, 동양화의 산수화에서 보는 안개가 꽉 낀 그런 풍경이 눈을 뜨고 있어도 눈을 감고 있어도 보이는 거예요. 그런 현상을 5일 동안 체험했어요. '인식이라는 게 뭔가? 사람의 인식이라는 게?' 그때 이 불교에 뭔가 있구나 했어요. 그런 경험을 반복하면서 그 사찰에서 자고 일어나서 아침에 시간이 있을 때 사찰 처마 밑에 앉아서 《선문학》인가 하는 작은 책자를 뒤적거리다가 《마조어록》의 일부를 실어 놓은 걸 봤어요. 지금 정확하게 기억은 못하겠는데 아마 덕산선감(德山宣鑒) 얘기도 나온 것 같아요. "마음이라는 것은 어릿광대일 뿐이다."라는 내용이 있는데, 그게 다가오더라고요. 인식이라는 문제에 딱 물려 있는데 그것도 다가와요. '아, 불교에 뭐가 있구나!'

　△△사에서 마지막 8일을 마치고 짐을 싸 가지고 올라오면서 그 사찰 스님께서 주신 책을 하나 읽었어요. 자꾸 끌려요. 집에 오자마자 인터넷에서 책을 닥치는 대로 주문해서 읽었어요. 제가 불교에 대해 뭐가 뭔지 잘 모르니까 닥치는 대로 읽었는데, 어떤 것은 수필 같으니까 그런대로 그냥 웃으면서도 봐지고… 그중에 《화엄경》도 있었는데 그건 도저히 모르겠더라고요. 선어록도 있는데 도대체 세속적인 생각으로는 다가설 수가 없는 거예요. 웬만하면 이해를 하는데 다가설 수가 없는 거예요. 그렇게 2, 3개월이 지나는 중에 해결이 안 되는 거예요. 도대체 이걸 해결하려면 어떻게 할까? 누군가한테 좀 물어보고 싶은데 물어볼 데도 없고, 답답하긴 하고, 그래서 저 나름대로의 방안이 뭐였느냐면 '동국대 불교대학원에 가면 가르쳐 주겠지?' 했어요.

　그때 7월에 돌아와서 8월, 9월, 10월까지 아무거나 닥치는 대로 다독을 하다가, 그래도 해결이 안 돼서 11월에 학교를 가 보자 해서 대학원에 입학원서를 내고 입학을 했어요. 그러는 중에 김태완 선생님의 《선으로 읽는 금강경》을 봤어요. 처음부터 끝까지 단숨에 다 읽었어요. 선생님께서 "이게 진리다."라는 표현도 가끔 쓰시더라고요. 그 진리라는 게 제가 어렴풋이 느낀 그런 거였던 거 같아요. 갈망하고 있던 자유와 같은 그런 걸 표현한 거 같은데, 선생님은 쉽게 "죽비!"라고 하고 "시계!"라고 하고 그런 표현을 반복적으로 쓰시는데, 저는 모르겠는 거예요. 너무 화가 나잖아요. 그 단순한 것조차도 그렇게 얘기하는데 왜 나는 모를까? 그게 끓어오르기 시작하는 거예요. 그걸 왜 나는 모를까? 그게 도대체 뭘까? 이런 물음에 맞물리기 시작했어요.

그런데 내가 찾던 것을 쉽게 "책이다", "죽비다" 하는데 나는 모르겠는 거예요. 죽비를 모를 리가 없는데 죽비를 들고 "이것"이라 하는데, 나는 왜 모르는지… 답답증, 갈증이 커지기 시작하더라고요. 그 갈증이 얼마나 깊었는지 자다가도 일어나고 밥 먹다가도 그 생각이고, 24시간 거의 내내 '선생님이 들고 있는 이게 뭘까?'라는 생각을 계속했어요. 얼마나 갈증이 깊었느냐면 퇴근한다고 전철을 기다리고 서 있으면 누가 나를 전철 선로로 떠밀어 내가 죽게 되어도, 누가 그것만 가르쳐 준다면 그 속으로 들어갈 마음이었어요. 항상 그거 생각, 가면서도 그 생각, 오면서도 그 생각, 자다가 일어나도 그 생각, 술 마시는 자리에서도 그 생각이었죠. 그러다 보니 가슴에 답답증이 오더라고요. 그 생각만 하면 가슴이 답답해지는 거예요. 숨이 차오르고 꽉 막히고 그랬어요.

아주 절절하셨네요.

예. 그러더라고요. 그러고 나서 대학원에 입학했어요. 그때가 3월 1일인데, 그 시점이 정확히 언제인지 잘 모르겠는데, 입학하기 전에 그걸 알았을 거예요. 가슴이 너무 벅차니까 힘들어서, '내가 살기 위해서는 이걸 놔야겠다.'라는 생각이 들었어요. 힘들더라고요. 그래서 책 보는 걸 접었어요. 어느 주말에 방바닥에 누워서 불교 관련 잡지책을 뒤적뒤적 하고 있다가, "향엄 스님이 빗자루로 땅을 쓸다가 돌맹이가 대나무에 딱 부딪히는 소리에 깨어났다."는 대목을 보는데, 뭔가가 몽땅 내려앉아요. 숨이 찼던 것도 꽉 막혔던 것도 하얗게 깨끗이 내려앉았어요. 뭐가 뭔지 모르겠는데 하여튼 시원해요.

그런 상태로 대학원에 입학했어요. 나름대로 좋다는 과목을 수강 신청을 했어요. '중관' 과목을 신청했는데, 그 교수가 그러는 거예요. "도라는 것은…" 하면서 방망이로 교탁을 탁탁 치는 거예요. 그런데 저는 그걸 알겠어요. 표현은 못 하겠는데 뭔지는 모르겠는데 느낌이 와요. 그 자체로요. 그러면서 '그게 뭘까?' 하면서 발동이 되더라고요. 그걸 알고 싶어 하는 그런 발동이 계속 생기더라고요. 시원하긴 한데, 그것을 확인하고 싶어 하는 발동이 계속 생겼어요.

그래서 《선으로 읽는 금강경》 책을 다시 보려고 꺼내서 봤는데, 무심선원 사이트가 적혀 있는 거예요. 그래서 사이트에 들어가서 선생님 음성 법문을 그때 처음으로 들은 거예요. 그때가 3월 대학원에 입학하자마자였어요. 선생님 법문을 들었는데 뭔가 해소되는 거예요. 저는 일을 하면서 계속 음성 법문을 들었어요. 그러면서도 이 공부라는 걸 제대로 모르니까 5월 즈음 그런 현상이 나타나더라고요. 제가 회사에서 서류를 작성하는데 컴퓨터 앞이 하나도 안 보여요. 그래서 농담 삼아 주위 사람에게 그랬어요. "과장님, 내 나이가 아직 앞이 안 보일 나이가 아닌데 이상해요." 그분이 "서울 공기가 안 좋아서 그러나……."라고 해요. 이상하다 싶어서 밖으로 나와서 건물을 한 바퀴 돌았어요. 여태까지 그런 경험이 없었는데, 올라가서 다시 자판을 치는데 또 안 보이는 거예요. 그래서 그날은 일을 접고 집에 가서 쉬었어요.

다음 날 와서 또 평소처럼 선생님 법문을 들으면서 제 일을 계속했어요. 다음 날 오니까 괜찮아지더라고요. 저는 그게 무슨 현상인지도 모르겠는데, 하여튼 그렇게 지내면서 무심선원 사이트에는 계속 들어갔어요. 일도 바쁘고 어디 꾸준히 가려면 제 시간도 조절해야겠더라고요. 그래서 제가 처음 선원에 온 게 7월 초인데, 그때 수원에서 하는 법회에 갔어요. 가서 총무를 만나서 여기 어떻게 하느냐는 등 이런저런 거 물어보고, 처음으로 선생님께서 설법하는 걸 듣고 나오는데, 낯선 얼굴이니까 선생님이 어떻게 왔느냐고 물으시더라고요. 그래서 '이것'이 궁금해서 대학원 가면 가르쳐 주는 줄 알았는데 그런 것도 아닌 거 같아서 여기 와서 듣고 있다고 했어요. 설법 처음 들을 때 제 느낌은 마음은 편안한 상태였는데, 앞은 좀 답답하고 아무와도 얘기하고 싶지도 않았고 그런 상태였어요.

주말마다 가서 3번 정도 설법을 듣고 7월 말에 지리산에서 열린 정진법회에 처음 참석했어요. 그때도 푹 빠져 있는 상태였던 거 같아요, 지리산 가면서 한 거사님하고 같이 가게 되었는데, 그 거사님이 묻고 하여 이렇게 됐다고 이야기했더니 선생님하고 면담해 보라고 권하시더라고요. 그래서 면담을 했어요. 제 상태가 이렇고 주위 사람들과 말도 별로 하고 싶지 않은데 마음은 상당히 편안하다,

뭐가 뭔지 모르겠는데 상당히 편안하다고 말씀드렸죠. 그랬더니 선생님께서 굳이 말할 필요는 없다고 하시더라고요.

무심선원에 오셔서 본격적으로 공부한 이후에 알게 된 자유라 할까, 그 이전에 나름대로 막연하게나마 자유를 갈구했다고 하셨는데, 그 자유와 무슨 차이가 있습니까?

차이라고 하기보다는 계속 설법을 들으면서도 선생님께서 "밝다." "전체로 보인다."고 하시는 거예요. 저는 그게 아니었어요. 저는 편안하기만 했지 '밝다', '전체다' 하는 것은 눈에 안 들어왔어요. 하여튼 설법 듣는 게 좋고 들으면 편안하고 그래서 계속 설법을 들었죠.

제가 이 맛을 조금 보았다고 여겨지는데, 아직 밝지도 않고 자유롭지도 않은 거예요. 분명히 자유롭지는 않았어요. 그런데 선생님은 밝다고 하시고. 선생님이 거짓말을 하시지는 않을 것이고…. "밝다."고 하시고 "전체다."라고 하시는데 저는 그게 아니었어요. 편안하지만 뭔가 있어요. 저는 그런 상태로 계속 공부를 했어요.

11월경 좀 추울 즈음 과천청사에서 퇴근하다가 건널목에서 신호등을 보면서 서 있는데, 신호등이 탁 바뀌면서 반짝반짝 하는데, 그게 달리 보여요. 이전에는 그냥 저기 서 있던 것들이 달리 느껴지는 거예요. "어!" 그래서 다시 지나가는 차들을 봤어요. 왼쪽 깜빡이 넣고 가는 차, 지나가는 차들을 보는데, 지금 말하면 '이것'이 확인되는 느낌이라고 할 수는 있는데, 그렇지만 전체로 확인되는 그런 느낌은 아니었어요. 그런 게 하루가 다르게 달라지더라고요. 저는 과천청사로 출근하면서 그렇게 환희의 맛을 느껴 본 적은 없었어요.

아침에 출근하는 게 너무 즐거웠어요. 집에서 나와서 운동장을 가로질러서 가고, 관악산을 바라보면서, 출근하면서 차 지나가는 것들, 그 건물들 보는 것이, 예전에 따로 두고 봤던 것들이었는데… 그 이후에는 한동안 환희에 차 있었어요.

그런데 대학원에서 공부하셨잖아요. 그런 학문세계와 우리 선원에서의 공부와는 어떤 차이가 있을까요?

저는 불교를 처음 접하는 것인데, 학교에서 강의하는 교수들은 나름대로 자기의 것을 가지고 가르치고, 동학들도 스님들이 많았고 사찰에 나가는 분들이었기 때문에 가치 기준이 어느 정도 설정되어 있는 분들이셨어요. 그런데 저는 그런 걸 전혀 모르기 때문에 거기에 대해서 가타부타 뭐라고 얘기를 안 했어요. 그런데 제가 느끼는 바로는 아니기 때문에 가서도 소통이 안 돼요. 그러니까 같이 섞일 수가 없어요. 실은 오늘 졸업 모임인데 그 모임에 나오라고 여러 번 연락이 와도 섞여지지가 않더라고요. 그런데 여기는 누가 시켜서 오는 게 아니라 내가 좋아서 오는 거죠. 그런 차이점이 있죠.

  학교에서는 대부분 어떤 걸 따로 두고 쫓아가는 스타일이죠. 뭘 세워 놓고 거기에 가려고 하는, 목표 지점이 있는 거죠. 동학들도 당연히 그렇게 가는 거라고 생각하고, 교수 역시도 설정해 놓고 따라오는 형태로 틀이 채워져 있죠. 그런데 여기 무심선원에서는 선생님 가르침에서 "도라는 건 따로 있는 게 아니다. 이것저것을 설정해 놓는 게 아니다."라는 그 말씀이 저는 제일 와닿아요. "둘이 아니다."라는 거죠. 제일 자유로운 건 거기서 느끼는 거거든요. 뭔가를 따로 두고 어디에 머물러서 무엇을 보니까 계속 둘이 되어 버리는 거예요. 그런데 선생님은 그걸 부숴 주시니까, 그렇지 않다고 하니까, 이렇게 느끼니까, 이게 좋죠.

그러면 선원에 와서 공부하면서 다시 정말 이런 일이 있구나 하는 체험이 또 있습니까?

특별한 체험은 없었어요. 그런데 변화가 있는 건 알겠어요. 제가 지금 이렇게 사물을 보고 대하는 느낌과, 처음 왔을 때를 비교하면 상당히 변화가 있어요. 처음 왔을 때는 환희에 차서 그것을 자꾸 확인하려고 했어요. 그러다가 시간이 지나면서 어느 시점부터는, 지금도 그렇지만, 나라는 존재가… 내가 있다는 걸 잘 못 느끼겠어요. 그냥 보고 듣고 느끼고, 그냥 육식(六識)이 확인되고 웃고 느끼고 숨 쉬고… 따로 무엇이 있다거나 하는 것이 없으니까, 가면 갈수록 편하죠.

선생님 말씀 중에 대혜 스님 얘기를 많이 하시는데, 저는 거기에 참 동감이 많이 돼요. "낯선 곳에서 낯익어지고 낯익은 곳에서 낯설어진다."라고 하잖아요. 저는 거기에 동감을 많이 합니다. 요즘은 더욱 많이 공감하는데, 예전에 제가 갈구했던 자유에 대한 갈망 같은 느낌이 어떤 감정이었는지를 지금은 잘 모르겠어요. 지금은 어떤 걸 전제로 두고 하는 게 아니라 그냥 보고 듣고 느끼고 확인하고, 그냥 그 자체가 자연스러운 거 같아요. 선생님께서 공부가 자꾸 힘이 붙는다고 말씀하셨는데, 조금씩 조금씩 가면서 '아, 달라지는구나, 이렇게 힘이 붙는구나.' 하는 것이 느껴져요.

처음 체험했을 때 그 환희가 어느 정도 계속된 거 같습니까?

그때가 2007년 11월, 12월쯤 됐을 거예요. 그렇게 환희에 찬 느낌은 오래 안 갔어요. 3, 4개월 지나니까 그냥 편안해지고 자연스러워지더라고요. 환희스러움은 처음에 탁 느끼고 밝아지면서 한 4, 5개월, 그리고 그걸 취하려고 하고 잡으려고 하는 습이 발동하더라고요. 그리고 그것도 놓아지더라고요. 그러면서 자연스러워지고 편안하고, 요즘은 그냥 자연스러워요.

저를 못 느끼겠어요. 하여튼 편안해요. 자연스럽고 편안해요. 깊이가 좀 깊어진다고 할까요, 무게가 실린다고 할까요.

그때는 누워 있으면, 제가 예전에 다독하면서 본 말씀들이 다가오는 거예요. 육조 스님이 "모든 것이 전부 나의 허물이다."라고 했던 얘기라든지, 그런 것들이 막 다가오는 거예요. 선사들이 한 말씀이, 《화엄경》에서 했던 말씀들이 다가와요. 그리고 언젠가 책을 보는데, 그런 느낌이 들더라고요. 책에 있는 언어의, 어휘의 개념들이 쑥 빠져나가는 느낌 있잖아요. 그리고 껍질만 있다는 느낌을 받을 때도 있고요. 다양하게 그런 것들이 순식간에 쑥쑥 지나갔어요. 그런데 지금은 제가 언어를, 개념을 다시 배우는 느낌도 들어요.

그러면 체험한 뒤의 이러한 변화에 대해서 선생님 만나 뵙고 말씀드렸습니까?

아니요. 저는 선생님이 물으시면 저절로 자연스러운 거라고밖에는 말씀 안 드렸어요. 그냥 다른 얘기 하다가 옆에서 총무 일을 보니까 가끔 공부 이야기를 말씀드리곤 했죠.

무주(無住)라는 개념, 양변(兩邊)이라는 개념, 선사들이 하신 이런 말들이 이런 걸 가지고 말한 것이로구나 하고 납득이 가더라고요. 중도(中道)라는 말도 납득이 가고… 아, 이런 걸 이렇게 얘기할 수도 있구나, 라고요. 심지어 우리가 육신통(六神通)이라고 하면, 개념으로는 초자연적인 능력이라고 생각하는데, 그런 게 아니거든요. 이 자리에 있으면 육신통이고 뭐고… 모든 것이 여기에서는 같은데, 천안(天眼)이고 천이(天耳)고 그게 다를 게 뭐가 있겠습니까.

(계속 웃으며) 저는 웃음밖에 안 나옵니다.

실례지만 나이가 어떻게 됩니까?

65년생입니다.

선원에서 같이 공부하는 도반들에게 혹 하시고 싶은 말씀이 있다면요?

저는 정말로 선생님 뵈면 감사하다는 마음이 들어요. 도반들한테 특별히 하고 싶은 말은 저를 돌이켜봤을 때 정말 찾고자 하는 그 간절함이 그거 하나만 있으면 되는 거 같아요. 선생님이 (손가락) 드는 이게 뭔가? 이거 뭐 쉽잖아요. 찻잔 하나, 이게 다라고 하는데 왜 나는 모를까? 그게 도대체 뭘까? 이거 하나면 되는 거 같아요. 다른 건 필요 없는 거 같아요.

제가 여기 와서 공부해 보니까, 다른 사람들도 이 맛을 알고 갔으면 하는 그 바람이 커요. 이왕 사람이 태어나서 살아가는데, 제가 이 맛을 조금 보니까 이렇게 사는 게 제대로 살아갈 수 있는 거 같아요. 그런데 이게 강요해서 될 문제는 아니더라고요. 자연스럽게 와야 하는데, 어떻게 자연스럽게 인도하느냐 하는 문제는 저희로서

는 좀 힘든 거 같아요. 대부분의 세속 사람들은 인지도로 모여들잖
아요. 그러려면 저희 선생님이, 우리 이렇게 공부하는 모습들, 편안
하게 사는 모습들이 세상에 조금만 알려져서 다른 사람들도 와서
누렸으면 하는 바람이 있어요. 고맙습니다.

9. 유○영 2009년 녹취

무심선원에 와서 선생님을 만나기 전에 어떻게 공부하셨는지 말씀해 주십시오.

제가 불교대학원 다닐 때 1학년을 마치고 2학년 1학기 때 즈음일 거예요. 평상시처럼 도서관에 가서 책을 보려고 둘러보고 있는데, 《선으로 읽는 금강경》이라는 두꺼운 책이 눈에 띄더라고요. 제가 원래 불교에 입문하게 된 발심 동기가 《금강경》이라는 책을 읽으면서부터예요. 그래서 제 나름대로 《금강경》을 꽤 공부했다고 생각했어요. 몇 년간 공부하다 보니까 잘하는지는 모르겠지만, 여러 군데 사찰에서 《금강경》 강의를 해 달라고 청탁이 들어와서 《금강경》 강의를 하고 있었어요.

그러던 중에 대학원 들어온 뒤 도서관에 《선으로 읽는 금강경》이 있어서 딱 펴서 주욱 보니까 어디인지는 모르겠는데, 주욱 읽어 보는 순간 머리끝이 쫙 솟아오르고 몸이 후들후들 떨리기 시작하는 겁니다. 한 페이지도 제대로 못 봤는데도 그런 상태가 되더라고요. 그러한 상태에서 책 뒤에 보니까 선생님 주소도 있고 전화도 있고 해서 전화해 보니까 수원에서도 강의하신다고 하시더라고요.

날짜도 일러 주시기에 그 날짜에 수원에 갔죠. 마침 '가는 날이

108

장날'이라고 문을 안 여는 거예요. 전화번호를 안 가지고 가서 전화도 못 하고 그냥 집으로 왔죠. 다음에 또 갔더니 똑같은 상황이 된 거예요. 두 번을 허탕 치고서 안 간다고 포기했는데, 그래도 왠지 책을 보니까, 지금까지 제가 강의를 해 왔던 그《금강경》내용이 말할 수 없을 정도로 잘못된 것이더라고요. 그때 바로 당시 하던 강의를 마무리하고 더이상 못 하겠다고 했습니다. 평계를 대고는 못 하겠다고 강의를 중단해 버렸어요. 그러고 나서 수원 법회에 가서 선생님을 만나 뵙고 대충 이런 말씀드리고 공부를 시작했죠.

그렇다면 선생님을 만나 뵙기 전에, 언제 불교에 입문하게 되었는지, 또 법사 자격증을 따서《금강경》강의를 하셨다는데 몇 년 동안 하셨는지요?

사실 제가 크게 사업을 했는데 크게 망했어요. 정말 죽느냐 사느냐, 오늘 죽을까 내일 죽을까 하는 그런 형국까지 갔을 때인데, 집사람이 사찰에 가자고 권유했어요. 부인이 마지막 소원이라고 하는데 그거 못 들어주랴, 하고서 끌려다니다 보니까 결국 불교에 입문하게 되었죠. 그때가 아마 지금으로부터 16, 7년 정도 됐을 거예요. 그렇게 끌려다니다가 집사람의 권유로 라디오 방송에서 ○○ 스님이 하시는《금강경》강의를 들었어요. 들어 보니까 정말로 좋았어요. 그래서 그 스님한테 직접 가서《금강경》지도도 받고《금강경》공부를 했죠. 그 후에 조계사에 가서 기초 교리를 공부하고 거기서 2년제 불교대학을 나왔어요. 그리고 포교사 공부를 하라고 해서 포교사 자격증을 따서 포교사 생활을 하면서《금강경》강의를 하기 시작한 거예요.

《금강경》 강의를 한 3년 정도 했을 거예요. 그렇게 포교하는 길에 들어섰어요. 그런데 우리 도반님들이 오셔서 "대원정사에 불교대학원이 최초로 설립된다고 한다는데, 교수진이 막강하고 참 좋으니까 이 기회에 포교사님도 함께 대학원에 가는 게 좋겠다."라고 자꾸 권유하셔서 대학원에 입학하여 다니다가 이런 인연이 닿은 거죠.

지금 생각해 보면, 제가 《금강경》을 강의했다는 것은 참 시건방진 이야기죠. 학문적으로 글자 풀이를 하고 이해를 돕기로는 저도 충분히 강의했다고 봅니다만. 《금강경》 강의를 하면서 제 강의를 테이프로 녹음해서 들어도 보고, 그래서 요런 점은 잘못된 점도 있지만 조금만 하면 잘하겠다고 생각도 했죠. 강의의 대부분은 주석을 써 주신 분들의 책들을 많이 인용하고, 나의 사견도 좀 붙이고 해서 강의를 했는데, 선생님의 《선으로 읽는 금강경》을 딱 보니까 "아, 이건 내가 이렇게 해서 되는 게 아니구나. 이 선생님 말씀이 맞다. 아, 내 강의가 잘못됐구나. 내가 공부한 게 잘못됐구나. 다시 공부를 해야겠다."라는 생각이 들어 선생님을 찾아간 겁니다.

처음에 제가 《선으로 읽는 금강경》을 보면서, 아 정말로 어떤 분인지도 모르지만 정말 기가 막히게 제대로 표현을 하셨구나. 아, 여기에 부처님이 한 분 계시구나 하고 찾아간 것입니다. 그 뒤로도 《선으로 읽는 금강경》을 계속 공부하면서 '야, 새록새록…', 정말 "야!" 소리밖에 나오지 않았어요. 어쩌면 이렇게 표현을 잘하셨을까?

그래도 그때 공부는 지금 보면 알음알이로 공부했다고 봐야죠.

그런데 《선으로 읽는 금강경》을 읽고 선생님의 설법을 듣고 하다 보니, 나중에는 선생님 법문을 다 알겠다고 여겼는데, 자꾸 공부를 할수록 그게 아니더라고요. 도무지 모르겠어요. 그래서 "내가 이게 뭐 잘못 들어온 것 아닌가?" 하고 막연히 생각하기도 했죠.

그러다 한 고비를 넘긴 체험이 있었습니까?

조금 이상한 징조가 있었던 것은 2007년일 거예요. 2007년 7월 경. 그때 제가 운이 좋았는지 공부할 시간이 많이 있었어요. 그날도 《선으로 읽는 금강경》을 놓고 읽고 있었는데, 평상시하고 똑같은 얘기죠. 밤 10시경이었을 거예요. 평상시에 느끼지 못한 거였는데, 뭔가 쓰윽 하고 지나가는 것 같더니 아무런 생각이 없이 멍해지는 거예요. "어!" 이 소리밖에 나오는 게 없었어요. 뭔가 이상해요. 이게 왜 그런가 하고 일어났다가 앉았다가 일어났다가 앉았다가 했는데, 이상해요. 평상시에 한 번도 그런 일이 없던, 뭐라고 말로 할 수 없는 그런 상황이 탁 오는 거예요. 아무런 생각도 없이 멍해지는 거예요. 참 이상하다고만 생각했어요.

저는 선생님 강의를 듣고 책을 보면서, 제 나름대로 실상에 대한 체험을 꿈꾸고 있었어요. 체험이라는 건 뭔가 신비스럽고, 내가 모르는 뭔가가 있을 텐데, 이게 언제 오나 하고 늘 생각한 거지요. 그런데 이렇게 되다니, 처음엔 몸에 이상이 있는 줄로 알았어요. 몸도 많이 쇠약해지고 안 좋은 때였어요. '아, 몸이 나빠졌구나. 공부는 안 되고 몸만 다 절단 나는구나.'라고 생각을 했지요.

그런데 이튿날 또 그런 현상이 와요. 그때도 《금강경》을 읽고 있었습니다. 그 전날 어떤 구절을 읽다가 그런 상황이 왔는지 보려고 했어요. 마침 책이 접혀 있었지만, 어떤 구절인지는 몰랐습니다.

그런데 다시 멍해지면서 한숨이 푸욱 나오더라고요. 긴 한숨이 나오는 거예요. 지금은 그렇게 쉬려고 해도 쉴 수가 없어요. 들이쉬는 숨, 내쉬는 숨이 그렇게 길 수가 없어요. 그렇게 긴 한숨이 나오는데, 자동으로 그게 나오는 거예요. '아, 이거 큰일 났구나.' 이 몸에 무슨 문제가 있다고 걱정이 되는 거예요. 그러더니 "휴우~" 하고 한숨을 내쉬는 순간, 가슴에 구멍이 뻥 뚫린 거 같아요. 시원해요. 뭐가 완전 뚫렸어요. '이런 걸 보고 체험이라고 하는가?' 그러면서도 나는 아닐 것이라고 부정을 했죠. 그렇게 해서 그냥 넘어갔어요. 그러고 나서 일주일 뒤 저녁에 애들을 공항에 실어다 주고 차를 운전하고 오는데 그 현상이 또 오는 거예요.

그런 현상이 오는데, 큰일 나겠더라고요, 운전 중이니까. 앞에 뭐가 있었으면 사고가 났을 거예요. 다행히 붐비지 않아서 차를 옆에다 세워 놓고, "야~." 넋을 놓고 보니까, 진짜 그때 체험이라는 걸 알았어요. '아, 이것을 가지고 그랬구나.' 그때부터 쳐다봐지는 거예요. '역시 이걸 가지고 그랬구나.' 고개가 끄덕끄덕해지더라고요. 뭔지는 모르겠는데….

그 이튿날 아침에 하도 이상하고 희한한 현상이 벌써 세 번째 오니까, 우리 집 옆에 있는 큰 공원에 가서 벤치에 앉아 쳐다보면서 생각했어요. '정말로 모르는 게 너무 많았구나.' 예전에도 그 공원 그 자리에 많이 앉아 있었는데, 똑같은 자리에 앉아서 내 눈으로 쳐다봤는데도, 그날은 왜 그렇게 옛날의 모습과 그렇게 다릅니까! 개미도 지나다니고 벌레도 지나다니고 다 지나다녔을 거 아닙니까. 그날은 왜 그렇게 많아요! 자세하게 다 보이는 거예요! 눈물이 나오더라고요. 정말 내가 쓸데없는 데에 정신을 놓고 살았구나! 이걸 체험이라고 하나 보다 했어요. 그 이튿날 법회에 갔어요. 그렇지만 제가 수줍은 면이 좀 있어요. 저는 선생님이 무서워요.

항시 무섭고 항시 존경스럽고 감히 쓸데없는 말은 할 수가 없고 그런 마음이죠. 그날도 한 시간 법문 끝나고 옆방에 앉아서 여럿이 같이 있을 때인데, 이런저런 얘길 하다가 "선생님, 제가 좀 이상해요."라고 말했는데, 막상 무슨 얘기를 할 수가 없어요. 뒤죽박죽되어서 얘기할 수가 없어요. 무슨 얘기를 했는지 모르겠는데 대충 얘기를 했나 봐요. 자동차 얘기도 했고. 그랬더니 "그런 것을 머리에 두지 말고 열심히 공부하세요." 그러시는데, 나도 모르게 일어나서 절을 한 번 하고 나와 버렸어요. 나와서 또 생각하기를 '내가 미친놈이네. 자세히 물어보기나 하지. 또 절을 하고 나오냐!' 하였습니다. 그 뒤 가끔 선생님께 제 느낌이나 상태를 이야기하곤 했습니다.

지금은 참말로 보는 거 듣는 거, 참 모든 것이 살아 있는 것을 제가 확인하니까, 환희에 차고 기분이 '오늘 죽어도 원이 없구나.' 그 생각뿐입니다.

요 근간에는 아주 절친한 분들이 세상을 떠나시더라고요. 제일 끌리는 것이 아상(我相)에 많이 끌리더군요. 웬만한 건 다 넘어가겠는데, 거기에는 집착에 빠져서 혼동되는 거예요. 오죽하면 술도 먹었어요. 원래 제가 술도 잘 먹었는데, 공부하면서 담배, 술 딱 끊었습니다만, 근간에 술 몇 병을 먹었어요. 소주 한 병을 갖다가 먹었어요. 술은 취하잖아요. 술은 취하는데, 요놈은 똘망똘망한 거예요.

그러면 그 체험 이후 그전의 공부하고 그 이후의 공부에 어떤 차이점이 있습니까?

공부에 차이점이 있겠습니까마는, 전에는 그때 나름대로 제가 선생님 법문을 소화했고, 지금은 지금 나름대로 소화를 한다고 봐야죠. 근래에 문득 '선생님이 애초에 이렇게 제대로 좀 가르쳐 주시지 그때는 왜 안 그랬을까?' 하는 생각이 들더라고요. 그래서 옛날의 테이프를 들어 봤더니, 그때나 지금이나 똑같은 말씀을 하고 계신 거예요. 그렇지만 그때는 체험을 했다고 하였지만 아직은 알음알이로 알아듣고 공부를 했던 거 같아요.

　선생님의 법문이 소화가 안 되는 경우도 있었어요. 안 되는 게 있으니까 실망을 하고서, '그래, 맞아. 아직 체험이 아니지. 내가 선생님께 자세히 얘기 안 하길 잘했어.'라고 생각하기도 했죠. 그러다가도 또 기쁘고… 그게 수없이 오더라고요. 체험이 한 번에 딱 끝난다고요? 저에게는 그렇지 않았어요.

어떤 부분에선 답답하기도 했지만 다시 통하기도 하고, 옛날에 비해서 마음의 상처라든지 번민이라든지 하는 것들은 쉽게 풀어지지 않습니까?

바로 풀어지죠. 큰 걱정이 있더라도 '그럴 수도 있지' 하고 그냥 태연해지는 거예요. 오죽하면 우리 집사람이 저를 보고 멍청이가 됐다고 걱정을 많이 했어요. 그러면 저는 "몸이 아프다든가 몸에 이상이 있으면 내가 왜 당신한테 얘기를 않겠어?" 하고 말했죠.

그러면 공부하는 방식은 다들 그렇지만, 선생님 법문을 녹취한 《선으로 읽는 금강경》 책도 읽으시고, 법문을 많이 들으셨네요?

음성 법문도 듣고, 책도 보고, 법회에는 빠지는 경우가 별로 없었죠.

실례지만 올해 연세가 어떻게 됩니까?

68세입니다.

우리 도반들에게 평소 하시고 싶은 말씀이 있다면 무엇입니까?

저는 체험을 하고 하지 않고를 떠나서, 여기 와서 선생님 법문을 들을 수 있는 인연이 되었다면 큰 행운이고 평생의 인연이라고 생각합니다. 정말로 이런 법문을 들을 기회를 얻게 된 것만 해도 고맙습니다. 나같이 나이 먹고 보잘것없는 사람도 열심히 하다 보면 소기의 목적을 달성할 수 있으니까 포기하지 말고… 저도 포기하려고 많이 했었어요. 정말로 포기하지 말고 같이 공부를 했으면 하는 바람입니다.

10. 서○호 2010년 녹취

먼저 체험이 언제, 어떤 계기로 일어났는지, 그리고 지금은 어떤지 말씀해 주시기 바랍니다.

2009년 12월 중순이었던 것 같습니다. 그땐 이 공부를 한 지 3, 4년 정도 되는 시점이었습니다. 저는 2005년 겨울부터 우연히 무심선원 인터넷 홈페이지를 알게 돼서 그때부터 법문을 쭉 듣고 있었습니다. 머릿속에는 법에 대한 궁금함이랄까 의문에 계속 사로잡힌 상태였고, 항상 무엇을 하든지 그런 게 맴돌곤 했었습니다. 2009년 12월 중순경, 거실에서 거울을 쳐다보면서 그때도 '이게 뭔가?' 계속 그러고 있었는데, 갑자기 졸다가 잠에서 깨어난 것처럼 뭔가가 확 왔습니다.

　그때 상황을 비유로 들자면, 뭔가 두 장이 붙어 있었는데 순간적으로 그게 잠깐 떨어졌다가 붙어 버리는 것처럼 순간적이었지만, 그때 제일 처음에 느낀 것은 무게감이 확 줄어든 것 같았습니다. 지금까지 몇 년간 계속 공부했는데, '이제 안 해도 되겠구나.' 하는 이런 생각이 오면서 굉장히 편해졌습니다. 그리고 체험이라고 하는 무슨 커다란 느낌은 없었지만, 순간적으로 확신 같은 게 느껴졌습니다. 그동안 내가 그림을 그리며 뭔가를 했구나 하는 것이 보이는 거예요. '이 자리구나.' 하는 생각이 들었던 것은 그다음 일이지만, 이게 내 존재의 중심이라는 확신 같은 것이 들었습니다. 그런 확신이 들었지만 그것을 누구에게 얘기하기는 좀 부끄럽기도 하고, 그런 상태였습니다. 만약에 제가 이걸 진짜로 체험한 것이라면 시간이 지나면 좀 더 확실해질 것이고, 그렇지 않은 것이라면 잊힐 것이니까 더이상 궁금해하지 말고 내버려 두자, 이런 식으로 하면서 지냈어요.

그 후 시간이 지나면서, 물론 이제 생각을 해 보면, 부차적인 체험이라는 생각이 드는데, 한 일주일 정도는 강렬하게 ─ 특히 낮에 활동할 때는 잘 못 느꼈지만 밤에 당직을 서거나 혼자 있을 때는요 ─ 뭔가 나 자신의 존재가 완전히 없어진 듯한 느낌이 들면서, 뭔가 내 존재감이 꽉 차 있는 그런 경험을 하면서 많이 놀라곤 하였습니다. 그래서 이거 뭔가 잘못된 것 같다 싶어서 빨리 선생님께 가서 상의를 드려야 하나 생각했어요. 기분은 굉장히 좋았는데 생각은 굉장히 충격적으로 받아들였던 것 같아요. 그 느낌이, 나 자신이 사라지는 그 느낌이 굉장히 강렬해서 가슴이 시원해졌지만, 그런데도 내 존재감이 사라져 버리니까 굉장히 걱정되더라고요.

그리고 나서 그게 계속 갔던 건 아니고 그런 경험들이 10분, 20분 왔다가 또 평소와 같아지고, 또 있으면 뭔가 이렇게 성스러운 느낌, 이런 게 오는 거예요. 그래서 좋더라고요. '어, 이거 좋네!' 다음 날 아침이 되면 그런 건 또 사라지고 일상이 되니까, 어제 그랬는데 이거 어떻게 된 거야? 그렇게 생각을 하면 또 그렇고… 그런 일이 한 일주일 정도는 자주 있었습니다. 그런데 문제는 뭐냐면, 그런 부분들을 도대체 이해할 수 없었어요. 그때까지만 해도 저는 법회 참석을 거의 못 했고요, 그리고 솔직히 법 공부를 하면서도 제가 과연 이런 것을 통해서 이른바 깨달음이라는 것을 체험할 수 있을지… 사실 부정적이었습니다.

왜냐하면 제가 예전부터 그런 것을 했으면 몰라도 전혀 그런 경험이 없었고—물론 욕구는 있었기 때문에 정신의학을 선택했던 것이고, 깊은 그런 것이 정신의학만으로는 충족이 안 되어서 전문의 이후에 소위 마음공부에 관심을 가지기 시작한 것이지만—선지식을 만난다든가 그런 것은 전혀 없었고 책 보고 인터넷 보고 한 것이었기 때문에 과연 이게 가능한 것인가? 특별한 성자들이나 하는 것인데 이것을 과연 내가 해서 얻는 게 있을 것인가? 이런 의심이 굉장히 많은 상태였습니다.

그래서 김태완 선생님의 법문을 들으면서도, 한 3년 정도 들으면서 체험 이런 것은 솔직히 전혀 회의적으로 생각했기 때문에, 대신 죽 법문을 들으면서 느낀 것은 무엇이었느냐면, 그동안 제 마음속에 있던 많은 생각이 정리되는 거예요. 사실은 그동안 나름대로 정신의학을 공부하면서 배운 것과는 상당히 다르게 제가 굉장히 좋아졌어요. 그 전에는 굉장히 고민이 많았거든요.

어린 시절에는 조금 어둡게 지냈고 철학적 고민 같은 걸 많이 했어요. 그런데 그 당시에는 왜 고민을 했는지도 몰랐어요. 사는 게 힘들고, 특히 집에서 저희 아버님의 영향으로 계속 어두운 분위기 속에서 지내다 보니까 근본적인 문제를 생각하게 되더라고요. '좀 행복해질 수는 없을까?' 그런 과정에서 철학 등에 관심을 가지게 되고, 그 연장선에서 의대를 갔고 정신과를 택했죠. 그런 이후에 내가 왜 힘들어했는지를 이해했지만, 그래도 근본적인 문제는 해결이 안 되더라고요.

3년 동안 선생님 설법을 들으면서도 법회에 직접 참석하지는 않은 것은, 그게 가능할 것이라고 생각하지 못했거든요. 그래서 저는 선생님 정도라면 모를까 나머지 분들이 과연 될까 이런 생각을 했죠. 스스로 깨달음에 대한 상(相)을 굉장히 높이 잡아 놓고 '과연 될까?' 이런 생각을 했어요. 근본적인 문제는 해결이 안 된다고 해도 그 과정에서 얻어지는 마음의 평화만으로도 족하다, 사실 이런 마음으로 했기 때문에 법문만 들었습니다. 실제로 적극적으로 하지는 못했고요.

3년 정도는 법문을 듣는데, 제가 종교에 심취해 본 적이 없기 때문에 불교 문화라든지 불교의 전체적인 분위기며 불교 관련 용어도 전혀 몰랐고요. 그러니까 법문을 들으면서도 처음 1년 동안은 말을 못 알아듣겠더라고요. 분명히 말을 하시는데 해석이 안 되고 이해가 안 돼요. 그래도 계속 끌렸어요.

제가 2005년 겨울경 어떤 홈페이지를 들어갔는데, 거기에 무심선원 사이트가 소개되어 있었어요. 그냥 우연히 눌러 봤거든요. 클릭을 했는데 선생님 영상 법문이 떠요. 궁금해서 눌러 봤죠. 제일 처음 놀랐던 것이 뭐냐면, 손을 드시면서 "여기서 끝이 안 나면 계속 매달려야 하고, 결국 끝나는 지점은 여기다, 이게 해결되어야 한다."고 하시는데, 크게 놀랐어요. 왜냐면 사람의 마음이라는 게 뇌의 작용이고, 머릿속에 있는 것이고, 육체가 있고 뇌가 있으니까 뇌의 기능에 의해서 정신 작용이 생기는 이게 마음인데, 왜 손을 보여 주면서 마음이라고 하시는 것인지 이해를 못했던 거예요.

너무나 충격적이어서 '왜 이게 마음이지?' 하면서 처음에는 이건 이상하다 해서 안 봤거든요. 안 보다가 그런데도 자꾸 뭔가가 걸려요. '왜 그러지?' 하면서 또 한 번 홈페이지에 들어가 봤어요. 거기에 소개된 글을 봤는데 너무 어려워서 보지도 못하겠더라고요. 이건 나하고는 전혀 상관없는 것이고 현대적인 감각에 맞지 않는다고 판단했어요. 지금 21세기 고도의 컴퓨터화된 정보화된 시대인데, 내용을 보니까 너무 어려운 거예요. 한문으로 가득 차 있고,《서장》이라고 하는 책이 좋은 책이라고 소개하시는데 저는 거기서 처음 들었습니다. 그래서 이것은 내가 도저히 못 하는 것이라고 생각하고 그만두었습니다.

그런 식으로 몇 개월 지났는데 자꾸 생각이 나요. 그래서 집에서 들어 보니까 선생님 표정을 보면서 열정이 느껴졌어요. '저분이 정말로 뭔가를 알려 주려고 하는구나.' 그냥 느낌으로 알겠더라고요. 선생님이 보여 주시는 것이 다른 분들하고는 달라서 뭔가 진실되게 뭔가를 보여 주시려고 하는데 그게 와닿지 않는 거였죠. 신뢰는 가는데 모르겠으니까 '그럼 내가 이거 뭘 좀 해 볼까?' 하고 그때 처음으로 결심을 했어요. 2005년 12월경이었습니다. 그러곤 계속 법문을 듣는데, 처음에는 무슨 말인지 몰랐는데 1년 정도 들으니까 대충 알겠더라고요. 알고 보니까 같은 말씀을 계속하시는 거예요. '아, 그거구나.' 그런데 2년, 3년을 계속 들으니까 제가 불교에 대해 전혀 모르는데 불교 경전에 대해서 얘기를 하는 거예요.

그렇게 계속하여 들으니까 생각의 가지가 쳐지면서, 나무가 있으면 나무의 잎이 무성한 부분들이 다 잘려 나가서 굵은 가지만 남는 것 같았습니다. 그래서 인간관계도 많이 편해지고 제 마음속에 있는 쓸데없는 갈등들이 많이 해소되니까 굉장히 가벼워지는 거예요. 그런데 이것을 체험하는 것은 잘 모르겠고 그건 불가능한 것이고, 나에겐 지금 이렇게 가벼워지는 것만으로도 굉장히 효과적인 것이라고 여겼습니다. 정신과에서 이것이나 한번 연구해 보면 어떨까 하고 생각했어요.

그러곤 4년째에 접어들자 그때부터 무슨 징조가 나타났느냐 하면, '이거 잘하면 될 것 같기도 한데?' 하는 느낌이 들면서도 여전히 잘 모르는 거예요. 다 알아듣겠는데 마지막 순간에 항상 걸리는 문제에서 걸리더라고요. 안 넘어가는 겁니다. 많이 정리가 되어서 무슨 얘기를 하는 것까지는 알겠는데 (손을 들면서)"이겁니다!"라고 했을 때, 그리고 (책상을 두드리며) 두드리는 소리… 그런데 그건 모르겠어요. (책상을 두드리며) 이게 왜…? (책상을 두드리며) 소리를 듣는 것에 대해 자꾸 생각을 하게 되면서 화도 나고 짜증도 나고 그래서 좌절감을 많이 느꼈어요. 내가 이걸 하긴 해야 하는데, 도대체 와닿진 않고…. 그래도 법회에 나가서 물어봐야겠다는 생각은 하지 못했거든요.

그런데 우연히 인터넷에 들어가 보니까 무심선원에서 공부하시는 분이 글을 올려요. 그분이 체험을 했다고 글을 올리셨는데 저는 깜짝 놀랐습니다. '체험을 하신 분이 있다는 말인가?' 법문 듣고 4년쯤 될 무렵에 그분의 글을 접했는데, 실제로 체험한 분이 있다는 말인가? 이걸 알고서 깜짝 놀랐습니다. 실제로 이게 가능한 일이었나? 아마 선생님도 계시고 많은 분이 계시지만 과연 몇 분이나 체험을 하셨을까 의심하고 있는 상태였는데, 인터넷상에서 그 글을 접하고 나니 '아, 이게 가능할 수도 있겠구나' 하고 새로운 발심을 하게 되었습니다.

그걸 계기로 그분 말고도 다른 분들하고 서로 얼굴도 모르고 아무것도 모르지만 인터넷상으로 소통하게 되었습니다. 글을 보니까 뭔지 모르겠지만 확실하게 체험을 하신 분의 글 같은 느낌이 있었어요. 그때 처음 블로그를 만들었어요. 저는 글을 블로그에 올린 건 아닌데 블로그를 만들어야지 그 글들을 볼 수가 있었으니까요. 그러다가 저도 글을 써 볼까 하고 써 봤는데, 가끔 그분이 블로그에 오셔서 제 글에 댓글을 다셨어요. 어떤 식이었느냐면 공부에 대해 재촉을 하고 자극을 주니까, 그때까지 저는 책을 보면서 책 속에 빠져 있었는데 그때 그분을 통해 정신이 번쩍번쩍 드는 자극 요법 같은 것을 받았습니다. 그래서 블로그를 공부하는 데 이용하자고 결심했고 현재 내가 느끼고 있는 것을 일기 형식으로 썼거든요. 나름대로 제 소견 같은 것을 써서 올리면 그걸 읽어 보시고 그 안목에 대해 지적을 해 주셨어요.

그때 그분이 정진법회에 참석해 보라고 권하셨어요. 정진법회에 참석해서 태양빛을 좀 받으라고 글을 쓰셨죠. 깜짝 놀라고 너무 부끄러웠습니다. 나는 정신의학을 공부하고 나름대로 정신세계에 대해서 많이 알고 있다고 생각을 했는데, '태양빛을 받으라'고 하는 그

소리를 들으니까 나는 우물 안 개구리여서 소위 말하는 '귀신굴속'에 있었구나 하는 느낌이 들면서, '태양빛'이라는 그 말귀가 확 와닿으면서 '아, 그게 가능한 거구나.' 하면서 뭔가가 저를 건드렸어요. 그래서 정진법회를 가야겠다고 생각했는데, 그때가 2009년 10월경이었을 겁니다.

그때 다시 법문을 듣고, 또 밤마다 저녁을 먹고 산책을 하는데 MP3을 들으면서 한 바퀴 돌았어요. 산책을 하고 나서 드는 마음은 항상 같은 마음이죠. 답답한 마음. 선생님께서는 답답한 시절이 좋은 시절이다, 분명히 그것은 들어서 알고 있는데, 머리로는 그래 지금이 좋은 시절이다 하고 위로를 주는데, 가슴속으로는 '야, 이건 내가 안 되는 것을 뭔가에 걸려 가지고 계속 가고 있는 거 아닌가? 내가 될까? 암만 봐도 모르겠는데, 야, 이걸 한 사람이 있단 말인가!' (책상을 두드리며) 이게 뭔 얘긴지…. 그때 10월에서 12월경이 절정이었을 겁니다. 인터넷 홈페이지 화면도 어두침침한 분위기로 해 놓고 글도 안 올리고 그랬어요.

갑자기 12월 중순에 생각지도 못하게 문득 '어, 내가 지금 뭘 했던 거지?' 그런 느낌이 들면서, '어, 이건데… 더이상 갈 곳이 없는데…', 그전까지는 저는 저 자신을 잘 안다고 생각했어요. 이렇게 태어나서 이런 어린 시절을 겪었고 이런저런 과정을 겪어서 지금의 내가 되었지, 그렇게 저는 저를 잘 안다고 생각했는데, 도대체 내가 뭐지, 나의 존재감이라는 것이 알 수 없는 신비함, 정말 알 수가 없는 거예요. 보이는 건 분명히 보이는데, 그러면서 이상하다고 블로그에 글을 올려 주신 분께 물어봤어요. 체험한 것을 한편으로는 확신이 들었으면서도 선생님께 여쭤보긴 두려웠고, 그래서 그분께 살짝 물어봤거든요. 이런 경험을 했는데 뭐냐고 여쭤봤더니 선생님께 질문해 보라고 하는 게 답변이었어요. '그렇지, 이분들은 그런 걸 함부로 얘기를 안 하시는구나.'

다음 날 저는 저 자신이 이런 존재라는 것을 더 모르겠다는 느낌이 들었어요. 분명히 말도 하고 보고 듣고 다 하는데, 테두리가 없고 한계가 없고 안팎이 없고, 다 있는데 도대체 내 존재가 뭔가? 이런 글을 썼더니 댓글에 좀 진전이 보인다고 쓰셨더라고요. 그러더니 선생님 책 중에서 《선으로 읽는 대승찬》의 다섯 번째 법문을 보라고 조언해 주셔서 인터넷에서 바로 구매를 했죠. 그 다음에 이런 체험들을 올리니까 아마 된 거 같다고 글을 쓰고선 선생님께 가서 점검받으라고 하셨어요. 저는 실감이 안 오고 좀 얼떨떨해서 잘 모르겠더라고요. 그 다음에 그런 것들에 대해 정리해 보려고 산책을 하면서 정리하는데, 그런데 이게 정리를 하게 되니까 더 스트레스를 받는 거예요. '이거 스트레스를 더 받는데 이게 되나? 어이, 이건 아닌 거야.' 이렇게 부정해 버렸어요. 또 근무를 하는데 그 느낌이 오는 거예요. '어, 이상하다.' 그런 식으로 시간이 가면서 조금씩 감이 오더라고요.

처음 그런 느낌이 온 때가 12월이었으니까 정진법회에 참석하고 두 달 정도 지난 시점인데, 법문을 들어 보니까 그때까지 전혀 와닿지 않던 법문이 소화되더라고요. 특히 '소염시'라는 비유가 '아, 그래서 이런 얘기를 했구나!' 하고 소화가 되고 좀 신기하기도 하고 자신감이 막 생기더라고요. '어, 이거 별거 아니네. 원래가 이것인데

망상을 지어서 나 자신을 틀 속에 규정해 놓고선 뭔가를 찾았구나.'
자신감이 생겨서 선생님께 메일을 보냈거든요. 메일을 보내고 나서
또 이렇게 보니까 또 생각을 정리했더라고요. '내가 이걸 실수했다.'
후회되는 거예요. 선생님께 야단맞겠구나 생각했는데, 선생님께서
"그 체험이 진짜 체험이면 시간이 갈수록 명확해질 것이고, 헛된 경
계이면 없어질 것이니까 그 자리에 익숙해져 보십시오." 이렇게 답
장을 주셨어요. 한 달 정도 지나서 보니까 그런 것들이 일회적으로
끝나는 게 아니고, 뭔가 좀 변화가 있어서 그런 것들에 대해서 다시
메일을 보냈더니 선생님께서 한번 오라고 말씀하시더라고요.

　그러고 나서 또 정진법회 참석할 때는 또 자신감이 없어지더라
고요. 선생님을 만나 뵙고 말씀을 드려야 하는데 자신이 없어지더
라고요. 선생님께서 얘기해 보라고 하셔서 중구난방으로 버벅거리
면서 얘기를 했는데, 선생님께서 대충 들으시고는 몇 가지 말씀을
하시더라고요. 그때 정진법회 처음 와서 그래도 그나마 선생님을
뵙고 정식으로 이 공부에 입문했다는 생각이 드니까 좋더라고요.
물론 선생님을 신뢰는 했지만, 한편으로는 이런 공부에 대해서 회
의적인 마음이 있었어요. 그래서 되면 좋고 안 되면 말고 이런 마음
이었는데, 정진법회 오고 나서 면담하고 말씀을 듣고 나니까 나도
이제 공부를 할 수 있구나 하고 공부길에 접어들었다는 사실이 너
무 좋은 거예요.

　정진법회 끝나고 집에 가는 도중에 뭔지 모르겠지만 조금은 밝
아진 느낌이 들고 의심도 좀 줄고 그랬어요. 그러고 나서 봄 정진법
회 때도 참석했거든요. 그때는 겨울 정진법회 때보다 좀 더 나아진

거 같았어요. 그래도 제가 6개월 정도까지는 계속 왔다 갔다 했어요. 의심은 안 들고 정진법회 끝나면 자신감이 생기고, 그러다가 법문을 들으면 전보다 많이 소화가 되는데도 소화가 안 되는 부분이 있어요. 소화가 되어야 하는데 이거 안 되는 거 보니까 이건 아닌데… 그렇게 또 막 고민을 하면서 지냈어요.

그러다가 6개월 지난 다음부터는 분별하던 것이 조금씩 줄면서 재미있게 법문을 들을 수 있게 되면서 좋더라고요. 그 후 가을 정진법회 때 왔어요. 또 법회 끝나고 나서는 '아, 그것이지. 그렇지.' 그렇게 해서 점점 밝아지고 그랬어요. 지금 1년 반 정도 지났는데, 지금은 자신감이 생겼습니다. 지금은 법문을 들으면 제게 남아 있는 것들을 선생님께서 긁어서 빼 주시는 것 같더라고요. 아직은 많이 있잖아요. 그런데 선생님께서 한마디로 떨어뜨려 주시니까 시원시원하고 그래서 '아, 이런 맛이 또 있구나.' 하고 선생님 말씀을 들으면 '아, 그렇지.' 하고 좀 공감이 돼요. 신기하고 너무 감사한 거예요.

왜냐하면 저는 상상도 못 했거든요. 이런 세계가 있었다는 걸 상상도 못 했고, 제가 가능할 거라고는 상상도 못 했거든요. 다른 분들 얘기를 들어 보니까 저도 모르게 파악이 되더라고요. 저는 공부한 것도 별로 없고 이분들은 수행도 많이 하시고 그랬는데 '이분은 아직 뭔가가 걸리는데…' 하고 이런 게 보여요. '어, 이거 이상한데, 이걸 내가 볼 줄 아네.' 이런 느낌이 좀 들고 그렇더라고요. 지금은 아침에 일어나면 새소리가 들리는데 굉장히 기분이 좋고 보이는 게 굉장히 선명해요. 또렷하면서 이렇게 보면 여행을 갈 필요가 별로 없어요. 어떻게 그렇게 느껴지는지 감상하거든요. 그래서 이거

참 희한하다 그래요.

올해 나이가 어떻게 되세요?

64년생, 48세입니다.

그 외 하실 말씀이 있으면 해 주시죠.

저는 정신과 의사로 근무하고 있는데, 솔직히 말씀드리면 정신의학은 하나의 도구 정도로 됐어요. 욕심이라면 두 가지 정도가 있는데, 한 가지는 제 마음 자체를 이쪽 공부에 끝까지 계속해서 선생님이 말씀하신 것처럼 더 세밀하게 할 수 있도록, 이런 쪽으로 더 해 보고 싶은 욕구가 있고요. 두 번째는 가족이나 친구나 아는 사람들이 힘들게 살아가는 모습을 봤을 때 이런 게 있다는 것을 알려 주고 싶은데, 만약에 이런 걸 얘기하면 공감을 못 하니까 오히려 더 안 좋게 되는 부작용이 생기더라고요. 그런 데서 아쉬움이 있더라고요. 그러면 나 자신을 숨기고 그냥 저 사람이 이해할 수 있는 언어로 접근해야 하는 상황이 생기니까 그게 좀 아쉽더라고요.

열심히 공부하셔서 쉽게 받아들일 수 있도록 그런 쪽으로 이바지하시면 좋겠습니다. 또 직업이 이 공부를 상당히 유용하게 응용할 수 있는 직업인 거 같아요.

저 역시 욕심을 내서 실제로 도움이 될 수 있도록 할 수 있는 부분이 있지 않을까 하고 시도해 보았는데, 일단은 치료자 자체가 이 공부에 대해서 편견이 있어서, '선(禪)' 그러면 명상하는 걸 연상해서 좌선하는 것은 자기한테 안 맞는다고 하더라고요. 그게 아니고 강의 들으면서 하는 것이라고 해도 '선' 그러면 '좌선' 이렇게 되어 버리기 때문에 그것은 과학적인 사고하고 안 맞는 부분이 있다는 편견이 있으니까 쉽게 공감하지 못하더라고요. 물론 관심 있는 분들도 있겠지만 제가 많이 시도해 봤는데 사실 그런 공감을 하는 사람은 별로 없었습니다.

제가 처음에 공부하면서 느낀 게 뭐냐면, 나중에 지나고 나서 보니까 사람들의 문제가 눈에 띄더라고요. 제 문제점도 역시 그랬고요. 우리가 어떤 사고를 하든 간에 사람들이 얘기하는 걸 보면 우리가 마치 어떤 깃발을 딱 꽂고 시작하는 것처럼, 말을 할 때 주어, 목적어, 서술어 이러한 기준이 있듯이, 사람들이 얘기할 때 기준을 딱 세우고 얘기를 한다고요. 어딘가에 발을 딱 딛고 얘기를 해요. 그런데 그게 달라지기 시작하더라고요.

아까도 선생님께서 설법 시간에 '우물이 당나귀를 본다'는 말씀을 하셨지만, 기준을 딱 두고 나니까 우물이 당나귀를 본다는 말이 받아들이기 어려워지는 거죠. 모든 사고가 한쪽에 기준을 두고 보는 입장이니까요. 치료를 하면서 면담하시게 될 때 '선'이라는 걸 '종교'라는 색채를 빼고 하시면 좋을 것 같아요. 사고의 틀, 기준을 없애고 가볍게 접근하시면 훨씬 사람들이 잘 받아들이지 않을까 싶어요.

그런 말씀이 참 중요한 말씀인 거 같습니다. 다른 것보다 제 마음이 좀 편해지고 안정이 좀 되고 갈 곳을 찾았다는 느낌 때문에 그런지, 보통 이 일을 하다 보면 환자들 때문에 스트레스를 참 많이 받거든요. 갑갑한 환자를 계속 상대하다 보면 많이 지쳐요. 자원봉사 하시는 분들을 보면 좋은 일은 하시는데 우리가 볼 때는 스트레스를 엄청 받거든요. 제가 이 공부를 하니까 한 사람 한 사람이 소중하게 생각되어서 정성을 다하게 되는 거예요.

저도 사람을 많이 만나는 직업을 가진 사람인데, 저는 노동관계 업무를 하고 있습니다. 양측 모두 격렬했던 사람들을 만나는데 제 기준을 빼고 들으니까 양쪽에 귀를 다 기울여 주고 또 과감하게 잘라 버릴 수도 있거든요. 훨씬 능률이 올라가는 것 같더라고요. 예전에 이 공부를 하기 전과는 달라지더라고요. 사회생활을 하는 데도 도움이 되는 것 같더라고요. 한편으로는 다 놓고 편안해지고 싶다는 생각도 들어요. 일단 조직에 들어가서 일을 하면 활발하게 일은 하는데, 아침에 나가서 해야 하는 일이 있으니까 이제 먹고 살 만하면 놓고 살까 이런 생각도 들어요.

그런데 사회생활에서 인연 맞는 사람들과 일을 하다 보면 예전과는 많이 달라져요. 짜증 날 일이 없는 거잖아요. 얘기 다 받아 주고 다 들어 주고, 아닐 때는 아니라 하고 자르고. 그렇게 일의 진도가 확확 잘 나가는 거 같더라고요. 예전에 저도 공부하는 과정에 한 고비 넘어가면 가볍긴 한데 이게 활발발하지 못한 거예요. 제가 뭔가 자유롭지 못한 거예요. 그때 산책하면서 제 얘기를 들어 주시던 도반에게 제가 푸념을 했어요. "석가모니 도가 뭐 이런 거냐. 21세기 사회에서 자유롭지 못하고 조용하고 자신의 안정만 찾는 것이 불교라면, 이것이 지금 세대에게 무슨 소용이 있느냐?" 나한테 문제가 있다는 걸 모르고 그렇게 얘기했어요. 내가 활발발해져야 하는데 개인의 안정 이런 게 다인 줄 알고 그렇게 푸념을 했어요. 그런데 지나고, 지나고, 지나고 보면 자기한테 다 문제가 있다는 게 맞더라고요. 육조 스님이나 조사들이 하신 말씀들이 정말로 납득이 가더라고요.

망상이라는 것이, 병이라는 것이 실감이 나는 게, 본인이 만들어서 거기에 빠져 버리니까 자꾸 스토리가 만들어지고 이렇게 되더라고요. 역시 습이라는 것에서 풀려나려면 시간이 많이 지나야 하는구나 하는 걸 많이 느낍니다.

선생님께서도 시간이 많이 필요하다고 하시더라고요. 자기 자신이 가장 큰 스승인 거 같아요. 정말로 주위 사람들에게 강요는 안 하는데, 하시는 분들을 보면 해볼 만한 거라고 얘기는 드려요.

저는 선생님 설법 듣는 것이 처음인데, 다른 분들과 비교해 보면 그분들은 생각이 굉장히 많더라고요. 수행이니 이런 것들에 대해 고민을 많이 하시는 걸 봤어요. 저는 고민을 전혀 안 했어요. 왜냐하면 수행 같은 걸 하지 말라고 하니까 고민할 게 하나도 없더라고요. 그냥 들으면 되는데, 그런데 어떤 분들을 보니까 왜 수행을 하면 안 되는가 이런 고민도 하시고 그래서 운이 좋아서 바로 선생님하고 인연이 되어서 공부를 하게 됐다는 사실을 최근에 알게 되어서 참 감사드립니다.

11. 임○훈 2010년 녹취

무심선원에서 공부하면서 경험하신 것을 있는 그대로 말씀해 주시면 감사하겠습니다. 우선 체험이 언제, 어떤 계기로, 어떻게 일어났는지, 그리고 지금까지 어떤 변화가 있었는지 말씀해 주십시오.

저는 80년대 우리 사회의 상황을 겪으면서, 80년대 말에 몸도 마음도 지쳐 있는 상태에서, 건강을 위해 어떤 수련 단체에 참여해 수련했습니다. 기공법과 다라니 참선법을 합친 수련을 했는데, 그것을 통해서 건강을 찾았고 마음에서도 거친 것을 많이 가라앉힐 수 있었습니다. 그런데 거기에서는 프로그램에 따라 진행을 하는데 저와 안 맞는 게 있어서 나왔습니다. 그곳에서 수련하면서 불교 경전으로 《반야심경》, 《금강경》, 《법성게》도 읽었고, 그러면서 화두 참선이 수승한 것은 알고 있었지만 실제로 공부해 보지는 못했습니다.

그러다가 얼마간 시간이 지난 다음에, 물론 그때는 개인적인 것뿐만 아니라 80년대를 거치면서 학문적으로도 모든 것을 바르게 인식하고 바르게 실천하는 문제, 어쨌든 진실에 바탕을 둔 올바른 실천, 그것을 위한 학문의 인식 방법, 실천 문제를 기존의 것을 극복해서 새로운 패러다임을 모색해 가는 것을 함께 고민했지만 잘 이루어지지 못했습니다. 그러한 이유가 근본 문제에 있었다고 생각하고, 그래서 다시 이 공부를, 근본적인 문제를 공부해야겠다 해서, 화두 참선을 공부할 수 있는 곳이 어딘가 했는데, 그런 데를 쉽게 주변에서 찾을 수 없어서 ○○사에서 여름에 하는 화두 참선 수련회에 참석했는데 전혀 아니더라고요. 그리고 △△사에서 하는 7박 8일 수련회에 가서 순수하게 참선 수련을 했는데, 거기에서 화두도 받고 화두 참선도 해 봤지만, 내가 그동안 나름대로 알던 입장에서 보면 '이건 뭐가 안 맞다' 싶더군요. 거기에서 하는 법문도 선문에 알맞은 법문이 아니었고 화두를 참구하는 방식도 좀 아니어서, 실제로는 과거에 해 오던 수련을 △△사에 앉아서 7박 8일 동안 했습니다.

그런 뒤에 선원장 스님에게서 화두를 받아서, 화두참구를 어떻게 해야 하는지를 알아보려고 이것저것 찾아보았는데, 우선은 대략적인 것도 정리가 안 되어 있더라고요. 그런 것을 찾다가 김태완 선생님의 《조사선의 실천과 사상》이라는 책을 보게 되었습니다. 그 뒤 《선으로 읽는 금강경》을 읽는데, 첫 장을 보면서 '아, 화두 참선은 이렇게 하는 거다.' 하는 생각이 들었어요. 그래서 부랴부랴 거기에 소개되어 있는 무심선원 홈페이지에 들어가서 글을 읽어 보았습니다. 그때는 첫째 관심이 화두 참선이었으니까, 《금강경》 같은 경전뿐만 아니라 당장 보고 싶은 것이 《무문관》이었습니다. 그것을 보고 싶었는데 홈페이지 있는 글만 읽고는 안 되겠더라고요. 그래서 선원에 전화해서 김태완 선생님의 설법 CD를 주문하여 듣고, 홈페이지에 있는 글들을 몽땅 내려받아 다 읽고, 2005년 가을 정진법회 때 처음 법회에 참여했습니다.

그런데 선생님의 법문을 신뢰하며 정진법회에 참여했습니다만, 끊임없이 선생님 법문을 들으면서도 그동안 공부해 왔던 방식을 버리지 못했습니다. 한편으로는 과거에 했던 방식대로 하고 또 자꾸 법문을 알음알이로 듣고 정리하려고 했습니다. 선생님 법문에서 끊임없이 그런 행위를 제지하는 말씀을 하시는데도 이런저런 생각이 일어나고, 그것을 접으면 또 다른 생각이 일어나고, 그래서 계속 그 문제를 골똘히 자꾸 생각하면서 법문을 듣게 되었습니다.

옛날에 수련하면 마음이 모이지만 기(氣)가 차거든요. 그러니까 앉아 있는데 기는 차오르고, 그러니까 법문을 들으면서 땀을 뻘뻘 흘릴 정도였습니다. 그런데 마지막 날 첫째 시간에, 그때 하신 법문이 혜능 스님의 《무상송》이었습니다. 그렇게 전전긍긍하면서 법문을 들었고, 마지막 날 첫째 시간에도 헤매면서 듣는데, 법문 듣는 시간에 생각이 끊겨 버리는, 잠깐인데 생각이 끊겨 버리는 그런 경험을 했어요. 우선 그게 무엇인지 모르겠는데, 그 이후로 상당히 안정되고 고요해지는 안정적인 경험을 했어요. 그래서 마지막 시간 법문은 잘 들렸습니다. 그러고 나서 방에 돌아가 앉아 있다가 몇몇 분한테 이런 얘기를 하니까 선생님께 가 보라고 하셨는데, 제가 정리가 되지 않아서 가지 않았습니다.

그러고 집에 돌아와서 법문을 듣는데 훨씬 편안해졌습니다. 그런 상태에서 법문을 많이 들었습니다. 희미하게나마 "이것이다!" 할 때 그림자처럼 오는데, 선생님이 특히 법문 중에 되풀이해서 "이겁니다, 이겁니다!" 하고 생각할 틈도 주지 않고 법문을 하시는 그런 대목에서 확 오더라고요. 그러면서 이렇게 보면, 밖에 보면 나뭇가지가 흔들린다든지 차를 타고 가다가 움직이는 물체를 볼 때, 시내에 차가 그렇게 많고 소음이 들리는 곳을 가는데 고요한 숲길을 혼자 걸어가는 것 같았어요. 앞에 부닥치는 모든 것이 희미해진다고 할까, 회색 혹은 흑백이 되고 그랬어요. 그러고 나서 '이게 그건가?' 했는데, 이런 현상이 지속되는 것은 아니고 드문드문했어요. 방에 앉아서도 밖에 나무가 흔들리는 것을 쳐다보고 있으면 그러다가 안 그러다가 또 그러고… 이런 현상이 한 번씩 오면 여기에 대해서 조금 생각하다가 미련을 버리고 선생님 법문을 열심히 들어야겠다, 그렇게 생각하곤 했습니다.

법문을 듣는 요령은, 한편으로는 내가 생각을 일으키는 것을 쳐주는 것, 그럴 때 잘 안 들리는 곳을 되풀이해서 듣고, 내가 기존에 했던 생각들을 무너뜨리고 선생님께서 "이것이다!" 하는 것이 와닿는 곳은 되풀이해서 들었습니다. 그렇게 해서 무심선원에서 나오는 설법 CD를 거의 다 사서 들었습니다. 지금 목록에 나와 있는 법문부터 지나간 법문까지 다 들었습니다. 그전에는 경전도 같이 보려고 했는데, 다 덮어 버리고 법문만 들었습니다. 그런 식으로 했습니다. 선생님께 여쭤보고 싶은 생각도 들었습니다. 이게 뭔가 하고 마음이 좀 들뜨기도 하고 궁금하기도 했는데 가라앉았습니다.

뒤에 이것이 좀 더 뚜렷해진 다음에는 지나간 생각들이 싹 없어졌습니다. 그래서 별일도 다 일어났습니다. 당장 스케줄이 정리가 안 된다든지, 책을 읽어도 법문 관련 책이 아니라 일반 책을 읽어도 전부 '이것'으로 보이니까 책이 분별이 안 되는 거죠. 그래서 그 후에 공부를 점검할 목적으로 경전을 읽게 되었습니다. 그 전에는 경전을 읽지 않고 법문만 들었습니다. 그렇게 지나면서 더 뚜렷해지더군요.

그때가 언제쯤인가요?

그때가 2005년 가을에, 그러고 나서 그 다음 여름 정진법회 가기 전 무렵이었을 겁니다. 어느 날 맑고 뚜렷한데, 정말 분명하고 뚜렷한데, 너무 뚜렷해서 머리가 아플 정도였습니다. 이전에는 잠깐씩 다시 생각하는 쪽으로 돌아가곤 했는데, 이젠 생각하려고 해도 생각도 안 되고, 몇 시간을, 아니 거의 그날 오후 내내 그런 상태로 지냈습니다. 그때는 책을 보거나 법문을 듣거나 아파트 위를 봐도 머리가 아플 정도니까, 이거 뭐 잘못되는 거 아닌가 싶었어요. 차츰 아픈 기운은 사라졌어요.

　지금 생각해 보면 그 이전의 경험이 거친 망상이 한 번 쉬는 정도였다면, 그때 진짜 이걸 본 경험이 아닌가 하는 생각이 들어요. 그때부터 경전도 다시 읽었습니다. 큰 문제들뿐 아니라 선생님이 법문에서 말씀 안 해 주셨던 지엽적인 문제들도 풀리더라고요. 그러면서 정말 안 다가왔던 《법성게》가 보이는 거예요. 그렇게 시간이 지나면서 한동안 이걸 나름대로 즐겼습니다. 아무리 시끄러운 데 가도 전부 고요하고 움직이지 않는 상태에서 그걸 구경하는 거죠. 그런 시간이 상당히 지났습니다.

대략 어느 정도 시간이 지났습니까?

강하게 그런 것이 며칠 정도 지속되었습니다. 그 뒤에는 일상생활을 할 때, 책을 읽어도 분별이 안 되고, 할 일을 메모해 놓지 않아도 닥치면 그 일을 하고, 언제 몇 시에 뭘 해야 할지 다짐을 안 해도 그때가 되면 하게 되고, 이렇게 일상생활을 해 나갔습니다. 그렇지만 '이건 아닌데, 정말로 초점이 딱 들어맞지는 않은 것 같은데?' 했습니다. 그러면서 경전을 다시 읽었습니다. 《육조단경》과 《서장》에서 여러 가지 병을 지적해 주는 것을 보게 되었습니다. 《서장》 법문을 들으면서 대혜 스님의 첫 번째 문답은 뚜렷한데, 어떻게 표현할 수도 없고 그릴 수 없고 말할 수 없다는 그런 것은 통과되었는데, 그 다음은 막히더라고요. 그러니까 아직 뭔가 쥐고 있구나. '이것이 마음이다'라고 하는 것을 아직 갖고 있었던 거죠. 그러니까 전부 비추는데 이것 자체를 비추면 거꾸로 보는 것은…

아직 거울은 있는 상태인 거죠. 비추는 건 보이는데 아직 거울은 있는 느낌, 이런 걸 말씀하시는 거죠?

예. 거기에 걸려서 한참 자꾸 의식적으로, 선생님께서 늘 얘기하시는 것처럼 한 치의 틈도 없는 계합, 초점, 그런 것을 생각하고 의식적으로 그렇게 해 보려고도 했습니다. 그러면서 조금 뚜렷해지는, 그런 상태가 되더라고요. 그러나 늘 지속적으로 그런 것은 아니었고요. 어떨 때 법문을 들으면 20~30분 그러다가 또 말고, 그런 것이 항상적이지 못하다가, 그렇게 법문을 듣는데, 1시간을 듣는데 한결같이 들리는 그런 경험을 했어요. 그러고 나서도 계속 지속된건 아닌데, 그러면서 그런 것들이 조금 더 해결이 되더라고요. 그래서 지금 그런 상태로 있습니다.

저는 이제 공부가 시작된 것이라 보기 때문에, 이것을 이렇게 저렇게 살피는 것이 의미가 없다고 생각합니다. 어쨌든 그동안 궁금한 게 있어서 선생님께 여쭤보는 마음도 있었지만 머뭇거렸습니다. 그런데 법문을 들으면서 저절로 해결이 되더라고요. 그동안 정진 법회만 참여하면서 선생님과 면담을 3번쯤 했는데, 특별히 할 말도 없었어요. 그래도 오래 못 뵈었으니까 뵈어야지 하고 면담을 했습니다. 선생님께서 "어떻습니까?" 하고 물으셔서 '이렇습니다' 하고 대답하니까, 선생님께서 "좀 더 분명해질 겁니다. 완전히 초점이 맞지 않아서 그런 것이니, 그런 것이 없어져야 합니다. 그러면 번뇌장을 넘어서서 소지장까지 넘어서는 것입니다."라고 말씀해 주셨습니다.

하여튼 제가 얻은 해답을 다시 확인받는 면담 시간이었어요. 그래서 지금 그렇게 공부를 하고 있습니다. 지금도 선생님 법문을 열심히 꾸준히 듣고 있습니다. 여기서 말하는 표현으로 말하면, 힘이 좀 더 생기는, 힘이 좀 더 세지는, 그런 것을 조금씩 느낍니다. 그러면서 자연스럽게 오랫동안 찾아왔던 문제들, 바른 인식과 바른 실천, 삶에서 또는 한국에서… 그런 것에 대한 문제도 실마리가 풀렸습니다. 그렇게 해 가면서 또 다른 학교의 모임에서 불교 경전도 읽고, 지금은 유교 경전을 읽기 시작했습니다. 거기에서 옛날에 본 《중용》이나 새롭게 보는 《신문경》이라는 게 있어요. 이런 걸 보면 주자(朱子) 이후에 많이 어긋나 있구나 싶어요. 옛날 유교의 성인들도 같은 얘기를 하고 있는 것임을 읽을 수도 있고, 그렇게 하고 있습니다.

저는 이런 얘기를 하자고 하니까 생각나는 대로 얘기했습니다만, 그런 체험이 언제, 얼마나 지속되었는지 잘 기억이 안 납니다. 사실은 선생님께 "제가 병인지는 모르겠는데 자꾸 감상하고 즐기려고 합니다. 이런 것은 버려야 하는데 가끔 그럽니다." 하고 말씀드리니까 "뭐 그런 것도 괜찮습니다." 하고 말씀하시더라고요.

그것이 작년 봄 아니면 여름 즈음이었습니다. 저는 지난 공부를 정리한다는 것이 저 자신한테 별로 의미가 없는 것 같지만, 만약에 공부를 정리한다면 공부를 하시는 분들께 무심선원의 가르침을 잘 따른다면 공부에 분명히 진전이 있고, 그런 공부 과정에서 선생님께서 여러 가지 병폐를 잘라 주는 법문을 끊임없이 하시고, 이걸 바로 보여 주시니까, 그렇게 해 나가면 공부에 진전이 있고 경험도 있을 거라고 말씀드리고 싶습니다.

저 역시 무심선원에 와서 공부하면서도 주변에 경험한 분들이 있다고 해도 반신반의하고 그건 착각하고 있는 게 아닌가 싶었는데, 저한테도 그런 경험이 있고 보니까 정말 고맙고 감사합니다. 믿고 하면 됩니다. 그 구체적인 경험의 내용이 어떤 것인지에 관심을 가질 필요는 없어요. 다른 분들의 체험담도 읽어 봤는데, 그것은 사람마다 다양하게 일어나고… 크게는 망상을 쉬는 것과 좀 더 뚜렷하게 보는, 초점이 맞는 이것은 공통점일 수 있겠는데, 그 외는 다양하게 나타난다고 생각합니다. 저는 지금 상태로는 그렇습니다. 이런 것도 생각할 필요는 없는데, 효과라는 것을 먼저 생각할 필요는 없는데, 생활 속에서도 부모님과의 관계, 부부관계, 또는 다른 사람들과의 관계나 태도, 이런 점에서도 저절로 바뀌어 가는 걸 보게 됩니다. 그런 것을 염두에 둘 필요는 없습니다만, 그런 정도로 말씀드릴 수 있을 것 같습니다.

실례지만 올해 연세는 어떻게 되세요?

올해 환갑 지났습니다.

여기 선생님께서 주신 질문에는 없는데, 저 같은 경우는 선생님을 보며 '스승이라는 것은 이런 것이다' 하는 생각이 들 때가 가끔 있어요. 저는 이 공부를 해 오면서 내가 이걸 쥐고 있을 때, 스스로도 내가 쥐고 있다는 것에 대해 부담이 있을 때, 선생님께서 자나가는 말씀으로 '시간이 다 해결해 준다'고 하셨는데, 이게 스승인 것 같더라고요. 스승을 신뢰해 버리니까 쥐려고 하는 것이, 애쓰려고 하는 것이 '아, 이게 아니구나' 하게 되더라고요. 쉽게 지나가는 한마디가 시간이 지나가면 다 해결이 되고, 매달리지 말아라, 하는 것들이 스승의 가르침인 것처럼 느껴지더라고요. 처음부터 의심 없이 들었지만 스승의 말씀 하나에 따른 그런 신뢰가 저를 훨씬 더 이 공부를 할 수 있도록 키워 주는 스승의 역할인 거 같아요. 체험하신 분의 입장에서 공부하는 분들께 하시고 싶은 말씀이 있으면 해 주십시오.

세속에서도 저한테 스승이 계시지만, 그분들도 내가 가지고 있던 생각, 고정적인 생각을 깨트리는 그래서 그게 충돌하여 상당한 갈등을 겪으며 바뀔 때, 그런 길잡이 역할을 하신 수많은 스승이 있었지만, 이 문제도 마찬가지입니다. 좋은 말씀을 잘 들었다 하면 좋은 선생님이시긴 하지만 내 스승은 안 되겠죠. 그런데 입문할 때 나름의 믿음이 있었기 때문에 여기서 공부를 했지만 더욱더 믿음이

139

가는 것은, 정말로 내가 미처 생각하지 못한 고정적인 생각들이 정말 그것이 무너져서 거듭난다고 그럴까, 그런 것을 작게도 크게도 경험해 보니까 그럴 때 정말 고마운 스승, 정말 인생의 스승이시죠. 여기 오신 분들도 여기저기 모색을 하다가 조금 더 간절하게 찾고 그러다가 여기에 길이 있다고 생각이 되어서 법문을 듣기 시작한 것이고, 법문을 듣기 시작하면서 일정한 믿음을 갖고 시작하겠지만, 여전히 그것이 얇은 사람도 있겠죠. 어쨌든 믿음이 중요한 것 같습니다.

선생님께선 언제나 이걸 보여 주시지만, 이것이 그렇게 쉽게 보일 수는 없죠. 이것을 가로막고 있는 장애가 엄청난데, 선생님의 법문은 그런 장애를 끊임없이 부수어 주고 생각으로는 갈 데가 없는 그야말로 궁지로 모는 법문이 좋은 법문입니다. 이렇게 법문을 해 주시는 선생님의 가르침을 잘 따르면, 나름대로 여러 가지 충돌과 갈등도 있겠지만, 그럴 때일수록 생각을 내려놓고 그렇게 공부를 해 나가면 되지 않겠습니까? 선생님께서는 법문을 경전이나 어록을 교재로 하고 계시긴 하지만, 따로 혼자 보는 것은, 경전과 어록을 보는 것은 제 경험상으로는 삼가는 것이 좋다고 생각됩니다. 나중에 자기 공부를 다듬는 과정에서 보는 것이 좋을 것 같습니다. 그래서 저 같은 경우도 이제부터 그런 것을 좀 더 치밀하게 읽어야겠죠.

마지막으로 질문드리겠습니다. "진리가 무엇입니까?"라고 질문을 드린다면 어떻게 대답하시겠습니까?

글쎄요, 선사들 흉내를 낼 수도 없고, 그야말로 "진리가 무엇입니까?" 그렇네요. 여기에 조금이라도 이렇게 얘기하면 좋을 것 같다 하게 되면 어긋나는 것 같아요. 저는 아직은 공부가 시작이라서 남에게 "진리는 이런 겁니다." 할 수도 없습니다. 그냥 분명한데, 말로는… 그냥 흉내 내어서, 앞에 보고 듣고 있는 게 다 이것이라고 할 수 있지만, 그렇게 얘기를 하다 보면 어색하고, 아직은 "진리는 이런 겁니다."라고 얘기하기는 그렇습니다. 그냥 공부를 해 나가다가 도반들 중에 어긋나 있는 것을 보면 "그건 아닙니다." 하는 정도의 초보적인 것밖에는 안 됩니다. 내놓을 게 없습니다. 내놓을 게 없는 게 이것이죠.

그밖에 하고 싶은 말씀 있으십니까?

하고 싶은 말 없습니다. 얘기를 하다 보니 주절주절하게 되었습니다.

감사합니다.

12. 고○월 2011년 녹취

체험이 언제 어떻게 일어났습니까?

1년 반 전 원장님의 《바로 이것》이라는 책을 읽다가 어항 옆의 화분이 어항과 하나라는 구절에서 꽉 막히며 답답해지기 시작했습니다. 너무 답답하여 한밤중에 통곡을 하기도 했습니다.

며칠 후 새벽 4시쯤, 어지럽고 몸 상태가 너무 안 좋아서 '내 죽음이 가까워졌나 보다.'라는 서글픈 생각과 그동안의 공부 소득이 없었음을 한탄하면서 미건(등마사지 기구)에 올라갔습니다.

선생님의 책 《바로 이것》을 펼쳐 보는데, "이것이 무엇인가? 팔을 굽혔다가 펴 보라."라는 구절이 있었습니다. 무심코 '이거라는데' 하면서 팔을 굽혔다가 펴는데 무언가 쑥 빠져 내려가는 것 같은 느낌이 들면서, 2,500년 전이나 지금이 같았으며 몸의 먼지 하나까지 모두 하나로 돌아가는 것을 체험하였습니다. 이 몸뚱이를 끌고 다니는 주인공을 찾는 공부를 하면서 몸을 끌고 다니는 주인공이 따로 있는 줄 알았는데, 그것이 아니고 모두가 하나로 똘똘 뭉쳐 그대로 하나였습니다. 아픈 몸도 가벼워지면서 절로 춤이 추어져서 덩실덩실 춤을 추었습니다.

무심선원에는 언제 어떻게 참여하셨습니까?

무심선원에 다니던 딸에게서 《바로 이것》이라는 선생님의 책을 받았는데, 그때는 신통치 않게 생각하고 관심을 두지 않았습니다. 한참 후에 딸이 한번 읽어 보라며 지나간 월간 《무사인》을 여러 권 보냈는데, 그것들을 읽다가 너무 감동해서 딸에게 전화를 했더니 《바로 이것》이라는 책도 드렸다는 거예요. 깜짝 놀라 온 집을 다 뒤져서 그 책을 찾아 읽기 시작했습니다. 딸하고 서울 법회를 한 번 참석했는데, 법문 후 어느 노거사가 소감을 물어보시더라고요. 그래서 제가 "즉설(卽說)이라 알아듣는 사람이 많지 않겠네요."라고 말씀드렸지요.

불교에는 언제 입문하여 어떻게 공부해 왔습니까?

63세에 남편과 사별하고 64세부터 선 공부를 했습니다. 주로 인천 ○○선원 보살선방에서 17년 동안 한 번도 빠지지 않고 안거를 회향했고요, 80부터는 나이가 들어 대중들에게 피해를 줄까 봐 집에서 생활하며 정진하고 있습니다.

지금 자신의 공부는 어떻습니까?

걱정과 두려움이 전혀 없고 "조견오온개공 도일체고액(오온이 모두 공임을 비추어 보고서 모든 고통을 벗어난다)."이라는 반야심경 말씀 그대로입니다. 70 넘은 아들의 죽음 앞에서도 흔들리지 않았습니다. 과거, 현재, 미래가 한자리인 것이 확실합니다. 원장님의 법이 더욱더 확실하게 와닿습니다.

올해 연세는 어떻게 됩니까?

91세입니다.

하시고 싶은 말씀이 있으면 해 주시기 바랍니다.

세상 사람들의 헐떡이며 살아가는 모습이 너무 애처로워서 어서 빨리 많은 사람이 원장님을 만나 부처님의 진실한 뜻을 체험하여 행복해지길 바라고, 이 법이 세계로 퍼져 나가 온 세상이 평화로워지길 두 손 모아 간절히 기원합니다. 이 법을 체험하게 해 주신 원장님이 너무 고마워 이 몸을 다 바쳐도 모자랄 만큼 은혜가 지중합니다. 원장님께 삼배 올립니다.

13. 김○용 2011년 녹취

체험담 인터뷰를 하려고 합니다. 질문을 하는 의도가 논리적인 답변을 받거나 이치에 맞는 얘기를 들으려고 하는 게 목적이 아니므로 있는 그대로 말씀해 주셨으면 합니다. 그래야 또 도반들한테도 도움이 될 것 같아서 질문에 앞서 말씀드립니다. 첫 번째 질문은 체험이 언제, 어떤 계기로, 어떻게 일어났는지, 그리고 지금은 어떤 상태인지 말씀해 주십시오.

제가 이 공부를 하게 된 계기는 승진하고 나서의 일입니다. 물론 젊을 때부터 이 공부에 항상 마음은 있었습니다. 승진 시험에 합격한 뒤에 굉장히 힘들었는데, 승진하고 난 뒤에 허탈감이랄까 외로움이랄까 그런 게 밀려오더라고요. 그래서 본격적으로 공부를 해야겠다는 발심을 하게 되었습니다. 그러다가 2년여 동안 닥치는 대로 책을 사서 보았습니다.

그러나 책을 가지고는 안 되겠다는 생각이 들어서, 간화선에 해당하는 건데 '이 뭐꼬?'라는 화두를 들고 새벽에 고생 아닌 고행을 했습니다. 그렇게 6년 정도 했는데 효과가 없더라고요. 체력적으로 많이 힘들었고요. 몸무게도 빠지고 힘도 들어서 도저히 이래서는 안 되겠다는 생각이 들었습니다. 그러다가 우연히 선생님의 《선으로 읽는 금강경》을 읽고, 이분은 뭔가 있구나 하는 것을 느꼈습니다.

그게 언제쯤인가요?

5년쯤 전일 겁니다. 《선으로 읽는 금강경》책을 읽고 나서 무심선원 홈페이지에 올라 있는 법문을 6개월 정도 들었습니다. 그런데 무슨 말인지 도대체 모르겠더라고요. 말을 알아듣질 못하겠더라고요. 그러다가 우연히 등산을 하려고, 아이들과 함께 산으로 올라가려고 하는데, 뭔가 밑이 쑥 빠진다고 할까 그런 느낌이 왔습니다. 그리고 굉장히 가벼워지고 기분도 좋았습니다. 자신감도 생기고요. 그 전까지만 해도 큰스님이라고 하면 범접하기 어렵다는 생각이 있었는데 그 뒤론 자신감이 생기더라고요.

그리고 나서 무심선원에 직접 가 봐야겠다 싶어서 남산동에 있던 무심선원에 나가게 되었습니다. 법문이 끝나고 자리에서 일어나 들어가시는 선생님께 체험담을 얘기했습니다. 선생님 말씀이 "현재도 그 자리에 있습니까?" 하고 물으시더라고요. "그건 아닙니다." 하니까 들어가시더라고요. '아, 그래서 이게 공부가 아닌가?' 이렇게 생각하고 계속 법문을 들었습니다. 그러면서 저의 체험과 자꾸 비교를 하더라고요. "아, 이게 저런 말이구나." 이렇게 계속 하더라고요. 지금 생각해 보면 그게 공부는 아니었던 것 같은데 그렇게 되더라고요. 그래서 계속 공부를 했죠.

그리고 나서 1년 정도 지나서 법문을 듣는데 뭔가 확 오더라고요. 뭔가 왔는데 표현을 못 하겠어요. 꽉 찼다고 할까, 생각을 하는

146

것도 여기서 생각을 하고, 경계가 들어오면 여기서 들어왔다 나가고, 그런 것이 대략 3일 정도 유지되더라고요. 3일 정도 지나니까 어느 순간엔 또 깨우친 사람을 자유인이라고 하는데 자유인은 이게 자유인이구나, 이런 생각이 들더라고요. 그런 이후 '뭔가 왔구나' 라는 생각이 들어서 자부심을 가졌는데, 그런데 또 경계에 끄달리게 되더라고요. '아, 그럼 이건 아니다.' 그런데 공부는 한결 하기가 쉬워졌습니다.

그런 이후에 선생님께 말씀을 드렸더니, 계속 공부하라고 말씀하셨습니다. 그래서 계속했죠. 저는 새벽에 법문을 많이 듣습니다. 설법 CD도 시간 날 때마다 사서 듣습니다. 새벽에 듣는 것이 공부에 더욱 도움이 된다고 생각합니다. 바로 깨서 법문을 들으니까 아무 생각이 없잖아요. 그렇게 법문을 듣다가 또 한 번 더 가벼워지는 체험이 왔는데, 그래도 잘 모르겠더라고요. 등산을 가다 보면 뭔가 꽉 찼다고 할까, 뭔가 있어서 꽉 찬 게 아니라 산을 보면 산이 안에 꽉 차 있다고 할까, 그런 느낌이 자주 왔습니다. 이게 맞는지 아닌지도 모르겠고, 그래도 미심쩍은 부분이 좀 있었습니다. 그러다가 가벼워지면서 모르는 거 이 하나가 남더라고요. 이런 상황을 "쥐가 쇠뿔 속에 들어갔다."고 하는 건가 생각도 들고, 그런 생각을 가지고 있다가 최근에 법문을 듣는데 미진한 부분이 팍 하고 없어지고 밝아졌어요. 그러고 나니까 걱정이 없어지고 찾고자 하는 마음이 없어지더라고요. 그러고 나서 법문을 들으면, 이것을 가지고 법문을 하는구나 하는 것을 알겠더라고요. 마음이 고요하고 흔들림이 없어지고, 끄달리는 것도 100% 없어진 것은 아니지만 어느 정도까지는 여여하다고 할 만한 그런 상태가 유지되더라고요.

그러면 무심선원에 입문하게 되신 건 대략 언제쯤인가요?
5년 전쯤일 겁니다.

그러면 그동안 여러 번 경험을 많이 하셨고 최근까지도 그러신 거네요. 실례지만 올해 연세는 어떻게 되세요?
52세입니다.

《선으로 읽는 금강경》이나 무심선원에 입문하시게 된 계기를 말씀하셨고, 또 그 전에 화두를 잡으셨다고 하셨는데요. 그러면 무심선원에 오기 전에 불교라는 이름으로 입문하신 것은 좀 오래되셨네요.
항상 젊을 때부터 관심이 있어서 법문하는 데를 쫓아다녔죠.

시기적으로 어느 정도?
대학교 때부터 요가 하는 데 관심을 가져서 그런 데를 쫓아 돌아다녔죠. 또 단학 하는 데 따라다녀 보고 그랬습니다. 요가는 1년 정도 따라다녔고, 육체적인 요가가 아니고 정신적인 것을 요구하는 데였는데, 비밀스러운 주문을 자꾸 되뇌라고 하더라고요. 하여튼 젊을 때부터 관심이 있었는데, 본격적으로 한 것은 11년 전으로 보면 될 것 같아요.

요가나 명상이나 책을 많이 보시고 불교를 접해 오면서 무심선원과 연이 닿아서

이쪽으로 오셨는데, 저 같은 경우는 여러 가지를 접해 보지 못해서 비교해 보거나 이런 것이 전혀 안 됩니다. 다른 데를 접했던 때와 무심선원을 접했을 때를 비교해 보면 처음 접했을 때 다른 점이 있나요?

차이를 느꼈습니다. 왜냐하면 저쪽은 기복이고 뭔가를 얻으려는 것이 많은데, 무심선원은 그런 것이 아닌 것 같더라고요.

무심선원을 접했을 때는 어땠나요?

뭔가가 있구나 하는 생각만 있었어요. 그런 생각만 가지고 왔었구요.

처음에 접했을 때 뭔가를 제시하고 있긴 한데 그게 무엇인지는 몰랐고, 다른 불교나 그동안 접했던 것과는 차이가 느껴지죠.

법문을 들으면 차이는 확실히 느껴지더라고요.

체험 얘기를 들어 보면 다들 공부를 다양하게 한 거 같아요. 한 가지 공통적인 것은 저도 마찬가지인데, 체험을 하면서도 법문을 계속 듣는 것이 좋은 것 같더라고요. 바로잡아 주는 길잡이도 되고. 이제까지 공부를 해 오셨는데 지금 "진리가 무엇입니까?"라고 여쭤본다면 어떻게 답변하시겠습니까?

진리? 잘 모르겠습니다. 어떻게 표현을 해야 하나? 하여튼 제 마음이 요동이 없고 편안하다 하는 것과 선생님이 말하는 그 자리를 내가 알겠다는 거죠. 그 정도로 얘기를 할 수 있습니다.

'내가 알겠다'고 하는 것이…?

없는 것은 아니고 분명히 있긴 있는데, 밝게 확인이 되는데, 무엇인가 하고 찾아보면 아무것도 없는 거죠.

공부하시면서 도반들에게 하시고 싶은 말씀이나 어떤 공부 계획이 있으면 말씀해 주시기 바랍니다.

열심히 공부하는데도 불구하고 안 되는 사람들을 보면 안타깝다는 생각이 듭니다. 그런 분들을 보면 수용하지 않는 것 같더라고요. 자기 이상을 고정시켜 놓고 그것만 중요하게 여기고, 선생님 말씀이나 주위의 도반들 얘기가 좋은 것이라면 수용해 줘야 되는데 그런 게 안 되는 것 같더라고요. 그래서 안타깝다는 생각이 듭니다. 저는 공부 열심히 하는 사람이 있으면 얘기를 해 주는 편이었어요. 아니다 싶으면, 이렇게 하니까 좋더라고 하면서 좀 더 공부하는 보람을 느끼더라 하면서 얘기해 주었습니다. 그렇다고 해도 본인이 안 받아들이면 할 수 없고, 본인이 받아들이고 관심을 가지는 분들한테는 이야기를 해 줘야 하지 않겠나 하는 생각을 하고 있습니다. 저도 계속 공부를 해야죠. 선생님께서 "뿌리를 내리면 나무가 자라고, 나무가 자라면 열매를 맺는다."라는 말씀을 하시는데 그런 과정이 있지 않은가 하는 생각이 들고, 지금도 계속 공부를 해야 한다고 봅니다.

지금 말씀을 쭉 들어 보니까, 공부를 하시다가 좋은 말씀도 해 주셨다고 하셨는데, 저 같은 경우는 뭘 물어보면 답변할 정도이지 찾아가서 조언해 주고 그러지는 못 했거든요. 그게 기질마다 차이가 난다는 생각이 드는데, 어떻게 보면 좋은

면으로 보입니다. 처음에 제가 이것을 경험하고 나서 누구한테 얘기할 때는 좀 두려운 것도 있고 해서, 나에게 정말 확실하게 남한테 얘기할 수 있는 힘이 있나 하는 생각도 들었습니다. 또 한편으로는 불교에서 자비라는 표현을 해 가면서 배웠으면 나눠 줘야 하는 것으로 얘기를 하는데, 제게도 그런 부담감은 있었지만 그렇다고 해도 과연 내가 남에게 얘기할 만큼의 무게감을 가지고 있나, 이렇게 생각하거든요. 그런데 지금 거사님은 용기 있게 말씀하셨고 그로 인해 도움받은 사람이 있는 것 같아요. 남에게 말씀을 하시면서도 그런 걱정은 없었는지요?

저는 제 주제를 넘어서는 말인지 모르겠는데, 그런 걱정은 해 본 적이 없어요. 상대편이 받아 주면 좋고 욕을 하면 방법이 없는 거고. 안타까운 생각이 많이 들어요. 내가 도움을 준다기보다도 옆에서 보면 그건 아닌 것 같은데 이렇게 하면 좋을 것 같은데, 그래서 주제넘게 권유를 하거든요. "공부 잘되십니까?"라고 물어보고 그쪽에서 반응이 오면, 그때 선생님 말씀을 아무 생각 없이 들으시고 자기를 내세우지 말라고 얘기해 줍니다. 그러면 수용하시는 분들도 계세요. 그러나 대화를 나누다 보면 자기주장을 내세우는 사람이 있거든요. 그런 사람에게는 내가 얘기해 본들 그 사람이 받아들이지 않기 때문에 더이상 얘기를 못 하는 거죠. 제가 조금 욕을 얻어먹으면 할 수 없는 것이고 이렇게 생각해 버리니까 주제 넘는 거죠. 모르겠습니다. 그런 건 성격 차이인 거 같아요.

제가 면담을 하면서 느낀 게, 저는 처음에는 그렇게 하는 것이 좋은 면이 아니라고 생각했는데 오히려 도움을 주시는 면이 있다고 보이네요. 또 하나, 수용을 하면 좋은 것이고 수용을 하지 않으면 어떻게 할 수 없는 것이라고 말씀하시는 걸 들으면서, 어떻게 보면 제가 갖지 못한 많은 면을 가지고 계시구나 하는 생각을 했습니다. 도반들이 도움이 되셨다고 하니까 참 좋네요.

모르겠습니다. 지나가는 말로 하시는 말씀인지 제가 미안해하지 말라고 하는 말인지 모르겠습니다만, 저는 서울 도반님들과 얘기를 많이 했습니다. 또 처음 오시는 분들과 얘기를 했는데, 대체로 수용을 잘 하더라고요. 감사하게 생각하고 그래서 더 관심이 가게 되고….

저도 애착은 가는데 '이건 해야 할 얘긴가, 말아야 할 얘긴가?' 말이라고 하는 것은 한계가 있지 않습니까? 얘기를 하면 말로 따라오실까 봐, 병통이 일어날까 봐, 그래서 공부하면서도 드는 생각이 제가 힘이 좀 있으면, 같이 사는 사람에게도 한마디에 확 뒤집어지게 할 수 있는 힘이 있으면 말을 뱉겠는데, 잘못 뱉으면 말만 따라오고 더 문제를 일으킬까 봐 말을 좀 가려서 하게 되더라고요.

저는 선생님의 말씀을 전달하는 그런 역할을 했습니다. '선생님께서도 그렇게 말씀하시니까 이렇게 하면 좋지 않겠느냐'는 식으로…, 저도 그렇게 해 보니까 좋더라고 하면서 권유했습니다. 예를 들어 사회생활의 습성대로 선생님 말씀을 받아쓴다든지 자기 것으로 만들려고 하면 그건 자기 공부가 아니라고 말씀드렸습니다. 저는 처음에 한 번 경험이 오고 나서 이렇게 하면 안 된다 하는데 계속 그것을 하게 되더라고요. 그래서 느꼈어요. 그래서 그런 분들을 보면 얘기합니다. 그러면 그분들도 인사치레인지는 모르겠습니다만, 도움이 되었다고 말씀하시더라고요. 또 간혹 "공부가 어떻습니까?" 하고 여쭤보면 저한테 궁금한 걸 물어오거든요. 그러면 또 대화를 나누게 되고 그렇습니다. 제가 큰 도움은 안 되었겠지만 어쨌든 그렇게 말씀을 드리는 것은 제 성격입니다.

도반마다 기질이 달라서 제가 여쭤보는 겁니다. 준비된 질문을 다 해서 개인적으로 의문이 있어서 한 번 더 여쭤 보았습니다. 선생님께서 주신 질문에 아주 간단 명료하게 답을 하셔서 짧은 시간 안에 끝난 것 같습니다.

그런데 특별하게 얘기할 게 없습니다. 가정에서 있었던 사소한 감정적인 것들은 다 잊어버렸고, 지금 현재는 찾는 건 없어졌어요. 마음이 충만되어 있다고 할까 그런 느낌도 있고요.

그런 느낌은 늘 그런 것인지?

늘 그런 것은 아닙니다.

어떨 때 보면 가득했다는 느낌이 들고 그런 거죠.

예, 맞습니다. 그리고 나 자신이 없다는 것을 알겠더라고요. 육체는 있는데 나라는 것은 없다는 것을 느꼈어요. 나라는 존재는 표현을 못하겠고, 말을 하는데도 내가 있는지 없는지, '내가 없다'는 표현이 적합하겠네요.

저도 공부하는 과정 중에, 사람들이 관념화되어서 어떤 기준을 딱 세우고 얘기를 하고 사물을 볼 때도 어떤 곳에든 발을 딛고 있고, 어떤 얘기를 해도 어떤 기준을 두고 얘기해 버리니까 둘로 갈라지고 따로따로 되어 버리는데, 그런 개념이 다 무너져 버리고 기준을 세우지 않으니까, 결국 기준이라는 것은 나를 기준으로 두는 것인데, 그 기준이 없어져 버리니까 무너져 버리니까, 선생님께서도 말씀하시듯이 하늘이 나를 보는 것이나 내가 하늘을 보는 것이나 어떤 얘기를 해도 걸림이 없어지고 테두리가 없어져 버리는 것이죠.

예. 제가 하려던 얘기인 것 같습니다.

그런 느낌이라는 생각이 듭니다.

그렇죠. 그 표현이 적합할 것 같습니다. 저는 표현력이 부족해서 표현을 잘 못하겠어요.

저도 마찬가지인데 사람들이 얘기하는 걸 보면 그런 게 보이고, 무슨 얘기를 하는 것인지가 공감이 되고, 그 사람이 기준을 세우고 있으면 그게 보여요. 조금씩 조금씩 그런 것들이 보이실 겁니다. 어쨌든 이렇게 대답해 주셔서 고맙습니다.

14. 김○섭 2011년 녹취

이제부터 체험담을 들어볼 텐데요, 질문에 앞서 선생님께서 항상 말씀하시는 것처럼, 생각으로 답변하지 마시고 그대로 그냥 체험한 것을 편하게 말씀해 주셨으면 합니다. 체험이 언제, 어떤 계기로, 어떻게 이루어졌는지, 그리고 지금은 어떤 상태인지를 말씀해 주시기 바랍니다.

2009년도 10월의 마지막 날이었을 겁니다. 주○림 거사님과 술을 한잔 마시게 된 날이 선(禪)에 눈을 뜨게 된 계기이자 출발점이었습니다. 원래 주○림 거사님과의 인연은 그분의 둘째 아들이 제게 영어를 배우면서 시작되었습니다. 다른 분들은 학원에 어머니들이 오시는데 이상하게도 주 거사님은 자제분 학원 회비를 낼 때마다 직접 오시더군요. 점차 깊은 대화도 나누고 하다가 무심선원도 알려 주시고, 선원에 와서 법문을 한번 들어 보라고 하셨어요. 그런데 저는 미덥지가 않았어요. ○○정사의 ○○ 스님이나 유명한 고승들도 있는데, 사찰도 아니고 거사가 법문을 한다고 하니 내용은 잘 모르지만 별로 신뢰가 안 가더군요. 그 뒤에도 몇 번이나 거사님께서 회비 낼 때마다 몸소 오셔서 직접 쓰신 시도 주시고 마음공부와 관련한 글도 주셨는데, 그런데도 제가 별로 마음이 안 내켰다고 말씀드리는 것이 솔직할 것 같습니다.

언젠가 주 거사님께서 제게 술을 사신 적이 있습니다. 술을 사신 이유가 무심선원에 나오라고 전하기 위해서였던 것이었습니다. 그런데도 선원에는 계속 오지 않고 시간만 흘러갔습니다. 그런데 제가 먼저 술을 한잔 얻어먹은 게 있으니까 저도 '답례로 술을 사야겠구나!'라는 생각이 들어서 주 거사님께 술을 한잔 하자고 말씀드렸지요. 그래서 거사님께서 아신다는 수영삼거리 부근에 홍어삼합을 전문으로 하는 전통 주막집에서 막걸리를 거나하게 한잔 했습니다.

집으로 가는 중에 거사님이 "저의 집에 들러서 술도 깰 겸 잠시 차나 한잔 합시다."라고 하시는 겁니다. 그래서 거사님 댁에 갔지요. 서재에 앉아서 귀한 차를 대접받고 벽면에 진열된 여러 가지 불교 관련 서적을 보며 얘기도 나누고 했습니다. 그때 거사님이 책을 한 권 건네주시면서 읽어 보라고 하시는 겁니다. 그 책이 저에게 바로 선으로 입문하게 만든 《선으로 읽는 금강경》이었습니다. 책은 두껍고 처음 보는 것이었는데 책 읽기를 좋아해서 호기심은 가더군요. 술은 또 많이 취한 상태라 그날은 어떻게 책을 들고 집에 왔는지도 기억이 잘 나지 않습니다.

그다음 날이었습니다. 아침에 10시쯤 술도 어느 정도 깨고 소파에 앉아서 보니 옆에 낯선 책이 한 권 있어서 별생각 없이 책을 펴 봤습니다. 숙취도 좀 있고 정신이 없는 상태다 보니 대다수 불교 경전이 그렇듯이 너무 형이상학적인 책이었다면 읽기가 힘들었을 텐데, 처음 몇 줄 읽는 순간부터 바로 그냥 책에 빠져든 기억이 납니다. 10분도 채 안 읽었을 겁니다. 보이는 모든 사물에서 그 사물의 모양과 뜻을 버리라고 하는 구절이 나오더라고요. 그 부분을 읽으면서 저도 시키는 대로 재미 삼아 한번 해 봤어요. 앞에 화분도 있고 컵도 있고 탁자도 있고 여러 가지 물건이 많이 있었는데, 보이는 모든 것에서 이름을 하나씩 하나씩 뺐어요.

책에서 "바로 이것이다!"라고 자꾸 반복하니 '이게 뭘까?'라는 호기심이 생겨서 그냥 시키는 대로 아무 생각 없이 따라 해 봤지요. 따라 하는 바로 그 순간에 그게 되어 버린 겁니다. 그게 된다는 것은 어떤 느낌이냐면 나와 외부에 차단막이 하나 생긴 것 같았어요. 보이는 모든 사물에서 이름이 다 빠져 버리니 순간적으로 의식이나 시선이 갈 데가 없어지더군요. 모든 사물이 뿌연 느낌으로 보이는 것이 기분이 묘하게 좀 이상했어요. '이게 뭐지?' 하고 속으로 생각하면서 또 한편으로는 호기심이 생겼지만 마음은 아주 편안했어요. 모든 사물이 뿌옇게 보이면서 그냥 조금 환상 속에 들어간 느낌도 들었고, 생각은 마비가 된 거 같았어요. 책에서 사물이나 생각을 따라가지 말라고 했으니까 나름대로 책에서 시키는 대로 따라 한 것이고, 그러다 보니 보고는 있는데 보고 있는 물건의 이름, 용도와 같은 것들은 전혀 생각이 안 나고 멍한 상태가 되어 버리는 겁니다.

그 상태로 책을 조금씩 읽는데 의식으로 책을 읽는 것이 아니니 그냥 건성으로 책을 읽게 되더군요. 책에서 그런 비슷한 내용이 자주 반복되었습니다. "보고 듣는 것은 분명한데 의식을 전혀 사용하지 않는다."라고 하는 것이 맞을 것 같습니다. 그 상태가 흐트러지지 않고 계속 지속되는데 어떤 때는 1시간 동안 책 한 페이지도 못 넘길 때도 있었고, 어떨 때는 서너 페이지 넘어간 경우도 있었습니다. 대부분은 그냥 멍한 상태에 빠져서 그 상태를 지켜보고 있었지요. 하는 일은 아무것도 없이 그냥 소파에 앉아서 그 상태를 계속 즐긴다고 해야 할까요? 나중에 생각해 보면 술은 약간 덜 깬 상태에서 얼떨결에 그 상태에 들어왔는데, 그게 선에 참여하는 계기였던 것이지요.

나중에는 '이게 뭐지? 편안하기는 편안하네.'라고 속으로 생각하면서 그런 상태가 깨지는 것이 싫더군요. 일요일 아침에 그런 상태가 처음 시작되었는데 월요일 오후에 학원에 가서 수업을 하는 것도 싫더군요. 그래도 수업은 해야 하니 일과를 마치고 집으로 오자마자 또《선으로 읽는 금강경》책을 펴는 겁니다. 그래도 달리 하는 것은 없었어요. '이 일은 의식을 사용하면 안 되는구나.'라는 정도는 알고 있었으니 의식적으로 한 것은 없었지요. 예전에도 명상 서적이나 선에 관한 책을 읽은 적이 있는데, 그때는 단순히 생각으로 이해만 하고 넘어갔던 것이지요. 그런데《선으로 읽는 금강경》은 그냥 책을 읽는 것이 아니라 책을 읽음과 동시에 체험을 하는 상태가 되어 버린 것입니다. 한 줄씩 읽으면서 그대로 시키는 대로 체험을 하다 보니 하루 종일 책을 읽어도 몇 장 못 넘어갈 때도 있고, 또 책에서 시키는 내용이 별로 없을 때는 그냥 술술 넘어갈 때도 있었어요. 그러니 별다른 노력이 없이도 그 상태가 계속 이어지게 되더군요.

며칠 뒤 아마 수요일 낮일 겁니다. 어머니와 점심을 먹는데, 어머니께서 손을 움직이시는데, 움직이는 젓가락을 보면서 갑자기 속에서 희죽희죽 웃음이 터져 나오는 거여요. 앞에 어머니는 앉아 계시는데 어머니라는 생각도 안 들고, 또 젓가락이라는 사물이나 젓가락을 들고 있는 손도 그 개념이 없다 보니 어떻게 보면 모든 사물이 합쳐져서 그냥 하나의 전체로 느껴졌던 것 같습니다. 밥을 먹고는 있으되 밥을 먹는다는 그런 생각도 없고, 혼자서 히죽히죽 웃고, 기분은 무척 좋았지만 한편으로는 걱정이 되기도 했습니다. 아무리 제가 생각해 봐도 이유를 모르겠더군요. 그래서 주 거사님께 메일을 드렸더니 선원에 와서 선생님을 만나 보는 게 좋겠다고 하셨어요. 그러나 제가 오후에 일이 있으니 선원 법회 시간에 맞추기에는 제가 시간이 좀 안 되고 해서 계속 그 상태로 며칠이 흘렀습니다.

새벽 3, 4시에도 일어나면 앉아 있는데 비몽사몽간에도 바로 그 상태에 몰입되어서 소파에 앉아 있는 겁니다. 비록 책을 읽긴 하지만 책을 읽는다기보다는 책에서 시키는 대로 하며 그냥 편안한 상태를 유지한 것이지요. 그러다 보니 몇 시간이 몇 분처럼 지나기도 하였습니다.

책을 읽기 시작한 지 6일째 되는 토요일이었습니다. 새벽 5시 반에 아마 책의 4분의 3 정도 읽는 중이었는데 책의 한 구절 중에 "안도 없고 밖도 없다."는 구절이었던 것 같아요. 그 구절을 읽는데 '아, 이거구나! 아무것도 아니었네.'라고 속으로 이런 생각이 들었어요. 순간, 소리라고 해야 할지 아니면 느낌이라고 해야 할지 모르지만 가슴에서 뭔가가 '뚝!' 하고 떨어져 나가는데 순간 귀도 멍멍해지고 한참 막막하더군요. 그러다 그 상태가 지속되더니 그때부터 점차 몸이 조금 이상해지는 거예요. 몸에 기운이 넘치기 시작하는데 넘치는 기운이 어떻게 주체를 못할 정도까지 되는 겁니다.

처음에는 아주 심한 상태였어요. 걸어 다녀도 땅에 발이 닿는지도 모르겠고 둥둥 떠다니는 것 같고 몸이 깃털처럼 가벼워진 느낌이었어요. 보이는 사물사물이 아주 밝고 세밀하게 보이면서 대부분은 의식이 공한 상태였지만 미세한 생각이 일어나도 알아차림이 무척 빨랐습니다. 잠결에도 조금의 의식이라도 살아 있으면 바로 알아차리는 것이 느껴졌습니다. 꿈을 자주 꾸진 않았지만 꿈을 꿀 때 스스로 꿈을 꾼다는 알아차림도 느껴졌어요. 그러다 보니 처음에는 생각이나 망상을 일으키는 외부의 자극이 무척 싫었습니다. 그래서 처음에는 집을 떠나 어디 외딴 산속으로 가고 싶다는 생각이 무척 간절했습니다. 시간이 흐르면서 그 상태가 점차 가라앉았는데 아마 두세 달 정도는 유지되었던 것 같습니다.

그럼, 그런 경험 전에 혹시 불교나 종교적인 경험이 있었습니까?

종교적으로는 아니지만 나이를 먹어 감에 따라서 단전호흡이니 명상에 관심을 많이 가지게 되더군요. 도서관에 가서 불교 서적이나 마음공부와 관련한 책도 빌려 봤습니다. 장르는 가리지 않고 선이나 인도철학이나 위빠사나와 관련한 책도 많이 읽어 봤습니다. 조계종에서 펴낸 간화선에 관한 책을 읽고는 책에서 시키는 대로 혼자 화두를 잡고 참선을 해 보기도 하고, 위빠사나 관련 책을 읽고는 알아차림 연습도 혼자서 해 봤습니다. 지금에 와서 돌이켜 생각해 보니 그것은 의식적으로 했던 것이라 처음부터 안 되는 일이었다고 생각해요. 그런데 그때는 그걸 몰랐으니 어떻게든 한번 해 본다고 애를 써 보곤 했는데, 화두를 간하는 것이든 마음 챙김을 하는 것이든 아무리 애를 써도 오 분, 십 분이 이어지기가 힘들더군요. 저 혼자 생각에 '나 같은 놈은 근기가 약하니 안 될 거야.'라고 생각하면서 점차 포기가 되더군요.

그렇게 해서 마음공부에 손을 놓고 있던 제가 《선으로 읽는 금강경》을 읽고서 선생님 법문 중 말 한마디에 선에 참여하게 되었습니다. 애를 쓰지 않고 모든 것이 저절로 그리고 편하게 이루어졌어요. 지금 돌이켜 생각하면 모든 마음공부는 어떤 방법을 쓰더라도 의식적으로 수행한다면 깨닫기가 어려울 것이라고 생각합니다. 의식을 이용하여 스스로의 의식을 없앤다는 것은 손으로 자기 목을 조르는 것과 같기에 불가능하다고 생각합니다. 그러니 선지식이 반드시 필요하다고 생각합니다. 법을 잘 아는 눈 밝은 스승님의 설법이나 선문답 같은 지속적인 지도가 없다면 학인들이 자신의 의식을 무장 해제 하기가 쉽지 않을 것이라고 생각합니다.

그 전에는 주로 책으로 접했네요.

예, 주로 책으로 했죠.

그러면 무심선원에 입문하신 것은 그런 책과 연관해서 주 거사님이 주신 책을 보면서 입문하시게 된 것이네요.

그렇죠. 《선으로 읽는 금강경》을 읽고 약 6일 만에 체험을 한 뒤, 주 거사님의 주선으로 선원에 왔습니다. 그날이 토요일이었는데 그날 토요일 법회 마치고 선생님과 면담을 한 게 선원에 온 첫날이고, 선생님을 뵌 것도 처음이었지요. 그때는 횡설수설했습니다. 그냥 체험이 왔는데 이게 어떻게 된 일인지 도저히 모르겠고 제가 생각해도 너무 들떠 있었는데 지금 생각하면 아주 죄송하지요. 몸의 느낌부터 외부의 모든 대상을 느끼는 것이 한순간에 달라졌으니, 지금 생각해도 대단한 체험이었습니다만 그때 면담하면서 선생님께 드렸던 말들이 전부 쓸데없는 것 같고 망상에 지나지 않는 것 같다는 생각이 듭니다.

그렇게 경험하시고 선생님과 면담하신 후에 공부는 어떻게 하셨습니까?

오전에 시간이 나서 일주일에 한 번씩 오전 법회에 갔습니다. 그러나 가장 도움이 많이 된 것은 집중적으로 법문을 들을 수 있는 정진법회였습니다. 비록 체험을 하긴 했지만, 그래도 편안하고 기분이 좋을 뿐 이 일에 대한 확신은 없었습니다. 일주일에 한 번씩 법회 오는 것도 도움이 되긴 했지만 정진법회 때 오는 것이 마치 양파의 껍질을 하나씩 벗겼다는 생각이 들 정도로 매번 큰 도움이 되었습니다.

정진법회를 통해 한 꺼풀 한 꺼풀 벗겨 나가다가, 마침내 분명해진 것은 작년 가을 정진법회였습니다. 가을 정진법회 중 법문을 듣다가 "흰색이나 검은색이나 다를 게 뭐가 있습니까?" 그렇게 말씀하시는데, 그 순간 바로 제게 와닿았습니다. 한참 멍하니 있다가 '아, 이거였구나!'라는 생각이 들더군요. 제가 비록 선의 체험은 했지만 일 년 가까이 '이것'이 분명하지 않아서 마음고생을 하며 여전히 이 하나를 알려고 헤매고 있었지요. 한동안은 그냥 몸의 느낌이나 감각에 매달리기도 했습니다.

그러다가 가을 법회에서 "흰색이나 검은색이나 다를 게 뭐 있냐?"는 법문을 듣고 '아, 이것이었구나!'라는 생각과 함께 모든 것이 분명해지더군요. 그래서 선생님께 가서 말씀드렸더니 선생님께서 몇 가지를 물어보시더라고요. "깨달음과 망상이 따로 나뉘어 있습니까?" 하고 물어보시기에, "다르게 보이지만 그게 같은 겁니다."라고 대답을 했습니다.

그때 그 전에는 뜻도 모르고 읽었던 《도덕경》의 한 구절이 갑자기 이해되고 머리에 떠오르는 겁니다. "마차 바퀴살 한가운데는 비어 있으므로 그 효용이 있고 마차가 굴러갈 수 있다."라는 구절을 말씀드리고, 그 마차 바퀴살의 한가운데가 빈 이치를 이제야 알았다고 말씀드렸지요. 우리 인간도 본성은 비어 있는데 세상의 모든 묘한 이치가 여기에서 나오고 있으며 원래 이것은 우리한테서 떨어질 수도 없고 벗어날 수도 없고, 그러니 따로 얻을 수도 없고 버릴 수도 없는 것이지요.

그때까지 엉뚱한 데서 찾아다니고 온갖 것을 생각하면서 별짓을 다 했는데, 그때서야 우리가 가지고 있는 것이라고는 원래 이것밖에 없다는 것을 알았지요. 저는 전혀 수행도 하지 않고 비교적 쉽게 알게 되어 미안한 생각도 듭니다. 뒤집어 생각하면 간절함만 있었을 뿐 의식적인 수행을 하지 않았기에 비록 책을 통해서였지만 눈 밝은 선지식의 만남이 저를 격발시킨 것은 아닐까 생각하고 있습니다.

앞으로도 계속…

앞으로도 가야 할 길이 멀다고 생각합니다. 첫 체험을 한 것을 새벽에 비유한다면, 이치가 분명해진 것은 해가 뜬 것에 비유할 수 있을 것 같습니다. 하지만 얼음(我相)이 녹는 것은 사람마다 달라서 오전에 바로 녹는 사람도 있을 것이고 오후 늦게나 되어야 녹는 사람도 있을 것입니다. 어쩌면 체험한 것에만 만족하고 있다면 날이 저물도록 얼음이 녹는 일은 물론이고 해조차 보지 못할 수도 있다고 생각합니다. 그러니 얼음이 완전히 녹지 않은 바에야 체험을 했다고 해서 저 스스로 아상이나 인식의 오류가 없을 것이라고는 생각지 않으니 저의 체험 사례로 법을 오해하는 일이 없기를 도반들께 당부드립니다.

올해 나이가 어떻게 됩니까?
올해 마흔아홉입니다.

특별하게 여기에서는 입문이라고 표현하지는 않지만, '이것이 불교 공부다'라고 말할 수 있는 부분이 있습니까? 아니면 불교가 선(禪)이나 내지는 다른 종교든 나누어서 볼 필요성이 있는지, 불교 공부니까 좀 더 나았다, 이렇게 볼 수 있는 부분이 있는지, 불교로서의 공부가 제시하는 것들이 장점이 있다든가 그런 점에서 하실 말씀이 있으면 해 주시죠.
이것을 불교라고 이름을 붙이니까 불교라고 하지만, 실은 모든 사람이 다 가지고 사용하고 있는 일을 아는 것입니다. 많은 이들이 하루 종일 쓰고 있지만 그 정체를 알지 못하고 있습니다. 이것을 아는 것이 세상에서 무엇보다도 큰 값어치가 있지 않나 생각합니다. 너무 많은 사람이 엉뚱한 곳에서 이 일을 찾고 그러는데, 이것은 원래 빗방울이 코끝에 떨어지면 스스로 아는 것과 같이 너무나 분명한 일입니다. 도저히 우리와 떨어질 수가 없는 것인데, 불교나 도라는 이름 때문에 밖에서 또는 형상으로 찾는 사람이 많다고 생각합니다.

저는 이 일을 일단 알았다는 데에 선생님께 감사하게 생각하고 있으며, 다른 사람들도 이것을 알면 얼마나 행복할까, 라는 생각을 합니다. 개인적으로 힘든 일이 제법 많았는데 외적인 일에 무관심해지니 일단은 마음이 편해졌습니다. 법을 알고 공부가 익어 일을 마친다면 이것이야말로 우리가 태어난 목적을 완성하는 것이 아닐까, 라고 생각하고 있습니다.

선생님께서 말씀하시는 것들이 제시하는 방편이, 저는 다른 종교를 접해 보지 못해서 모르겠는데, 불교가 그래도 어느 정도 이런 것들을 일깨우게 제시해 주는 종교라고 말할 수 있을까요?

가장 정확하고 가장 빠른 방법이라고 생각합니다. 김태완 선생님께서 펴시는 설법이 일반적으로 불교라는 이름 아래 벌어지는 제반 수행 방법 중에서 가장 월등하지 않나 하고 생각합니다. 이유는 인간의 의식을 곧바로 무력화시키고 손쉽게 선에 참여하게 만듭니다. 너무나 정확하면서도 빠르고 또한 있는 그대로 법을 온전히 드러내고 있기 때문이지요. 선생님이 가르치시는 '직지인심 견성성불'의 이 방법이 많은 사람에게 전파되었으면 하는 마음을 가지고 있습니다. 그렇게 된다면 너무 좋겠습니다.

그렇다면 지금까지 공부를 쭉 하시면서 지나 오셨는데, 지금 입장에서 "진리가 무엇입니까?" 하고 물어본다면 뭐라고 답변하시겠습니까?

저는 이것을 알기 전까지는 진리는 형이상학적인 철학이라고 생각했는데, 그 진리가 우리가 밥 먹고 잠을 자는 이런 일상생활에서 멀리 떨어져 있는 게 아니더군요. 그냥 진리가 뭐냐? 배가 고프니 밥을 먹고 목이 마르니 물을 마시고 잠이 오니 잠을 잔다, 이게 사람이 알아야 하는 가장 큰 진리가 아닌가 하는 생각이 듭니다. 결국 진리란 생각과 욕심이 사라지면 우리가 할 일이 그리 많지 않다는 것 아닐까요?

좋은 말씀이십니다. 지금까지 말씀하신 것 외에 지금 공부하시는 분들에게 전하고 싶은 말이나 앞으로 공부 계획이 있으면 말씀해 주시기 바랍니다.

원래 쓰던 것이지만 전혀 모르고 있었던 이런 일을 알게 되었습니다. 모든 사람이 이런 체험을 공유할 수 있으면 참 좋겠다는 생각이 듭니다. 제가 여기까지 오게 된 것만 해도 참으로 감사한 일입니다만 아직도 가야 할 길이 멀다는 생각이 듭니다. 제가 공부가 깊어지면 스스로 일이 분명해지지 않을까 생각합니다. 남들에게 도움이 될 수 있는 일을 할 수 있다면 좋겠습니다. 하여튼 가장 큰 소망은 많은 분이 이 일을 알았으면 좋겠는데, 여기 무심선원만큼 쉽고 빠르게 전달하는 곳이 없을 거라고 믿고 있습니다.

15. 오○환 2011년 녹취

지금까지 공부를 접하시면서 체험이 언제 어떤 계기로 어떻게 일어났는지 그리고 지금은 어떤 상태인지를 말씀해 주십시오.

저는 무심선원에서 공부를 한 것이 2007년 말이거든요. 2008년 여름 정진법회 때 선생님과 처음으로 면담을 했습니다. 그때 표정도 부드럽고 상당히 잘 대해 주시더라고요. '야, 이거 좋구나.' 이런 생각이 들었어요. 그러다가 딱 1년 뒤에 배냇골에서 다시 정진법회를 할 때였는데, 그때는 참석자 전원을 면담하시더라고요. 저는 선생님과의 첫 번째 면담이 참 부드러웠고 여쭤볼 것도 별로 없고 해서, 그리고 제 공부가 잘되고 있고 또 선생님 말씀도 잘 들리고 해서 의기양양해 있었기 때문에 별로 걱정 없이 부담 없이 선생님을 뵈러 갔습니다.

제가 임제 스님의 '입처개진'이며 '수처작주'며 이런 것에 대해 좀 이해가 되어서 그 얘기를 하려고 입을 떼는데, 선생님께서 "그게 다 생각이잖아요." 그러시더라고요. 정색을 하시면서요. 제 말을 들어 보지도 않고 "생각이시잖아요." 그러시더라고요. 제가 다시 얘기를 하려고 하는데 그때 또 "생각이시잖아요." 그러시더라고요. 그래서 침묵이 한참 동안 흘렀어요. 선생님은 계속 절 쳐다보고 계셨고요. "그러면 어떻게 해야 합니까?" 이렇게 바보 같이 말했는데, 할 말이 그것밖에 없더라고요(웃음).

그랬더니 선생님께서 "그것도 생각이시잖아요." 그러시더라고요. 그러니까 굉장히 섭섭하고 노엽고 어떻게 할 수가 없더라고요. 그런데 바깥에서 10분이 흘렀다고 죽비를 쳐서 인사도 못 하고 허겁지겁 나왔습니다. 나와서 보니까 바깥에 도반들이 있었는데, 뒤에 도반들이 얘기하기를 얼굴이 하얗게 질릴 정도였다고 하더라고요.

그 뒤 공부할 생각이 좀 없어지는 것 같기도 하고, 나 자신이 엄청 비참해졌어요. 내가 선생님 법문대로 다 짜 맞춰서 하고 있고 정확하게 전달하고 있는데, 그걸 말도 못 하게 하고 그걸 생각이라고 하시니까, 법문하실 때와 일대일로 만나서 면담하는 때가 전혀 다르더라고요. 그때 아마 잘못 생각했으면 오늘 이런 인터뷰를 하는 때는 없었을 거예요.

뭔가 걸려요. "그게 다 생각이잖아요." 이 말씀이 자꾸 걸려요. 내가 법문을 잘못 듣고 있는 게 아닐까 하는 생각이 들더라고요. 화는 아직도 났지만 말이에요. 그래도 제가 직장 다닐 때는 좀 대접을 받던 사람이었는데, 완전히 선생님한테 짜부러들었으니 누구도 만나기 싫었어요.

그렇게 한 달 정도 지나서 다시 법문을 듣기 시작했는데, 법문이 옛날하고는 달리 들리더라고요. 옛날엔 제가 선생님 법문을 들으면 '아, 이건 이런 뜻이구나, 내가 알고 있는 개념이 이런 거였구나.' 했거든요. 그땐 모르는 부분은 놓쳤던 것인데 내가 아는 부분만 '이건

168

이거구나' 하고 법문을 들었던 것 같아요.

그러다가 12월 초에 집안에서 조카 결혼식이 있었어요. 가족 사진을 찍으려고 단상에 올라갔는데 가족들이 많잖아요. 그때 사진을 찍는 사람이 대충 서 보라고 하면서 줄을 맞출 때 시간이 좀 걸렸어요. 그런 뒤에 사진을 이제 찍는다고 "하나~ 둘~" 하는데 우리 둘째 손자 녀석이 "셋!" 해요. 그 순간 뭔가 무너지는 거 같고 몸이 붕 뜨는 거 같고 그래요. 순간적이에요. 그때 가족들의 웃음소리가 막 들려서 그때 깨어났죠. 그 후로는 옛날에 가졌던 원망이라든지 그런 것이 가시고 뭔가 조금 가벼워지는 느낌이 있었어요. 저는 그게 별거 아닌 거라고 생각했어요. 보통 있을 수 있는 일이잖아요. 그래서 언뜻 선생님한테 물어볼까 했는데 꾹 참았어요.

그리고 그 다음 새해가 되었는데, 그때가 2010년 설날 며칠 전, 2010년 2월 초순이었을 거예요. 그때 우리 아들과 며느리가 지방에 볼일이 있어서 내려갔는데, 진눈깨비가 내리고 그랬어요. 손자는 우리 집에 있고 그 둘이 차를 몰고 나갔어요. 음성이라는 곳으로. 점심때가 지났는데 아들한테 전화가 왔어요. 지금 교통사고가 나서 자기 처는 어떻게 됐고 자기는 지금 가슴이 아프고, 근처에는 공장이고 뭐 그렇게 얘기를 하는데, 정신이 바짝 들면서 큰일 났구나 싶어요. 그래서 그쪽으로 가려고 직행버스를 탔어요.

타고 가다가 '아, 이렇게 하면 안 되겠구나.' 그런 얘기를 들었는데, 그때 제 처는 정신이 하나도 없고 방방 뜨고 그랬거든요. 저도 옛날 같으면 당황해서 손도 떨리고 그랬을 텐데, 이상하게도 큰일 났구나 하는 생각이 들면서도 의외로 담담해요. '아, 이상하다.' 버스를 타고 가다가 내려서 아들한테 전화해서 지시를 했어요. "구급차를 불러서 병원으로 데려와라. 나는 병원을 알아볼 테니까." 그렇게 해서 그 구급차를 타고 바로 서울대학교 병원으로 왔어요. 그런데 이 병원에서는 교통사고 환자는 안 받는다고 해요. 그 사고 이후에 아들과 며느리가 다 병원에 있어서 손자 둘을 맡아 돌보고 있었어요. 그런데 며느리가 중상을 입어서 병원에 넉 달이나 누워 있었습니다. 그런데 원망도 없고 그냥 그저 그래요. 옛날엔 제가 성질이 불같았거든요.

그 사건 난 지 얼마 후에 설날이 지나서 무심선원 정진법회가 있었어요. 그때 정진법회 마지막 날 마지막으로 면담을 했어요. 제 경험이 선생님이 말씀하신 경험 같기도 하고 내 생각도 좀 달라진 거 같고 해서 선생님께 말씀을 드렸더니, 그때 선생님께서 편찮으신지 벽에 기대어 계셨어요. 아무 말씀도 없이 바라보고만 계시더라고요. 그래서 이렇습니다 하고 말씀을 드렸어요. 그랬더니 "공부를 하신 지 얼마나 되셨습니까?"라고 하셔서 "3년 다 되어 갑니다." "그러면 뭐 달라진 게 없습니까?" "잘 모르겠습니다." 그러곤 가만히 계시더라고요. "요즘도 경전 읽습니까?" "그런 건 요새 안 읽습니다." 가만히 계시더니 "법문을 어떻게 듣고 있습니까?" "예전에는 필기하면서 들었는데, 지금은 법문을 들어도 잘 모르겠습니다. 아는 것도 있지만 모르는 게 더 많아서 답답합니다." 그랬더니 선생님께서 싹이 하나 튼 것 같은데 그 경험이 체험인지는 잘 모르겠다, 싹이 튼 것 같은데 좀 기다려 보자, 다음 여름 정진법회 때 다시 보자고 말씀하시더라고요. 그러니 저는 정말 기쁘더라고요. 그래서 얼른 인사를 드리고 밖으로 나왔죠. 그러곤 시치미를 딱 뗐죠. 그게 최초예요.

지금까지 경험을 말씀해 주셨는데 그렇다면 무심선원에 어떤 인연으로 언제 입문하게 되었으며, 입문한 뒤로 공부가 어떤 식으로 이루어졌는지 말씀해 주십시오.

직장에서 퇴임한 것이 2005년, 2006년 즈음이었는데, 다른 공부를 조금 하고 있었어요. 2007년 정도였을 거예요. 그때 제 선배 겸 여러 가지로 공부하는 데 도움을 받고 가르쳐 주시던 변호사가 한 분 계세요. 법관도 지내시고 그러셨는데 이분은 공부를 굉장히 일찍부터 하셨어요. 그분 사무실에 놀러 갔더니 무심선원 사이트를 가르쳐 주고 자기가 법문을 듣고 정리한 대학 노트가 60여 권이 있는데, 그중에 제목을 '이것' 이렇게 적어 놓고, 그 옆에 다섯 개 아니면 여섯 개씩 동그라미를 쳐 놨어요. 이런 분이 이렇게 빠질 정도면 대단한 거 아니냐 싶었어요. 참선 공부를 7, 8년 정도 하신 분이셨거든요.

그래서 그 사이트에 들어가 봤죠. 그때 선생님께서 수원에서 법문을 하셨는데 제 집이 분당이라 별로 멀지 않아서 일요일에 하는 수원 법회에 참석하게 되었죠. 그때 30여 분이 앉아 계셨어요. 거기서 법문을 듣는데 생전 못 들어 본 얘기예요. 내가 궁금한 것에 대해서 확확 집어 주셨어요. 마치 마른 논에 물 들어가듯 하더라고요. 그때 알듯 말듯 했던 것이 '연기(緣起)', '중도(中道)'에 관한 것이었는데, 제가 두 번째 법회에 참석했을 때, '연기'와 '중도'에 대해서 자세히 설명하셨어요. 그때 '연기'를 개념적으로 정확히 알게 되었죠. 제가 이 문제에 대해서 논리학이나 그런 류의 책을 몇 권 읽어서 조금 도움이 되었어요. 선생님께서 '연기'에 대해 말씀하시면서 항상 전체인데 사람들은 제멋대로 개념을 만들고 정의를 내리기 때문에 쪼개진다고 하시는 말씀을 금방 알아듣겠더라고요. 그때부터 선생님 법문을 교수가 강의할 때 학생이 하듯이 그렇게 들었어요.

저도 그때 처음 뵈었던 것 같은데 열심히 받아쓰시더라고요.

그때 쓴다고 신이 났었죠.

저는 저게 언제 끝날까 하고 지켜만 보고 있었어요.

진작 좀 말씀해 주시지…

제가 말씀드려서 끝날 문제가 아니라는 걸 알았기 때문에 말씀을 못 드렸습니다 (웃음). 저보다 아시는 것도 많고 언변도 좋으시고 논리도 그러시고…

그래서 기고만장하다가 아까 말씀드렸지만 두 번째 면담에서 왕창 깨지고 난 다음엔 달라지더라고요.

무심선원엔 2007년에 인연에 따라 입문하게 되었다고 하셨는데, 그러면 불교는 언제부터 어떻게 접하게 되었는지요?

저는 불교 공부를 체계적으로 한 일이 없어요. 80년대 초반경 존 C. H. 우라는, 중국 태생으로 가톨릭교회에서 근무한 세계적인 석학이 쓴 《선학의 황금시대》라는 책이 있습니다. 그때 서돈각 교수와

이남영 교수가 공동으로 번역하셨거든요. 서돈각 교수는 말할 것도 없이 불교의 전문가시고, 이남영 교수는 서울대에서 철학을 하셨는데, 영어로 된 책을 번역한 것이었어요. 그 책은 중국 당송 시대의 선사들 얘기였어요. 조사선이라고 할까 육조 혜능 이후를 얘기하고 있었어요. 그 책을 보고 깜짝 놀랐습니다. 세상에 이런 책이 다 있나 하고요. 읽어도 하나도 모르겠어요. 그 책 앞에는 선에 굉장히 관심이 많은 토마스 머튼이라는 유명한 가톨릭 계통의 학자가 쓴 논문도 붙어 있었는데 하나도 모르겠어요. 그러나 호기심도 생기고 해서 공부를 하려고 했는데 회사 일도 바쁘고 절에 가면 절만 시켜서 별로 안 가고 싶었어요.

그러다가 2005년에 직장을 퇴임하고 할 일이 없어지니까 허전하고 섭섭하더라고요. 가만히 있으면 안 될 것 같아서 이제부터 불교 공부를 한번 해 보자 했죠. 사실 회사에 다닐 적에 직장 동료가 부산의 ○○선원이라는 곳이 있는데 거기에 계신 분이 서울에 와서 법문을 하니까 한번 가 보자고 했어요. 그래서 거기에 갔더니 구로동에서 서울 법회가 있었는데 사람들이 굉장히 많이 왔어요. ○○대 학생들도 많았구요. 이분은 상당히 자신에 차서 얘기를 하셨어요. 그때 호흡을 가르쳐 주고 염송을 하라고 하셨어요.

거의 그걸 2004년부터 2007년까지 했으니까 한 4년을 했을 겁니다. 그걸 해 보니까 저랑은 안 맞아요. 호흡을 하루에 3만 번 하라고 하는데 3만은 고사하고 7, 8천도 못 하겠어요. 이가 부어서 이가 빠지고 막 그러더라고요. 아무튼 안 맞아요. 그래서 다른 공부를 해 봐야겠다고 했는데, ○○사에서 단기출가학교라는 걸 했어요. 거기에 가면 내가 원하는 공부를 할 수 있는 길이 있지 않을까 싶어서, 최소한 그 방법이라도 알 수 있지 않을까 싶어서 거기에 응모를 했더니 나이가 많다고 접수를 안 받아 주더라고요.

그런데 2007년 가을에 참석 예정자가 많이 빠졌나 봐요. 그래서 노인네에게 오라고 오픈하기 3일 전에 연락이 왔어요. 그래서 부랴부랴 가서 절 구경을 3주 정도 했어요. 맨날 절하고 사경하고 절한 기억밖에 안 나요. 거기서 스님네들 생활하는 걸 봤는데, 내가 원하는 공부에 대해서 말해 주는 분도 없고 스님들 생활을 보니까 도저히 절에서는 공부가 불가능하다 싶어요. 그전에 정진법회나 선방 같은 걸 구경하지 못해서 그런지 질문을 해도 답변을 안 하시더라고요. 그렇게 해서 끝내고 아까 말씀드렸던 박 변호사님을 사무실로 찾아갔어요. 그랬더니 박 변호사님이 쓸데없이 그러지 말고 무심선원에 한번 가 보라고 해서 인연이 된 것이죠.

올해 연세는 어떻게 되세요?

저는 43년생이니까 올해 예순아홉입니다.

지금까지 공부한 입장에서 "진리가 무엇입니까?" 하고 묻는다면 뭐라고 답변하시겠습니까?

진리가 무엇인지는 모르겠지만, 누가 뭐래도 속아서 따라다니지는 않겠어요. 어떤 책을 읽더라도 이것은 이 사람의 견해이고 한계가 있는 것이고 다른 견해가 있을 수 있다, 이렇게 누가 뭐라고 해도 쉽게 쫓아가거나 따라가지는 않겠어요. 하지만 진리가 뭔지에 대해

174

선 저는 모르겠어요. (질문자 웃음) 그런 거 없는 거 같기도 하고.

그렇죠. 생각으로 판단하지 말라는 것이 이 공부니까요. 여러 가지 좋은 말씀 해 주셨는데요. 이 공부 하시는 분들에게 하고 싶은 말씀이 있다면 해 주십시오.

저는 거기에 대해 말씀드릴 만한 수준이 아직 안 됩니다. 그래서 말할 수도 없고 말을 하고 싶지도 않습니다. 다만 제 친구들한테 이 공부 얘기를 간혹 했어요. 그런데 잠깐 호기심을 보이지만 이 공부에 관심 자체가 없어요. 제 가까이에 아는 젊은 친구가 있어요. 나이가 사십이 다 되었는데 어느 날 버스를 타고 가다가 갑자기 죽을 것 같았다고 그래요. 심장이 멎을 것 같고. 그래서 버스를 세워 달라고 했는데 운전기사가 안 세워 주더래요. 그래서 버스 기사를 폭행할 뻔했다고 해요. 그만큼 절박했던 거죠.

그래서 간신히 내려서 종합병원 가서 여러 가지 검사를 했는데, 아무 이상이 없어요. 금방 죽을 것 같은데 아무 이상이 없어요. 그게 공황장애라는 것이었어요. 이 사람이 밤중에 병원에 실려 가고 그럴 정도였어요. 그래서 이 사람한테 그랬어요. "병원에 가도 없다고 하지 않느냐. 없는 걸 왜 있다고 착각하느냐. 모든 게 지나가는 것이다. 기쁨도 지나가고 슬픔도 다 지나가는 것이다. 병원에서도 없다고 하지 않느냐. 없는 걸 붙잡고 늘어지지 마라." 그랬어요. 그랬더니 아파서 죽을 것 같은 사람한테 답답한 소리를 한다고 그래요. 오히려 나를 원망하더라고요.

그래서 제가 조금 안목이 생겼는지 아닌지 모르겠지만 다른 사람들한테 그 수준에서 얘기를 해 주면 안 믿고 받아들이려고 하지 않아요. 믿어 보면 될 텐데 안 믿어요. 신기하더라고요. 그래서 도와주곤 싶은데 저로선 도와줄 방법이 없어요. 지금 내 공부가 급한데…(질문자 웃음) 그렇습니다.

지금까지 몇 가지 질문에 답변을 충실하게 해 주셔서 감사합니다.
별말씀을요. 감사합니다. 저는 선생님께 정말 감사드립니다. 배냇골에서 선생님께서 저를 야단, 사실 야단치신 것도 아닌데, 저는 그 말이 운수 좋게 걸려서 죽었다 살아난 기분으로 이것을 조금 맛을 보았으니 정말 고맙고 감사합니다.

저도 같은 입장인데, 그럼에도 불구하고 이것을 가까이 있는 사람들한테… 이 공부가 강요에 의해 할 수 있는 공부가 아니라는 걸 빤히 아니까 답답하죠.
아까 오전에 선생님 법문에서도 그런 말씀을 하셨지만, 가까이 있는 사람들한테 말하면 "공부하는 사람이 그런 소리를 하느냐?" 그래요. 제 아내도 그렇게 말하고 사실 제 아내가 소중한 스승이에요. 나를 원망도 많이 하고 비난도 많이 할 때가 있거든요. 옛날에는 팔팔 뛰었어요. 그런데 요새는 그거 뭐 그냥 지나가요. 모든 것이 내 문제이지 아내의 문제가 아니다 하면서 지나가요. 아내의 말에 반응을 하면서도 전혀 말려들지 않아요.

모든 것이 결국은 자기의 문제라는 혜능 스님의 말씀처럼, 불법이라는 건 다 자기 문제로 수용된다는 것으로 귀결되는 것 같더라고요.
저도 옛날에 토론 같은 걸 하면 제가 먼저 말하려고 하고 상대방을 제압하고 그랬는데, 요새는 친구들이 실컷 얘기하고선 너도 한마디 하라고 그러면, 너희들이 얘기 다 했기 때문에 나는 할 얘기 없다 그럽니다. (웃음)

모든 것이 다 이것이다

16. 임○희 2012년 녹취

불교에는 언제 입문하여 어떻게 공부해 왔습니까?

제가 불교라는 종교에 대해 관심을 갖고 공부해 왔다거나 관심이 있어서 나중에 입문하는 계기가 있었던 건 아니고, 작가가, 소설가가 되고 싶었어요. 작가가 되려 한 이유는 작가가 되면 내가 갖고 있던 의문들, 세상을 이해한다거나 삶을 이해할 수 있을 것 같아서였죠. 진리, 진실에 대해서 알 수 있는 직업이 작가가 아닐까, 왜냐하면 많은 사람의 삶을 자신만만하게 쓰는 사람들이기 때문에 그 정도로 노력하면 삶이 뭔지 진실이 뭔지 알 수 있을 것 같다는 생각이 들었어요.

그래서 열심히 습작을 했어요. 그러면서 작가들도 찾아다니고 또 스스로 노력해서 어느 정도 작은 성과가 있었던 게 지방지에 소설이 당선됐어요. 제주 한라일보에 당선이 되었는데, 딱 되고 나서 제가 쓴 작품이 보기가 싫어지는 거예요. 문제가 해결되지 않았거든요. 지금까지 그걸 믿고 왔는데, 당선이 되면 이제는 작가가 된 건데, 전혀 해결이 안 된 거예요. 그리고 그 작품 자체도 보기도 싫고. 그래서 이것은 아니다, 라는 회의감이 있었어요.

그런데 남편이 무심선원에 다니고 있었어요. 그래서 김태완 선생님을 만나면 답을 준다고 자신만만하게 얘기를 하더라고요. 진짜 그럴까 싶어서 갔죠. 그 이전에는 솔직히 종교는 나약한 사람이 믿는 것이라는 선입견이 있었어요. 그런데 일단은 내가 해결이 안 되니까, 그리고 답을 줄 수 있는 사람이 바로 있다고 자신만만하게 얘기하니까 무심선원에 왔죠.

그때 어떤 가르침을 주는지 물어보고, 작가로서는 답이 안 나와서 왔다고 말씀드렸어요. 진짜 진실이 뭡니까, 라고 여쭤보니까 손가락만 까딱까딱하는 거예요. 여기 있다고. 선생님의 그런 답변이 뭔가 있는 것 같더라고요. 느낌이 딱 오는 거예요. 눈앞에서 보여 주는데, 바로 가까이서 이것을 보여 주는데 내가 모르는 상태이지 선생님은 자신 있게 가리켜 주고 있으니까, 내가 진짜 노력하면 얻을 수 있다는 희망을 갖게 되었어요. 일단은 진실이 뭐냐, 라는 갈증이 컸으니까요.

어렸을 때부터 의문은 있었거든요. 삶이 좀 허무한 거예요. 지금 드러나는 현상이나 성공하는 문제나 공부 잘하는 문제나, 부부싸움하고 지지고 볶고 하는 모습에 왜 저러나 하는 생각 속에 많이 살았거든요. 어렸을 때부터 삶이 조금 재미가 없었어요. 이게 아닌 것 같은 느낌이 있었어요. 좀 성향이 그런 것도 있는 것 같아요. 일단은 선생님이 손가락 까딱까딱하면서 여기에 있다고 하니까 난 그걸 알아야겠다는 마음이 상당히 강하게 들더라고요.

선생님을 처음 만나서 이렇게 손가락을 흔들며 가리킬 때 거기에 대해서 저걸 알

아야겠다고 생각하신 거군요.

예. 왜냐하면 바로 눈앞에 있기 때문에, 이전에는 어디에 가서 찾아야 할지 몰랐지만 지금은 바로 눈앞에서 가리켜 주고 있기 때문에 이건 너무나도 가까이 있는 거잖아요. 내가 그때 신심을 갖게 된 건 불교, 종교에 대한 관심이 아니라 진실이 뭐냐에 대한 관심이었죠. 불교가 제게 중요한 게 아니라 진실이 중요한 거였죠. 그때는 그걸 한번 알아야겠다 싶으니까 몰입이 되더라고요.

　테이프도 많이 듣고, 또 그때 제가 테이프 제작하는 일을 도맡아서 하게 되니까 만날 듣게 되었죠. 아이 유치원 보내고 오전에는 선생님 법문 듣고 오후에는 이어폰을 귀에 꽂고 놀이터 가서 아이를 놀리고, 설거지할 때 꽂고 잘 때 꽂고 24시간 거의 항상 설법을 들었죠. 저는 그렇게 집중이 되더라고요. 몰입이 되더라고요. 왜냐하면 너무 간절하니까요. 나도 모르게 간절해지더라고요.

두 번째 질문으로 바로 연결이 되네요. 무심선원에는 언제 어떻게 참여하셨습니까?

그때 선생님과 면담을 하고 다음 날부터 오전에 법문 있을 때마다 왔어요. 법문하시는 날은 정해진 날짜가 있었잖아요. 그런데 저는 매일 왔어요.

그때가 2003년이죠? 선원이 2002년에 개원했죠?

2002년 8월에 개원했죠. 정식 개원은 그때였고 2002년 1월부터 부산대에서 시작했을 거예요. 2003년은 큰아이 혜민이가 유치원에

갈 때여서 오전에는 제가 시간이 있으니까 선원에 오면서 테이프 듣고, 지하철에서 듣고, 가면서 듣고 하여튼 계속 그렇게 했어요.

2003년 가을에 너무 열이 뻗친다고 해야 하나 화가 난다고 해야 하나 그런 일이 있었어요. 그때 선생님께서 오전에 《육조단경》을 대중설법 하시기 전에 풀이를 하셨어요. 그때 ○영 씨가 있었고 저까지 3명 있었는데, 그때 ○영 씨는 선생님 말씀하시는 것을 타자기로 받아 치고 저는 그냥 듣고 있었어요. 그때 선생님과 ○영 씨가 너무나 즐겁게 깔깔깔 웃으면서 하는데 너무 화가 치밀어요. 나만 모르고 있다는 것도 그렇고, 알고 싶다는 마음에 너무 화가 치밀더라고요. 분이 일어나는 거예요. 사람 미치겠더라고요.

그래서 좀 버릇없는 질문일 수도 있지만, 《육조단경》을 설법하시면서 "이것뿐이야, 이것뿐이야." 하는데 제가 따져 물었어요. "선생님, 거짓말하지 마세요. 진짜 이것밖에 없습니까? 손 까딱까딱 하는 이것밖에 없나요?" 선생님이 빙긋이 웃으시면서 손을 까딱까딱 하면서 "이것밖에 없어요." 하시는 거예요. 그때 순간적으로 확 몰입이 되는데, 이 까딱까딱하는 이 눈앞이 생생해지는 거예요. 손의 움직임이나 대상에 붙어 있는 게 아니라 눈에 보이는 대상들이 뚝 떨어져 나가면서 그 모든 상황을 생생하게 보고 있는, 그게 탁 감지가 되더라고요. 순간적으로 그 상황이 어느 정도 시간이 지났는지 모르겠는데 뚝 멈추고 있는데, 좀 지나서 제가 "아, 모르겠는데요." 그런 소리가 나오더라고요.

그러자 선생님과 ○영 씨가 나를 눈여겨보더니 "아, 뭔가 온 것 같은데…."라고 하는 거예요(웃음). 저는 모르겠는데 말이죠. 그런데 그 순간이 너무 생생한 거예요. "이거야, 이거야." 그러는데, 순간 경계나 대상에서 한 발짝 물러나면서 이 자체가 생생한 듯한 느낌이 드는 거예요. 그러고 넘어갔죠.

계속 선생님은 설법하고 ○영 씨는 타자기를 타닥타닥 치는데, 법문이 귀에 들어올 리가 없죠. 그런데 타닥타닥타닥, 노트북 자판 두드리는 소리가 너무나 생생한 거예요. "아, 이거네요." 타닥타닥타닥, 그 소리밖에 안 들리는 거예요. "아, 이거네요. 너무 생생하네요." 그랬더니 선생님께서 "정말 그래요?" 하시더라고요. "아, 네, 생생한데요." 하는 그 소리가 절로 나오더라고요. 이게 그냥 눈앞에서 생생하게 모든 것이 드러나고 있는 거예요. "아, 이거였구나!" 그동안 법문 좀 들은 게 있기 때문에 밖에 있는 게 아니라는 건 익히 알고 있잖아요. 워낙 24시간 법문을 들었기 때문에. 밖에 있는 건 아니라는 생각은 드는데, 노트북 자판 소리가 타닥타닥타닥, 키보드가 돌아가는데, 그냥 생생해요.

그러면 그때가 2003년도 무심선원에 와서 그해 가을 즈음에 그런 일이 있었군요.

예. 그날 그러고 나서 집에 가는데 그때 길가에 꽃이 만발했는데 너무 생생한 거예요. 모르겠어요. 모든 사람이 느끼는 현상인지 모르겠는데 가슴에 막혀 있던 게 쑥 내려가는 느낌이 들더라고요. 이제 집으로 갔죠. 그런데 하루 종일 나도 모르게 미소가 걸려 있는 거예요.

아주 기뻤다는 말이죠.

막 희열감을 느끼는 건 아니고 그냥 미소가 걸려 있는 거죠. 저는 막 열정적으로 기뻐하는 스타일이 아니거든요. 그냥 미소만 걸려 있었어요. 그때 남편이 선생님의 저녁 법문을 듣고 나서 선생님께서 "임 보살님 뭐 달라진 거 없습디까?" 하고 물어보셨나 봐요. 와서 얘기를 하더라고요. 그때 남편이 "잘 모르겠는데 그냥 웃고 있던데요."라고 대답했다고 하더라고요. 하여튼 그렇게 해서 처음에 맛은 본 것 같아요.

다음 질문은 체험이 언제 어떻게 일어났는지에 관한 것인데, 2003년도에 선원에 처음 오셔서 오신 지 불과 몇 달 만에 그런 일이 있었네요.

2003년 3월에 와서 가을 즈음에 그런 일이 있었던 거죠. 지금 생각해 보면 제가 굉장히 몰입했던 것 같아요. 자나 깨나 몰입하고 꼭 이것을 알아야겠다는 마음이 간절했던 것 같아요. 거기에 뭔가 있을 것 같았거든요. 선생님께서 눈앞에서 손가락을 이렇게이렇게 하는데, 눈앞에 있는 것 같은데 내가 모르면 진짜 안 되겠다는, 지금이 상당히 좋은 기회이고 꼭 알아야겠다는 생각이 들더라고요.

네 번째 질문입니다. 체험한 뒤에 지금까지 공부에 어떤 변화가 있습니까?

체험을 했는데 한동안 어떤 느낌이 드냐면, 공부가 되었다는 아만심이 생기더라고요. 왜 도반들끼리도 소문에 공부가 됐다 안 됐다 그러고, 누구는 잘한다 못한다 그러고, 물론 그것에 연연해서 그렇게 하지는 않았지만 나도 모르게 으쓱해했던 것 같고, 또 하나는

'이것이지' 하는 것을 잡고 있으려는, 체험했을 때의 그 생생함을 늘 확인하려고 하고, 그것을 돌이켜보려고 하고 '그것은 이것이야' 하고 법상을 만들었던 것 같아요.

그 당시에는 몰랐어요. 지나고 나서 알았는데, 그때가 2003년에 체험이 일어나고 그 이후에도 선생님 법문을 꾸준히 들었고 나 스스로도 어떤 생각이 드냐면, 이쯤 하면 테스트를 해 봐야 하지 않겠나, 왜냐하면 선생님 밑에 있으면 선생님께서 옆에 있다는 것만으로 뭔가 그런 분위기가 있어요. 법의 힘에 둘러싸이는 분위기, 그게 나의 힘인지 선생님의 힘인지 모르겠는데 나의 상태를 객관적으로 파악할 수가 없다는 생각이 들었어요. 그리고 어차피 공부는 스스로 힘을 키우는 것인데, 조금 선원 일에서 거리를 두고 스스로를 한번 시험해 보고 싶은 생각도 들었어요.

자기 공부를 자기가 한번 지켜보고자 하는 생각이 들었군요.

예. 왜냐하면 나는 선생님이 없어도 이 힘으로 자유롭게 살아가야 하거든요. 그게 안 되면 공부가 제대로 된 게 아니라는 생각이 들더라고요. 그런 것도 있고 그때 시어머니하고도 같이 살게 되면서 내 일을 할 수밖에 없었어요. 여자들에게 시어머니라는 존재는 상당히 어려워요. 같이 24시간 한 집안에서 호흡한다는 것은 긴장 상태거든요. 마음의 평화가 깨지는 상태죠. 지금 생각해 보면 공부한 사람은 마음이 항상 편안해야 한다는 법상을 갖고 있었던 것 같아요.

그 상황에서 내 일 한답시고 하는데 그것도 제대로 안 돼, 어려운 시어머니라는 존재는 항상 내 옆에 있어, 선원은 일주일에 두 번 정도밖에 안 가게 되니까 심리 상태가 불안해지는 거예요. 시어머니라는 존재가 주는 불안감, 일이 뜻대로 안 되는 데서 오는 불안감, 그렇다고 선생님께는 매일 가는 게 아니어서 거리감을 두고 있었고, 선원 일도 안 보게 되고, 마음에 불안이 찾아오니까, 설상가상으로 내가 공부가 안 된 게 아닌가? 공부가 된 사람은 항상 안락하고 편안해야 한다는데, 이게 안 되는 거예요. 그러니까 스스로 힘들어지는 거예요.

그런데 눈앞에 생생한 '이것'은 확인이 되거든요. 사라진 건 아니에요. 그러면서 1년 정도 지나니까 잠도 안 오고, 갑자기 여러 가지 일이 겹치면서 잠도 안 오니까 이건 분명히 문제가 있다고 보고 선생님을 찾아갔어요. 선생님께 "지금 제가 이렇습니다." 하고 말씀드리고 "너무 힘들고 공부가 된 건지 안 된 건지도 모르겠습니다."라고 하니까 선생님께서는 개구리가 높이 뛰려면 한 발짝 뒤로 물러나는 자세가 필요하듯이 그게 도약을 위한 기회이거나, 아니면 공부가 안 된 거다, 둘 중 하나라고 말씀하시더라고요.

그때가 2007년 초반이었어요. 선생님께서도 뭐라고 단정하신 게 아니고, 어쨌든 스스로 해결해야 하는 문제잖아요. 그러면서 몸도 마음도 힘드니까 선생님께서 번역하신 《대혜서장》 제본한 걸 들고 구서동 뒤에 있는 놋정 약수터에 매일 올라갔어요. 뭐 어차피 스스로 해결해야 하는 것이니까요. 어느 날 그때가 4월인가, 《대혜서장》에 어느 거사가 올린 편지가 있어요. "스님, 저는 하루하루가 불화로 같습니다. 감정이 날뛰고 불화로 같습니다. 어떻게 벗어날 수 있는 길이 없습니까?"라고 보낸 편지에 대해 대혜 스님이 "어디 갈 데가 따로 없다. 불화로 속으로 들어가는 것이 바로 공부를 마칠 곳이다."라고 답신을 보낸 게 있어요. "불화로로 뛰어들어라, 거기가 공부를 마칠 곳이다."라고 얘기하는 구절이 있어요.

그걸 보는 순간 "내가 이렇게 힘들고 잠 못 들고 고통스러운 것이 바로 '이것'인데, 이게 아니고 법이라는 게 편안하고 안락한 것이라는 상을 내가 짓고 있었구나, 라는 깨달음이 딱 오면서 시야가 넓어지는 거예요. 비유하자면 사방을 구분 짓고 있던 장벽이 순식간에 무너지면서 시야가 확 넓어지는 거랄까. 아, 내가 법상을 갖고 있었구나, 법이라는 건 이렇고 편안하고 맑아야 하고 깨끗해야 하고 항상 생생해야 하고, 이 눈앞에 생생히 있는 거라는 법상을 갖고 있었다는 걸 그때 알게 되면서, 내가 이렇게 괴롭고 힘들고 불화로 같은 마음이 바로 이건데, 내가 어디서 찾고 있었나 하면서 마음이 싹 놓이는 거예요.

이제는 뭐, 법에 대해서 챙길 게 따로 없는 거예요. 스스로 느끼고 화가 나고 분노하고 편안하고, 이 모든 게 다른 데서 일어나는 일이 아니에요. 그러니 화가 나도 그뿐, 편안해도 그뿐이죠. 지내 보니 순경계가 더 악이라는 게, 법을 방해하는 거라는 게 더 명확해지더라고요.

잘 속아 넘어가죠.

예. 순경계가 더 나쁜 거라. 내가 법상을 짓고 있기 때문에 이게 나를 더 흔들었구나 싶더라고요. 그 이후부터는 법이라고 따로 챙길 게 없어요. 순간순간 어떤 감정의 기복 같은 것은 있지만 그것뿐이거든요.

그때 선생님께 말씀을 드렸습니까? 아니면 쭉 지켜보셨습니까?

중간중간에 잠깐씩 면담을 했죠. 지난주 봄 정진법회 가기 전에도 면담을 했고요. 내가 그 이후로는 일거수일투족이 다른 게 아니에요. 무늬만 달라지는 거죠. 감정의 무늬, 생각의 무늬, 경험, 인연들, 피할 것도 아니고. 왜냐하면 기뻐도 이것, 슬퍼도 이것이니까요. 존재 자체가 흔들리지 않는다는 느낌이 드는 거예요. 물론 기쁠 때도 있고 슬플 때도 있지만, 내가 발 딛고 서 있는 그 바탕이 변함이 없어요. 예전에는 휘청휘청거리고 막 그랬는데….

발을 땅에 딛고 있어서 흔들림이 없는 것처럼…

물론 나무가 바람이 오면 흔들리죠. 그런데 뿌리는 그대로 있잖아요. 그런 느낌이죠. 지금은 어떤 느낌이냐면 화가 날 때도 있고 근심걱정도 일어나지만, 그냥 그것뿐이에요. 그냥 그거예요. 그래서 그때부터 내가 자유로워졌다는… 이 공부는 자유라, 자유. 인간한테 자유를 주는 것 같아요. 그 이전에는 좋은 것에도 구속되고 싫은 것에도 구속되었는데, 이제는 모든 것에서 한껏 자유로워요. 예전처럼 영혼이 휘둘린다거나 휩쓸려 간다는 느낌은 없죠. 공부 맛을 보고 안 보고의 차이는 그런 것 같아요. 예전에는 회오리바람이나 토네이도가 불 때 뿌리째 뽑혀서 나가는 느낌이라면, 지금은 바람이 와서 흔들리고 열매 맺고 낙엽이 떨어져도 뿌리는 그대로 있는 거죠. 바람이 오면 그냥 흔들어 주고, 지금은 그런 상태라고 보죠.

그래도 완전하진 않죠. 살다 보면 휘청할 때도 있고요. 크게 문제는 안 되는 것 같아요.

올해 연세는 어떻게 됩니까?

마흔넷입니다.

마지막으로 하시고 싶은 말씀 있으면 이 자리를 빌려 말씀해 주십시오.

저는 공부는 누구나 다 할 수 있는데 마음자세의 문제인 것 같아요. 내가 이게 진짜 중요하다 싶은 각오가 있으면 누구든지 이걸 할 수 있다고 보거든요. 이건 누군 되고 누군 안 되고의 문제가 아닌 것 같아요. 이게 세상에 태어나서 다른 어떤 것보다 중요하다는 마음이 있고 몰입하면, 누구나 될 수 있을 것 같아요. 각오와 몰입의 차이, 그게 변수인 것 같아요.

자기 자신에 대한 각오?

예. 각오, 이것 하나밖에 없다는, 다른 건 중요하지 않다는. 그때 제가 몰입했을 때는 이러다가 죽는 건 아닐까 하는 생각도 들더라고요. 여기에 미쳐서 죽는 건 아닌가 하는 생각이 들더라고요. 그래도 해 봐야지 하는 각오. 각오가 되어 있고 배수의 진을 치면 누구나 됩니다. 저는 이것은 어려운 게 아니라고 봅니다.

17. 신○록 2012년 녹취

불교에는 언제 입문하여 어떻게 공부해 왔습니까?

제가 불교를 알게 된 지는 십몇 년 된 것 같아요. 그런데 제 삶에서 공부를 해야겠다고 생각하게 된 지는 10년 전쯤인 것 같습니다. 그 때도 불교에 대한 명확한 상은 없었고, 불교에 대한 지식이라고는 세상 살면서 얻어들은 정도밖에 없었는데, 제 내면에서 삶에 대한 본질을 찾고 싶은 바람이 계속 있었던 것 같아요. 이걸 어디에서 찾아야 하나? 사회생활 하면서는 그 당시는 장애가 된다는 생각이 많이 들더라고요. 어쨌든 가족도 먹여 살려야 하고 사회생활도 해야 하는데, 이런 것들이 장애가 된다는 생각이 있고, 또 한편으로는 이 것을 어떻게 찾아야 하는지에 대해서 방향이나 답을 잘 모르겠고.

그래서 일단 선택한 것은 최소한의 돈벌이를 할 수 있는 삶의 형태가 뭐냐, 그러고 나서 남는 시간에 공부를 해야겠다, 이것이 정확히 무슨 공부인지는 모르겠지만… 그렇게 해서 선택한 것이 가족과 함께 산에서 농사 조금 짓고 채취하는 이런 삶의 형태를 선택하게 된 것이고… 아는 스님이 처음에 저한테 권유한 것이 화두였기 때문에, 이걸 하면 내가 지금까지 내 마음속에서 알고 싶어 했던 것을 알 수 있겠다, 또 그렇게 말씀을 하셨으니까. 그래서 제가 10년 전 쯤에 화두 공부를 시작하게 된 것이 처음이었던 것 같아요.

그렇다면 가족들이 그렇게 사는 데에 쉽게 수용을 하셨는지요?

쉽지 않았겠죠. 쉽지 않았을 텐데, 다행히 어떤 삶의 방식을 선택하든 아내하고 대화를 많이 했어요. 삶에 대해서, 어떻게 살 것인지에 대해서 결혼하고도 계속 대화를 했던 것 같아요. 우리가 어떤 삶을 살 것인가, 아이는 어떻게 키울 것인가, 이런 식으로 대화를 끊임없이 해서 그랬는지, 어려운 삶의 방식에 동의해 주었고 이렇게 같이 살게 되었던 것이죠.

불교를 10년 전쯤에 접했다고 하셨는데, 어렴풋하게 접하게 된 것인지 아니면 구체적인 계기가 있었는지요?

이 마음의, 이 삶의 문제를 해결하기 위해서 나름대로 그 전까지는 예를 들어 성경도 읽어 보고 인도의 성자들 책도 한두 권씩 읽어 보잖아요. 불교계의 스님들이 낸 책들도 읽어 보고. 그런데 저는 도저히 모르겠더라고요. 물론 그 당시에 제가 이해한 만큼 뭘 알았는지는 기억이 안 나지만, 모르겠어요. 이건 이렇게 해서 되는 게 아니겠구나. 이런 생각을 계속 가지고 있었기 때문에, 사회생활을 하면서도 이 마음속에서 이 삶의 본질을 해결해야 하는데 내가 이렇게 살고 있구나, 이런 시간들이 있잖아요.

그러다가 더이상 안 되겠더라고요. 그렇게 1년이 가고 2년이 가고 5년이 가고 10년이 간 거예요. 이렇게 살다가 자칫 잘못하면 이

걸 해결해 보지도 못하고 끝나겠구나. 그래서 이러면 안 되지, 내가 세상에 태어나 이 문제 하나 못 풀면 지금까지 살아왔던 삶도 그렇고 앞으로의 삶도 그렇고 의미가 하나도 없지 않나? 그러니까 내가 이 문제 하나를 풀어야겠다 해서 산속으로 들어간 것입니다.

하나 있었던 것은, 내 마음속에서 이게 내 삶에서 유일하게 해결해야 할 숙제다 하는 것이 있었어요. 아주 강하게 있었어요. 세속의 다른 어떤 일보다 이게 더 강했어요. 돈 버는 일이라든지 명예라든지 그런 것은 하나도 중요하지 않았고, 이 문제 하나 풀어야 지금까지 살아온 삶도 의미가 있고 앞으로 살날도 의미가 있다, 이것 하나는 분명히 있었던 것 같아요.

그게 불교라는 것보다는 지금 와서 생각해 보니까 이게 불교의 입문이라고 생각이 드는 것이지요. 구체적으로 나의 본질에 대한 의문이나 이런 것들에 대한 의문이 공부의 시작이었다고 하시는 것 같아요.

그렇습니다. 그 전에도 보면 괜히 강의 발원지가 궁금하고, 그러니까 시작이 궁금한 거예요. 그리고 바다와 강이 만나는 하구가 궁금하고, 어디까지가 경계이고 어디까지가 경계가 아닌지 궁금했어요. 그래서 그런 데도 가 봤죠. 자연을 많이 돌아다니고 궁금해했어요. 그때는 그게 궁금한 줄 알았는데 알고 보니까 내 마음속에 삶에 대한 시작이 뭐냐 이런 궁금증이었던 것 같더라고요.

그러면 무심선원에는 언제 어떻게 참여하였습니까?

스님이 화두를 해 보라고 권유하셔서, 산에서 화두를 나름대로 했어요. 화두를 하니까 몸도 없고 의식도 없어지는 체험도 하게 되었어요. 이것을 하다 보면 내가 지금까지 궁금해했던 것이 밝혀지겠구나 이런 느낌도 들고, 내가 해야 할 공부를 찾았나 보다 했는데, 하면서도 끝이 안 나고 끝이 안 나고 몇 년 동안 그러더라고요. 그리고 뭔가 뿌리 같은 게 있는 것 같고, 구체적으로 얘기하면 제 감정의 변화에 가장 많은 영향을 미치는 사람이 제 아내인데, 아내가 기분이 나빠서 남편에 대해서 무시하는 말투로 얘기하면 제 마음 깊숙이 어디에선가 화라고 하는 것이 스멀스멀 올라오는 것 같아요.

이게 내 마음에 지금도 계속 있구나. 그래서 화두를 계속 해도 이건 여전히 남아 있더라고요. 이런 것을 어떻게 없앨 수 있을까? 그러면 또 아는 게 화두밖에 없으니까 또 그걸 잡고서 하고 있었어요. 그렇게 저 혼자 몇 년 애를 썼어요. 마땅히 이름 지어서 공부라고 하면 이 공부에 대해서 대화 나눌 사람도 주변에 없었고, 또 누굴 찾아가서 물어볼 용기도 없었어요. 주변에 알고 지내는 분들 중에도 이런 공부에 관심 있는 분이 없었기 때문에 어쨌든 혼자 그러고 있었어요.

그런데 아는 분 중에 한 분이 무심선원 소식지를 가지고 저희 집에 우연히 온 거예요. 그게 2010년쯤 되었을 거예요. 거기에 김태완 선생님의 법문이 있었는데, 저한테 다가온 구절은 딱 하나였어요. "마음은 본래 없는 것이다." 이 말에 꽂힌 거죠. 지금까지 제가 몇 년을 이 마음 하나 가지고 있니 없니, 마음의 뿌리가 있니 없니 하면서 살았다는 게 확 다가오더라고요. 왜 그 구절이 다가왔는지는 몰라요. 그냥 이분이다. 이분한테 가야 한다, 이분한테 가서 이걸 끝장을 봐야 한다… 그때가 정진법회가 있을 시기였어요. 바로 무심선원에 연락해서 정진법회에 참여하게 되면서 선생님을 만나게 되었죠.

정진법회 때 법문을 듣는데, 이것은 제가 몇 년 아니라 몇십 년을 산속에서 그렇게 공부를 했어도 안 되는 것이었죠. 그런데 묘하게 그런 건 있었어요. 마음이 없다는 말부터 꽂히기 시작해서 스승에 대한 믿음이랄까, 나는 한 번도 본 적 없고 이런 분이 부산에 계신다는 사실도 안 적이 없었지만, 이 믿음은 생기더라고요. 자동으로 생긴 거예요. 이분한테 가서 끝장을 봐야 한다, 그게 언제이고 얼마나 걸릴지 몰라도. 이런 믿음이 생기더라고요.

그리고 정진법회 와서 설법을 듣는데 충격이었어요. 법이 '이것'이라고 하지만 저는 하나도 못 알아들어서 더 충격이었던 것 같아요. 그래도 확실하게 이 법을 가르치는 것 같고 제가 모르는 것이지 이 선생님은 법을 분명하게 가르친다는 믿음이 생기더라고요. 저도 모르게. 그래서 저는 이 공부를 할 때 제 경험에서는 스승에 대한 믿음이 가장 중요한 것 같아요. 모르는 데 믿음이 없으면 어떻게 이 공부를 할 수 있을까 싶어요, 제 경험으로 보면. 어쨌든 그 믿음이 저도 모르게 생겼고, 스승님의 설법을 계속을 들었던 게 무심선원과 인연을 맺게 된 계기였습니다.

체험이 언제 어떻게 일어났습니까?

저는 스승님 만나고 체험을 한 게 기간으로 보면 짧아요. 제가 알기

196

로 6개월을 넘지 않았습니다. 믿음이 조금씩 구체화된다는 것이 있었던 것 같아요. 그전까지는 제가 이 깨달음이라고 이름 붙이는 것이 뭔지는 모르지만 어쨌든 제가 알고 있는 것은 지금까지 배우고 익히고 경험한 것밖에 없었는데, 스승님 설법에서는 "지금까지 익히고 경험하고 알고 느끼는 이걸로는 도저히 할 수 없다."는 말씀에 믿음이 왔던 것 같아요.

그래서 설법을 들으면서 계속 뭔가를 이해하려고 하는 과정은 분명히 겪은 것 같은데, 체험이 오게 된 계기가 무엇인지, 그 당시에 제가 어떤 상태였는지는 지금도 잘 몰라요. 그래도 유일하게 아는 것이 하나 있다면, 스승님 설법에 엄청나게 귀를 기울였다는 것이었어요. 어쨌든 내가 할 수 있는 건 설법 듣는 것밖에는 없더라고요. 그래서 그냥 눈을 뜨고 있는 시간이면 설법 들었던 것밖에 기억나는 건 없습니다.

어느 날 설법을 듣고 있는데, 그때 스승님의 법문이 "진리가 있다면 과거 어디에 있다가 오겠냐, 미래 어디에 숨어 있다가 갑자기 오겠냐?" 이 말을 듣는데 그냥 무엇인가 툭 하고… 이것은 제 삶에서 전혀 경험해 보지 못한 그런 상태, 느낌이라고 해야 하나, 그런 게 있었어요. 그냥 갑자기 정지한 것 같고, 그렇다고 세상이 안 보이는 건 아닌데, '이게 뭐지, 이게?' 그게 무엇인지 도무지 알 수가 없는 경험이 순간적으로 오더라고요. 어떤 조짐이 있었던 것도 아니고 징조가 있었던 것도 아니고, 사실은 그런 건 지금 기억도 안 납니다.

그러고 나서 설법이 들리더라고요. 그렇게 가르쳐 주셔도 무슨 말인지 모르던 게 들리더라고요. '아, 스승님이 여태 이것을 얘기하신 거구나!' 그래서 설법 듣는 게 재미도 있고, 또 책을 봐도 '아, 이게 이 말을 하려고 이렇게 말을 하고 있구나!' 그게 제가 체험한 경험이었어요.

체험을 한 뒤에 지금까지 공부에 어떤 변화가 있었습니까?

체험을 하고 나서 설법도 들리고 책도 보이고 그러니까… 그런데 이게 없던 어떤 것을 내가 아는 게 아니고 똑같이 그렇게 살아왔는데 모르고 있었다, 착각하고 있었다, 이런 것이었기 때문에 정말 단순한 것인데 사람들이 왜 이걸 착각하며 살까 그랬어요. 체험을 했다 해도 저는 주변에 이게 이런 것이다, 라고 이야기할 사람은 없었고, 겨우 있어 봐야 제 아내밖에 없었어요. 그러나 안타까움은 있었어요. 정말 쉽고 당연한 것이고 단순한 것이고, 단순하다고 말할 수도 없을 정도로 분명한 것인데….

체험하고 석 달쯤 지나서 정진법회에 참가했는데, 그땐 여름 정진법회를 3박 4일 동안 했습니다. 그런데 3박 4일 동안 오로지 스승님이 저만을 위해 설법하시는 것 같더라고요. 그런 경험도 어떻게 말로 표현을 다 못하는데, 어딘가 모르게 이게 법이다, 깨달음이다 하는 게 있는데 그것을 계속 지적하시는 것 같아요. 3박 4일 내내 지적을 하시더라고요. 물론 그러시진 않으셨겠지만 저에겐 그것만 들렸던 것 같아요.

그런데 저한텐 어쨌든 3박 4일 동안의 스승님 설법이 공부에 굉장히 많은 도움이 되었습니다. 그 시기는 모르겠어요. 제가 아까 얘

198

기했지만, "물속에 있는 물고기가 물을 찾는 꼴이다." 이 말에, 그러면 처음부터 물을 찾을 일도 없었고 안 찾고 있는 물고기는 뭐야? 여기에서 뭔가 탁, 그 말에서 설법 중에도 가끔 나오는 표현인데, 이 틈이 갑자기 딱 맞아지는 듯한 느낌이 확 오더라고요. 뭔가 있었는데 갑자기 틈이 딱 맞더니만 법도 없고 도도 없고 깨달음도 없고, 원래 없던 것을 그냥 망상해서 깨달음이 뭘까 하고 있었구나 하는 느낌이 오더라고요. 그러고 나서 조금 더 자유롭다고 해야 하나, 그리고 경전에서 미심쩍었던 부분도 공감이 되고, 선생님 설법도 더 소화가 되는 것 같고 이런 경험이 좀 있었어요.

지금 자신의 공부를 평가하면 어떻습니까? 부족한 점은 어떤 것일까요?

부족한지 나아갔는지 사실 그것을 모르겠어요. 여전히 스승님 법문이 올라오면 듣고, 《마조어록》이나 《임제록》이나 《대혜어록》을 읽고, 《대혜어록》이 저에게는 도움이 많이 되어서 지금도 《대혜어록》을 읽고, 금방 말했던 번역해 놓으신 책들을 읽고 있는데 부족하고 나아가고 이런 것은 잘 모르겠어요. 그런 점은 있더라고요. 제가 처음에 입문하게 된 계기가 삶의 본질이라는 것이니까, 삶의 본질이 이런 것이고 내가 이 숙제를 마쳤구나 하면서 삶이 가벼워진 면이 있잖아요.

그러나 어쨌든 이 체험을 했다고 해서 삶에서 경험하는 이 모든 것이 법으로 하나가 되지 않은 면이 있었는데, 그런데 지금은 삶에서 어떤 것이든 어떤 이야기나, 예를 들어서 다른 사람들이 부부 갈등이라든지 이런 것에 대해서 얘기하는 것을 들어 봐도 그게 전부,

진짜 하나도 남김없이 그냥 전부 '이것' 하나로, 불법 하나로 나온 것인데 이걸 모르고 드러난 모습만 가지고 갈등하고 대립하고 어떻게 풀 것인가를 고민하고 있구나, 하는 이것은 분명해지는 것 같아요. 지금까지는 그런 면이 있으니까 따로 제가 갈등하고 고민하고 할 것은 없는데….

그리고 다른 것보다도 지금도 선생님 법회가 제 삶에서 계속 안 끝나고 있는 것 같아요. 제가 정진법회를 오든 못 오든, 주중법회를 오든 못 오든 선생님 법회가 진행 중인 거예요. 그래서 저는 스승님한테 정말 고맙습니다. 제 아내한테 오해하지 말라고 하면서 하는 얘기가, 이건 부모의 은혜보다도 더 크다. 왜냐면 제가 다시 태어났기 때문에. 부모는 육신을 주었는지 모르겠지만 스승의 은혜는 말로 안 된다, 말로는 표현할 수가 없고, 오로지 이 은혜를 갚으려면 은혜를 아는 수밖에 없는 것인데 이건 표현이 안 된다고 말합니다.

올해 연세는 어떻게 됩니까?

올해 마흔일곱입니다.

하시고 싶은 말씀이 있으면 해 주시기 바랍니다.

공부하시는 분들한테는, 제 경험에 비추어 보면 이 공부의 열쇠는 스승에 대한 믿음이 아닐까, 라고 생각하거든요. 스승에 대한 믿음만 있으면 이 공부는 안 될 수가 없거든요. 도를 콩이라고 해도 자동적으로 내 마음에 믿음이 있으면 안 될 방법이 없고, 유일한 길이라면 저는 그 믿음인 것 같습니다.

18. 서○원 2012년 녹취

불교에 언제 입문하였으며 공부는 어떻게 하셨습니까?

불교에 입문한 지는 5, 6년 된 것 같아요. 입문해서 불교를 공부한 것은 2년 조금 넘는 것 같고요. 화두라든지 절 수행 등 그런 공부 기간을 제대로 된 입문이라고 본다면, 저는 2년 조금 넘는 것 같습니다. 불교에 입문하게 된 계기를 말하자면, 저는 젊어서부터 사업을 했는데, 사업을 한 번 하고 다 까먹어서 직장생활 하다가 사업을 했는데 또 까먹고, 또 직장생활 하고 또 사업하다가 또 까먹고, 그렇게 사업을 세 번 했는데 세 번 다 안 되었어요. 그래서 삶이 너무 괴롭고 힘들어서 이것을 벗어나는 방법이 없나 하던 중에 불교를 알게 되고 스님을 알게 되어서 머리를 깎았습니다. 머리를 깎은 것은 좋아서 깎은 것이라기보다는 도피하는 상황이었죠. 그렇게 머리를 깎고 수행을 시작한 거죠.

그때 머리를 깎고 어떤 식의 수행을 하셨나요?

저는 화두를 하고 절을 했어요. 당연히 그렇게 해야 하는 것으로 알고 열심히 했죠. 절은 하루에 1,000배 정도 하고, 화두는 잠자는 4,

5시간 외에는 계속 했죠. 머리를 깎고 그렇게 수행한 게 1년 정도 됩니다.

무심선원에는 언제 어떻게 참여하였습니까?

저는 절 수행을 하고 화두 수행을 끊임없이 계속했습니다. 《금강경》의 사구게를 화두로 가지고 하면 된다는 확신을 가졌기 때문에, 1년 동안 하면서 다른 화두를 하라는 얘기도 들었지만 그것 하나만 가지고 절도 하고 화두 수행을 했던 거죠. 나름대로 열심히 했고 많이 찾았던 것 같아요. 잘 모르는 것은 저를 출가하게 해 주신 스님이 많이 가르쳐 주셨고요.

그렇게 계속 수행을 하고 있는데, 어느 날 스님께서 무심선원을 얘기해 주시더라고요. "무심선원 홈페이지가 있고 책이 있는데, 이것은 너무 놀라운 것이다. 그 책을 사서 봐라. 홈페이지에 들어가 보라."고 하셨어요. 그 당시 저는 다른 절에 1년 정도 있다가 대구에 있는 ○○사의 불교대학으로 옮겨서 행자로 있었어요. 거기에 간 지 얼마 안 되었을 때죠.

정식 행자는 다른 책을 못 봐요. 또 컴퓨터도 사용할 수가 없어요. 어쩌다가 잠깐씩 보든가, 아니면 지대방에 와서 눈치껏 봐야 하든가 했는데, 무심선원 홈페이지에 들어갔죠. "수행할 게 없다, 수행하는 게 아니다. 해도 어긋나고 안 해도 어긋난다."고 하더라고요. 그러면서 (책상을 두드리며) "바로 이것!"이라고 하더라고요. 저는 그 당시 화두를 들고 절을 하듯이 뭔가를 해야만 하는 것으로 알았고, 당연히 그런 것인 줄 알고 지금까지 그렇게 해 왔는데, 그게 아닌 거예요.

그때 스님이 저에게 전화를 했을 때 (원래 행자는 핸드폰을 못 가지거든요. 그런데 제 앞에 행자 반장이 그만두었어요. 그래서 그분이 쓰시던 핸드폰을 제가 받고 스님한테 연락을 했는데), 그 스님께서 무심선원을 얘기해 주신 거죠. 그리고 그 스님 말씀이 "금강경이 이러이러해서 금강경이 아니라, '금~ 강~ 경~' 이게 다라!" 그러면서 "네가 들고 있는 화두가 있는데 그것을 없애라. '일체시, 일체처가 이것인데, 이게 뭐꼬?'를 해라."고 하시더라고요.

저는 그때 뭔가 느낌이 있었어요. 확실하게 체험이 온 것은 아닌데, '아, (바닥을 두드리며) 이거구나. 그냥 이거구나. 이게 다로구나.' 그래서 제가 그 스님한테, "스님, 스님이 지금까지 저한테 얘기하셨는데, 일체시 일체처에 이것이 아니라, 일체시가 (바닥을 두드리며) 이겁니다."라고 오히려 제가 그렇게 얘기를 한 거죠.

제가 있던 곳에 스님들 책임자가 한 분 계셨어요. 그런 와중에 제가 그 스님께 제가 행자인데 책을 한 권 보고 싶다고 얘기했어요. 그 책을 사 볼 수 있느냐고 물어봤는데, 그럴 수 있다고 하시더라고요. 원래 세속의 책을 못 보게 하지만, 그 당시에는 출가하는 사람들이 쉽게 들어왔다가 쉽게 나가고 하니까 보라고 허락해 주시더라고요.

그런데 저는 그 책이 기대되는 거예요. 무심선원 홈페이지에서 "수행할 게 없고 단지 이것이다."라는 말을 보고서 저는 환희심에 《선으로 읽는 금강경》 책을 너무나 보고 싶은 거예요. 금요일에 오기로 되어 있는데 하루 일찍 왔더라고요. 그 당시 저는 너무 괴로워서 매일 일기를 썼어요. 이렇게 해도 안 되고 저렇게 해도 안 되는 곳에 빠져야 공부가 된다고 하잖아요? 그런데 그때 제 상황이 그럴 수밖에 없었어요. 밖에 나가면 끄달리는 상황에 있고, 안에 있자니 또 좋은 상황이 아니었어요. 이러지도 저러지도 못하는 상황이었죠.

그런데 저는 오로지 믿은 거예요. 괴로움에서 벗어나는 게 꼭 있다고, 그리고 나는 어려서부터 사업을 했는데 안 되었기 때문에, 이 공부도 못하면 나는 죽는다는 그런 마음이었어요. 이 괴로움에서 못 벗어나면 나는 죽는다… 그렇게 저는 깨달음을 너무 추상적이고 너무 크게 잡았던 거죠. 그런 상황에서 책을 본 거죠. 책도 눈치 보면서 본 거예요. 그 전에 하던 모든 수행을 놓아 버리고 책을 보았어요. 수행이라는 것을 굳이 할 필요가 없다는 걸 확실하게 느꼈기 때문에 책만 보았죠. 책만 보면서 매일매일 간단하게 일기를 썼어요. '나는 이 체험을 1년 안에 해 보고 싶다.'

책을 일주일 정도 봤는데 너무 확확 와닿더라고요. 다음날 누워서 책만 집중해서 봤죠. 책을 보고 있는데, "희유하십니다, 세존이시여." 하는 부분에서 칼이 들어오더라고요. 칼이 들어오는데 너무 놀라서 "어, 진짜, 이게 뭐야? 어, 이거구나!" 그랬어요. 정신을 바짝 차렸죠. 너무 허무하더라고요. 다 '이것'인데. 그러면서 많이 울기도 했어요. 모든 사람이 이걸 다 가지고 있는데 이걸 모르는 사람은 얼마나 억울할까? 그래서 제가 이걸 좀 전해야겠다는 마음도 문득 들더라고요. 그리고 난 뒤 1시간 정도 마음을 가다듬고서, 나오는 대로 적었어요. 게송이 아니라 나오는 대로 적었죠. "지금까지 지옥같이 살았다니, 알고 보니 내 인생에 내가 나한테 속았다. 이제는 내가 속지 않을 것이다. 내가 너를 끌고 다닐 것이다. 그런데 그놈이 이놈이고 이놈이 그놈이다." 그렇게 나름대로 써 놓았어요.

그러고서 일주일쯤 지나서 또 한 번 체험이 오더라고요. 이렇게 앉아 있는데 별안간 온 우주가 빨려 들어오는 거예요. 너무 무섭더라고요. 섰다 앉았다 하고 있었는데 눈이 뒤집어지겠더라고요. 너무 감당이 안 되는 거예요. 온 우주가 이 안으로 쏙 들어가 버리더라고요. 너무 감당이 안 되어서 어머니께 전화를 드렸어요. 어머니는 관세음보살만 하시는 분이에요. 안 되겠다 싶어서 휴가를 내어 선생님께 가서 점검을 받아야겠다고 생각했어요. 그래서 저를 출가시켜 주신 스님과 무심선원에 찾아왔죠. 저는 그때 겁나는 게 없더라고요. 세상에 겁나는 게 없었어요. 저는 그게 세상 끝인 줄 알았어요. 말로 표현을 못 하겠더라고요.

그때 선생님께 인사를 드렸더니 선생님 말씀이 "이제부터다. 앞으로 공부를 10년 정도 해야 한다."라고 하셨어요. 그렇게 체험이 왔죠. 그러고 나서 부산에 일주일에 한 번 정도는 와서 공부를 하려고 했는데, 제가 있던 곳의 스님들께 얘기를 드렸더니 행자 끝나고 나서 이제 사미인데 어디를 나가느냐고 말씀하시더라고요. 그래서 이건 아니다 싶어서 절을 나왔죠. 제가 나오면 스님이 한 명 또 없어지니까 그곳에선 나가지 말라고 상당히 강하게 권했어요. 그러나 저는 나가서 제대로 공부해 보자고 강하게 마음먹었어요. 뭔가 자신감이 생겼다고 해야 할까요? 제가 머리를 깎고 그곳에서 수행을 하면서 느낀 건, 잘못된 방법이 너무 많아서 잘못된 방향으로 가고 있고, 스님들은 깨닫고자 하는 목표도 없고, 제대로 지도하는 선지식도 없다는 거였어요. 그래서 이건 아니다 싶어서 나왔죠.

체험한 뒤에 지금까지 공부에 어떤 변화가 있습니까?

변화가 있다면 사물에는 끄달림이 없는데, 사람들의 관계에는 아직 끄달림이 있어요. 또 세상이 너무 아름다워요. 꽃도 예쁘고 모든 게 너무 선명해요. 그렇지만 좀 부족함을, 2% 정도는 부족하다고 느껴요. 경전들은 이해가 많이 돼요.《반야심경》이라든가《법성게》같은 것이 너무 아름답고 그래요.

지금 자신의 공부를 평가하면 어떻습니까? 부족한 점은 어떤 것일까요?

저는 체험을 하고 나서도 열심히 공부했어요. 선생님이 쓰신 책을 다 읽고, 홈페이지의 글도 다 읽고, 그리고 법문도 열심히 들었죠. 어떤 때는 밤새 듣기도 하고, 지금도 계속 듣고 있고요. 그런데 다 채워졌다는 느낌이 들면서도 어딘가 모르게 미진해요. 그러니까 화두도 많이 살펴보고 그랬는데, 앞으로는 공안이라든가 불교 공부를 좀 더 체계적으로 해야 되지 않을까 싶어요.

처음 체험을 했을 때는 법에 대한 생각이 생기곤 했는데, 지금은 자꾸 버려집니다. 언어는 개념이잖아요? 깨달음이 어디 있어요? 부처가 어디 있어요? 법이 어디 있어요? 모두 다 이름이고 개념인데, 거기에 속는 거죠. 진정한 깨달음이라고 하면, 깨달음도 없고, 부처도 없고, 도도 없고, 없다는 것도 없고, 그냥 밥 먹고 똥 싸고 인연 따라 사는 거죠. 혼자서 즐기며 살아가느냐, 아니면 좀 더 공부를 해서 능력만큼 법을 펼치느냐, 이 두 가지가 갈림길인 거 같아요.

예전에는 어떤 문제가 있으면 그 문제에 너무 많이 끄달렸어요. 그런데 지금은 큰 문제가 내 앞에 와도 저절로 풀리니까 끄달림이 없어요. 옛날에는 돈을 벌려고 그렇게 애를 썼는데, 지금은 뭘 하려고 하지를 않아요. 이게 참 희한한 거예요. 세상살이가 억지로 찾으면 안 되지만, 그냥 놔두면 저절로 되는 거예요. 이것이 희한해요.

깨닫기 전에는 내가 있어요. 바깥 사물을 눈으로 보는데 눈으로 보는 게 아니에요. 주관이 객관이고 객관이 주관이고, 보는 놈이 보이는 놈이고 보이는 놈이 보는 놈이고, 모든 것이 다 이것이지만, 이것이라고 생각은 못 하죠. 살다 보니 이런 일도 있구나 싶어요.

올해 연세는 어떻게 됩니까?

올해 마흔두 살입니다.

하시고 싶은 말씀이 있으면 해 주시기 바랍니다.

저는 사실 무심선원을 알지도 못했어요. 오로지 홈페이지 잠깐 본 것뿐이고, 책 한 권 본 것이 다거든요. 그전에 했던 수행이 잘못된 거죠. 완전히 잘못된 것이죠. 저는 선생님을 한 번도 뵙지 않은 상태에서도 체험을 했기 때문에, 누구나 마음만 먹으면 체험할 수 있다고 봅니다.

선생님 법문을 쭉 들으시잖아요. 그때 체험하고서 선생님 법문 들으면서 좀 변한 것들이 있나요?

투명인간이라고 해야 하나, 그런 느낌? 세상 속에 있으면서 나 혼자 따로 떨어져 있는 느낌? 이 세상 자체가 있는 것도 아니고 없는 것도 아닌데, 있다고 착각하며 사는 것이라든가, 그런 것들이 선생님 법문 중에 와닿는 거죠. 전부 다 와닿는 것은 아니고요. 선생님 말씀을 한마디씩 들을 때마다 충격적이에요. 저에게 있는 개념이 덩어리째 뚝뚝 떨어져 나가는 것 같아요. 또 처음 들을 때는 몰랐는데, 다음에 들을 땐 와닿는 게 있고요.

공부하시는 분들에게 하시고 싶은 말씀이 있으면 해 주시기 바랍니다.

공부를 계산적으로 하지 말고 순수하게, 믿음을 가지고 하라고 말씀드리고 싶어요. 우리가 완전히 부처라는 것, 나의 이 마음이 부처라는 것을 확실히 믿어야 할 것 같아요. 수행이라는 것을 달리 할 것이 없다는 것, 우리는 지금 완전하다는 것, 그걸 확인하는 거예요. 다른 곳에서 찾는 것이 아니라 자기 자신에게서 확인하는 거예요. 너무나 완전해요. 그런데 우리는 그렇게 생각을 안 한단 말이죠. 그래서 전도되어 있다고 하는 거예요. 그냥 뒤집혀 있는 것을 살짝 한 번만 바로 세우면 되는 것인데, 그걸 잘 안 믿는 것 같아요. 내가 부처라는 것, 내가 완전하다는 것, 어디서 가져올 것이 없다는 것을요. 절하고 화두를 들고 하는 것이 아니라, 스승님 말씀 한마디를 잘 들어야 하고, 나는 꼭 해낸다는 믿음을 가져야 합니다.

공부를 하시는 분들과 대화를 나누다 보면, 나는 안 된다는 생각을 많이 가지고 있더라고요. 저는 사업을 세 번 하여 세 번 다 까먹은 사람이에요. 그래도 저는 이 공부 하나는 이 생에 태어나서 꼭 한다, 이거 아니면 나는 죽는다 하는 각오로 공부했습니다. 자기가 부처라는 것을 확인하고 자기를 찾는 것은 누가 대신해 주는 게 아니잖아요? 자신을 믿어야 해요. 자신을 믿을 때 스스로 깨어나는 거죠.

이건 생각으로 되는 게 아닙니다. 생각이 자기도 모르게 잠깐 사이에 쉬어지고 끊어지는 거죠. 생각이 끊어지는 자리를 확인하는 것이죠. 누가 대신해 주지 않으니까 사람마다 빠름이 있고 늦음이 있는 거지요. 자기 스스로 나는 꼭 해야겠다는 그런 각오가 없으면 안 된다고 봐요. 그런 각오만 있으면 되는 거죠. 그런 각오만 있으면 누구나 다 된다는 말씀을 해 드리고 싶어요. 나에게 없는 것을 바깥에서 찾는 것이 아니라, 나에게 있는 내 보물을 확인하는 것이니까요.

19. 허○호 2012년 녹취

불교에 언제 입문하셨고 공부는 어떻게 하셨습니까?

저는 불교를 접한 지는 오래되었어요. 52살부터 절에 나갔습니다. 어느 날 절에 다니는 두 분이 와서 보시도 좀 하고 법문도 열심히 들으라고 하시더라고요. 그래서 염불을 배워서 많이 했어요. 또 다라니 주문도 외우면 자식이며 집안에 많은 발전이 된다는 말에 절에 열심히 다녔죠. 열심히 다니니까 감투를 씌워 주더라고요. 부끄러운 말이지만 그 절에서 회장을 8년 정도 했어요.

그런데 8년이 지난 뒤에 또 하라고 그래요. 그 절이 조그마한 암자라도 사람이 많이 왔어요. 그때 사람들이 제 말을 잘 들어 주었고 저도 신도들을 잘 받쳐 주어서인지 또 하라고 그러는 바람에 그냥 나와 버렸어요. 그런 후에 어떤 스님 인연으로 다른 사찰에 갔더니, 우리 또래 되는 보살이 법복을 입고 100여 명 앉아 있어요. 그런데 거기는 들어가기 싫더라고요. 그래서 초하룻날만 가서 법문을 듣고 그랬어요.

무심선원에는 언제 어떻게 참여하였습니까?

그때가 2005년이었는데 제 큰딸이 우연히 불교신문을 보았대요. 거기서 김태완 선생님의 글을 보고, 제가 《금강경》 등 경전을 멋도 모르고 외우고 항상 읽고 있으니까 이 선생님한테 가 보라고 하더라고요. 그런데 1년이 지나도 안 갔어요. 그런 뒤에 딸이 다시 무심선원에 가 보라고 몇 번을 권해서 선원에 오게 되었어요. 그때가 호포에서 정진법회 하던 때였어요. 일주일 다니다가 정진법회 함께 참석했거든요. 법문을 들어 보니까 마음에 들어서 다니게 되었죠. 선원이 남산동에 있을 때는 그냥 다니기만 했지, 선생님께서 손을 들고 해도 저기에 무슨 뜻이 있는가, 저게 무슨 소린가 했어요. 멋도 모르고 책을 많이 샀어요. 책을 읽어 봐도 어떤 말은 이해하겠는데 어떤 말은 모르겠어요.

그래도 또 다른 사찰에는 가기 싫고 남의 말도 듣기 싫고 그래서 계속 나왔죠. 그리고 선원이 여기 해운대로 이사를 왔는데, 우리 아들과 며느리가 반대를 하데요. 길도 멀고 노인네가 경로당에 가서 어울려 놀면 치매도 안 걸리고 좋다고 하는데 뭐 때문에 비가 오나 눈이 오나 가느냐고 하면서, 날씨가 안 좋은 날이면 며느리가 대문 밖에 나와서 가지 말라고 잡아당겨요. 며느리가 제게 대단하다고 해서, 저는 이런 사람도 있고 저런 사람도 있다고 하며 자식들에게 피해만 안 되게 하려고 하니 가만히 놔두라고 했죠.

체험이 언제 어떻게 일어났습니까?

재작년 봄이 되니까 내가 이렇게 해서는 아무래도, 암만 다니고 들어 봐도 귀에 말도 제대로 안 들어와서 이렇게 해서 되겠나 싶었어요. 제가 병이 나서 병원에도 가고 그랬어요. 그런데 그때가 봄이었는데, 선생님이 법상에서 법문을 하시는데 선생님이 간간이 법상을 손으로 짚으시잖아요. 선생님이 가물가물하게 안개 속에서 보이는 것 같아요. 그런데 손을 짚으시는데 선생님 손이 큰 대못으로 보여요.

그리고 여기로(가슴을 가리키며) 설렁 지나가는데 갑자기 눈에서 눈물이 비 오듯이 쏟아져 내려요. 설법이 끝나서 선생님도 들어가셨는데 혼자 그 자리에 앉아서 울고 있었어요. 누가 와서 제 이름을 부르는데 귀에 말은 들리는데 말이 안 나와요. 대답을 못 하고 그 후에도 혼자 앉아 있었어요. 일어나려고 해도 몸이 안 떨어져요. 그래도 창턱을 잡고 억지로 일어났는데 눈물이 하염없이 흘러요.

울다가 겨우 일어나서 신발을 찾아 신고 밖으로 나가 벽을 잡고 지나가는데, 안개가 자욱하게 있는 듯해서 앞으로 못 걸어가겠어요. 그러고 울면서 가방을 들고 가슴으로 밀고 앞으로 나가는 거예요. 그러고 가는데 갑자기 맷돌같이 생긴 영롱한 빛이 앞을 가려서 더이상 못 가겠어요. 그 자리에서 정신이 아득해지려고 하는 순간, 문득 귀에서 "여기에는 아무것도 없어."라고 하는 소리가 들리는 것 같았어요.

그런 후에 정신을 조금 차리고 어떻게 해서 지하철을 타고 집까지 갔는데, 아들과 며느리가 제 얼굴이 이상해 보였는지 제가 들어오는 걸 보고 다 일어서요. 며느리에게 내가 아무래도 이상하다고 그날 있었던 얘기를 했어요. 그러고 방에 앉아 있는데 며느리가 저한테 절하는 게 보여요. "어머니, 축하합니다."라고 하는데 무슨 대

212

답도 못 하고 듣기만 하고 앉아 있었는데, 계속 앉아 있어 봐도 변동이 없어요. 말만 안 나오지 밥도 먹고 들리는 건 다 들리고 보이는 건 다 보여요. 조금 지나서 집에서 나와 밖을 걸어 봤어요. 걸어가기는 하는데 나인지 너인지 모르겠어요. 이러다가 다치면 아들한테 피해가 될 것 같아서 집에 다시 들어갔죠. 그 뒤로 멍청해져서 말수도 없어져 버렸어요.

그 후 여름 정진법회에 가서 휴식 시간에 산책을 하다가 너무 더워서 쉬어 간다고 벤치에 앉아서 도반들과 이런저런 얘기를 했어요. 그러다가 자리에서 일어나는데, 포승줄 같은 줄이 묶여 있다가 슬슬 풀리면서 확 내려가는 것 같아요. 몸 안에서도 무언가가 빙빙 돌면서 단전 있는 데까지 내려가서는 탁 터지는 것 같은 느낌이 들어요. 그러자 저도 모르게 "아!" 하고 외치면서 두 팔을 번쩍 들었어요.

그런 후에 오전 법문을 듣는데, 선생님 얼굴이 완전히 다르게 보여요. 제 생각이지만 완전히 환하게 밝게 보여요. 법문을 하시는데 법문이 소화가 돼요. 속으로 '아이구, 이런 거구나!' 하며 너무 황홀해서 법문 중이지만 손을 밑으로 해서 박수를 쳤어요. '나한테도 이런 일이 있구나!' 말씀하시는 것이 딱딱 들어와요. 그런 후에 정진법회 해산할 무렵 어떤 도반님이 조사어록을 사서 제게 주면서 "보살님, 축하합니다. 보임 잘하세요." 그러시더라고요. 집에 돌아와서 보니 저 자신이 아주 달라진 거 같아요.

다음 날 편안한 자세로 그 도반이 주신 책을 읽는데, 허공이 비교할 수도 없이 너무 밝아서 눈이 부셔서 눈물이 또 나요. 너무 선명해서 "세상 사람들아, 이걸 모르지? 이게 모두 다라고, 다른 것은 없어!" 하며 그때 일어나서 춤을 다 추었어요. 그 뒤로는 책을 봐도 이해가 돼요. 아주 밝아진 것 같았어요. 제 안에 들어와서 부딪친 것들이 살살 녹아서 없어지는 것 같아요. 지금은 선생님이 법상에 앉아 법문을 하시면 "아이구, 선생님은 완전히 도사시네. 어떻게 제 마음을 이렇게 잘 아시고 변론을 해 주시네." 하며 저는 선생님 말씀이 척척 와닿으니까 자신도 모르게 고개도 끄덕여지고 자꾸 웃음이 나와요.

좀 전에 조금 말씀하신 것 같은데, 체험한 뒤에 지금까지 공부에 어떤 변화가 있습니까?

예. 맞아요. 이제는 모든 면이 제 마음에 들어와서 소화가 됩니다. 다는 안 되어도 70% 넘게 소화가 되는 거 같아요. 편하고 마냥 즐겁고 그렇습니다. 집에 식구도 많고 장사를 하고 있고 해서 사람들 사이에서 부딪치는 일이 있거든요. 금방 욱 하는 부분도 있습니다만, 금방 풀어지고 그렇습니다.

지금 자신의 공부를 평가하면 어떻습니까? 부족한 점은 어떤 것일까요?

아직 부족하죠. 아까 말씀드렸듯이 70% 정도 소화가 되니까 편안하고, 안 좋은 일이 있어도 금방 소화가 되어 내려가 버리고, 가족들끼리도 제 성격이 좀 까다로운 편이었거든요. 좀 깔끔하고 그랬는데 그런 부분도 없어져 버렸어요. 그런 점이 참 신기해요.

올해 연세는 어떻게 됩니까?

금년에 32년생이니까 81살입니다.

하시고 싶은 말씀이 있으면 해 주시기 바랍니다.

완전하고 싶은 욕심이 있습니다. 예전에 사 두었던 《서장》을 지금 읽고 있는데, 남아 있던 부분이 소화가 되는 것 같아요. 그 책을 요즘 또다시 읽고 있는데, '석가나 달마나 다를 게 뭐 있나?' 하는 그 말이 소화되어 넘어가요. 아직 깊이 있게 하려면 계속 법문을 들어야 하니까 계속 듣고 있습니다.

20. 허 ○ 남 2012년 녹취

불교에는 언제 입문하여 어떻게 공부해 왔습니까?

저는 어릴 때부터 마음이 나약하다 해야 하나 좀 그랬던 것 같아요. 그래서 살아가는 것이 왠지 모르지만 저한텐 힘이 들더라고요. 형편도 좀 어려웠고요. 그러니까 어디에 의지하고 싶어서 절에도 가 보고 교회도 가 보고 성당에도 가 보고 그랬는데, 가서 보면 이상하게 제가 원하는 게 아닌 것 같아요. 저는 종교에 대해서 아무것도 몰랐지만 어릴 때 종교라 하면, 만약에 세상에 신이 있다면 하나뿐일 텐데 전부 다 자기가 잘났다고 하니까, 잘난 신이 한 개 두 개가 아니고 여러 개니까 전부 다 아닌 것 같은 거예요.

그래서 (종교에 의지하는 것을) 포기하고 힘들게 살다가 결혼을 해서 사는데 또 힘이 들어요. 힘들어하는 찰나에 아는 분이 《도(道)》라는 책을 주어서 읽어 보니까 그 스님이 뭔가 하나를 가리키시는 것 같았어요. 이분이라면 내가 원하는 것을 이야기해 주실 수 있을 것 같았어요. 그래서 거의 20년 정도 그 사찰에 다녔어요.

그러면 무심선원에는 언제 어떻게 참여하였습니까?

216

그곳에 다니면서도 방편이 저와는 안 맞는 것 같았어요. 그러고 있는데 불교신문에서 《서장》에 관한 김태완 선생님의 글을 보았습니다. 그때 이상하게도 그 글이 왜 그렇게 좋은지, 선생님의 법문을 한 번도 들어 보지 않았는데도 그 글이 왜 그렇게 좋은지 그 신문의 기사가 나오기만을 기다렸어요. 그래서 제가 너무 좋아서 옆의 친구 도반에게 "보살, 이분이 부산대 교수님이시라는데 이런 글을 쓰신다. 부산대 교수님이라는 게 너무 좋고 부산에 계신다는 것도 너무 좋다. 이런 분이 이런 글을 쓰시면 어디서 공부를 하실 수도 있을 것 같은데…?"라고 얘기했는데, 그 도반이 '지금 그 선생님한테 공부하러 다닌다'고 얘기하는 거예요.

그땐 제가 직장을 다녔으니까 같이 다니진 못했어요. 그래서 그 친구 도반이 부러워서 만나면 항상 공부가 어떤지 물어보고 그랬어요. 그렇게 시간이 조금 흘렀는데 제가 일하다가 손을 다쳐 수술하게 되어서 한 달간 직장에 못 나가게 되었습니다. 그래서 그 도반과 함께 부산대 법회에 서너 번 참석했습니다. 그렇게 법문을 들었는데 손이 나아서 직장에 다시 나가게 되었습니다. 그렇게 또 한참이 흘러 그 도반에게 밤에는 설법을 안 하시는지 물어보았어요. 그랬더니 요새는 밤에도 설법하신다고 하더라고요. 그렇게 해서 수요일 저녁 법회에 참석하게 되었습니다.

그때가 몇 년쯤이었습니까?

2002년에서 2003년경이었고, 직장생활 하면서 수요일 저녁만 계속 법회에 참석하였습니다.

체험이 언제 어떻게 일어났습니까?

지금 3년 조금 안 되었으니까 2010년 6월이었던 같아요. 체험이 일어나기 1년 전쯤에 직장을 그만두고 그때부터 집에서 집중적으로 계속 김태완 선생님의 설법 DVD를 보았습니다. 2009년에 약간 체험이 왔는데 그냥 그 순간에 싹 지나가 버리니까 아무것도 모르겠어요. 그때도 DVD를 보고 있는데 순간 세상이 너무 평화롭고 아무런 문제도 없고 기분이 너무너무 이상해요. 그 순간 그 느낌에서 깨어나지 않고 싶은 거예요. 컴퓨터로 DVD를 보면 시간이 흐르는 게 보이잖아요. 시간을 보니까 마지막 10분도 안 남은 거예요, 그 좋은 기분을 가지고 싶었는데. '어머나, 시간이 다 되어 가네…' 하는데 그 기분이 안개처럼 싹 사라져 버려요. 그러고 나서는 모르겠더라고요. 다시 그 DVD의 그 부분을 보고 또 봐도 그 기분이 안 들어요.

그런 이후 또 1년이 지나 2010년 6월경에 선원에 와서 선생님 법문을 듣고 있는데, 갑자기 선생님이 제 앞으로 클로즈업되어서 가까이 다가오셔요. 갑자기 선생님 얼굴이 다가오니까 제가 너무 놀라는 순간에 뭔가 가슴을 설렁 지나가는데, 서늘한 무엇이 설렁 지나갔어요. 설렁 지나가서 놀랐다가 다시 정신을 차리려고 하는데 "세상에는 이것뿐이다, 이게 다다."라는 소리가 들려요. 누가 그렇게 말하는 게 아니고 제가 그런 느낌을 받았어요. '이게 무슨 소리고? 뭐가 이것뿐이란 말이고?'

이 체험은 제가 기대하고 있던 대단한 체험이 아니고 별로 특별한 일도 아닌 체험이어서 저는 이것을 체험이 아닐 거라고 여겼어요. 그런데 법문을 들어 보면 선생님 법문이 예전과는 다르게 들리고 법문이 소화가 되더라고요. 법문을 들어 보니까 제가 체험한 것을 말씀하시는 것이 맞더라고요. 저는 그게 실망스러운 거예요. '법이 이것이라고 하는데 진짜 이거란 말인가? 아무것도 아니잖아…' 진짜 저는 실망했어요. 어떤 분은 첫 느낌이 그렇게 황홀하고 좋다고 하는데, 저는 너무 아무것도 아니어서 실망했어요.

체험을 한 뒤에 지금까지 공부에 어떤 변화가 있습니까?

그렇게 큰 변화가 없어서 답답합니다. 체험하고 나서는 또 다른 체험은 없었고요, 그냥 선생님 법문을 들으면서 몰랐던 것을 알아 가는 과정인 거 같아요. 아까 말했듯이 시간이 없다는 게 이해가 안되었는데, 법문을 들어 가면서 시간이 없다는 게 이해가 되었어요. 또 어떤 게 있었냐면 법문을 들으면 순간적으로 내가 법과 하나 된다는 느낌이, 그런 순간이 잠깐잠깐 두세 번 지나갔어요. 아주 짧은 순간이지만 그 순간에는 이것뿐이라는 확신이 들었어요. 법문을 듣는 시간에 아주 짧은 시간 중에 그런 게 지나가더라고요. 그리고 그냥 법문 들으면서 조금씩 달라져 가는 그런 거죠.

지금 자신의 공부를 평가하면 어떻습니까? 부족한 점은 어떤 것일까요?

가족관계나 살아가는 모든 일에서 경계가 닥치면, 공부하듯이 안되고 좀 흔들리는데 그게 너무 속상해요. 공부를 몇 년이나 했는데도 흔들릴 때마다 힘들어요. 그런 경계가 닥치면 무조건 "이것뿐이다." 이러면 잘 넘어가요. 요즘은 쉽게쉽게 잘 넘어가는데도, 얼마 전부터 처음부터 다시 해야겠다는 마음이 듭니다. 그냥 그런 모든 일이 일어나는 것을 아직도 내가, 선생님은 우리가 이 자리에 딱 있으면 내가 여기에 있다 안 있다 이런 게 아니라는데, 아직 저는 여기에 있어야 한다는 생각이에요. 아직은 힘이 부족하니까 자꾸 이 자리를 챙겨야 한다는 생각입니다.

아까도 얘기했지만 요 며칠 "이것뿐이네, 이것뿐이네." 하니까 어떨 때는 그게 너무 날아갈 듯이 좋을 때도 있고, 그 순간이 너무 가벼워져요. 그러나 그것도 순간이고, 그저께도 뭔가가 막혀 있었는데, "그냥 눈앞에 있는 이것, 이것뿐이네." 하니까 그냥 아무것도 없는데 그냥 가슴에서 불안한 게 심장이 벌렁벌렁하는 게 딱 감지되는 거예요. '이것뿐이네. 왜 벌렁벌렁하는 이것은 안 내려가노?' 하는 그 생각이 채 끝나기도 전에, 이것은 내려가는 게 아니고 그냥 이것뿐이네, 하니까 쉬어지더라고요.

올해 연세는 어떻게 됩니까?

쉰일곱입니다.

하시고 싶은 말씀이 있으면 해 주시기 바랍니다.

저는 아직도 스스로 만족하지 못해서 그런지 몰라도 공부를 남한테 권하지 않아요. 모르는 사람한테는요. 제가 하고 싶어서 이렇게 시작했고, 하고 싶어서 10여 년을 했는데도 아직 스스로 만족하질 못하니까 아무한테나 권할 수가 없더라고요. 몇 분한테 권해 봤지만 그게 잘 안 되더라고요. 낯선 사람이나 이 공부를 안 하는 사람한테는 잘 권하질 못해요. 그게 제 단점인 거 같아요. 가족한테도 그래요. 선생님 책도 갖다 주고 선생님 법문을 들어 보기를 원하지만, 자식이라도 자기가 원치 않으면 안 되는 것 같아요. 자기 인연인 것 같아요. 제가 판단할 때는 공부에 대해서 진정한 발심이 되어야 하는데 아직까진 때가 아니라고 봅니다.

보살님, 참 겸손하신 것 같습니다. 다른 하실 말씀 또 없으신가요?

체험하신 분 중에 자신만만한 분을 보면 저는 너무너무 부러워요. 그게 아주 딱 계합하여 생긴 자신감이든 아니면 아상이나 법상이든 어느 쪽이든 간에 저도 한 번 저렇게 자신감이 있어 봤으면 좋겠다 싶어요. 저는 제가 너무너무 부족한 것 같아요. 이 법은 다 똑같은 것 같은데, 부족한 것 같지도 않은 것 같은데, 제가 자신감이 없는 것 같아요. 당당한 분들의 말씀을 들을 때마다 저런 자신감이 있으면 좋겠다 싶어요(웃음).

21. 강○훈 2020년 녹취

올해 연세는 어떻게 됩니까?

만 69세입니다.

무심선원에서 몇 년 공부하셨습니까?

지금 정확하게 기억이 잘 나지는 않는데, 한 8, 9년쯤 된 것 같습니다.

무심선원에서 공부하기 전에는 어떤 공부를 하셨는지 간단히 말씀해 주세요.

우리 가족이 전부 절에 다녀서 자연히 분위기에 휩쓸리다 보니까 절에 가서 법문도 듣고 불교 교리 공부도 하고 그랬죠. ○○사에서 불교대학을 한 3년 정도 다니면서 기초 교리도 배우고 경전반에서 공부도 하고 그랬습니다.

그렇게 공부를 하다가 어느 날 김태완 선생님의 《선으로 읽는 신심명》이라는 책을 구입해서 보게 된 것이 무심선원에서 공부하게 된 계기가 되었습니다. 당시 그 책을 읽었는데, 이전까지 하던 경전 공부는 분별심과 이해로 공부해 왔는데, 《신심명》을 보니까 책 내용에서 책상을 두드리는 게 몇 번 나왔습니다. 그래서 그 내용이 도대체 뭔가 궁금해하다가 책을 다 읽고 난 뒤에 김태완 선생님을 한 번 만나고 싶은 마음에 책에 나온 전화번호를 보니까 지역번호가 부산이더라고요. 제가 해운대에 사는데 당시에 무심선원에 전화를 걸어 위치를 물어보니까, 해운대에 있다고 했습니다. 법회 일정을 알아보고 법회에 참여하게 되었어요.

그렇게 법회에 와서 설법을 들어 보니까, 이전까지 제가 했던 불교 공부하고는 판이하게 달랐습니다. 첫날 와서 설법을 들을 때 제 기억으로는 수보리 이야기가 나왔어요. 수보리는 우리가 익히 부처님 10대 제자라고 다 알고 있잖아요. 그런데 수보리 이거는 수보리 사람이 아니고, "수~ 보~ 리~' 하는 바로 이거다." 하면서 이야기를 하니까 '무슨 이런 설법이 있는가?' 하고 의아하고 자꾸 호기심이 생기고 해서 계속 설법을 듣게 되었습니다.

무심선원에서 공부하다가 체험한 이야기를 해 주십시오.

한 5년 정도 계속 설법을 들었습니다. 처음에는 무슨 말인지 모르고 들었는데 차차 설법에 의해 자리가 좀 잡히고 설법 듣는 게 익숙해지고 그랬죠. 그런데 아무리 들어도 도저히 모르겠고, 그러면서 심리적인 방황도 하고 그랬습니다. 그러다가 공부를 좀 더 열심히 해야겠다고 마음먹고 어떤 보살님 소개로 강○영 보살님께 가서 2년 정도 공부하다가 3~4일 정도 개인면담 지도를 받았습니다. 그러던 중에 체험을 하게 되었습니다.

체험한 뒤에 지금까지 공부에 어떤 변화가 있었습니까?

체험하고 난 뒤의 변화는… 다른 분들은 체험이 확 와닿고, 분명하고, 안정되고 하는 식으로 강하게 얘기하시던데, 저는 체험에 대해 얘기하라고 하면 크게 얘기할 것이 없어요. 그러니까 그때 강○영 보살님 설법을 듣고 면담을 하고 집으로 차를 운전하고 오던 중에, 앞에 뭔가 흐릿하다가 뭔가 확 와닿더라고요. 정확히는 모르겠어요. 그냥 마음이 뭔가 뜬 것 같은 그런 느낌이 들더라고요. 그래서 '이게 뭐지?' 하다가 문득 '이걸 이야기하는 거구나.' 하고 별 대수롭지 않게 생각했어요. 그러다가 또 사무실에서 일을 하는데 뭔가 비슷한 경험이 오더라고요.

그래서 "경험이란 게 평범한 거구나." 하고 얘기를 하면 했지, 체험이 '크게 와닿는다' '분명하다' 이런 것은 별로 없었어요. 그 뒤로도 계속 설법을 듣는데, 체험하기 전에는 설법 내용을 잘 몰라서 헤매고 그랬는데, 그 일이 있고 나서는 설법 내용이 소화가 잘되면서 '나도 이런 말을 할 수 있겠구나.' 하는 정도가 되더라고요.

한 3년 정도 지났는데, 지금 와서 보면 체험한 그게 어디로 갔는지는 잘 모르겠고, 하여튼 평범하고 본래부터 타고난 본심을 우리가 갖고 있는데, 그 자리에 돌아왔다 하는 정도, 이전에는 분별망상으로 많이 헤맸구나 하는 정도로 생각하면서 공부에 임하고 있습니다.

체험하기 이전의 삶과 지금의 삶을 비교한다면 어떻습니까?

체험하기 전에는 정말 알음알이로 공부하고, 생각과 분별, 망상에 사로잡혀서 살았죠. 체험하고 나서 보니 그런 줄을 알게 됐습니다. 체험하기 전에는 그게 정상적인 삶인 줄 알고 살았죠. 그런데 체험하고 난 이후에 돌아보니까 '정말 내가 많이 헤맸구나.' '내가 정말 내 생각에 많이 속아 왔구나.' 하는 생각이 많이 듭니다.

새로 공부하는 후배들이나 도반들에게 당부하실 말씀이 있으면 해 주십시오.

뭐, 특별히 드릴 말씀은 없습니다. 하여튼 무심선원에서 공부하시는 도반님들은 항상 간절함을 갖고 이 법에 대해서 애정과 관심을 갖고 공부를 열심히, 절대 포기하지 말고 꾸준히 한다면 좋은 결과가 있을 것이라고 생각합니다.

22. 강○ <small>2020년 녹취</small>

안녕하세요. 지금부터 공부 체험 이야기를 시작하겠습니다. 먼저 올해 연세가 어떻게 됩니까?

올해 60입니다.

무심선원에서는 몇 년 동안 공부하셨습니까?

무심선원에는 2017년 9월부터 다녔으니 3년 되었네요.

무심선원에서 공부하기 전에는 어떤 공부를 하셨는지 간단히 말씀해 주세요.

무심선원 오기 전에 불교대학도 5~6년 다녔고요. 기도도 가족들이 보기에 미쳤다고 할 정도로 해 봤습니다. 불교 공부한 지는 10여 년 되었습니다.

무심선원에서 공부하다가 체험한 이야기를 해 주십시오.

어느 도반님의 소개로 선생님 설법을 6개월 정도 집에서 들었어요. 어느 날 저녁에 남편이 원치 않아서 이어폰을 끼고 설법을 듣는데, 갑자기 번개가 쳤어요. 그래서 "어머, 번개가 쳤어요. 비가 오나 봐

226

요.” 했더니 남편이 “무슨 소리냐? 아줌마 정신 차리세요.” 하는 거예요. 그래도 안 믿어져서 밖에 나가 봤더니 비가 안 와요. 내가 너무 설법을 들어서 이상한 현상이 일어났다 보다 하고 잤는데, 그날 저녁에 꿈에서 선생님께서 저를 등 뒤에서 안고는 계속 설법을 하시는 거예요.

그래서 아침에 일어나서 ‘드디어 내가 설법을 계속 들어서 약간 맛이 갔구나.’ 하고 이틀 정도 안 들었어요. 그러다가 평생 안 들을 것도 아니고 ‘한번 들어 보자.’ 하고 설법을 다시 들었는데, 갑자기 선생님이 손가락을 들면서 “이것!” 하시는데 ‘이것’이 확 드러나는 거예요. “정말 이거라고? 정말 어이없어. 정말 어처구니가 없어. 헐~”하면서 거실을 이리저리 돌아다니면서 “이것, 그래, 이것 말고 뭐가 더 있어? 뭘 바랐니?” 하면서 체험을 했죠. 그리고 한 달 정도 지나서 저한테 무심선원 공부를 전해 준 보살님이 선생님 한번 면담해 보라고 해서 뵈었더니 한두 달 있다가 다시 보자고 하시면서 선원에 나와서 공부하라고 하셨어요.

그때부터 선원에 공부하러 나왔죠. 그리고 두 달 정도 지나서 설법을 듣는데 갑자기 뭐가 딱 몸에 달라붙는 거예요. 껌이라면 떼어 버리고 싶은 마음이 들 정도로 자석처럼 딱 당기는 것 같이 뭐가 달라붙은 느낌이었어요. 그러고 나서 조금 달라진 것이, 예전에는 법이 항상 있지 않고 설법을 들으면 이게 드러나고 나하고 법이 떨어진 느낌이었는데, 그때 이후로 그게 없어졌어요. 그게 과정인가 봐요.

체험한 뒤 지금까지 몇 년이 지났습니까? 그리고 그동안 공부에 어떤 변화가 있었습니까?

어느 날 선원에 오는데 지하철에서 속이 약간 울렁거려 노약자석에 빈 좌석이 있기에 앉아 있는데, 갑자기 돌아가신 친정 할머니 생각이 나면서 할머니가 나고 내가 할머니인 거예요. 뭔가 혹 통한 것 같다고 해야 하나? 놀라 눈을 번쩍 떴는데 사람들이 전철 안에 서 있는 건 분명 보이는데 그다음부터 내가 바보가 된 것 같았어요. 눈에는 보이는데 아무것도 없고, 말로 하자면 내가 바보 멍청이가 된 것 같았어요. 지하철이 지상으로 나와서 분명히 창밖에 차들도 있고 앞에 서 있는 사람들도 보이는데, 평소의 나하고는 달라요. 그냥 보일 뿐이에요.

지하철 갈아탈 생각도 못하고 멍청히 있다가 문이 닫히려고 하는데, 갑자기 '합정'이라는 글씨가 보여서 깜짝 놀라서 내렸어요. 사람들 웅성웅성거리는 소리만 들릴 뿐 내가 어떻게 내려왔는지 몰랐어요. 그런데 멍청이가 되었으면 갈아타지도 못했을 텐데 갈아타는 곳에 내려와 있어요. 그리고 전철을 기다리는데 이유 없이 눈물이 주르르 흐르는 거예요. 평소에 나와 너무 다르고 말로 표현하면 내가 멍청이 바보예요. 그날 마침 법회가 있는 날이라 선생님 뵙고 면담을 했어요. 그 이후 선생님 설법이 전과 달리 들리고 지금도 생생하게 보일 뿐, 없어요. 말로는 이렇게밖에 표현 못 합니다.

체험하기 이전의 삶과 지금의 삶을 비교한다면 어떻습니까?

변한 것은 이제 숨을 좀 제대로 쉰다 할까, 사는 게 정말 가벼워요.

이전의 삶과 비교해 보면 뭐에 끄달리지 않으니 이루 말할 수 없이 편안하지요. 예전에는 아들이 새벽까지 술 마시고 안 들어오면, 내가 자식을 어렵게 낳아서 그랬는지 모르지만 애가 들어와야 잠을 잤어요. 아무리 자려고 해도 잘 수가 없었어요. 그때 들어오면 좋은 소리 했겠어요? 이런 내가 싫어서 여기서 벗어나려고 기도도 오래 했지요. 아무리 노력해도 나 스스로는 거기서 벗어날 수가 없었어요. 지금은 너무 잘 잡니다. 정말 살 것 같아요. 다른 어떤 것보다 자식과의 관계를 비교하는 게 제일 나을 것 같아서….

새로 공부하는 후배들이나 도반들에게 당부하실 말씀이 있으면 해 주십시오.

공부하는 도반들에게 당부의 말이라면, 선생님 설법만 잘 들으라고 말하고 싶어요. 할 수 있는 것은 설법 듣는 것밖에 어떤 것도 할 게 없어요. 이건 저절로 됩니다. 선생님 설법만 잘 들으시면 됩니다.

23. 강○옥 2020년 녹취

올해 연세는 어떻게 됩니까?

52세입니다.

무심선원에서 몇 년 공부하셨습니까?

5년 조금 넘은 것 같습니다.

무심선원에서 공부하기 전에는 어떤 공부를 하셨는지 간단히 말씀해 주세요.

절에서 참선 공부를 좀 했습니다. 한 3년 정도 한 것 같네요. 당시 직장생활 하면서 저녁에 참선반을 다녔는데, 일주일에 2, 3번 했던 것 같아요. 한 번 좌선을 할 때 약 3시간 정도 참선을 했습니다. 그렇게 참선을 했는데 참선을 하는 인원이 점점 줄어서 참선반이 없어졌어요. 그래서 어디서 공부를 해야 하나 알아보던 중에 어떤 거사님이 무심선원에서 체험을 하셨다고 하면서 무심선원을 소개해 주셔서 오게 되었습니다.

무심선원에서 공부하다가 체험한 이야기를 해 주십시오.

제가 처음 선원에 왔을 때 선원이 해운대에 있었는데요. 와서 공부를 하다가 뜻하지 않게 우리 집 거사님이 가덕도에 가게를 내게 되었어요. 그래서 저도 가서 일을 도와야 할 상황이라 다니던 직장도 접고, 선원 공부도 접고 가게 일을 하게 됐죠.

그런데 저는 가게 일을 처음 하다 보니 너무 힘들더라고요. 인간관계도 어렵고 육체노동이 많다 보니 감당하기가 힘들더라고요. 당시에 공부를 좀 하고 싶었는데, 상황이 바뀌어 공부도 못 하고 몸도 마음도 힘들어지고 하니 뭔가 공부가 더 절실했던 것 같습니다. 아무튼 선원에 올 여건은 안 되니까 음성 법문을 계속 들으면서 정진법회는 꼭 신청해서 참석했습니다. 그러면서 법문을 계속 들었죠. 낮에 일을 하니까 밤에 자는 시간을 좀 줄여서라도 법문을 계속 들었습니다.

그러다가 어느 날 점심 지나고 좀 한가한 시간이었는데, 가덕도이다 보니 바다가 보여요. 사실 그때는 체험인지도 몰랐습니다. 바다를 보는데 바다가 반짝반짝하는 게 눈앞에서 반짝거리는데 뭔가 환희롭고 편안하더라고요. 그간 일 때문에 너무 힘들었는데, 무엇 때문에 힘들었는지도 모를 정도로 갑자기 너무 편해졌습니다. 그러다가 시간이 지나면서 '이게 체험인가?' 싶어서 긴가민가하고 다음 정진법회에서 선생님 면담을 했죠. 그랬더니 매주 목요일 법문을 메일로 받아서 들으라고 하셔서 듣다가, 그럴수록 공부가 더 절실해지더라고요. 그래서 공부를 하려면 가게를 처분해야 하겠다 싶어서 상황을 보다가 어떻게 일이 풀려서 가게를 접고 부산으로 와서 공부에 더 매진할 수 있게 되었습니다.

체험한 뒤에 지금까지 공부에 어떤 변화가 있었습니까?

체험한 지는 이제 3년 정도 지난 것 같습니다. 전에는 성격이 많이 조급했어요. 흥분을 잘한다고 해야 하나 그랬는데, 이제는 어지간 한 일에는 예전만큼 크게 반응이 일어나지 않아요. 가족하고의 일에서도 전에는 별일 아닌 일에 많이 따지고 그랬는데, 이제는 그냥 그런가 보다 하고 넘어갑니다. 내면적으로 한 단계 성숙해졌다고나 할까요? 이런 표현이 맞는지는 모르겠는데 그런 것 같아요. 아무튼 모든 일이 다 있는데 아무것도 없고, 아무것도 없는데 모든 일이 다 있고 묘합니다.

체험하기 이전의 삶과 지금의 삶을 비교한다면 어떻습니까?

체험하기 전에는 그렇게 살던 삶이 너무 당연했으니까 몰랐습니다. 그런데 체험하고 나서 되돌아보면 '정말 어떻게 그렇게 살고 있었지?'라는 생각이 들어요. 전에는 정말 열심히 바쁘게 최선을 다해서 살면 된다고 그렇게 살았거든요. 그런데 지금은 여유가 생겨서 사람이든 일이든 대하는 방식이나 태도가 신중해지고 그렇습니다. 이런 게 변화라면 변화인 것 같아요. 차분해지고 여유가 많이 생긴 것 같습니다.

또 예전에는 다른 사람들이 어떤 상태인지 그런 게 안 보였어요. 오지랖 넓게 참견도 많이 하고, 따지기도 많이 따지고, 간섭도 많이 했거든요. 내가 옳고 내가 사는 방식대로 열심히 사는 게 맞는다고 여기면서, 가족한테도 간섭하고 잔소리하고 제가 옳다고 생각하는 방향으로 이끌어 가려고 아주 강하게 물고 늘어지고 그랬습니다.

근데 이제는 주변 사람들이 보여요. 내가 어떻게 해야지 하는 생각이 안 드니까 주변이 보이더라고요. 그래서 예전보다 이해심도 넓어진 것 같고 잘 받아들이고 뭔가 여유 있고 부드럽게, 사람관계도 그렇게 변하는 것 같습니다.

새로 공부하는 후배들이나 도반들에게 당부하실 말씀이 있으면 해 주십시오.

제가 공부를 해 보니까 발심이 제일 중요해요. 간절하고 절실하면 공부는 다 되는 것 같습니다. 자신의 공부를 판단하지 말아야 한다는 것도 중요한 것 같고요.

저는 앞서도 말했지만, 공부를 좀 하려고 하면 자꾸 일이 생겨서 공부를 못 하게 되는 상황에 처하게 되더라고요. 그러다 보니 공부가 더 절실하게 다가왔습니다. 무심선원 소개받고 공부 좀 해 보려고 했는데, 가게 일이 생기면서 선원에 나오기가 어려워졌고 계속 시달렸죠. 한 2년 정도 시달리면서도 하여튼 계속 법문을 들었습니다.

그러다가 체험을 했는데, 그때 정말 너무 편했거든요. 그게 너무 좋으니까 정말 공부를 하고 싶은 거예요. 그래서 일을 좀 줄이고 공부를 더 해야겠다 하던 차에 또 하던 일이 꼬이는 바람에 사람한테 엄청 시달렸습니다. 그때 정말 공부를 하고 싶어 죽겠는데 못 하니까 너무 절실해지더라고요.

경계를 만날 때마다 흔들리는 걸 보면서 공부의 힘이 부족하구나 하고 느껴지니까 '진짜로 더 공부를 해야겠다.' 싶기도 했습니다. 그래서 최선을 다해서 벌인 일을 수습하고 가게도 잘 마무리하고 이제는 선원에 잘 나오면서 공부에 매진할 수 있게 된 거죠. 이런 과정에서 제 공부가 이렇다 저렇다 하는 판단 같은 것은 하지 않았습니다. 선생님도 법문에서 자기 공부를 돌아보지 말라고 자주 말씀하시죠.

다른 건 말씀드릴 게 없고, 공부는 간절하고 절실하게 하면서 자기 공부를 스스로 판단하지 않는 것이 중요한 것 같습니다.

24. 권○인 2020년 녹취

올해 연세는 어떻게 됩니까?

올해 59살입니다.

무심선원에서 몇 년 공부하셨습니까?

2013년 봄 3월경에 처음 부산 법회에 갔으니까, 만 7년 정도 되었습니다.

무심선원에서 공부하기 전에는 어떤 공부를 하셨는지 간단히 말씀해 주세요.

저는 어렸을 때 부모님께서 절에 다니셨고, 새벽에 두 분의 독경 소리에 잠에서 깰 정도로 불교와 가까이 있었던 것 같습니다. 그래서 자연스럽게 절에 다니고 기도하는 생활을 하며 살게 되었고, 다니던 절에서 스님들과 함께 선방에서 참선도 하게 되었습니다. 그 후로 점점 깨달음에 관심을 갖게 되었고, 시간이 지날수록 다시는 태어나고 싶지 않다는 생각을 하게 되었습니다.

그래서 위빠사나 수행센터인 호두마을에 가서 알아차림 수행도 해 보고, 스님들께 화두를 받아 화두도 잡아 보고, 2012년 가을에는 미얀마 수행센터에도 가 보았습니다. 딱히 어떤 한 가지 수행을 열심히 하진 않았지만, 나름 부처님의 가르침에 대한 간절한 그리움을 가졌던 것 같습니다. 그러던 중 아는 보살님으로부터 무심선원 이야기를 듣고 부산 선원에 가게 되었습니다.

무심선원에서 공부하다가 체험한 이야기를 해 주십시오.

선생님을 소개받고 부산 선원에 처음 갔던 때가 2013년 봄이었는데, 선생님 면담을 하고 두 시간 법문을 듣고 《선으로 읽는 금강경》 책과 《달마혈맥론》 설법 CD를 사서 집으로 돌아와, 정말 밤낮없이 5개월 정도를 들었습니다. 그리고 2박 3일의 정진법회에 참석했는데 같은 방을 쓰던 보살님들은 체험을 많이들 하셨는데, 저만 아직 소식이 없음에 속상하고 답답하고 분한 마음이 컸습니다. 답답함에 장난처럼 몸부림치다 방에서 머리를 벽에 부딪쳤는데, 너무 세게 부딪쳐서 많이 아팠던 기억이 나네요. 그렇게 답답하고 어떻게 할 바를 모른 채 마지막 법회 날이 되었습니다.

첫 시간 법회 도중 눈앞에 텅 빔이 그대로 드러나는 것이었습니다. 모든 생각이 끊어진 상태로 법문을 들었던 것 같은데, 순간 눈앞이 밝아져 있는 것입니다. 너무 뚜렷이, 나는 허공이 되어 있고 모든 것은 정지되어 있는 듯하고, 너무나 밝고 모든 것이 뚜렷하고 시간도 멈춘 것 같았고, 모든 것이 멈춘 것 같았습니다. 들리는 것도 보이는 것도, 그리고 나한테서 일어나는 생각조차도 그동안의 것들하고는 너무도 다른 느낌으로 존재했습니다.

체험한 뒤에 지금까지 몇 년이 지났으며, 그동안 공부에 어떤 변화가 있었습니까?

그렇게 체험한 후 7년 가까이 되어 갑니다. 체험 후 4년 정도는 서울법회, 또 서울 소참법회, 그리고 정진법회 등을 거의 빠지지 않고 열심히 다녔습니다. 그렇게 시간이 흐르니 처음에는 억지로 찾아야 했던 이 자리란 것이 점점 더 가까이 자연스럽게 있는 듯 느껴지기도 했습니다. 그러나 선생님께서 드시는 손가락은 생각으로는 알겠는데 실감이 안 오더라고요. 그래서 저 손가락이 뭔가에 계속해서 의문을 품었습니다.

의문을 가지면 답답함이 오고 답답함이 깊어지면 또 작은 체험들이 일어나고, 그러면 눈앞의 법은 더욱 또렷해지더군요. 그러던 어느 날 손가락이 확실해지는 체험이 일어났고, 손가락을 들어도 '이것'이고 발을 내디뎌도 '이것'이 되어 버렸어요.

그 후론 굳이 찾지 않아도 늘 함께하는 것 같았고, 법문도 훨씬 소화가 잘되고 재미있었지만, 그래도 공부를 놓지는 않았습니다. 그렇게 시간이 흘렀는데, 편안해지고 끄달림이 없고 삶이 그 전에 비해 자유로웠지만, 여전히 '나'란 것이 보이고 '나'란 것이 느껴지니 부담스럽고 싫었습니다. 법은 밝아져 어디를 보아도 이것뿐이지만 '나'란 것은 그냥 있었습니다. 그래서 계속 법문을 듣고 안으로는 '나'를 많이 살피고 했는데, 어느 날 아침 눈을 떴더니 어제까지 분명했던 법이 없어져 버렸습니다.

그때까지도 저는 하나 되는 체험에 대해서는 인식을 하고 있었지만 법이 없어지는 것에 대해서는 생각도 못 했는데, 그런 일이 있으니 좀 당황스럽기도 하고 약간의 두려움도 느껴졌지만 마음은 단단하여 흔들리지 않더라고요. 그 후론 법을 찾을 필요도 없고 '나'란 것의 무게도 점점 더 희미해져 가고 있습니다. 그냥 일상이 법이 되었습니다. 아니 법이란 말도 허물이 되었습니다.

체험하기 이전의 삶과 지금의 삶을 비교한다면 어떻습니까?

저는 평소에 겁이 상당히 많았습니다. 죽음에 대한 두려움이 너무 커서 늘 온몸이 긴장되어 있었고 아주 예민한 상태로 삶을 살아왔습니다. 그래서 이 공부를 하게 된 것 같은데요. 다시는 이런 삶을 반복해서 살기 싫어서, 즉 윤회라는 것을 끊고 싶었습니다. 저는 삶의 모든 관심이 이 공부 쪽에 있었던 것 같습니다. 하루 종일 공부 생각뿐이고 다른 일은 관심 밖의 일이었습니다.

그렇게 체험을 하고 난 후로는 몸의 긴장도 거의 풀리고, 소심하고 예민하던 성격도 많이 바뀌었고, 그냥 자연스럽고 편하게 생활하고 있으며, 특별히 원하는 것도 없고 하고 싶은 것도 없고 옛 조사들의 말씀처럼 배고프면 밥 먹고 졸리면 잔다는 말씀에 고개가 끄덕여집니다.

또한 이것이 법이라고 내세울 것은 하나도 없는데 단지 한 가지 변화가 있다면, 내면의 두려움이 점점 더 없어지며 존재에 대한 무게가 더욱더 가벼워진다는 것입니다. 그것이 제가 느끼는 전부입니다.

새로 공부하는 후배들이나 도반들에게 당부하실 말씀이 있으면 해 주십시오.

이 공부에 대한 이야기는 결국 제 경험이나 생각을 말씀드릴 수밖에 없습니다. 이 길을 밝혀 주는 가장 큰 힘은 간절함이라 생각합니다. 결국 간절함이 도반도 스승도 올바른 법도 만나게 해 준다고 생각합니다. 간절함을 가지고 스승을 믿고 꾸준히 포기만 하지 않는다면 체험이란 것은 당연히 일어나는 것이고 그 이후는, 체험 전보다 체험 후의 공부가 더욱 중요하다고 보는데, 법회와 정진법회를 가능한 꼭 참석하시고 선생님과의 면담 또한 주기적으로 하시는 것이 잘못되지 않고 바르게 공부를 지어 갈 수 있는 지름길이라 생각합니다.

그렇게 믿는 것이 간절함이고 진실함입니다. 제 삶을 송두리째 바꿀 수 있었던 가장 큰 힘이 되어 주신 선생님께 멀리서나마 삼배를 올립니다. 고맙습니다.

25. 권○석 2020년 녹취

안녕하세요. 지금부터 공부 체험 이야기를 시작하겠습니다. 먼저 올해 연세가 어떻게 됩니까?

올해 52살입니다.

무심선원에서는 몇 년 동안 공부하셨습니까?

무심선원에 다닌 지는 4, 5년쯤 되었어요.

무심선원에서 공부하기 전에는 어떤 공부를 하셨는지 간단히 말씀해 주세요.

학창 시절부터 정신세계에 관심이 많았어요. 인간의 삶이라는 게 공부해서 좋은 직장 얻고, 결혼해서 애 낳고, 먹고살려고 아등바등하다가 늙고 병들어 죽는 걸로 끝난다면 너무 허무하다는 생각이 컸어요. 자연스레 마음공부, 깨달음 같은 출세간의 일에 끌리게 되었죠.

그때가 80년대 말이었는데 명상 붐이 한창이었고 라즈니쉬나 크리슈나무르티 같은 인도 성자로 불리는 분들의 책이 쏟아져 나올 때였어요. 그런 책을 두루 섭렵했는데, 깨달음을 얻으려면 스승이 필요하다는 내용이 자주 나오더군요. 자연스럽게 이 공부를 이끌어 줄 스승을 찾게 되었어요. 당시에 수많은 수행 단체, 신흥 종교들이 그럴듯한 문구로 사람들을 현혹하고 있었는데, 지금 돌이켜보면 정신세계에 관심 있는 순수한 대학생이 제대로 된 길로 들어서기는 그야말로 하늘의 별 따기였던 셈이죠.

그 시절 호흡 수련, 명상수행 하는 곳이 많았는데 그런 곳은 이상하게 끌리지 않았어요. 제가 몸 담았던 곳은 수행 같은 건 따로 하지 않고, 정기적으로 법문을 듣고 현실 삶 속에서 자신의 한계를 극복해 가는 것을 공부로 삼던 곳이었어요. 졸업하고 김해 쪽에 취직했는데, 제가 공부하던 단체가 서울에 있어서 직장을 포기하고 서울행을 택했죠. 당시만 해도 어리숙하고 어설펐던 저는 서울 생활이 낯설고 어려웠어요. 저는 저에게 주어지는 어떤 일이든 설사 그일이 불가능해 보이고 부당해 보이더라도 거부하지 않고 받아들이겠다는 원칙 하나만 가지고 낯선 곳에서의 삶을 시작했고, 나름 나만의 한계를 극복하는 경험도 많이 했어요.

파릇파릇한 나이에 들어왔는데 어느 날 문득 돌아보니 제 나이 마흔이 다 된 거예요. 그런데 처음 추구했던 삶의 본질에 대한 해답은 아직 요원하기만 한 거예요. 세월만 보내고 정작 공부는 아무 진전이 없다고 생각하니 좌절감이 굉장히 컸고, 한편으로는 간절해졌어요.

답답한 마음에 이런저런 공부 관련 책들도 봤는데, 어느 책에선가 본 동산양개 선사의 선시 중에 "그는 지금 진짜 나이건만 나는 이제 그가 아니다."라는 대목이 계속 머릿속에 맴돌더군요. 그때 그

글귀를 보면서 왜인지 '눈으로 보고, 귀로 듣고, 입으로 말하고, 몸으로 느끼는 내가 아닌 본질적인 내가 따로 있다.'라고 여겼어요. 아무튼 그 말이 가슴에 딱 꽂혀서 '눈으로 보는 게, 귀로 듣는 게, 몸으로 느끼는 게 내가 아니라면 나는 누구인가?'라는 심정으로 몇 개월을 사무쳐서 살았어요.

그렇게 지내다 보니 나중에는 봐도 보는 게 누군지 모르겠고, 들어도 듣는 게 누군지 모르겠고, 느껴도 느끼는 게 누군지 모르겠고, 아주 멍한 상태가 되더라고요. 일상생활뿐 아니라 운전 중에도 반쯤 얼이 나간 듯했어요. 한번은 강북에 볼일이 있어서 갔다 오는 길이었어요. 그날도 반쯤 얼이 나간 상태에서 운전하고 있었는데, 한남대교에서 부산으로 접어드는 고속도로 초입에 갑자기 차들이 몰리면서 앞차들이 급브레이크를 밟는 거예요. 멍하게 있다가 눈앞에 브레이크 등이 팍 들어오는 순간 갑자기 뭔가 뚝 끊어지면서 가슴에서 바깥으로 물보라가 번지듯 번져 나가는 느낌이 있었어요. 그때 '이게 뭔가?' 하면서 마음이 많이 편해졌어요. 지나고 보니 열등감도 심했고 대인기피증도 있었는데, 그런 게 많이 사라졌더라고요.

그런 체험을 한 뒤부터 내가 몸담고 있는 단체가 이상하게 저를 자유롭게 하는 게 아니라 자꾸 옭아매는 것 같았어요. 갈수록 그곳에 있는 게 부자연스러웠고 어느 날 문득 이제 그만두어야겠다는 마음이 들더군요. 그곳의 선생님께 이제 그만두겠다고 하고 같이 공부하던 도반들과도 작별인사를 하고 나왔죠. 나올 당시 십수 년간 온갖 일을 겪었고 세속적인 측면에서도 최악의 상황이었지만 전혀 미련도 후회도 없었어요.

사실 저는 불교에는 큰 관심이 없었어요. 대학 다닐 때도 명상이나 인도 스승들에 심취하다 보니 불교는 약간 옛날 방식으로 효험이 끝난 종교라고 생각했어요. 그런데 마음이 홀가분해지는 체험을 겪고 나서는 불교가 눈에 들어왔어요. 선 공부 하는 단체들도 보이기 시작했고요.

그런데 젊은 시절의 대부분을 단체에 속해서 공부하다 보니 더 이상 그런 곳에 얽매이기 싫었어요. 그래서 몇 년간 인터넷 사이트와 동호회 공부 모임 같은 곳에서 공부했죠. 돌이켜보면 단계가 있는 공부였고, 의식 수준의 성장을 추구하는 공부였어요. 그때는 이런 식으로 쌓은 잘못된 견해가 공부에 얼마나 독이 되는지 몰랐어요.

무심선원에서 공부하다가 체험한 이야기를 해 주십시오.

그 무렵 종종 인터넷에서 공부 관련 사이트를 검색하곤 했는데, 무심선원 사이트도 알게 되었고, 법문도 듣게 되었어요. 선생님의 법문은 지금까지 내가 경험한 어떤 가르침과도 달랐어요. 그 당시 단체에서 가르치는 많은 사람은 은연중에 자신의 대단함을 드러내고, 그런 것으로 사람들을 모으고 그랬거든요. 그런데 선생님은 정말 그런 게 하나도 없는 거예요. 오로지 공부 하나만 말씀하시는 거예요. 저에겐 너무 신선했어요. 그때 막연하게나마 선생님께 의지해서 공부해야겠다는 생각이 들었던 것 같아요.

당시 세상살이에 여러 가지 어려운 일이 동시에 몰려들어 수습

하느라 시간적 여유가 없다 보니 무심선원에 다닐 엄두를 내지 못했어요. 대신 전에 같이 공부했고 지금은 그 단체를 나온 도반들 중 인연이 닿는 사람에게는 무심선원을 적극 추천했죠. 그 인연으로 두 분이 저보다 먼저 무심선원을 다니게 되었고 저는 2016년 무렵 봄 정진법회에 처음 참가하게 되었어요. 그때 선생님 면담도 했는데 선생님께서 '오디오로 법문 듣는 것도 좋지만 직접 나와서 법문을 들으면 다를 것'이라고 하셨고, 그때부터 일요법회에 참가했어요.

일요법회에서 직접 선생님 법문을 들으니 그 느낌이 너무 다른 거예요. 예전에 작은 체험도 있고 해서 공부가 금방 끝날 줄 알았어요. 그런데 들으면 들을수록 모르겠는 거예요. 그리고 나도 모르게 가지고 있던 내 공부에 대한 자부심, 이런저런 공부를 하면서 은연 중에 쌓인 공부에 대한 잘못된 견해 같은 게 정작 진짜 공부할 때 장애가 되는 거예요. 선생님에 대한 믿음은 확고했는데, 선생님의 법문을 있는 그대로 받아들이질 못했죠. 법문을 들으면 저절로 내 머릿속에서 이런저런 비교를 하고 분석을 하더라고요. 한동안 그런 과정이 계속 되풀이되었어요. 그냥 꾸준히 법회 나오고 법문 듣는 수밖에 없었어요. 시간이 지나면서 저절로 그런 부분이 조금씩 씻겨 내려가면서 선생님 법문에 오롯이 젖어들게 되었죠.

당시 공부에 대한 자극제가 되었던 것 중 하나가, 법회에 오신 평범해 보이는 보살님들이 나중에 보니 다 체험하신 분들인 거예요. 저분들은 저렇게 공부가 되어서 당당히 앉아 있는데 나만 뒤처져 있는 것 같다는 생각에 더 큰 분심이 났던 거 같아요.

아무튼 그때는 24시간 공부에 매달렸어요. 잠자는 시간 말고는 항상 법문을 듣고 공부에 매달렸는데 시간이 지날수록 갑갑한 마음은 더해 가고 사람이 약간 하염없어져요. 그리고 어느 시점이 되니까 '나는 안 되는 사람이구나!'라는 생각이 드는 거예요. 정말 답답한 가슴을 부여잡고 혼잣말로 "나는 안 되는구나! 나는 안 돼!" 하면서도 포기할 수 없었어요. 그 당시 법문도 귀에 안 들어오고 선생님이 항상 "이것이다!"라고 하는데 나는 분명하지는 않고 반쯤 얼이 나간 상태로 왔다 갔다 한 것 같아요.

어느 날에도 '나는 이제 안 된다!'는 생각으로 멍하니 앉아 있는데 선생님께서 "이것이다." 하시는데 문득 고개를 드니까 선생님 뒤에 있는 불상이 갑자기 눈앞으로 다가오듯이 밝아지면서 또렷해지는 거예요. 그리고 나서 법회가 끝났는데 그렇게 답답했던 마음이 일단 없어졌고, 알고자 했던 '이게 뭘까?' 하는 마음이 사라지고 편안한 거예요. 그리고 한동안 가슴이 벅차오르는 느낌이 있었죠.

체험한 뒤 지금까지 몇 년이 지났습니까? 그리고 그동안 공부에 어떤 변화가 있었습니까?

그런데 시간이 지나면서 선생님은 분명하다고 하는데 저는 분명하지 않은 거예요. 마치 작은 구멍으로 목은 빠져나왔는데 몸이 딱 끼어서 저 넓은 밖으로 나오지 못하고 갑갑해하는 느낌이랄까. 인간관계와 세상살이에 대해서는 엄청 편해졌는데 법에 대해서는 자신감이 없는 거예요. 그러다 보니 체험 전에도 공부를 열심히 했지만 체험 후에는 더 열심히 했던 거 같아요.

가장 끈질기게 나를 괴롭혔던 것은 이 자리를 분명하게 찾고자 하는 마음이었어요. 편안한 자리에 머무르고 있으면 어김없이 '이 자리를 분명히 해야지, 확인해야지.' 하는 마음이 고개를 드는 거예요. 그러면 다시 눈앞이 깜깜해지고 그 찾는 마음이 사라지면 다시 편안한 자리가 있고, 이런 상태가 반복되었어요. 그 주기가 길어지고 그 횟수가 줄어들긴 했지만 항상 숨바꼭질하는 심정이었어요. 그렇게 몇 년이 어떻게 지났는지 모를 정도로 지나갔어요.

시간이 지나면서 많이 편안해지고 그 편안해진 자리에 안주할 즈음이었어요. 어느 때인가 선생님 법문 중에 "생각으로 찾지 말고 바로 이것."이라는 법문에 또 답답해지는 거예요. 법을 보는데 여전히 분별심에 의지하고 있었던 거였어요. 정말 생각을 배제하고 선생님이 가리키는 것을 보니 눈앞이 어두워지고 가슴이 답답해지는 거예요. 몇 년이 지나 다시 이런 상태가 오니 좌절감이 생기더군요. 한편 마음 깊은 곳에서 '이대로 바보처럼 살지언정 더이상 분별로는 살지 않겠다.'는 마음도 같이 올라왔어요. 그런 마음으로 그저 법에 의지하고 선생님께 의지할 수밖에 없었어요.

그때까지도 선생님이 법문 중 "하늘이 법을 설하고 땅이 법을 설한다."라든가 "사물 하나하나에서 법이 분명하다."는 내용이 완전히 소화가 안 되었어요. 어느 날 '사물 하나하나가 법을 말한다는데'라는 생각이 떠오르는데 순간 '아, 이런 생각이 망상이네', '그 생각을 하는 나라는 놈이 망상이구나.'라는 생각이 불현듯 스치는 거예요. 그러고 나니 틈이 많이 사라지고 안팎이 없어지고 앞과 뒤가 사라졌다는 느낌이 들었어요. 법이라고 할 게 따로 없고 그냥 표면적인 삶이 다인 거예요. 가슴이 시원해졌어요. 그렇지만 뭔가 딱 자리 잡은 느낌은 아니었죠.

아무튼 그런 체험이 있은 뒤 얼마 안 돼서 여름 정진법회가 있었고, 정진법회를 다녀오고 난 직후였어요. 하루는 지금까지 이런 일이 없었는데 두려울 정도로 불안한 마음이 몰려오는 거예요. 그중에서 가장 강렬하게 떠오르는 게 법을 분명하게 알려고 하는 마음이었어요. 그와 동시에 그 알려고 하는 마음의 주체로서 '나'가 선명하게 드러나면서 '나라는 게 의심할 거 없는 망상일 뿐이다.'라는 인식도 같이 일어나더군요. 예전에도 이런 식의 체험이 여러 번 있었는데 이번에는 좀 강렬했어요. 뭔가 속에서부터 허물어지는 느낌이 들었어요.

그때 나도 모르게 나온 첫마디가 '허얼, 완전히 속았구나.' 정말 어이가 없었어요. 정말 평지에 스스로 걸려서 넘어진다는 말이 와닿았어요. 원래부터 언제나 이렇게 분명하게 드러나 있는데, 아니 그냥 이것 자체로 살고 있었는데, 세상에 이것밖에 없는데, 괜히 나라는 망상, 찾으려는 망상을 일으켜 스스로 헤매고 있는 거예요. 당연히 어떤 경우에라도 잃어버릴 수도 벗어날 수도 없는 일이었어요. 잃어버릴 수 있다는 불안감이 사라지니 그 자리를 깊은 안심과 함께 자유로움이 차지했어요. 자연스레 의심이 있었던 "하늘이 법을 말하고 땅이 법을 말한다."든가 "사물 하나하나가 법으로 분명하다."는 말이 너무나 당연한 이야기인 거예요.

체험하기 이전의 삶과 지금의 삶을 비교한다면 어떻습니까?

이런 체험이 있은 후 가장 큰 변화는 예전에는 편안한 자리를 찾고 지키려고 하는 공부였다면, 지금은 가만히 있으면 그 자리가 끝없이 드러나는데 오히려 찾으려 하면 그 자리가 싹 사라지는 거예요. 선명할 때면 안과 밖이 없고 그냥 세상일이 마음 하나의 일이고 내가 하는 행동 하나하나가 법의 작용이라는 실감이 들어요. 예전에는 막연하고 알 수 없는 상태가 견딜 수 없었는데, 지금은 오히려 그런 상태가 더 자연스럽다고나 할까요. 갈수록 나라는 관념도 희미해져서 있는지 없는지 모르는데, 또 내가 해야 할 일은 차질 없이 해내니 없는 것도 아니고요.

그런데도 여전히 분별의식이 작동해요. 나라는 뿌리가 흔적처럼 느껴지기도 하구요. 그럴 때마다 비틀거리지만 예전보다 훨씬 더 수월하게 되돌아와요. 이제야 비로소 비틀거릴지언정 이 길을 잃어버리지 않고 나아갈 수 있겠다는 확신도 들고요.

새로 공부하는 후배들이나 도반들에게 당부하실 말씀이 있으면 해 주십시오.

언젠가 선생님이 "이 공부는 만 리 길을 가는 일이다."라는 말씀을 하셨어요. 내가 할 수 있는 공부가 아니라 마음이 저절로 알아서 하는 공부임이 실감되니 저절로 수긍되었어요. 조금이라도 애쓰는 마음이 들면 벌써 공부와 멀어지는 느낌이 들어요. 그나마 분별이 쉬어지는 일이 나와 관련 있고, 공부가 되어 가는 건 내 영역이 아니라는 게 너무나 분명해요.

이 공부를 해 나가는 데 있어서 늘 자신의 발심, 신심, 초심을 점검해 볼 필요가 있어요. 발심이 확고한 사람은 올바른 법의 인도를 받으면 한눈 팔지 않고 자기 문제가 해결될 때까지 직진하거든요. 의외로 '나는 제대로 발심한 건가?'라는 의문을 가진 사람이 많아요. 발심이 확고하다는 것은 다시 말하면 이 공부가 자신의 삶에서 확고한 1순위라는 말이기도 해요.

그다음이 신심인데, 이 공부는 한 번 죽고 다시 살아나는 공부입니다. 법에 대한 확고한 믿음, 공부를 이끌어 주는 선생님에 대한 믿음에 의지해 스스로 벼랑 끝에서 손을 놓는 공부입니다. 과연 '나는 신심이 충분한가?' 의문스럽다면 과연 법에 대한 믿음, 선생님에 대한 믿음이 자기 자신에 대한 믿음보다 더 큰지 살펴보는 게 한 가지 기준은 될 거 같아요.

초심은 체험한 후 더 중요한 문제인 거 같아요. 본격적으로 헤매는 구간이 체험 이후거든요. 체험하고 나면 확실히 공부에 대한 이해, 경전에 대한 이해가 커져요. 그럴듯한 견해도 떠오르고요. 결국 망상인데 처음에는 그런 것에 끌리고 머무르려고 그러거든요. 그리고 부족한 공부를 머리의 이해로 채우면서 체험했다는 아상 때문에 자기 공부가 부족한 것에 대해서는 자신을 속이기 십상이에요.

사실 자기가 체험했다는 것도 지나고 나면 망상일 뿐이에요. 그냥 지금 이 자리에서 의심이 없고 분명하지 않다면 초심으로 돌아갈 수 있어야 해요. 다시 막히고 답답해지고 깜깜해지는 것을 두려워해서는 안 돼요. 시작했으면 분별의식이 완전히 뿌리 뽑힐 때까지는 자기 공부에 대해서 안심해서는 안 되는 거 같아요. 항상 초심을 잃지 않고 머리의 이해가 아닌 분명하고 의심 없는 것만을 공부로 삼아 나아가야 해요.

26. 김○숙 2020년 녹취

안녕하세요. 지금부터 공부 체험 이야기를 시작하겠습니다. 먼저 올해 연세는 어떻게 됩니까?

올해 만 62세입니다.

무심선원에서는 몇 년 동안 공부하셨습니까?

무심선원에 온 지는 8년 정도 되었습니다.

무심선원에서 공부하기 전에는 어떤 공부를 하셨는지 간단히 말씀해 주세요.

결혼하기 전 직장생활 할 때 직장 동료의 인도로 모 선원에서 불교를 공부하기 시작했는데, 오로지 '불성(佛性)을 깨치자.'라는 목표를 갖고 나름 간절하게 공부했습니다. 돌이켜보니 어린(?) 시절인데 기특했네요. 그 후 가정을 갖고 직장생활을 병행하며 바쁘게 살고, 때로는 세속의 일에 더 많은 애정과 노력을 쏟기도 했지만, '부처성품', 텅 빈 '마음', 청정한 '이것'에 대한 열망은 제가 꼭 이루어야 하는 숙제였습니다.

무심선원에서 공부하다가 체험한 이야기를 해 주십시오.

무심선원에 온 첫날, 이곳이 앞으로 제가 공부할 곳이라는 안도감이 들었어요. 김태완 선생님 법문을 들으며 공부한 지 몇 개월이 지난 무렵에 좀 이상한 일이 있었습니다. 별생각 없이 무심히 앉아 있는데 '과거 현재 미래가 없다'는 실감이 와서 깜짝 놀랐습니다. 예를 들어 미래라고 했을 때 미래 어느 시간이 실제로 있는 것이 아니라 마음속에서 만들어서 여기, 이 순간으로 소환해 온다는 것을 알았어요. 겨울방학 계획표를 지금, 현재에 쓰듯이 '모든 것은 여기에서 벌어지고 이루어지는구나.' '겨울방학이 미래의 시간에 따로 있음이 아니라 여기에서 명명하고, 과거도 여기서 과거라고 제조해서 이름표를 붙이는구나.'

체험한 뒤 지금까지 몇 년이 지났습니까? 그리고 그동안 공부에 어떤 변화가 있었습니까?

무심선원에 온 지 얼마 지나지 않아 체험했으니까 8년 정도 되었군요. 체험 후 마음은 자유로워졌습니다. 살아가는 데 어떤 문제가 닥쳐도 잠시 끄달릴지언정 크게 영향을 받지 않습니다. 작은 것 하나라도 모습(상)을 두지 않으려는 노력은 늘 필요합니다.

체험하기 이전의 삶과 지금의 삶을 비교한다면 어떻습니까?

체험 이전의 삶과 비교해 보면, 예전에는 아파트나 감옥 같은 방 안에 들어앉아 있어서 다른 부분은 돌아볼 겨를도 없고 주어진 삶만 살았고, 생각 속의 허구의 삶만 살았다면, 지금은 그것이 다 휩쓸려 내려간 느낌입니다. 자유와 평화를 얻었지요. 저의 변화에 가족들이 좋아합니다. 우리 거사는 제가 무슨 말이든 하기 편해졌다고 하고, 아들들에게는 제가 욕심을 버리고 대하니 서로가 편합니다.

제가 공부가 많이 된 것은 아니지만 무심선원 와서 지금까지 8년이 되었는데, 처음 체험했던 '마음'을 글로 정리하고 확인하려고 하여 고통이 많았습니다. 다시 언어에 떨어져서 벗어나려고 발버둥치는 암흑 같은 시간이 길었습니다. 그러나 꾸준히 선생님 법문을 듣고 견디다 보니 법문 속에서 불현듯이 이 자리를 확인하고 체험하는 일들이 자꾸 일어났습니다. 그때는 이 자리에 머무는 시간이 하루 시간의 20~30% 정도였다면 자꾸 공부해 나가다 보면 40~50%, 앞으로는 대부분 이 자리에서 있게 되겠지요. 이렇게 공부가 성장하는 것 같습니다. 처음에는 '선지식들이 말씀하시는 불성(佛性)이 정말 있을까? 선지식들은 공부의 정도가 서로 어떨까?' 했는데, 이 또한 저의 망상이네요. 선지식들이 말하는 이 확연한 자리를, 물러서지 않고 선생님 법문을 듣고 공부한다면, 누구나 다 깨치고 이룰 수 있으리라 생각합니다.

새로 공부하는 후배들이나 도반들에게 당부하실 말씀이 있으면 해 주십시오.

도반들과 초기에 공부 방법에 대해 많이 얘기했는데, 모두들 법문을 많이 들었습니다. 심지어 주무실 때도 이어폰으로 선생님 법문을 듣는 분도 계셨습니다. 하긴 법문을 생각으로 듣는 게 아니라 무의식으로 듣기도 하겠지요. 지금 코로나 바이러스가 퍼지고 있고, 코로나가 창궐하는 지역의 사람들은 생명의 위기를 느낄 것 아니겠습니까? 이 공부하는 사람으로서 공부가 완성이 안 되거나 아직 무르익지 않았는데, 안 좋은 일이 내게도 닥치면 어쩌나 하는 생각이 들었습니다. 항상 시간이 촉박하다는 심정으로, 집중해서 공부를 해야 합니다. 김태완 선생님 밑에서 가르침 받는다는 사실만으로도 우리는 공부할 복을 이미 타고났으니 꼭 대도를 이룹시다.

27. 김○홍 2020년 녹취

안녕하세요. 지금부터 공부 체험 이야기를 시작하겠습니다. 먼저 올해 연세가 어떻게 됩니까?

66세입니다

무심선원에서는 몇 년 동안 공부하셨습니까?

8년입니다.

무심선원에서 공부하기 전에는 어떤 공부를 하셨는지 간단히 말씀해 주세요.

사찰에서 간화선을 1년 정도 했습니다. 새벽 4시부터 시작해서 오후 8시까지 하루 18시간 정도 했어요. 주말에는 집에서 철야 정진을 하고 나름 열심히 수행을 했습니다. 다리가 아파서 국선도와 요가를 병행하기도 했고, "육신을 조복받지도 못하면서 어떻게 깨달음을 얻겠는가?" 하고 자신을 채찍질하면서 공부했어요. 그때 같이 수행하던 도반들 중에는 20~30년 되신 분들이 많이 계셨고, 10년 정도는 공부한 축에도 끼지 못해서 처음 시작한 저는 다소 주눅이 들었습니다. 그러나 간화선으로 깨달았다는 사람은 만나지 못했습니다.

책은 ○○스님의 《백일법문》,《선문정로》,《본지풍광》을 보았는데 도무지 알 수 없었고 앞이 캄캄했습니다. 그래도 한번 도전을 해 보자 결심하고, 화두를 놓치지 말라고 해서 염주를 갖고 다녔습니다. 염주를 보면 화두 생각이 나니까 쉬는 시간에도 길에서도 집에서도 식사할 때도 잠잘 때도 머리맡에 두고 화두를 놓치지 않으려 했지요. 한편으로는 스님들이 부러웠습니다. 오롯이 공부에 몰입할 수 있으니까요. 또 다른 면은 부모형제 처자식 모두 버리고 떠나온 그 발심이 부러웠습니다. 공부하는 것이나 앉는 것은 스님들 못지않게 할 수 있겠지만, 저는 출가를 못 했으니 그 발심이 부족한 것 같아서 늘 마음속으로 짐이 되었습니다. 그렇지만 공부하면 어떻게든 되지 않겠는가 하고 독하게 해 보았지요.

무심선원에서 공부하다가 체험한 이야기를 해 주십시오

저의 체험은 공부가 지칠 대로 지친 뒤에 문득 들어간 것이었습니다. 간화선이 최상승이라 하여 그런 자부심으로 공부하였지만, 그렇게 오랜 시간이 걸려도 안 된다는데 회의감이 들 무렵 어느 도반에게서 무심선원을 소개받았습니다. 재가 거사께서 설법을 하신다기에 별로 기대는 하지 않고 한번 들어나 보자 하고 갔습니다. 첫날 첫 시간을 마치고, 법문 내용은 잘 모르겠으나 '저분은 깨달으신 분이 확실하구나.'라는 확신이 왔고, 저분과 공부를 해야겠다는 생각이 들었습니다. 이튿날부터 간화선을 접고 온다 간다 말도 없이 사찰에서 나왔습니다.

그즈음 무심선원에서 나의 운명을 바꾸어 줄《선으로 읽는 금강경》책을 구입하게 되었습니다. 그리고 "황천길에서 저승사자를 따라가면서 통곡하지 않으리라."라는 결어를 만들어서 책상 위에 붙여 놓고 발심을 다져 나갔지요. 공부가 되면 삶과 죽음을 극복할 수 있다고 하니까 저승사자를 만날 일이 없을 것이고, 저승사자가 오기 전에 공부를 마쳐야 한다고 다짐했어요.

법문을 계속 들었습니다. 잠에서 깨어나면 듣고 길에서 전철에서 틈만 나면 듣고 또 듣고 했어요. 사적으로 모든 사생활을 접고 직장에서의 업무 외에는 거의 모든 시간을 쏟았습니다. 휴일에는 거의 종일 듣기도 했습니다. 체험자가 나왔다는 소식이 들리면 가슴이 덜컥하였지만, '나도 깨달을 수 있겠지.'라는 희망을 가지고 해 보았습니다.

그렇게 2년 정도 지나니까 '나에게는 인연이 없는 건가?' 하는 회의감이 슬슬 밀려왔어요. 가슴에 심한 통증이 와서 길을 걸을 때도 가슴을 두드리며 걷곤 했습니다. 그래도 발심을 놓치지 않으려 했어요. 어느 때가 되니 '나도 해 볼 만큼 해 봤다. 체험이 안 되는 건 어쩔 수 없는 일, 나에게는 인연이 없구나. 접을까? 그러면 삶과 죽음을 피할 수 없는 것 아닌가? 깨달으면 그런 것이 없다고 저렇게 자신 있게 말씀하시지 않는가?'

그래서 새로운 서원을 세웠습니다. 《선으로 읽는 금강경》을 읽고 체험하신 분이 많다는 이야기를 들었으므로 '이 책을 100회독을 해 보리라. 그래도 안 되면 1,000회독 하리라. 이것 외에는 다른 어떤 것도 곁눈질하지 않고 오로지 죽든 살든 여기서 결판을 낸다.'라고 결심을 했습니다.

《선으로 읽는 금강경》은 1회독 하는데도 시간이 제법 걸립니다. 읽고 또 읽기를 몇 회 하는 동안 그 책 중간 부분에서 "종소리가 들리는 이 자리, 종소리가 사라지는 이 자리." 하는 대목에서 무엇인가에 쑥 끌려 들어가는 느낌이 확 다가왔고, '들어왔구나.' 하는 것을 분명히 알 수 있었어요. 그저 멍할 뿐 아무 변화는 없었고, '이건 수행해서는 되는 것이 아니고 수행과는 아무 관련이 없는 것이구나.'라는 느낌이 왔습니다.

들어온 것은 분명한데 생활에는 아무 변화가 없이 예전처럼 지냈고, 며칠인가 지나니까 이것은 어릴 때부터 항상 있던 것이라는 생각이 들고, 그렇지만 다른 사람에게 이야기를 해 주려 하면 도저히 표현할 방법이 없겠더라고요. 그리고 절대 잃어버릴 수는 없다는 느낌이 왔습니다. 그러나 선생님을 찾아가서 말씀드리기가 두려웠습니다. 나로서는 분명하지만, 그동안 힘들게 공부해 왔는데 아니라고 말씀하시면 어쩔까 싶어서 망설여졌습니다.

그런데 역시 여기에 도적을 자식으로 잘못 아는 착각이 있었습니다. 체험이 분명하기는 한데 내가 보았고 느꼈던 본래면목이란 것이 현실과는 별개로 2개가 따로 존재했어요. 하나라고 하시고 무한한 허공과 같다고 하시는데 나는 그러하지 못했어요. 어느 날 문득 어떤 곳으로 쑥 들어가는 느낌을 체험이라 착각했다는 것을 알게 되었습니다. 어디론가 쑥 들어가는 느낌이 체험이 아니라 그 느낌이 일어났던 바탕, 배경, 전체가 '이것!'이었던 것입니다. 그야말로 무한한 허공이었어요. 그렇게 되니《반야심경》의 "생겨나지도 않고 사라지지도 않으며, 더럽지도 않고 깨끗하지도 않으며, 늘어나지도 않고 줄어들지도 않는다."라는 말이 소화가 되었어요. 공부를 시작한 지 2년 6개월 정도 지났을 때입니다.

체험한 지 몇 년이 지났습니까? 그리고 그동안 공부에 어떤 변화가 있었습니까?

체험 후 1, 2년은 오리무중이었습니다. 선생님을 찾아뵙고 말씀드리니 이제 새싹이 돋아났고 공부의 시작이니까 잘 가꾸어 가야 한다고 하셨어요. 저는 다 된 줄 알았는데 새싹이라 하시니 힘이 빠졌습니다. 너무 조급하게 하면 싹을 뽑아 올리는 것이니 주의하라고 말씀하셨어요. 다시 시작하는 각오로 공부했습니다.

　그때의 상태를 말하면, '이것!'은 늘 있었던 것이고, 낯선 골목길에서 갑자기 딸을 만났을 때 자식인 줄 알아보는 것처럼 분명하긴 하지만, 이것이 맞는 것인지 또 다른 것은 없는지 하는 의심이 남아 있었습니다. 그래서 책에서 다른 사람의 사례를 찾아보기도 했습니다. 체험한 자리는 나타났다 사라졌다 했는데, 챙기면 나타나고 일상생활에 바쁘면 사라지곤 하였지요. 이 시간들 역시 갑갑하고 시원하지 못하고 뭔가 부족함이 있는 채로 공부했어요.

　그렇게 3~4년 지나면서 또 다른 체험들을 하게 되더군요. 공부는 법회 참석과 법문을 저장해서 계속하여 듣고 또 듣고 했습니다. 그런데도 두 개의 세계가 존재하고 있었고, 어느 법문을 듣는 순간에는 공(空)과 색(色) 둘이 딱 합쳐지는 느낌이 강하게 오기도 하고, 또 어떤 때는 공부를 시작하기 이전과 같아진 느낌이 들기도 하고, 또 어떤 때는 공이 사라진 느낌이 들어 '어! 공이 사라져 버렸네.' 하다가도 사물을 보면 거기에 공이 함께 있었어요. 이러한 변화는 어느 것이 먼저 오고 나중에 왔는지 기억이 불분명합니다.

그 즈음 생각이 일어났다 사라지는 것이 보이기 시작했어요. 육안으로 보이는 것이 아니라 그냥 알 수 있었어요. 심안(心眼)이라 할 수도 있겠네요. 생각은 현저히 적어졌으나 아직 생각에 따라갔다가 돌아오고 하는 순간이 반복되었어요. 사물이 밖에 존재한다기보다 나의 내면의 거울에 사물이 비쳐진다는 느낌이 항상 있었어요.

이즈음에는 "부처는 결코 불법을 깨달을 수 없다." "예로부터 변동 없으니 일러 부처라고 한다네." 이런 말들이 소화가 되었고, 공(空), 부처, 불이(不二), 깨달음, 연기(緣起), 이런 말들이 뇌리에서 사라지고 이런 말을 들을 때 거부감이 일어나기도 했어요. 그러나 아직도 밖의 사물을 보고 있는 내가 있고 사물이 따로 있는 상태가 지속되었습니다. 불이(不二)라고 하는 것은 사물과 내가 하나가 되어야 하는 것이 아닌가 생각했던 것입니다. 혹은 불이가 어떤 건지 잘 몰랐던 것이지요.

그렇게 시간이 흘러 체험 5년 정도가 경과하면서 철옹성 같던 아상(我相)과 유신견(有身見)이 빙하처럼 녹아내렸어요. 저는 김태완 선생님께서 공부하신 기간보다 절반은 단축해야 한다고 생각했고, 지금도 변함이 없습니다. 왜냐하면 선생님께서 공부하실 때의 환경보다 지금은 녹화 등 설비가 엄청나게 발전하여 공부 여건이 너무 좋아졌고, 선생님께서 법문과 지도를 많이 해 주시니 그럴 수 있다고 생각합니다. 다만 나의 발심이 선생님 발심보다 뒤지지만 않는다면 가능하리라고 봅니다.

올해 초 여느 때와 같이 법문을 듣는데 '이것 하나밖에 없구나.' 하는 것이 강하게 다가오면서 모든 것이 떨어져 나갔습니다. '이것밖에 없다.' 그리고 시간이 흐를수록 '나'라고 하는 것도 여기서 나오고 육체도 이것이 느끼는 것, 즉 육체와 보이는 꽃, 나무, 사물, 생각이 다를 바가 없어졌어요.

생각이 떠올라도 마치 수증기처럼 금방 흔적도 없이 사라져 버립니다. 그리고 생각임을 아니까 생각은 망상이니까 끄달려 가지 않아요. 정말 아무것도 없어요. 이것이 "모든 것이 다 있는데 아무것도 없다."는 말일 것입니다. 아상이 녹기 전과는 비교가 안 될 정도의 변화가 찾아왔어요. 틈과 간격이 사라졌어요. 색만 남아 있는데 그게 공입니다. 그냥 전과 같이 변함없이 일상생활을 하는데 '아무것도 없다.'라는 말이 나옵니다. 또한 모든 것이 이것 아님이 없습니다.

전에는 그렇게 '무아(無我)가 되어야 하는데.' '유신견을 버려야 하는데.' 하는 바람 때문에 무척 노력해 보았지만 그 바람이 성취되지 않았는데, '이것!'뿐임이 자각된 후로 저절로 되더군요. 더이상 찾을 것이 없고 의심이 사라졌어요. 나타나는 모든 것, 눈앞의 풍광, 생각, 느낌이 전부 '이것!' 아님이 없어요. 내가 있는 게 아니고 이것이 있을 뿐입니다.

왜 이렇게 되었는지는 알 수 없어요. 《원각경》에 "허깨비 같은 무명은 허깨비 같은 방편으로 없앨 수 있으며, 모든 허깨비는 사라지더라도 허깨비를 허깨비라고 깨달은 그 마음은 사라지지 않는다."

라는 말이나, 대혜 스님의 "참된 금강권이란 바로 장식(藏識)임이 밝혀져야 비로소 벗어날 수 있다."라는 말도 소화가 됩니다. 아직 능숙하게 되지도 않고 비록 서툴지만 길을 잘못 가고 있다는 생각은 들지 않습니다.

제가 처음에 서원을 세웠던 '황천길에서 저승사자를 따라가면서 통곡하지 않으리라.'는 것은, 황천길이 이것이고 저승사자가 이것이고 따라가는 것이 이것이고 통곡이 이것입니다. 전부 이름일 뿐, 그런 것은 없어요. 있어도 이것일 뿐입니다. 다만 이것일 뿐입니다.

공부 과정에서 겪었던 약간의 특별한 체험들이나 지금 눈앞의 사물을 보는 체험이나 똑같은 것입니다. 체험은 매 순간 하는 것이고 특별한 체험과 일상의 체험이 똑같은 것이에요. 체험이 있는 것이 아니라 체험을 통하여 이것이 나타납니다. 체험이 없으면 이것도 없습니다. 비록 지금까지의 제 공부가 아직은 부족하고 보잘것없지만, 앞으로 더 안목이 넓어지고 무한히 확장되리라고 여겨집니다.

체험하기 이전의 삶과 지금의 삶을 비교한다면 어떻습니까?

체험하기 이전에는 누구나 겪는 일상생활에서 어떤 일이 일어나면 힘들거나 기쁘거나 하는 희로애락이 있었고, 항상 인생의 불명확성과 삶의 불안, 그로 인한 스트레스와 때로는 절망에 일희일비하였다면, 체험 후에는 그런 일들이 이전처럼 일어나긴 하지만 전부 '이것!'이고, 그런 느낌, 생각, 기분, 스트레스는 일어나지만 그때뿐, 얼마 지나지 않아 사라져 버려서 그야말로 아무것도 없어요.

즉 일어나지만 일어나지 않는 것과 같게 된다고 할까요? "아무 일이 없는 것보다 더 좋은 것은 없다."라는 말을 실감하게 됩니다. 이 부분은 말로 문자로 표현하는 것이 도저히 불가능합니다. 《반야심경》끝부분에 있는 "마음에 장애가 없고, 장애가 없기 때문에 두려움이 없다."라는 말을 전에는 실감하지 못했으나 이제는 실감합니다.

새로 공부하는 후배들이나 도반들에게 당부하실 말씀이 있으면 해 주십시오

무심선원과 김태완 선생님을 믿으십시오. 김태완 선생님을 만난 도반님은 행운아이십니다. 저도 선생님을 만나지 못했다면 지금도 어느 사찰에서 호흡을 고르며 화두를 들고 앉아 있었을 것입니다. 부디 선생님 말씀을 의심하지 말고 따라가시면 좋은 결과가 있을 겁니다. 예를 들어 책을 읽지 말라 하시면, 그 이유가 있는 겁니다. 다만 도반님 스스로 발심을 일깨우셔야 합니다.

이 공부는 발심에서 시작하여 발심으로 끝납니다. 만약 "나는 왜 체험이 안 될까요?" 하신다면, 저는 감히 "발심이 부족하시기 때문입니다."라고 주저 없이 말씀드리겠습니다. 꼭 이루고야 말겠다는 강한 서원(誓願), 이것이 꼭 필요합니다. 이미 누구든지 공부 시작하기 전에 완성되어 있습니다. 믿고 발심하고 또 발심하신다면 꼭 이루실 것입니다. 선생님께서 책상 두드리시는 소리가 다른 곳이 아닌 여기에서 들립니다. 들리십니까? 똑! 똑! 똑!

28. 김○지 2020년 녹취

올해 연세는 어떻게 됩니까?

57세입니다.

무심선원에서 몇 년 공부하셨습니까?

거의 6, 7년 가까이 됩니다. 2020년 8월이면 7년이 되네요. 2013년에 무심선원에 공부하러 왔습니다.

무심선원에서 공부하기 전에는 어떤 공부를 하셨는지 간단히 말씀해 주세요.

절에 많이 다녔어요. 2004년인가 절에 있는 불교대학을 다니면서 새벽기도를 시작했습니다. 옛날부터 공부를 하고 싶다고는 생각하고 있었는데, 어느 날 보던 신문에 전단지가 있더라고요. 불교대학 학생을 모집한다는 전단지였어요. 가니까 사람들이 기도를 엄청 열심히 하더라고요. 깜짝 놀랐어요. 절도 엄청나게 하고, 염주를 몇만 번 돌리고 그러는 거예요. 처음에는 왜 그러는지 잘 몰랐는데, 도반들 따라서 새벽기도 다니고 하다 보니 저도 자연스럽게 절과 기도에 익숙해지더라고요.

그 당시에 새벽 2시 30분에 일어나서 3시 30분쯤 새벽기도에 도착하면 예불하기 전에 기본 300배 정도를 해요. 예불을 마치고 집으로 돌아오면 제 나름의 공부 스케줄이 있었어요. 예를 들어 어떤 날은 하루 종일 다라니를 한다든지, 그래서 잠을 잘 시간도 없을 만큼 많이 했어요. 몇 년 정도 그렇게 열심히 했던 것 같아요. 주말에는 이름난 큰절을 돌아다니며 철야기도를 하기도 했습니다. 지금 돌아보면 거의 10년 정도를 절하고, 다라니 하고,《금강경》,《법화경》독송 이런 것을 혼자서 죽기 살기로 했던 것 같아요.

사실 공부를 이렇게 열심히 했던 나름의 이유가 있기는 있어요. 이제 와서 보면 공부 방향이 틀렸던 것인데 그때는 몰랐죠. 아무튼 예전에 결혼하기 전인데, 몸이 안 좋아서 교정을 받으러 갔어요. 가니까 불상을 모셔 놓고 치료하는 분이었는데, 몇몇 사람이 모여서 공부를 하고 있더라고요. 저는 그냥 멀찍이서 듣고만 있다가 저녁에 기도를 하는데 제게 어떤 체험이 있었어요. 그러니까 사람을 만져 주고 그러면 낫는 거예요. 저에게 의통 비슷한 신통이 생겼던 겁니다. 당시 아픈 사람을 좀 만져 주고 그러면 낫더라고요. 그런데 팔도 아프고, 칠불암에 계시다는 어떤 스님이 공부 중에 일어나는 현상이니까 무시하라는 말씀도 있었고, 그래서 그만뒀습니다.

그러면서 '이 능력이 힘도 안 들이고 손만 가져다 대도 사람이 나을 정도가 되면 그때는 본격적으로 해 봐야겠다.'라는 생각이 들더라고요. 그러니까 당시에는 이 공부가 더 진전이 되면 그런 능력이 생길 것 같아서 사실 열심히 공부했죠. 이런 능력이 신기했고 이게 공부를 통해 나타나는 거라고 당시에는 생각했거든요. 그래서 죽기 살기로 공부한 측면도 없지 않아 있습니다. 지금 돌아보면 웃긴 일이지만 당시에는 진지했어요.

무심선원에서 공부하다가 체험한 이야기를 해 주십시오.

제 도반님 중 한 명이 무심선원에서 공부를 했더라고요. 그 친구가 저에게 《선으로 읽는 금강경》 책하고 설법 CD를 주면서 한번 들어 보라고 권했어요. 보통 절에서 보는 금강경은 한문으로 쭉 되어 있고 그렇잖아요. 그냥 경전이죠. 그런데 선생님 책을 보니까 엄청 두껍고 글도 많고 그래서 처음에는 덮어 놓고 옆에 치워 두었어요. 그러면서 한번 가 보기는 해야겠다 생각을 하고 있었죠. 그러다가 시간이 조금 지났는데 다른 친구가 무심선원에 가 보자고 하더라고요. 그때 그 친구 따라서 처음 선원에 오게 됐죠.

절에서는 보통 생활 법문이라고 하잖아요. 10년 정도 절에 다니면서 생활 법문은 들을 만큼 들어서 더 들을 게 없었어요. 그런데 무심선원에 와서 선생님 법문을 들어 보니까 다르잖아요. '어? 이게 뭐지?' 이러면서 궁금해지는 거예요. 같이 왔던 친구는 오지 않게 되고 저는 계속 오게 되더라고요.

또 제가 왔던 2013년 그 즈음에 체험했다는 분들이 많았어요. 저는 절에 그렇게 다녔어도 체험했다는 얘기를 한 번도 못 들었거든요. 그런데 여기 오니까 사람들이 그런 얘기를 자연스럽게 하는 거예요. 그래서 속으로 '아! 이게 되는 거구나.' 생각이 들어요. 그래서 열심히 법문을 들었죠.

그러면서 몇 개월이 지났어요. 그때는 공부방이 여기저기 열리기

265

도 했어요. 아무튼 신○록 거사님이 주최하는 정진법회에 갔는데, 같은 방을 쓰는 보살님 한 분이 저를 보더니 "오늘 이 보살 한번 확 잡아 버릴까?" 그러는 거예요. 체험을 했던 분인가 봐요. 손가락을 올리면서 이게 법이라고 하면서 이걸 믿으면 공부가 된 거라고 하는 거예요. 그래서 저는 "그게 어떻게 법이죠? 손가락이지." 하면서 반문을 했죠.

그러다가 시간이 날 때 신○록 거사님께 한번 물어봤어요. 어떤 보살님이 손가락으로 올리면서 이게 법이라고 하기에, 그게 어떻게 법이냐? 손가락이죠. 이렇게 말을 하니까, 신○록 거사님이 "때로는 맹신이 필요할 때도 있다." 그러는 거예요. 그런데 그 말을 듣고는 그 순간에 '아. 그럼 믿어야지.' 하는 생각이 문득 드는데, 내면에서 '나'라고 하는 게 딱 엎드려지는 게 느껴지더라고요. '나'라고 하는 게 납작하게 엎드리는 거예요. 그러고 나니까 마치 공부가 된 것 같은 거예요. 그래서 속으로 '아! 나는 공부가 됐구나.' 그러고 있었죠.

이후로 법회 참석하고 법문을 계속 듣는데, 김태완 선생님께서 "이거다. 이거다." 하실 때 그게 뭔지는 몰라요. 그런데 사람들 얘기를 들어 보면 저는 공부가 된 것 같아요. 그래서 나는 공부가 됐나 보다 하고 믿고 지냈어요. 그러면서 법문을 계속 들었죠. 이거다 하는 게 뭔지는 와닿지 않았지만, 스스로는 공부가 됐다고 여기면서 법문을 들으니까 완전히 열린 채로 법문을 들었나 봐요. 그 후 몇 개월 지나서 법문을 듣다가 탁 와닿더라고요. 선원 온 지는 1년이 조금 안 되던 때인 것 같아요.

체험한 뒤에 지금까지 몇 년이 지났으며, 그동안 공부에 어떤 변화가 있었습니까?

6년 정도 지났네요. 그 당시에는 밖에도 안 나가고 계속 법문만 들었거든요. 계속 들으니까 계속 좋아지더라고요. 나중에는 정말 부처가 되겠구나 하는 생각이 들 정도인 거예요. 자비라든지 사랑이라든지 그런 게 막 넘쳐흐르는 것 같아요. 또 시간이 지나니까 그런 것도 없어져요. 그러던 중에 통 밑이 빠지는 느낌이 몇 번 있었어요. 뭔가 쫘아 하고 사라지는 거예요. 그런 게 몇 번 지나가더라고요.

예전에는 제가 한옥, 예쁜 펜션 이런 걸 참 좋아했거든요. 그런 곳에 가서 며칠 쉬고 오는 걸 무척 좋아했는데, 어느 순간 그런 게 싹 없어지는 거예요. 한옥을 정말 좋아했는데 그런 애착이 순간에 끊어지니까 신기했어요. 쑥 내려가고 나면, 좋아하던 음식에 대한 애착 같은 것도 단칼에 딱 끊어지더라고요. 그러니까 통 밑이 빠지는 체험 같은 게 일어날 때마다 애착했던 것들이 단칼에 끊어지는 변화들이 있었습니다.

체험하기 이전의 삶과 지금의 삶을 비교한다면 어떻습니까?

삶은 똑같이 살아가는데, 지금은 자신이 뭘 하는지 아는 것 같습니다. 예전에는 그냥 끌려다니는 삶이었다면, 지금은 그렇지가 않아요. 그런 점에서 예전하고 지금은 많이 다릅니다. 이걸 참 어떻게 표현할지 모르겠는데…

사람들을 보는 시선도 달라졌고, 아무튼 달라요. 세상을 보는 눈이 바뀌어 버린 것 같아요. 사람들하고 어울릴 때는 어울리긴 하지만, 예전에 어울리던 방식과 또 달라요.

사실 체험을 처음 했을 때는 '겨우 이거냐?' 하는 생각도 들었어요. 별로 바뀐 것도 없고 말이죠. 그래서 '이게 무슨 법인가.' 하면서 어떨 때는 막 화가 나더라고요. 한동안은 막 화가 났어요. 그런데 공부를 하면서 계속 제가 바뀌는 거예요. 그러면서 '이 공부가 이런 거구나.' 하는 게 스스로의 변화를 통해 알게 되는 거예요. 그렇게 바뀌니까 또 공부를 하게 되고 그렇게 됩니다.

새로 공부하는 후배들이나 도반들에게 당부하실 말씀이 있으면 해 주십시오.

무조건 열심히 해야 합니다. 공부는 좋은 거니까 무조건 열심히 해야 하는데, 사실 주위에 권해 보더라도 사람들이 잘 안 따라오더라고요. 주위에 정말 기도 열심히 하는 사람이 많은데, 한 분도 같이 공부하는 사람이 없거든요. 선원에 같이 와 봐도 계속 공부를 안 하더라고요. 그런 거 보면 참 아쉬워요.

예전에 절에 다닐 때는 가방에 경전 넣고 염주 넣고 지갑 넣는 책가방이 하나 있었어요. 그런데 무심선원에 나오면서 그런 게 다 필요가 없잖아요. 법문만 들으면 되니까 경전이고 기도문이고 다 버리고 가방도 싹 닦아서 넣어 버렸죠. 법문만 들으면 되니까 너무 편한데, 한편으로는 또 '이렇게 편해도 되나?' 싶은 거죠. 절에 다닐 때는 좌복 펴고 세수하고 준비를 하는데, 법문 듣는 거는 자다가도 듣고 일어나서도 듣고 그러니까 너무 편해요. 그래서 이렇게 해도 되나 싶은 생각도 막 들어요.

그렇지만 열심히 들었습니다. 다 된다고 하니까 열심히 들었죠. 밖에도 안 나갔어요. 식구들은 밥만 먹을 수 있게 준비하고 집안일도 거의 줄이고, 그러면서 법문을 계속 들었죠. 정진법회 열심히 다니고 말이죠. 어떤 때는 머리 자르려고 미용실을 가야 하는데 그 시간이 아까워서 제가 집에서 머리를 자른 적도 있어요. 머리를 잘못 잘라서 맹구처럼 하고 다닌 적도 있었죠. 그런 적도 있었네요.

아무튼 이 선원에 오셔서 공부를 하시는 게 참 큰 인연입니다. 앞서도 말했듯이 제 주변에 공부하시는 분들을 선원으로 인도해도 공부하시는 분들이 없다니까요. 그런데 우리 도반님들은 자기 발로 선원을 찾아오신 분들이잖아요. 그러니까 선원에 오신 분들은 열심히만 공부하면 다 됩니다. 다른 세상을 살 수 있어요.

29. 김○수 2020년 녹취

올해 연세는 어떻게 됩니까?

만 67세입니다.

무심선원에서 몇 년 공부하셨습니까?

6년차입니다.

무심선원에서 공부하기 전에는 어떤 공부를 하셨는지 간단히 말씀해 주세요.

젊은 시절부터 내면의 문제에 관심이 있었던지라 정확히는 기억이 안 나지만 90년 말 기수련 단체에 들어가 수련과 마음공부를 병행하기 시작했습니다. 거의 20여 년을 보냈으니 꽤 오랫동안 거기서 공부를 하다가 진전이 없어서 2013년쯤 밀양 어느 절에 인연이 닿아 1년 정도 교리 공부를 한 뒤, 2년여 동안 집에서 혼자 염불, 화두, 주력, 사경 등 불교 공부에 주력했습니다. 그러다가 자주 가는 한의원에 치료받으러 갔는데, 마침 그 한의원 원장님이 무심선원 도반이었습니다. 책상에 놓인 김태완 선생님 책을 보고 무심선원을 알게 되었습니다. 마침 이 공부가 혼자 하기에는 힘들다는 걸 알게

270

되었던 무렵이라서 바로 무심선원을 찾게 되었는데 그때가 2015년 1월입니다.

무심선원에서 공부하다가 체험한 이야기를 해 주십시오.

2016년경 그 당시에 마음을 짓누른 채 해결되지 않던 생활의 고민거리가, 봄 정진 법회를 마치고 돌아가는 차 안에서 뭔지 모르지만 마치 남의 일처럼 느껴지면서 아주 홀가분하고 가벼워졌습니다. 그리고 2, 3개월이 지난 어느 날 창원 공부방 모임에서 리더로 계신 보살님의 도움으로 생각이 끊어지는 체험이 일어나고 보니 생각이 안 일어난 것처럼 느껴졌고, 아무것도 아닌 '이것'이 눈앞에서 꽉 찬 느낌이 있었으며, 아주 짧은 순간에 전체가 드러나면서 뭔가를 본 것 같은데 말할 수 없는 심정이었습니다. 그 이후 사물이 다소 생생하고 뚜렷한 느낌이 있었습니다.

체험한 뒤에 지금까지 몇 년이 지났으며, 그동안 공부에 어떤 변화가 있었습니까?

체험을 한 뒤 4년차가 지나고 있으며, 큰 경계를 만나면 흔들림이 없는 것 같은데 작은 경계에는 흔들림이 있는 것 같고, 세상사에 관심이 없어지고, 그동안 개인의 생활지침이나 철학이 개념과 함께 사라지면서 머릿속의 정보들이 없어짐을 느낍니다.

체험하기 이전의 삶과 지금의 삶을 비교한다면 어떻습니까?

내면의 문제에 관해서 초조하고 불안하고 궁금했는데 지금은 다소 안정되고 가볍고 홀가분한 기분이 듭니다.

새로 공부하는 후배들이나 도반들에게 당부하실 말씀이 있으면 해 주십시오.

우선 조급증을 가지지 말고 내가 본래 부처라는 마음가짐으로 임
해 주시고, 이 공부를 시작한 도반께서는 공부하면서 아시겠지만
중간에 포기할 수 없다는 점을 아시고 끝까지 끈기 있게 정진하면
뜻한 바 다 이루어지리라 생각합니다.

30. 김○미 _{2020년 녹취}

안녕하세요. 지금부터 공부 체험 이야기를 시작하겠습니다. 먼저 올해 연세는 어떻게 됩니까?

올해 57살입니다.

무심선원에서는 몇 년 동안 공부하셨습니까?

7년 정도 공부했습니다.

무심선원에서 공부하기 전에는 어떤 공부를 하셨는지 간단히 말씀해 주세요.

무심선원 오기 전에 염불 수행을 3년 정도 하다가 어느 날 갑자기 텅 빈 공(空) 체험을 했어요. 내가 몸 밖으로 나온 것 같고 텅 빈 바탕에 그냥 모든 사물이 존재하는 거예요. '이것이 바탕이구나. 모든 사람은 이렇게 그냥 살고 있구나.' 하는 경험을 했습니다. 그 후 마음도 편안해지고 사는 게 가벼웠어요. 그렇게 한동안 무기공에 빠져 살았죠.

그러다 어느 스님의 법문에 깨달음은 오매일여의 경지를 넘어야 진짜 깨달음이라는 말을 듣고 그때부터 큰 번뇌가 생겼어요. 어떻

273

게 하면 꿈속에서도 깨어 있을까 노심초사하다가 결국 스승을 찾아 헤맸죠. 십여 년 동안 이런저런 수행 단체들을 기웃거려 보았지만 해결하지 못하고, 무심선원 오기 1년 전 쯤 백○ 김○○ 선생님과 인연이 되어 법문을 들었습니다. 무슨 소릴 하시는지 모르겠는데 자꾸 "명자다. 명자뿐이다." 이 말만 가슴에 남았는데 도통 모르겠어요.

무심선원에서 공부하다가 체험한 이야기를 해 주십시오.

그러다 '이생에서는 공부의 인연이 여기까지인가 보다.' 하고 공부고 깨달음이고 다 포기하고 살고 있는데, 무심선원 김태완 선생님의 법문을 어느 도반이 전해 줘서 듣게 되었습니다. 유튜브 동영상 법문을 1시간 들었는데, '아, 이 선생님은 뭔가 답을 알고 계시는구나. 이제 스승님을 찾았구나.' 하는 확신이 들었습니다. 무슨 소릴 하시는지 모르겠는데 손가락을 자꾸 올리는 모습만 눈에 선한 거예요. 일주일을 밤낮없이 시간만 나면 법문을 들었어요.

그러다가 홈페이지에 3박 4일 정진법회를 한다고 해서 휴가 내고 바로 달려갔어요. 가면서 저 자신에게 다짐을 했습니다. '텅 빈 이곳에서 빠져나가려면 초심으로 다시 공부를 해야 한다. 지금까지 내가 체험한 것은 아무것도 없다.' 그렇게 간절한 마음으로 갔는데 3일 동안 법문 시간만 되면 거의 가사 상태에 빠지는 거예요. 선생님 목소리는 윙윙 들리는데 눈을 뜰 수 없고 최면에 걸린 사람처럼 앉아 있었어요. 10년을 찾아 헤매다 여기까지 왔는데 너무 한심한 겁니다.

그러다가 법회 마지막 날, 체험하신 어느 도반이 우리 방에 오셔서 법담을 나눴는데, 중생은 한 방울 물에 불과한데 그 한 방울 물이 바다에 풍덩 빠지면 그만인 것을 자기가 바닷물을 끌어와서 하나가 되려고 한다는 거예요. 다음 날 새벽에 송정 바닷가에 홀로 나가서 모래사장에 앉아 있는데 어젯밤 도반의 말이 생각나는 겁니다. '맞다. 내가 저기 바닷물에 풍덩 빠지면 그만인 것을.' 하고 생각하니 그동안 공부한다, 수행한다 하면서 스쳐 왔던 많은 일이 주마등처럼 지나가면서 눈물이 나는 겁니다.

　　그리고 정진법회 마지막 날 첫 시간 법문을 듣는데 선생님의 법문이 또렷하게 들리고 내 정신도 너무 맑은 거예요. 그러다 눈앞이 환하게 밝아지면서 갑자기 무슨 일이 일어났는지는 모르겠는데, 법당 단상에 걸어 놓았던 '무심선원 여름 정진법회' 현수막이 아무런 뜻도 없고 그냥 흰 바탕에 까만 먹물인 겁니다. 예전에는 '무심' 하면 '마음이 없다.'라는 개념만 생각했잖아요. 그런데 아무런 뜻이 없어요. 그렇다고 그 의미를 모른 것은 아닌데 아무런 뜻이 없었어요. 그러고 나니 선생님의 법문이 다 똑같았어요. 무슨 말씀을 하셔도 다 똑같은 겁니다. '아, 이거구나.' 똥 막대기나 뜰 앞의 잣나무나 다 똑같은 거예요. 정진법회 마치고 선생님께서 도반들을 배웅하시는데 쫓아가서 합장 인사를 드리고 십년 동안 해결 못한 숙제를 해결하고 간다고 감사 인사를 드렸습니다.

　　그 체험 후 '이제부터 공부 시작이다. 이게 끝이 아니라 이제 입문을 했다.' 생각했죠. 그래도 너무 마음이 편하고 좋았어요. 이제는 갈 길을 아니까, 또 선생님을 따라가면 더이상 헤매고 다닐 일은 없겠다 하고 법회를 신나게 다녔죠. 선생님 법문이야 어떤 소리를 해도 똑같으니까 그냥 법당에 편하게 앉아 있었어요. 그리고 그 다음 정진법회인지 또 한 번 갔는데, 제일 뒤에 앉아서 졸기도 하고 선생님도 봤다가 도반들도 봤다가 딴짓을 하고 있었어요.

그런데 갑자기 선생님 법문에 "생각을 조복시키지 못하면 진정한 깨달음이 아니다." 하는 말씀이 귀에 확 꽂히더니 '내가 생각을 조복시켰나?' 하는 의문이 올라오는 거예요. '그럼, 내가 지금까지 체험한 것은 뭐지?' '어떻게 생각을 조복시키지?' 하고 그때부터 천근만근 바위덩어리가 가슴에 달린 것처럼 숨을 못 쉬겠고 죽을 것 같은 거예요. 너무 답답해서 앉아 있을 수도 없고, 누워 있을 수도 없고, 밥도 먹을 수가 없고, 숨 쉬기가 힘든 거예요.

그래서 법회 마지막 날 밤에 선생님과 면담을 했어요. 선생님께서 "똥 막대기" 하시든지 "뜰 앞의 잣나무" 하시든지 다 똑같은데, 그리고 모든 문자는 흰 바탕에 까만 먹물일 뿐인데, 도대체 생각은 어떻게 조복시켜야 하냐고 여쭸어요. 선생님께서는 아무 말씀도 안 하시고 그냥 웃으면서 "보살님! 그냥 이것뿐이에요." 하시면서 법상을 세 번 두드리시는 거예요. 그 소리에 내가 여태까지 깨달았고 체험했던 모든 것이 다 사라지고 아무것도 모르겠더군요. 깜깜한 절벽인 거예요. 그냥 멍해서 "선생님, 모르겠어요." 했더니 선생님도 아무 말씀 안 하시고 나도 멍청히 앉아 있다가 그냥 나왔어요.

여기까지 왔는데 더이상 앞으로 나아갈 수도 없고 발을 어디로 내디뎌야 할지 답이 없는 거예요. '이제는 정말 포기해야겠다.' 그렇게 절망하고서, 그동안 공부한다고 가족들 애도 많이 먹였는데 그냥 집으로 올 수가 없었죠. 그래서 선생님께서 어떤 회상을 가지고 계시는지 궁금해서 부산 무심선원을 갔죠. 거기서 도반 스님이 오셔서 같이 방을 쓰게 되었는데, 스님께 내가 가슴이 너무 답답해서 죽겠다고 했더니 스님이 "보살님, 뭐가 걱정입니까? 본래면목은 스스로 깨어나는데." 그 얘기를 듣는데 '아, 맞다. 내가 왜 난리야? 스스로 알아서 깰 때 되면 깨겠지. 내가 왜 노심초사했지?' 하고 자각하는 순간, 답답했던 마음이 눈 녹듯이 사라지는 거예요.

그날 밤 편히 푹 자고 아침에 일어나서 습관처럼 핸드폰 열어서 홈페이지 동영상을 보는데, 선생님께서 손가락을 딱 드시면서 "이것이다." 하는데 그 손가락이 내 것이에요. 선생님 것이 아니라 내 손가락인 거예요. '어, 이게 무슨 일이지?' 너무 놀라서 누워 있다가 벌떡 일어났어요. 그런데 정말 죽었던 놈이 다시 살아난 것 같다는 선사들 말씀이 그 표현이었어요. 모든 게 너무 생생한 거예요. 주먹도 쥐어 보고 눈도 깜박여 보고 발가락도 움직여 보고 너무 생생해요. 이렇게 살아 있고 생생해요.

신나서 혼자 뛰고 놀다가 갑자기 '언제는 내가 이렇게 안 하고 살았는가? 두 발로 걸어 다니고 손으로 주먹 쥐고 입으로 밥 먹고 살았지.' 하고 생각하니 또 허탈한 거예요. 지금까지 내가 이렇게 하고 살았잖아요? 몰랐을 뿐이지 항상 이렇게 살았잖아요? '그럼 내가 지금까지 뭘 찾아 헤맸지?' '십수 년을 뭘 찾아다닌 거야?' 참 바보 같았다는 생각이 들었어요. 한편으로는 너무 허망하기도 했지만 한편으로는 찾아 헤맸던 것을 해결했으니까 기쁘기도 했죠.

사무실에 내려와서 선생님 계시면 감사 인사라도 드려야지 했는데 안 계셔서 그냥 서울로 기차 타고 올라오는데, 이제 더이상 찾을 게 없다는 확신이 들며 엄청 기뻤습니다. 어느 스님이 "봄을 찾아 온갖 곳을 헤매다가 집에 돌아와 보니 봄이 이미 집에 와 있더라." 하신 말씀이 절실하게 와닿았습니다. '헤매고 헤매다가 돌고 돌아서 내가 내 자리에 왔구나.' 하고 기쁘기도 하고 허망하기도 하고 그랬어요. 그리고 얼마 지나지 않아 부산 총무님 연락이 와서 선생님 법문을 녹취해 달라고 해서 그때부터 3년간 녹취 작업을 하면서 공부를 많이 했어요. 녹취하면서 많은 법문이 순간순간 퍼즐 맞듯이 딱딱 맞아 들어가는 순간이 많았고, 그러면 모르던 부분들이 저절로 해소되었죠. 그 삼 년 동안 공부를 하며 보림을 했던 것 같아요.

체험한 뒤 지금까지 몇 년이 지났습니까? 그리고 그동안 공부에 어떤 변화가 있었습니까?

공부 시작한 지 얼마 지나지 않아 체험했으니 6년 정도 되었죠.

마음은 살아 있어서, 원숭이도 언제든지 나무에서 떨어질 때가 있다고 했듯이 이 자리를 찾는 마음이 쉽게 떨어지지 않더라고요. 이 자리를 잡으려 하고 확인하려는 욕구가 좀처럼 안 떨어졌어요. 그것이 공부의 가장 어려운 점이었어요. '내가 또 이 짓을 하네.' 하면서 내려놓고 하는 시간이 길었죠. 어느 날 의식이 하나로 몰리는 듯하더니 뭔가 쑥 빠져나가는 느낌이 들고서 더 가벼워지고 밝아진 것 같았던 적도 있었어요. 시간이 지날수록 더 편안해지고 더 안정되고, 확확 달라지지는 않지만 정진법회에 다녀오면 조금씩 달라졌어요. 선생님 법문도 처음부터 다 소화되는 게 아니라 천천히 조금씩 소화됩니다. 공부는 단번에 일취월장하는 게 아니에요. 진짜 나무에 나이테가 생기듯이 조금씩 변해 갑니다.

그러다가 작년쯤인가? 일요법회에 갔는데 그날따라 알 수 없는 불안감이 쑥 올라오는 거예요. '이건 또 뭐지?' 오랫동안 못 느꼈던 불안정한 상태인 겁니다. '내 공부가 아직도 익지 않았나?' '아무것도 없는데 이건 또 뭐지?' 하고 법회를 마쳤어요. 그리고 선생님과 눈을 딱 마주쳤는데 호랑이 눈처럼 나를 잡아먹을 듯이 치켜뜨고 계시는 거예요. 그런데 제가 피하지고 않고 담담하게 맞받아치면서 알 수 없는 힘이 딱 생기는 거예요.

그날 도반들과 저녁식사 마치고 버스 타고 집에 오는데, 유리창 밖에 보름달이 떠 있고 구름이 달을 가려서 밝지 않고 은은한 거예요. 그 순간 문득 '구름이 달을 가린 저 상태로 완벽한데 내가 아직까지도 저 구름을 치우고 밝은 달만 찾았구나.' 밝다 환하다 뚜렷하다 하면서 뚜렷한 그 자리를 향해서 또 달려갔던 거죠. 이 자체로 완벽한데 왜 구름을 치우려고 했던가? 하면서 정말로 아무것도 할 게 없다는 절실한 깨달음이었죠. 온 세상이 이 자체로 손댈 것 없이 너무 완벽한 거예요.

그리고 집에 가서 잠을 자려고 누웠는데, 법이니 공부니 환하니 밝으니 깨달음이니 하는 생각들이 거짓말같이 다 사라지고 그냥 멍한 거예요. 뭔지는 모르겠는데 법이니 공부니 다 사라지고 옛날 공부 시작하기 이전으로 돌아간 것 같은 거예요. 아무것도 모르고 아무것도 아닌 '나'로 돌아간 것 같아 약간의 불안함이 올라왔어요. 선생님 법문을 틀었는데 한마디도 듣기가 싫은 거예요. 뭔지 모르지만 여기서 한 발짝이라도 움직이면 어긋날 것 같은 두려움 같은 게 있었다 할까? 뭔가 공부가 이상하고 잘못된 것 같다는 생각도 들었어요. 그래서 선생님께 연락을 드리고 제 공부가 이상하다고 어떻게 된 거냐고 여쭤보았습니다. 선생님께서는 법이니 공부니 다 사라져야 깔끔한 거라고, 이제는 자유자재로 자전거를 혼자 탈수 있게 되었다고, 시간이 지나면 지날수록 더 확실하고 분명해질 거라고 하셨어요.

체험하기 이전의 삶과 지금의 삶을 비교한다면 어떻습니까?

예전에는 생각에 이리저리 끌려다니고 경계에 얽매이고 힘들게 살았는데 그래서 공부도 시작했지만, 이제는 끄달리는 것도 없고 숨쉬듯이 산다고 할까요? 그러니 저절로 사는 거 같아요.

그냥 아무 일 없죠. 물 흐르듯이 살고 인연 따라 사는 것 같아요. 지금은 가만히 있는 게 더 쉬워요. 가만히 있으면 저절로 밝고 뚜렷하죠. 이제는 더이상 뭘 의도적으로 하지 않게 되었죠. 그러나 오십 평생 해 왔던 습들은 한꺼번에 사라지지 않아요. 그래서 죽을 때까지 하는 공부인 것 같습니다.

새로 공부하는 후배들이나 도반들에게 당부하실 말씀이 있으면 해 주십시오.

가장 중요한 것은 믿음이라고 생각해요. 제가 처음 선생님 뵈러 왔을 때도 '저분은 내가 얻고자 하는 것을 갖고 계시구나.' 하는 믿음이었어요. 정말 의심이 없었어요. 그런 믿음이 있어야 공부에 쑥 들어가지, 그렇지 않고 의심이 들면 공부한다는 자체도 어려운데 이미 의심하는 순간 공부는 어긋나거든요. 법문 듣는 시간도 법과 같이 있는 거라는 믿음이 공부를 조금 수월하게 하지 않았나 싶어요. 믿는 마음이 없으면 시간 낭비예요.

믿고 나면 끈기죠. 끝까지 하는 거죠. 첫 체험 했다고 '공부 다 했네.' 하고 공부를 멈추면 아무 소용 없어요. 마라톤 하는 심정으로 욕심내지 말고 공부의 길을 가는 게 중요한 것 같아요. 그리고 어떤 상황에서든 공부가 첫 번째 우선일 것. 체험을 했더라도 공부는 뒷전이고 딴 곳에 신경 쓰고 관심 두면 나무에서 떨어지는 거죠. 죽을 때까지 공부가 1순위, 마음이 1순위인 것이 중요하죠. 그렇게 공부해 나가면 시절인연은 반드시 올 것입니다. 끝으로 김태완 선생님께 감사의 삼배 올립니다.

모든 일이 있지만
아무 일이 없다

31. 김○연 2020년 녹취

올해 연세가 어떻게 됩니까?

올해 나이 70세입니다.

무심선원에서 몇 년 공부하셨습니까?

7, 8년 된 것 같습니다. 형제들이 다 불교 공부를 하는데, 그중 한 동생이 2013년인가 무심선원에서 공부를 시작했고 그 후 따라서 같이 공부하게 됐습니다.

무심선원에서 공부하기 전에는 어떤 공부를 하셨는지 간단히 말씀해 주세요.

특별히 공부한 것은 없지만 불교에 대한 관심은 아주 어릴 때부터 있었어요. 아버지께서 스님을 스승님으로 모시고 있었는데, 스님이 집에 오시면 사랑방에서 법문을 하셨거든요. 어린 마음에도 법문이 들리면 늘 귀는 사랑방을 향하고 있었죠. 그렇다고 수행을 하거나 하지는 않았습니다. 이후로는 결혼하고 아이들 키우고 하면서 공부와는 멀어지고 세월이 흘렀죠.

남편이 퇴직하고 집에 와서 이후로 같이 유튜브 보고 불교방송

보고, 주로 스님들 법문 보고 듣고 그랬습니다. ○○ 스님 강의도 듣고 그랬죠. 그러다가 김태완 선생님 법문도 유튜브에서 보게 됐습니다.

사실 가족 중에 김태완 선생님을 제일 먼저 본 사람은 남편과 저였습니다. 방금 말씀드린 것처럼 유튜브를 보면서 알게 됐죠. 당시 우리 집은 가족 법회를 일주일에 한 번씩 집에서 하고 그랬거든요. 그래서 가족들에게 이런 분이 있더라고 얘기했더니 동생이 바로 무심선원을 찾아가서 공부하기 시작했어요. 그리고 저에게 김태완 선생님의 《선으로 읽는 금강경》을 선물로 주더라고요. 그래서 그 책을 봤는데 너무 좋은 거예요. 몇 번을 읽었는지 모를 정도로 참 좋더라고요. 그후로 무심선원에서 공부하게 되었습니다.

무심선원에서 공부하다가 체험한 이야기를 해 주십시오.

선원에 공부하러 온 지 일 년 정도 지난 때였어요. 같이 공부하는 가족 중에 동생이 체험했다고 하기도 하고, 저도 역시 이 공부가 너무 하고 싶어서 정말 간절했는데 진전이 없더라고요. 그래서 저는 '에이, 나는 안 되는가 보다.' 하고 체념하고, 선생님 책이나 봐야겠다 하면서 《선으로 읽는 금강경》을 열심히 읽었어요.

어느 날 저녁이었나 또 침대 위에서 책을 읽고 있는데, 책 중간쯤 어떤 구절을 보다가 문득 방바닥이고 천장이고 모두 내가 있는 거예요. 그 얼마 전에도 잠깐 감이 오긴 했는데 그건 아닌 것 같았거든요. 아마 일주일 전이었던 것 같아요. 그 일주일 동안 정말 아무것도 못하겠더라고요. 답답하고 정말 막막하고 그러던 차에 책을 보다가 확 와닿았습니다.

그래서 선생님을 뵙고 면담을 했죠. "이거 아닌 게 없더라고요." 하니까 선생님이 "익숙해지면 됩니다."라고 말씀해 주셨어요. 그래서 '체험한 건가.' 하고 있었는데, 동생에게 제 이야기를 했더니 "듣고 있다."라고 하는 거예요. 그때는 그런가 보다 하고 지나갔죠.

그러다가 공주에서 하는 정진법회에 갔어요. 그때는 우리 가족이 다 같이 갔거든요. 그때 숙소 건물이 있는 계단참에 신○록 거사님하고 다 같이 앉아 있었는데, 형제 중 한 명이 손가락을 들면서 신○록 거사님께 "이게 안 된다. 이게 안 된다." 이러고 있었거든요. 그런데 그때 갑자기 동생이 "손가락 끊어 버리면 어쩔 건데."라고 강하게 한마디를 하는데 제 안에서 뭔가 뚝 끊어지더라고요. 아무것도 없어요. 제가 붙들고 있던 게 딱 끊어지더니 그동안 들었던 방편의 이야기들이 다 납득이 가더라고요.

체험한 뒤에 지금까지 몇 년이 지났으며, 그동안 공부에 어떤 변화가 있었습니까?

그 후로 5년 정도 지난 것 같습니다. 공부가 예전에 막 열심히 했던 것처럼 해지지가 않아요. 간절함에 불타오를 때처럼 그렇게 공부가 되는 게 아니고 담담해요.

그렇지만 제가 이 공부로 구원을 받았다고 느낀 점은 남편이 돌아갔을 때였습니다. 남편하고 저는 정말 사이가 좋았거든요. 그리고 저는 성격이 많이 예민하고 걱정이 많았어요. 그런데 남편이 돌아갔을 때 제가 정말 담담했어요. 주변에서도 놀랐습니다. 그때 공부의 힘을 느꼈어요. 안정이 많이 됐습니다.

체험하기 이전의 삶과 지금의 삶을 비교한다면 어떻습니까?

요즘에는 예전처럼 걱정하거나 민감하거나 그렇지 않습니다. 담담하고 편하고 그렇지요. 앞서 말씀드린 것처럼 공부를 막 열심히 하고 그렇지는 않아요. 예전처럼 TV도 재미나게 보고 친구도 만나고 그러면서 잘 지냅니다.

새로 공부하는 후배들이나 도반들에게 당부하실 말씀이 있으면 해 주십시오.

주변 친구들이나 절에 가시는 분들에게 이 공부를 권하기가 쉽지 않더라고요. 제가 말주변도 없고 그래서인지 잘 모르겠지만, 이 공부는 정말 인연이 없으면 하기가 쉽지 않은 것 같습니다. 우리 선원에 와서 공부하는 모든 도반님들은 공부와 큰 인연이 있는 겁니다. 모두 성의껏 공부하시기 바랍니다.

32. 박○남 2020년 녹취

올해 연세가 어떻게 됩니까?

66세입니다.

무심선원에서 몇 년 공부하셨습니까?

2009년도 선원이 해운대에 있을 때, 6월인가 7월인가 법회에 참석했는데 한 달 뒤쯤 여름 정진법회가 있어서 참석했죠.

무심선원에서 공부하기 전에는 어떤 공부를 하셨는지 간단히 말씀해 주세요.

또래 친구들과 어울려 절에 다니고 있었는데, 오빠가 김태완 선생님의 스승이신 훈산 거사님 회상에 데려갔습니다. 거기서 얼마나 공부를 했는지는 기억이 안 나는데, 법회 일정이 제 일정하고 잘 안 맞아서 얼마간 나가다가 못 나가게 되었죠. 그 후로 직장 동료들이랑 절에 놀러 다니고 그랬지만, 절하는 것에는 의미를 두지 않았습니다. 아마도 훈산 거사님 법회에 참여한 것이 이후에도 계속 이 공부를 해야겠다고 생각하는 데 영향을 미쳤던 것 같아요

무심선원에서 공부하다가 체험한 이야기를 해 주십시오.

처음에 훈산 거사님 회상에 다닐 때는 체험이나 이런 거를 몰랐어요. 그래서 무심선원에 왔어도 기복이나 복잡하게 여러 행위를 하거나 하는 게 아니라 법문만 들으면 되고, 어쨌든 법문을 들으면 그냥 좋았고, 김태완 선생님은 늘 꾸준히 공부하라고 하시니 그냥 열심히 다니고 있었죠. 남들이 체험에 대해 얘기를 해도 실감을 못하고 있었어요.

간절하고 절실한 뭔가도 없었는데 1, 2년 지나고 3년 정도 되었나? '나는 전생에 죄가 많아서 이 공부는 나하고 인연이 안 맞는가 보다.' 이런 생각을 자꾸 하게 되더라고요. 그땐 체험자들이 많지가 않았지만, 그래도 체험하시는 분들이 있으니까 '나는 안 되는가 보다.' 하는 생각도 들었죠. 그러니까 초조해지기 시작하고 남몰래 자주 눈물이 나고 그랬어요.

당시 김○섭 거사님이 체험한 뒤 요사채에서 일부 도반님을 지도하곤 했어요. 그래서 어떤 거사님이 저보고 가서 공부 좀 해 보라고 하는 거예요. 저는 선생님 법문만 들으면 되니까 안 간다고 그랬죠. 그래도 자꾸 가 보라고 해서 하루는 시간을 내서 갔습니다. 가니까 몇 가지 물어보더니 김○섭 거사가 저보고 헛공부를 하고 있다고 막 다그치는 거예요. 저는 나름대로 법문 진지하게 듣고 성실하게 공부한다고 생각했는데, 그런 얘기를 들으니 분심이 나더라고요. 선생님한테 공부했다고 하는 분이 막 따지고 다그치고 그러니까 기분도 상하고 그랬습니다.

그래서 제가 선생님께서 법문 꾸준히 듣고 그러면 된다고 하시지 않더냐고 되물었더니, 옆에 계신 보살님이 "그래 가지고 어느 천년에 공부할 건데!" 하면서 몰아붙이더라고요. 그래서 기분도 나쁘고 속이 상해서 이 공부 모임에는 다시는 안 간다고 생각하고 나왔지만, 한편으로는 '이렇게 공부하면 안 되는 건가?' 하는 생각도 드는 거예요. 그러니까 뭔가 오기도 생기고 그러더라고요. 법문 듣는 게 일상생활인 것처럼 했는데 '이게 아닌가?' 고민도 되더라고요.

그때 이후로 아침에 일어나면 화장실에 가서 막 소리 내어 울고 그렇게 되더라고요. 그러다가 어느 날인가 아침에 일어나서 침대에 걸터앉아 꿈인 듯 생시인 듯 모르게 뜨개질을 하는 것 같이 손을 놀리고 있는 내 모습에 문득 '아! 바로 이거네.' '그냥 이건데 내가 뭘 하고 있었던 거지?' 그 말이 나오더라고요.

그 후 무심히 TV를 보고 있는데 TV 출연자가 오장육부가 어쩌고 하는데 '오장육부가 따로 어디 있어 다 마음이지.' 이런 말이 탁 올라오는 거예요. 그랬지만 그냥 지나갔죠.

어느 날 김○섭 거사님이 저를 보고 요즘은 공부를 어떻게 하고 있는지 물었던 것 같아요. 뭐라고 답했는지 기억이 안 나는데, 아무튼 뭐라고 했더니 선생님 면담을 한번 해 보라고 하더라고요. 그래서 선생님 면담을 했죠. 경험한 이야기를 말씀드렸더니 얼마 있다가 다시 보자고 하셨어요. 그 후 정진법회를 갔는데, 마지막 끝나는 시간엔가 선생님이 "오온이 이름뿐인데 내가 어디 있어?" 이렇게 말씀하셨던 그 말에 또 뭐가 팍 오더라고요. 갑자기 눈물이 주르륵 흐르면서 소리를 막 지르고 싶고 그랬는데 주위의 사람들 때문에 차마 그럴 수가 없었죠. 아무튼 뭔가 가슴이 터질 것 같고 그랬습니다.

선생님과 약속한 시간이 되어서 면담을 다시 하게 됐고 정진법회 때의 일도 말씀드리고 그랬죠. 그랬더니 당시 체험자 법회를 수요일에 했는데 그 법회에 참여하라고 하셔서 저도 참가하게 되었습니다.

체험한 뒤에 지금까지 몇 년이 지났으며, 그동안 공부에 어떤 변화가 있었습니까?

7년 정도 됐죠. 체험하고 법문을 들으니까 법문이 들려요. 그러니까 이런 생각이 드는 거예요 '내가 이제까지 법문을 제대로 안 들었구나. 다 내 생각으로 들었네.' 이전까지는 전부 자기 생각이었더라고요.

한동안 안도하며 편안했던 시간이 좀 지나니까 또 공부가 정체되는 것 같았어요 슬럼프랄까 그런 게 오더라고요. 그래도 법문 듣고 정진법회 꾸준히 참석하고 하면 막힌 것이 또 해소가 되고, 업과 다운이 반복되는 것 같더라고요.

그 후에 또 '딱 하나의 자리를 확인해야 하는데.' 하면서 기다렸어요. '나는 왜 하나가 안 될까?' 늘 한결같은 어떤 하나의 자리가 있다고, 이러면서 막연하게 계속 기다렸죠. 어떤 분이 쓰나미 같은 게 와서 확 다 쓸어가 버려서 아무것도 없는 걸 체험했다고 하는 말을 들었는데, 그때도 엄청 끄달렸어요. 나는 왜 안 되지 하면서. 그런데 그게 아니에요. 제가 그 말에 걸려들었던 것 같아요.

돌이켜보면 공부 초기에는 체험을 하면 천지가 개벽하는 줄 알았어요. 모든 게 바뀌는가 보다 하고 막연하게 생각하곤 했는데, 막상 체험을 해 보니 밋밋했거든요. 요즘은 일상이 그냥 일상이에요. 특별한 게 따로 없이 그냥 오면 오는 대로 가면 가는 대로 그렇습니다.

체험하기 이전의 삶과 지금의 삶을 비교한다면 어떻습니까?

공부를 안 하고 체험도 안 했더라면 얼마나 삶이 걸림의 연속이었을까 하는 것을 많이 느끼죠. 좀 더 나은 삶을 영위하기 위해 돈 버는 일에 더 집착했을 것이고, 몸이 아프거나 할 때도 지금처럼 지나갈 수 있을까 하는 생각이 들 때도 있고. 남들과 비교하고 차별을 두는 것에 끄달리며 살았겠죠.

지금은 그렇지 않다는 것을 순간순간 느껴요. 물론 남들이 보면 똑같고, 나 스스로 표가 날 정도로 뒤집어져서 세간을 완전히 여의었다고는 생각하지 않지만 잔잔하게 느껴지는 게 많아요. 예전에 아무것도 모르고 절에 다니고 그랬을 때가 있었는데, 지금 그런 분들을 보면 안타깝죠.

새로 공부하는 후배들이나 도반들에게 당부하실 말씀이 있으면 해 주십시오.

특별히 제가 도반님들께 하고 싶은 얘기는 없지만, 예전에는 체험을 하면 크게 하는 게 중요한 줄 알았어요. 크게 체험한 사람은 정말 남과 다르고 그런 줄 알았죠. 그런데 체험이 크고 작음이 중요한 게 아니라, 이 길을 알았다는 게 중요하더라고요. 체험을 크게 해서 그 당시에는 공부가 다 된 줄 알아도, 그게 그렇지가 않더라고요.

체험이 중요하지만 그게 다가 아니잖아요?

"공부는 생활이다."라고 말하고 싶어요. 제가 정진법회를 안 빠지고 가니까, "공부 그 정도로 했으면 정진법회 안 가도 되지 않느냐?" 하는 소리도 들었지만, 물론 자기 공부는 자기가 알아서 하는 거고 그렇게 얘기하시는 분들도 나름대로 공부가 되니까 그러시겠지만, 저는 늘 제 공부가 부족하고 미비하다고 생각해요. 그래서 법회 즉 공부가 생활인 것 같습니다. 법회는 법회고 생활은 생활이라고 나누니까 법회에 가야 한다 안 가도 된다 이렇게 구분을 짓게 되는 것 같아요.

그래서 공부가 생활화되듯이 법회도 생활화되어서 꾸준히 참여하는 게 공부에 도움이 되는 것 같습니다.

33. 박○경 2020년 녹취

안녕하세요. 지금부터 공부 체험 이야기를 시작하겠습니다. 먼저 올해 연세가 어떻게 됩니까?

올해 52살입니다.

무심선원에서는 몇 년 동안 공부하셨습니까?

올해 8년차 공부 중입니다.

무심선원에서 공부하기 전에는 어떤 공부를 하셨는지 간단히 말씀해 주세요.

무심선원 오기 전에 좌선을 10년 정도 했어요. '내가 나를 너무 모르는구나.' 하고 내가 나를 모르니 내 삶이 쳇바퀴 도는 것 같아서 교회도 10년 다녀 보고 성당도 8년을 다니고 좌선을 10년 했는데도 해결을 못하고 벽에 부딪쳐서 답답해하던 차에 스승님께 다른 스승을 찾아가겠다고 하고는 나와서, 이제는 불교밖에 안 남아서 책을 찾아보게 되었죠.

무심선원에서 공부하다가 체험한 이야기를 해 주십시오.

불교에 대해 아는 것이 《금강경》과 《반야심경》밖에 없어서 《금강경》을 읽고 《반야심경》을 읽어 보려고 책을 찾아봤어요. 제가 미술을 하는 사람이라 표지 디자인을 보고 무심선원 김태완 선생님 책 표지가 예뻐서 그 책을 주문했어요. 그리고 어느 날 지하철을 타고 가면서 그 책을 넘겼는데 그 자리에서 울었어요. 사람이 그렇게 많은데도 엉엉 울었어요. 내가 찾던 게 이것인데 내가 이렇게 길을 돌다니 하고…. 그럼 내가 부산으로 이사를 가야 하나 하고 고민을 했어요. 알아보니 서울 대원정사에서 법회를 한다고 해서 택시를 타고 갔죠.

첫날 법회에 가서 앉아 있는데 선생님 뒤에서 빛이 나는 거예요. '아 내가 제대로 왔구나.' 하고 있는데, 선생님께서 법문 중에 '선생님이 빛이 난다는 둥 헛소리를 하는 사람이 있다'고 하시는 거예요. '아, 이게 뭐지? 내 속에 들어왔나. 그럼 내가 지금까지 공부한 건 뭐야? 내가 좌선하면서 잘한다는 소리 많이 들었는데, 깊은 경지에 간다고 했는데, 이게 뭐지?' 하고 생각했죠.

3주 동안 법회를 다녔는데 내가 좌선 중에 겪은 좋은 경계는 다 아니라고 하시는 거예요. 다 이것뿐이라고. 그래서 충격을 받았어요. 좋은 충격이죠. '내가 제대로 왔구나.' 하고. 단어들은 다 쉬운데 한마디도 못 알아들으니까 화병이 날 것 같더라고요. 예전 스승님께 전화해서 한마디도 못 알아듣겠다, 단어는 다 쉽다, 그런데 도대체 무슨 말인 줄 모르겠다고 했더니 "네가 제대로 찾아간 것 같다."고 하시더군요. "그럼, 전 여기만 다닐게요." 하고 몇 달 후 정진법회에 갔는데 그곳에서 열심히 울기만 했던 것 같아요.

금방 눈을 뜰 줄 알았어요. 뭔가가 손에 잡힐 듯이 눈앞에서 아른 아른하는데 안 되니까 죽을 것 같았어요. 그리고 내 뜻대로 안 되니까 내가 한 발 뒤로 빼더라고요. 일에 집중하려고 하는 거예요. 왜냐면 이것을 생각하면 잠을 못 자고 먹지를 못하니까. 안에서 도망가고 싶은 생각이 들더라고요. 손가락만 들어도 무섭고 도망가고 싶어요.

그런데 매번 삶이 그랬던 것 같아요. 이 순간을 못 넘기고 다시 돌아간 것 같아서 정신을 차리고 '내가 이럴 때가 아니구나.' 하고 학원 문을 닫고 부산 선원으로 가서 일주일간 있어 보자고 내려갔죠.

선생님 법회에 참석하고, 나중에 임○희 보살님 법회에 가서 법문을 들었어요. 법문을 듣다가 임○희 보살님이 손으로 벽을 치는 것을 보고 체험이 왔어요. 그래서 바로 짐 싸서 서울로 올라오며 버스 안에서 법문을 듣는데 다 알아듣는 거예요. 무슨 말인지는 몰라요. 그런데 알겠더라구요. 고개를 너무 끄덕여서 서울에 도착했는데 고개가 아플 지경이었어요. 너무 재밌고 무슨 말인 줄은 알겠는데 말로는 못 하는 거예요. 집에 와서 체험이 맞나 싶기도 하고. 체험하고 첫말이 '이것 내가 알던 건데 어떻게 이것을 모를 수가 있어?' 했어요.

그 후 일요법회에 가서 사람들 뒷모습을 봤는데, 사람들이 모르는 척하고 앉아 있는 것 같은 거예요. 이것을 모를 수가 없기 때문에 '사람들이 다 모른 척하고 있구나.' '어떻게 이럴 수가 있지?' 하고 선생님 면담을 하러 갔는데 좀 얼었죠. 아니라고 할까 봐. 왜냐면

생각은 더 치성하고 법의 자리는 0.1%밖에 안 되기 때문에. 면담하
면서 선생님하고 이런저런 얘기를 했어요.

부산에 처음 내려갔을 때, 무심선원의 요사채에 하루 1만 원을
내고 있었는데 선생님이 해운대 바다도 구경하고 지내라고 하셨지
만, 지금 해운대 바다가 눈에 들어오겠느냐고 했어요. 선생님이고
뭐고 눈에 안 들어온 것 같아요. 8월이었고 요사채에 에어컨이 있
는데도 없는 줄 알았어요. 여기에 미쳐서 아무것도 안 보였어요. 저
는 밑이 빠졌다 하는 것은 모르겠는데 갑자기 그런 답답한 게 싹
다 없어진 거예요. 집에 왔는데 기분이 너무 좋더라고요.

요사채에 사모님이 김치를 비치해 놓고 있었어요. 이렇게까지 물
심양면으로 공부하라고 하는데 '내가 여기까지 와서 뭘 하고 앉아
있나.' 하는 감사함으로 눈물이 왈칵 났던 얘기를 했어요. 선생님한
테 "눈물이 이거잖아요." 하니까 선생님께서 웃으시더라고요.

그다음부터 조금씩 달라진 것 같아요. 확 달라지고 이런 건 없는
데, 이 자리는 확연하지만 나는 알지만 말로는 할 수 없고, 나는 알
지만 말로는 못하겠어요. 그래서 사람들이 모른다고 하면 다 거짓
말하는 것 같아요. 그렇게 체험을 했어요. 그래서 조금씩 자유로워
지는 공부의 길에 들어선 것 같아요.

**체험한 뒤 지금까지 몇 년이 지났습니까? 그리고 그동안 공부에 어떤 변화가 있
었습니까?**
체험한 지는 7년이 지났고요. 처음 체험하고 나서 3년 정도는 분별
심으로 하자면 공부가 무척 잘된 것 같았어요. 그런데 저 같은 경우

는 싱글이라서 공부가 굉장히 잘되는 것 같았어요. 두 번째 체험이 왔을 때도 엄청 편하다고 생각했어요.

그렇게 '나는 전혀 흔들리지 않겠구나. 하나가 되었구나.'라고 생각하고 있었는데, 그동안 홀로 지내다가 작년부터 사적인 친구가 생기고 나니 그게 그렇지 않더라고요. 그동안은 그냥 나 혼자의 세계에 갇혀 있었던 거 같아요. 이제 사적인 영역 안에서 누군가를 만나게 되니 내가 기존에 가지고 있던 습들이 다시 다 나오는 거예요.

이런 경계들을 만나니 처음에는 무서웠지만, 이렇게 겪어 가면서 '아, 이뿐인데 두려워하는 마음에 사로잡혀서 또 분별을 냈구나.'라고 다시 정신을 차려요. 나는 체험을 하고 나서 아이스팩처럼 얼어 있었던 것 같아요. 지금은 점차 얼음이 녹아서 하나가 되어 가는 중이에요. 그런 것을 겪으면서 죽을 때까지 공부해야 하는구나 하고 느껴요. 자유로워지는 것은 참 쉬운데, 그 자유로움을 유지하기가 만만치 않아요. 그래서 죽을 때까지 공부해야겠구나, 몸에 밴 습이, 독이 빠지려면 그만큼 걸리겠구나 하고 제대로 느끼는 중이에요.

체험하기 이전의 삶과 지금의 삶을 비교한다면 어떻습니까?

체험하게 되면 다시는 옛날로 돌아가고 싶지 않다고 하신 선생님의 말씀에 100% 공감합니다. 저는 마치 지금까지 살아온 적이 없는 것 같아요. 남자친구가 뭘 물어보면 과거 얘기를 잘 못해요. 말해 주고 싶은데 기억이 안 나요. 그 친구에게도 "현재에만 충실해." 그렇게만 말해요. 지나간 것에 대해 뭐라고 할 필요가 없다고…. 공부 안 하는 친구니까 그렇게 편하게 얘기를 하는데. 딱 그 말이에요. 다시는 돌아가고 싶지 않다고 대답을 드릴 수 있습니다.

새로 공부하는 후배들이나 도반들에게 당부하실 말씀이 있으면 해 주십시오.

당부할 말은, 그냥 선생님에 대한 신뢰, 그리고 공부에 대한 간절한 발심, 이 두 가지인 것 같아요 그 나머지 것은 다 생각이라고 봅니다. 이 두 가지만 확연하면, 입문하는 것도 쉽지 않고 입문하고 난 뒤의 공부는 더욱 만만치 않지만, 이 길을 제대로 갈 수 있어요. 그 발심과 신뢰, 그 두 가지가 지탱하는 힘인 것 같습니다.

34. 박○순 2020년 녹취

올해 연세가 어떻게 됩니까?

70세입니다. 1951년생입니다.

무심선원에서 몇 년 공부하셨습니까?

만 6년 정도 됐지 싶어요.

무심선원에서 공부하기 전에는 어떤 공부를 하셨는지 간단히 말씀해 주세요.

선방에 오래 있었습니다. 제가 선방에 1997년에 갔거든요. 6년 전 무심선원에 나오기 시작할 때도 선방에 다니면서 법문을 들으러 오고 그랬습니다. 선방에서 공부 시작한 지는 22년이 되었네요. 선방에 가기 전에는 기도를 하기도 했습니다. 제 성격이 하나를 시작하면 완전히 거기에만 매달리고 다른 것들은 신경을 안 쓰거든요. 처음 기도를 시작한 것은 1994년 정도였겠네요. 3년 기도를 하고 나니까 딱 변화가 오더라고요.

기도를 할 때는 신심이 나서 열심히 하는데, 하고 나서 집에 오면 항상 뭔가 허전하고 모자라는 것 같고 갈증이 있고 그랬죠. 그리하여 '아! 정말 마음공부를 제대로 해 봐야겠구나.' 하는 생각이 들더라고요. 기도를 할 때도 선방에 다니는 주위 보살님들이 같이 해 보자고 많이 권했지만 그때는 좀 시큰둥했거든요. 절을 하면서 경전도 같이 많이 들여다봤는데, 경전 가지고는 공부에 한계가 느껴지는 거예요.

아무튼 기도를 마칠 때쯤 정말 본격적으로 마음공부를 해 봐야겠다는 생각이 딱 들어서 선방에 들어갔습니다. 선방에 가서 처음 앉아 보니까, 선방 보살님들 앉은 모습을 보니 '아! 이분들 아상이 정말 높구나.'라는 생각이 드는 거예요. 그래서 공부를 해야겠으니 선방에는 가야겠는데, 다른 보살들 보니 가기는 싫고 그래서 어떻게 공부를 해야 하나 고민도 하고 그랬습니다.

그때 ○○선원에 다니는 보살이 ○○ 스님 법문을 한번 들어 보라고 권유하는 거예요. 당시에는 ○○선원이 조계종도 아니라고 하고 신도들 막 끌어모으고 그랬거든요. 깨닫게 해 준다니까 호기심으로 가는 사람도 많고, 그래서 주위에서 사이비 아니냐는 말도 많았어요. 그러다 보니 주위 분들이 가지 말라고 말렸는데 스님 법문을 딱 듣고 나니… 당시 법문이 지금도 기억이 나는데, 불상을 가리키시면서 "저 뒤에 있는 노란 금덩이가 부처야?" 하고 말씀하시는데, 그 말이 딱 꽂히더라고요. '아! 맞지. 저건 형상으로 모셔 놓은 것이지.' 하는 생각이 들었어요. 스님이 저런 말씀을 하니 여기 뭔가 있겠구나 싶더라고요. 그래서 ○○선원에서 공부를 한번 해 봐야겠다 싶었습니다.

다니던 절에서 맡고 있었던 소임을 마치고는 바로 ○○선원으

로 가서 ○○ 스님께 화두를 받고 공부를 시작했습니다. 그때가 97
년 11월인가 그랬습니다. 처음에는 '아, 이 이상은 없겠구나. 여기
서 공부를 하면 되겠다.' 하고 열심히 했죠. 저는 가자마자 사흘 만
에 화두가 타파되더라고요. 그런데 거기서도 한 2년 공부해 보니까
더이상 발전이 없는 거예요. 다른 사람들은 다 좋다고 하는데, 저는
완전히 해결이 안 되는 거예요. 더이상 진전도 없는 것 같고, 그래
서 거기를 나왔습니다.

그러고는 1999년 가을부터 다시 선방을 찾아가서 동안거를 들어
갔습니다. 정식으로 좌선을 시작한 거죠. 정말 열심히 했거든요. 살
림도 건성으로 하고 오직 마음은 그쪽에만 가 있는 거죠. 집에서 엄
마로서 아내로서 할 일이 있으니 할 일을 하긴 했지만, 마음은 온통
공부에 빼앗겨 있었어요. 근데 항상 뭔가가 걸려 있는 것 같은 거예
요. 어느 정도는 온 것 같은데, 뭔가 약간 남은 게 있는데 그게 해결
이 안 되니까 별 방법을 다 써서 공부를 했습니다. 밥을 한 끼만 먹
기도 하고, 계율을 잘 지켜야 하나 해서 계율대로 살아도 보고, 일
주일간 눕지 않고 좌선하는 용맹정진도 몇 번씩 하고 정말 별짓을
다했어요.

다 아는 것 같은데도 한편으론 뭔가 부족한 것 같은 미진함을 채
우기 위해서 큰스님들을 많이 찾아다녔어요. 돈 아까운 줄도 모르
고 계속 쫓아다녔어요. 이 문제를 해결해야 하니까요. 그래도 해결
이 안 되는 거죠. 갔다가 올 때는 항상 후회를 하는 거예요. '아무리
가 봤자, 내가 준비가 안 됐으니까 큰스님들 말씀을 소화하지 못하
나 보다.' 이렇게 생각을 하면서 그만 가야지 하다가도, 또 큰스님

법문을 들어 보면 혹시 해결이 될까 해서 또 쫓아가는 거예요.

그때를 돌아보면 예전부터 공부한 것 덕분에 80% 정도는 해결이 된 것 같은데 깨끗하게 싹 해결이 안 되는 거예요. 10년 이상을 공부해도 안 되어서 큰스님도 찾아다니고 그랬던 건데 나중에는 결국 포기가 되더라고요. '아. 이제는 큰스님을 찾아뵈어도 해결이 안 되는구나.' '이제는 정말 부처님 말씀대로 자등명 법등명 하는 수밖에 없다.' 찾아다니는 건 포기가 되는데 그렇다고 공부를 그만둘 수는 없는 거예요. 다 때려치우고 공부를 시작하기 전처럼 살아 볼까도 생각해 봤지만, 그러고 싶지는 않더라고요.

힘들어서 놓고는 싶은데 그렇다고 돌아가고 싶지는 않고. 그런 상태로 다시 경전이랑 어록을 보기 시작했어요. 혼자는 더이상 뛰어넘을 수가 없고 책에라도 의지를 해야 하니까. 그전까지는 책은 다 덮어 뒀는데, 내가 할 수 있는 게 없으니까 다시 경전에라도 의지해야겠다 싶어서 또 그렇게 공부를 했죠. 그때가 되니까 '아. 이 공부라는 게 나 혼자서 할 수 있는 게 아니구나. 인연이 맞는 선지식이 있어야겠구나. 그래야 이 문제가 해결이 되겠구나.' 싶었죠.

그렇게 시간이 흐르던 차에 이○강 보살님을 만나게 됐는데, 그전에 누가 무심선원 얘기를 하기는 했어요. 처사님이 공부를 하신 도인이고 법문을 하는데 같이 들으러 가 보겠냐고 어떤 보살님이 물어보더라고요. 그런데 그때 저는 큰스님만 대단한 줄 알았거든요. 그렇게 큰스님들을 만나고 다녀도 해결이 안 되는데, 재가 불자가 가르치는 곳에 가서 되겠는가 싶기도 하고. 그래서 안 갔어요. 공부를 안 할 수는 없으니까 선방 계속 다니고 경전 보고 그랬죠.

그러고 나서 얼마 후에 이○강 보살을 만났어요.

당시 이○강 보살은 같이 선방 다니던 보살이었는데, 어느 날 계합했다며 도반들하고 밥 한번 먹자고 그러는 거예요. 그래서 같이 밥을 먹고 이○강 보살 얘기를 듣는데, 내용은 기억이 안 나지만 아무튼 들어 보니 이 보살님이 많이 달라졌다는 느낌이 드는 거예요. 딱 보니까 뭔가 달라졌다는 느낌이 들면서 반가운 거예요. 공부 얘기를 할 수 있는 사람이 있으니 반갑기도 하고 그랬죠. 공부하는 사람 만나서 공부 얘기를 하는 게 쉽지가 않잖아요? 그런 사람이 별로 없으니까요. 정말 반갑더라고요.

그래서 물었어요. "그러면 그 거사님을 무심선원에서는 뭐라고 부르냐?" 그랬더니 "그냥 선생님이라고 부른다." 그러더라고요. 그래서 선생님 법문 혹시 있으면 들어 볼 수 있냐고 물었더니 당장은 없으니 나중에 가져다준다고 그러더라고요. 그런데 마침 그 장소가 배○숙 보살님 집이었거든요. 그런데 배○숙 보살이 《서장》 테이프가 있다고 가서 들어 보라고 주는 거예요. 그래서 그 테이프를 들고 집에 오자마자 탁 틀어서 한마디 듣는 순간에 '아. 이거구나.' 싶어서 마음이 너무 설레는 거예요. 법문이 너무 좋았어요. '여기에 가면 해결할 수 있겠구나.' 하는 생각이 드니 얼마나 좋은지 모르겠는 거예요. 여기에서 이제 공부를 완성해야겠다는 마음이 들었죠.

그때까지 제가 얼마나 많은 스님들 법문을 들었겠어요? 대부분 스님들 법문을 들어 봐도 법과 관련한 얘기는 한 시간 중에 얼마 안 돼요. 물론 큰스님 법문들도 좋기는 하지만, 공부 얘기가 적을 때는 아쉽단 말이에요. 그런데 선생님 법문은 처음 시작부터 마치는 말씀까지 법만 얘기하는 거예요. 정말 좋더라고요. 그때가 2014년이었거든요. 무심선원이 해운대에 있을 때였는데 어찌어찌 선원 법회 일정과 장소를 알아보고 참석했죠. 그래서 법회 마치고 《유마경》 불사의품 CD를 사 가지고 가서 법문을 본격적으로 듣기 시작했어요.

그전에도 《유마경》은 여러 차례 봤는데 의문이 드는 게 많이 있었단 말이죠. 그런데 선생님 법문을 들으니 제가 궁금했던 점들을 다 말씀해 주시는 거예요. 가려운 데를 긁어 주는 것처럼 평소 공부하면서 뭔가 부족하고 모르겠고 그랬던 점들을 콕콕 짚어서 말씀해 주시니까 정말 법문이 너무 재밌더라고요. 법문이 아주 시원해요. 그러니 법문이 얼마나 좋았겠어요? 그러니까 계속 법문을 듣는 거예요. 자다가도 깨면 듣고 그냥 시간 나면 듣고 계속 법문을 들었죠.

무심선원에서 공부하다가 체험한 이야기를 해 주십시오.
그렇게 열심히 법문을 들으면서 한 달인가 두 달인가 지났는데, 토요법회 때 선생님이 이런 말씀을 하시는 거예요. "안다고 하면 다 마구니가 된다." 이 말씀을 하시는데, 그 말이 또 딱 꽂히더라고요. '나는 지금까지 선생님 말씀을 정말 신명 나게 듣고 있었는데, 이걸 안다고 하지 말라고 하면 그럼 어떻게 법문을 들으란 말인가?' 이전까지는 법문을 듣기만 하면 이해가 되고 재밌고 그렇게 듣고 있었는데, 이해하고 알면 마구니가 된다고 하니 그럼 어떻게 법문을 들어야 하나 하고 갑자기 콱 막히는 거예요. 법문은 너무 듣고 싶으니까 계속 듣는데, 법문 들을 때마다 올가미에 사로잡히는 것 같은 거예요. 그날은 저녁에 밥도 못 먹겠더라고요. 법문을 들으면 들을수록 점점 어딘가 갇히는 느낌, 옥죄는 느낌이 강해지더라고요. 이틀은 밥도 제대로 못 먹었던 것 같아요.

그래도 법문은 계속 들었죠. 이게 너무 힘든 거예요. 숨도 못 쉴 것 같고 사람이 죽을 것 같고. 그래서 일단 내려놓고 수요일에 선원에 가면 선생님을 만나서 한번 따지든가 해야겠다고 생각을 했죠. "저는 이렇게 법문이 좋아서 들었는데, 이렇게 듣는 게 마구니라고 한다면 어떻게 어떤 마음으로 들어야 한다는 말입니까?" 이런 식으로 따져나 봐야겠다 생각하고 일단 내려놓아야지 하고 있었습니다.

그런데 화요일 새벽에 잠이 깨서 나도 모르게 또 법문을 들으려고 이어폰을 귀에 꽂았죠. 근데 법문을 들으려고 하는 순간, '아! 이거.' 아무것도 모르겠는데 저도 모르게, '아! 이거.' 이렇게 되더라고요. 그러니까 마음을 옥죄던 게 없어지더라고요. '아! 내가 선생님 말씀에 또 속았구나.' 하면서 스르륵 풀렸습니다. 답답함은 없어진 것 같은데 완전하지는 않았죠. 그래도 답답한 건 사라졌으니 다음날 선생님을 만나려고 했던 것은 의미가 없어져서 만나지 않았습니다.

그랬지만 아직 스스로 만족은 안 되었습니다. 깔끔해지지가 않았거든요. 뭔가 풀려난 것 같기는 한데 깔끔하지는 않았어요. 계속 법회에 다니고 법문을 듣고 그랬습니다. 그러다가 2년 전인가 3년 전인가 공주 연수원에서 정진법회를 할 때였는데, 저는 아침에 잠이 일찍 깨지니까 일찍 일어나면 혼자 마곡사까지 산책하고 법당 가서 참배하고 20~30분 앉아 있다가 내려오고 그랬거든요. 여름정진 때였는데, 아침에 비가 내려요. 갈까 말까 망설이다가 이왕 일어났으니 살살 가 보자 해서 갔습니다. 밤부터 비가 와서 그런지 계곡에서 물소리가 그렇게 많이 들리는 거예요.

어쨌든 평소처럼 법당에 좀 앉아 있다 가자 하고 방석을 깔고 앉았는데 물소리가 너무 시끄러운 거예요. 다른 건 모르겠는데 물소리가 천둥 치는 소리같이 시끄럽더라고요. 그러고 있는데 뭔가 딱 맞아떨어져요. 그러더니 마음이 스윽 없어졌습니다. 내면에서 저절로 '어! 이제 다 드러났네.' 하더라고요. 그러고는 다시 방으로 돌아왔죠. 돌아오는 길에도 물소리가 그렇게 들리는데 속으로 말끔하더라고요.

이전까지는 뭔가 사물이 우리 눈에 보일 때 비닐 같은 막이 있어서, 보이기는 보이는데 약간 흐릿하게 보이는 느낌이었거든요. 그런데 딱 와닿고 나니까 그게 다 부서진 것 같더라고요. '아. 이제 정말 불이(不二)가 됐구나.' 하고 제가 알겠더라고요.

그래서 그날 오전 시간 법문을 듣는데 '마음이란 것도 말로는 마음이지, 마음이라고 해도 맞는 게 아니구나.' 하는 생각이 들더라고요. 그러면서 법문을 듣는데 그날따라 선생님이 "마음." "마음." 하시면서 마음이란 말씀을 많이 하셔요. 그래 저는 속으로 '마음도 아닌데 선생님이 저렇게 자꾸 마음을 말씀하시나?' 하면서 들었는데, 한 시간이 다 지날 무렵에 '선생님이 정말 이걸 알게 하시려고 저렇게 간곡하게 말씀을 하시는구나.' 알게 되더라고요. 아무튼 마음이 없어요. 그래서 무심선원이 말 그대로 무심선원이에요. 이게 와닿더라고요.

그 후에도 선생님 면담은 따로 안 했어요. 왜냐면 이제까지 제가 불교 공부 하면서 예전에도 여러 경험이 있었기 때문에, 그때도 다 된 것 같은 느낌이 있었는데 시간이 지나면 또 헷갈리고 그랬거든요. 이게 반복되면서 제가 많이 힘들었기 때문에 이번 경험도 제가 좀 더 지켜봐야겠다는 생각이 들어서 선생님을 바로 만나지는 않았어요. 자기는 자기 스스로가 제일 잘 알잖아요? 그래서 저에게서 확실해지는지 좀 더 지켜보자 하고 있었죠. 그러면서 몇 개월이 갔어요. 그러다가 선생님과 면담을 했습니다.

체험한 뒤에 지금까지 몇 년이 지났으며, 그동안 공부에 어떤 변화가 있었습니까?

이제 2년 정도 지난 것 같습니다. 그냥 편합니다. 누구와 무슨 얘기를 해도 중심이 딱 잡혀 있어요. 전에는 불안했거든요. 다른 사람 얘기에 끄달려 갈까 봐 불안하고, 오히려 그래서 공부에 매진하고 그랬거든요. 그런데 지금은 공부를 하든 뭘 하든 불안감이 없고 항상 그냥 이 자리 그냥 그대로예요. 그래서 그냥 편안합니다.

지난해에는 다니던 선방에 소임을 맞게 되어 부득이하게 봉사를 일 년간 한 적이 있습니다. 이왕 이렇게 된 거 잘됐다 싶어 소임을 맡으면서 자신을 살펴봤죠. 그런데 무척 편하게 했어요. 여러 사람이 모이다 보니까 별 사람이 다 있거든요. 잘한다는 사람, 못한다는 사람, 저에 대해서 트집 잡는 사람, 뭐 별의별 사람들이 다 있어요. 그런데 그런 사람들 가운데서도 아무렇지도 않은 거예요. 우

309

리가 잘 쓰는 말 중에 저 사람 참 속없다고 하는 경우가 있잖아요? 뭔가 들어온 것 같았는데 없어지고, 속이 텅텅 비고 남는 게 없었어요. 그러니까 정말 속이 없는 거예요. '아. 이게 이래서 속이 없다고 하는 거였구나.' 생각이 들 정도로 누가 뭐라고 하든 관계가 편했습니다.

또 요즘은 집에 있으면 뭘 하든지 편해요. 전에는 어디 안 가고 집에만 있으면 뭘 해야만 할 것 같았거든요. 뭐라도 공부를 해야 마음이 편했어요. 그런데 이제는 뭘 해도 아무렇지 않은 거예요. 법문 듣고 싶으면 듣고, TV를 봐도 재밌고, 하루가 후딱후딱 지나가요. 그러면서 '아. 이런 게 공부의 효과인가?' '휩쓸리는 게 없고 편하게 하고 싶은 대로 해도 아무렇지 않네.' 이런 생각을 하죠.

체험하기 이전의 삶과 지금의 삶을 비교한다면 어떻습니까?

처음 ○○선원에서 공부하고 나름 깨달았다고 하는 상을 갖고 있었기 때문에 이게 얼마나 힘들게 한 공부인데 다시 돌아가면 어떻게 하나 하는 두려움, 귀찮음, 그런 게 싫었죠. 그러니까 그런 상을 갖고 있을 때는 그런 상을 갖기 전 상태로 돌아가는 게 싫어서 공부를 해야 한다고 스스로 채찍질을 많이 했죠. 그러다 보니까 무척 불편했죠. 제가 유지하고 싶은 상태에 있을 때는 편한데 그걸 벗어나면 불편하니까, 즉 기도를 하거나 좌선을 할 때는 편한데 거기에서 벗어나면 불편하니까 마음이 출렁거렸다고 해야 하나?

그런데 지금은, 지금 생각하면 그때보다 지금이 공부를 하는 건지 안 하는 건지, 어쩌면 더 안 하는 것 같은데, 그런 출렁거림이 없어 편해요. 어떤 상태에 집착하지도 않고 '공부를 한다, 하지 않는다'에 대한 걸림이 없어요. 전에는 계속 이 둘 사이를 오가면서 공부에 걸려 있었는데, 지금은 어떤 것을 하든 관계가 없어요. 예전에는 누구와 대화를 해도 하고 나면 쓸데없는 이야기를 한 게 아닌가 후회가 되기도 했는데, 지금은 그런 거에 대해서도 별로 마음이 쓰이지가 않아요.

물론 제가 지금 사는 것이 아무런 걸림 없이 산다고 완전히 확신할 수는 없지만, 완전히 걸림이 없어야 한다는 생각도 없어요. 그냥 공부를 계속할 뿐입니다.

새로 공부하는 후배들이나 도반들에게 당부하실 말씀이 있으면 해 주십시오.

저는 처음 왔을 때부터 선생님 법문이 정말 좋았어요. 이런 설법을 이전부터 찾아다니고 원했기 때문에, 당시에는 같이 선방에 다니던 사람들을 모두 데리고 오고 싶었어요. 저는 선생님께서 말씀하시는 이런 법을 무척 갈구했거든요. 이런 법문을 다른 데서는 들을 수 없으니 나 혼자 듣기가 너무 아까웠습니다. 거기 앉아 있다고 되는 게 아닌데 괜히 고생만 하고 있으니 전부 데리고 와서 무심선원에서 법문을 듣게 하고 싶었죠.

그래서 이 사람 저 사람한테 여기에 법문 들으러 가자고 권했거든요. 그런데 같이 선방 다니는 사람 중 한 분은 무심선원 법회에 참석하는 것을 숨기고 그러더라고요. 이게 숨길 일이 아니잖아요? 이런 법문을 하는 곳이 없는데⋯. 공부한다고 하면서 하루 종일 좌선한다고 시간 낭비하는 것은 정말 아니에요. 다 법문을 들으러 오라고 하고 싶죠. 그런데 그게 제 마음같이 안 돼요.

지난번 불교방송에 무심선원 김태완 선원장 특별법문이 몇 차례 방영된 적이 있었어요. 그 법문 시간을 알려 줬죠. 한번 보라고요. 보고 나서 하는 말이 그 법문은 공부가 어느 정도 된 사람이 들어야지 우리 같은 사람들은 안 맞다고 그러더라고요. 그 말을 듣고는 "모르니까 공부하는 거지, 공부해서 알아야 하는 거 아니냐?"고 한 적도 있습니다.

어떤 보살은 와서 들어 보고는 "매번 다 아는 얘기만 하데. 갈 필요 뭐 있나?" 하기도 하고. 또 다른 보살은 "맨날 이거 이거만 하던데, 선생님도 한 시간 동안 맨날 이거 이거만 하시니 지루하겠더라." 이런 얘기를 들으면 기가 차서 할 말이 없어요. 그런 사람들에게는 어떤 반론도 못 하겠고, 입이 딱 닫혀서 두 번 다시 가자 소리도 안 나와요.

공부하는 사람들은 정말 여기 와서 선생님 법문을 제대로, 말로만 듣지 말고 제대로 들었으면 하는 바람이 있어요. 특히 이 문제를 해결하지 못해서 갈구하는 사람들이 많거든요. 자기 문제를 해결하지 못하면 만족이 안 되니까, 그걸 해결하려고 애쓰는 보살도 많아요. 그런데 아직 여기하고는 인연이 안 되는지 얘기를 해도 귓등으로 듣더라고요. 그런 거 보면 참, 인연이 되어야 해요.

그냥 아무나 데리고 와서 공부를 시키는 게 아니라, 공부하는 사람들은 정말 선생님 법문 듣고 공부를 제대로 했으면 하는 바람이 있어요.

35. 서○원 2020년 녹취

안녕하세요. 지금부터 공부 체험 이야기를 시작하겠습니다. 먼저 올해 연세가 어떻게 됩니까?

올해 69세입니다.

무심선원에서는 몇 년 동안 공부하셨습니까?

6년 정도 공부했습니다.

무심선원에서 공부하기 전에는 어떤 공부를 하셨는지 간단히 말씀해 주세요.

무심선원에 오기 전에 어머님 따라 절에 다니면서 기도도 하고 예불도 하고 했지요. 이 공부를 하게 된 계기는 30여 년 선방에서 참선 수행한 여동생의 소개로 하게 되었습니다. 선방에만 다니던 동생이 무심선원에서 6개월 정도 공부하다 체험을 했다고 하면서 "오빠, 참선 공부 해 볼래?" 하기에 나는 다리가 아파 좌선도 못 하는데 무슨 참선이냐고 했어요. 그냥 의자에 앉아서 법문만 들으면 된다고 해서 순간 '큰일 났구나. 몇십 년을 선방에만 다니던 동생이 사이비에 걸렸구나.' 하고 걱정이 돼서 부산 본원에 가서 직접 토요

313

법회를 2시간 들어 보니 사이비는 아니라 생각하고 저도 공부를 같이 하게 되었습니다.

무심선원에서 공부하다가 체험한 이야기를 해 주십시오.

무심선원에 와서 선생님 법문을 3년 정도 매주 일요법회 법문을 들었습니다. 그러다 어느 날 동생이 "오빠, 이 공부한 지 얼마나 되었지?" 하기에 한 3년 다 되어 간다고 하니까, 어떻게 공부하냐고 물어요. "그냥 모범학생이 학교 다니는 것 같이 기분 좋게 다니고 있지." 하니까 동생이 "지금 놀러 다니느냐?" "소풍 다니느냐?" 하면서 입에 담지 못할 정도로 화를 냈어요. 이 공부 하려면 생사를 걸고 해도 어려운데 그냥 좋아서 하냐고. "시간이 있는 줄 아느냐?" "시간이 없다." 하면서 할 소리 못할 소리 다 하는 겁니다.

그러다가 "이 공부에는 부모형제도 없다." 하기에 저는 오른손으로 "이게-" 하면서 화가 나서 때리려고 하니, "그 손 올라오는 것 어디서 나오는지 한번 봐." 하는 거예요. 그래서 화를 가라앉히고 너무 안일하고 무심하게 지냈나 생각하고 간절함이 있어야겠다고 마음먹었습니다.

그러다 한 달 정도 지나서 가족들이 외출하고 동생과 같이 있는데, "오빠, 이 법문 한번 봐." 하면서 영상법회를 틀어 주고 나갔어요. 의자에 앉아 한참 보고 있는데 '억!' 하는 소리와 함께 방 우측 끝에서 쌍회오리 바람이 뱅글뱅글 원을 그리면서 좌측 TV 쪽으로 가더니 싱크홀같이 아래로 빠져나가면서 확 밝아지며 통했습니다. '억!' 소리를 듣고 옆방에 있던 동생이 와서 "왜? 왜? 왜?" 하는데 나는 멍하니 앉아 있었습니다. 동생이 눈치를 채고 "오빠, 이제부터 말 조심 행동 조심해라." 하면서, "미묘법이니 있다가도 없어지고, 또 상이 생겨도 안 되고, 모든 일에 조심해라." 하기에 저는 "치매가 아닌 이상 이것을 어떻게 잊어버려? 그리고 이것은 변하는 것도 아닌데." 하고 버럭 큰소리를 치고 멍하니 앉아 있었어요.

저녁에 헬스장과 수영장에 가는데 몸은 가벼웠습니다. 밤늦게 잠을 청하는데 눈을 감으니 이상했어요. 눈을 감으니 영화관의 스크린이 환하게 밝은 것 같은 현상이었어요. 다시 떴다가 감아도 똑같이 환하고 몸은 구름 위에 사뿐히 누워 있는 느낌이었습니다.

새벽 일찍 평소처럼 음성 법문을 듣는데 저도 모르게 '어, 법문이 다 소화가 되네.' 하고 '어, 온 우주가 내 마음이네. 깨닫고 나니 깨달음도 없고 나도 없고 부처도 없고 아무것도 없네. 과거도 없고 미래도 없고 지금밖에 없네.' 하면서 나도 모르게 줄줄 나오는 거예요. 그때부터는 에너지가 넘치고 법문을 들으면 초겨울 호숫가를 거닐 때 온몸이 다 젖고 보슬비가 내릴 때 비에 젖어 온몸과 머리카락에 물이 맺혀 뚝뚝 떨어지는 느낌으로 설법을 계속 들으면서 신명이 났습니다.

한 달 정도 지난 어느 날 잠을 청하려 할 때 방 안의 전등이 옛날 형광등처럼 깜박깜박 하는 느낌이 와서 '이거 뭐지?' 하고 있는데 이상하게도 불안감이 몰려오는 겁니다. 아무리 불안을 떨쳐 내려고 해도 계속 불안하고, 3, 4시간을 씨름하다가 나도 모르게 벌떡 일어나서 손바닥으로 허벅지를 탁 치면서 '한 물건도 없는데 어디서 망상을 떨어.' 하고 나니 그때부터 머리가 깔끔하고 맑았습니다.

체험한 뒤 지금까지 공부에 어떤 변화가 있었습니까?

그 후 설법의 비를 맞으면서 내 살림살이는 넓어지고, 마음도 없어지고, 깨달음도 없어지고, 모든 것이 저도 모르게 다 떨어져 나갔습니다. 좋고 나쁨도 없고, 나도 없고 법도 없어요. 그러다가 선생님과 면담을 했는데 굳이 말을 하자면 '이것'이 확실하니까 삶 자체가 이것이라면 이것이고, 망상이 실상이고 실상이 망상이고, 숨이 멈출 때까지 설법의 비를 맞으면서 지내면 되겠다고 말씀드리니, 선생님께서 "하나가 되나요?" 하시기에 "예." 했습니다. 그 후 색이 공이고 공이 색이고 겨자씨에 수미산을 넣는다든지 모든 방편은 다 소화가 되는 것입니다. 가끔 입에서 대자유라고 하다가 대자유랄 것도 없고 어디를 가나 무덤덤하면서 깔끔하다고 할까요?

체험하기 이전의 삶과 지금의 삶을 비교한다면 어떻습니까?

지금은 물 흐르듯이 인연 따라 살아요.

새로 공부하는 후배들이나 도반들에게 당부하실 말씀이 있으면 해 주십시오.

제가 체험을 하고 보니 선생님의 법문만 계속 들으면 시절인연이 옵니다. 오래된 도반님들 중에 진정한 깨달음이 없는 도반들이 간혹 지혜도 없이 대혜 스님의 37세 이전의 모습으로 체험을 했다고 하는 가짜 체험자들이 있습니다. 자기 자신은 다 알고 있어요. 속이지 마세요. 용기를 내어 초심으로 돌아가서 다시 공부를 하여 분별에서 벗어나는 참된 깨달음에 통하시기 바랍니다. 지식으로 지혜를 평하지 마세요. 동생인 도반과 김태완 선생님께 감사드립니다.

36. 서 ○ 옥 2020년 녹취

안녕하세요. 지금부터 공부 체험 이야기를 시작하겠습니다. 먼저 올해 연세가 어떻게 됩니까?

저는 올해 58세입니다.

무심선원에서는 몇 년 동안 공부하셨습니까?

7년 정도 공부했습니다.

무심선원에서 공부하기 전에는 어떤 공부를 하셨는지 간단히 말씀해 주세요.

무심선원 오기 전에는 선방에서 화두 잡고 간화선을 수십 년 동안 공부했습니다. 산전수전 겪으며 선방에서 보낸 세월이 30년 정도 흘렀습니다.

무심선원에서 공부하다가 체험한 이야기를 해 주십시오.

선방 보살님의 소개로 무심선원에 와서 일요일에는 선생님 법문을 듣고 주중에는 선방을 계속 다녔습니다. 6개월 정도 들어 보고 안 되면 다시 선방으로 돌아가야지 하면서 법회에 참석했는데, 선생님 법문을 들어도 화두가 걸려 있었어요. 3개월 정도 들으니까 저절로 화두가 내려가고 선생님께서 손가락을 딱 들면 거기에 걸려드는 거예요. 법문을 들으면 들을수록 답답해지고, 말귀를 못 알아들으니 점점 더 갑갑해지고, 도반들에게 물어도 그냥 법문만 듣고 체험해 보라고 하니 죽을 지경이었죠.

그렇게 힘을 쓰다 보니 몸도 아프고 하더라고요. 어느 날 몸이 심하게 아파서 법문 들으면서 법당 뒤에 기대어 앉아 있는데, 순간적으로 '아, 나는 이 공부 못 하겠구나.' 하는 절망으로 낭떠러지에 떨어지는 심정이 되면서 나는 이 세상 살 이유가 없다는 생각이 들었어요. 내 청춘을 바치고 이 공부에 목숨을 바쳤는데 너무 절망적이었죠. 그러다가 선생님께서 책상을 탁 치시는데 그 순간 찰나에 모든 게 다 끊어지더군요. 이 세상도 없고 나도 없어지더라고요.

그 순간에는 잘 몰랐는데 법회 끝나고 전철을 타고 가는 중에 어느 보살님이 차 한 잔 하자고 해서 찻집에 가서 아까 체험한 것을 말했더니, "보살님, 지금도 그래요?" 하고 물어요. "글쎄요? 모르겠는데요." 하니, "보살님 덕에 공부 많이 했어요. 보살님도 집에 가다 보면 좋은 일이 있을 거예요." 하는 겁니다. 보살님과 헤어지고 집에 가는데, 길에서 갑자기 제가 팔짝 뛰는 거예요. '어머, 바로 이거구나.' 하면서 집까지 날아갔어요.

총무님한테 전화해서 선생님 면담을 해야겠다고 했어요. 용기가 생기고 선생님을 만나야겠다는 생각이 들더군요. 다음 일요법회에 선생님을 뵈러 갔더니 선생님께서 무릎을 탁 치시면서 "이 정도는 들어야 뭐가 돼도 되지." 하시는 거예요. 저는 체험했다는 말보다도 그동안 인사도 못 드리고 공부를 했으니 이제 스승님으로 모시고 공부를 하겠다고 말씀드렸죠.

그리고 제가 "몇 월 몇 일에" 하면서 말씀을 드리려고 했더니, 저를 막으면서 입 닫으라고 하셔요. 그리고 웃으시면서 계속 말씀을 시키셨어요. 그러다가 선생님이 갑자기 손을 탁 드시는데 저도 같이 들었어요. "어라, 이것 봐라." 하시면서 "처음부터 그렇게는 안 될 텐데." 하시는 거예요. 저도 "아뇨." 하니까 "좋다. 일 년 후에 다시 보자." 하시더라고요.

그리고 잊어버리고 있다가 소참법회에 가려고 신청을 해서 다시 면담을 했어요. 선생님이 공부가 어떠냐고 물으셨어요. 제가 가만히 있으니 "내 법문을 왜 듣느냐?" 하시면서 "너가 더 잘 알잖느냐?" "너한테 물어보지 왜 나한테 물어보냐?" 하시는데 제가 까딱도 안 하는 겁니다. 계속 공격을 하시는데도 가만히 있으니까, 시간 있으면 소참을 들어 보라고 하셨어요.

계속 소참에서 법문을 들었고 이 자리를 봤다고 자신했는데도 또 뭔가 구하려고 막 헤매더군요. 그게 수행한 사람들의 단점이라고 선생님이 말씀하시면서, 그것을 못 놓는다고 하시더군요. 나중에 몇 개월 지나서 선생님께 잘못했다고, 정말 힘들었다고 하고 저 스스로 극복했죠.

어느 날 법문을 듣는데 법문이 이렇게 (두 손을 내려놓으며) 쑥 내려가는 거예요. 말은 안 하고 "선생님 법문이 이렇게 (두 손을 내려놓으며)" 하니까 선생님께서 "그렇지. 그렇지." 하시면서 "어떻게 하느냐?" 물으셔요. 그래서 제가 "길을 가면 길을 가고, 자면 자고, 밥 먹으면 밥 먹을 뿐입니다." 하니까 선생님이 "그렇지. 그렇지." 하고 맞장구를 치셨어요.

체험한 뒤 지금까지 공부에 어떤 변화가 있었습니까?

계속 법회에 참석하고 법문을 들으면 들을 뿐 그냥 듣고만 있어요. 듣는 자도 없고, 들리는 자도 없고, 그냥 들을 뿐이었죠. 얼마 전에 집안에 경조사가 있었는데 그때도 담담하고 전혀 흔들림도 없어요. 기쁨도 없고 슬픔도 없고 그냥 담담했죠. 언니가 갑자기 돌아가셔서 성당에서 장례식을 하는데 들어가는 입구에서 이유도 없이 눈물이 줄줄 흐르는 거예요. 40분간 행사를 하고 마지막에 고인 앞에 인사한다고 섰는데 온 세상이 진공 상태가 되는 거예요. '어~' 하고 보니 눈앞이 또렷하게 밝게 드러나는 거예요. 이전에는 '이것!' '이것!' 했는데 '이것' 자체가 없어지고 딱 그대로더군요.

체험하기 이전의 삶과 지금의 삶을 비교한다면 어떻습니까?

엄청 자유롭죠. 대자유죠.

새로 공부하는 후배들이나 도반들에게 당부하실 말씀이 있으면 해 주십시오.

선방에서도 늘 그랬어요. 하루 밥 세 끼 먹을 수 있으면 이 공부 하라고. 더이상 욕심내지 말고 사람 몸 받았으면 꼭 이 공부 하라고 말씀드리고 싶습니다.

37. 송○선 2020년 녹취

올해 연세가 어떻게 됩니까?

67세입니다.

무심선원에서 몇 년 공부하셨습니까?

한 6, 7년 정도 된 것 같은데요.

무심선원에서 공부하기 전에는 어떤 공부를 하셨는지 간단히 말씀해 주세요.

그냥 절에 다니면서 기도하고, 선원 오기 전 2년 정도는 선방에 다니면서 선에 대한 이론 공부도 했습니다. 그전에는 절에서 하는 불교대학 좀 다녀 봤고요. 절에 다니기 시작한 것은 한 30년 됐죠. 가게를 하나 하고 있는데, 가게에 있을 때는 경전을 많이 봅니다. 선원 오기 전에는 《법화경》을 보고 있었는데, 당시 무심선원에 다니던 박○석 거사님이 가까운 데 있었거든요. 가게를 오가면서 안면이 생겼는데, 제가 《법화경》을 열심히 보고 있으니까 무심선원을 소개해 줘서 공부하러 오게 됐죠.

무심선원에서 공부하다가 체험한 이야기를 해 주십시오.

처음 선원에 왔을 때가 12월인가 그랬는데 해운대에 선원이 있었죠. 법회에 와서 분위기를 보니 사람들이 바른 자세로 참선한다고 앉아 있는 것도 아니고, 선생님 말씀하시는데 자기들 멋대로 앉아서 듣고 있더라고요. 물론 분위기는 아주 진지했습니다. 아무튼 그걸 보니 '아! 여기네.' 이런 느낌이 딱 들더라고요. 그래서 다음 해 1월부터 열심히 선원에 다니면서 공부를 했죠. 그래서 11월인가 체험을 했거든요. 얼마 안 됐어요.

이걸 알려고 저는 엄청나게 노력을 했어요. 몽ㅇ릴ㅇ 공부방에도 가서 공부를 했거든요. 무심선원 법회에서는 제가 허리가 아파서 뒤에 앉아 있었는데, 주위 도반님들이 다 이걸 알더라고요. 다 아는데 나만 모르는 것 같아서 아주 울고 다녔어요. 이거 하나만 알아야겠다는 일념으로 정말 울고 다니다 보니 체험이 왔죠.

11월에 가게에 앉아 있을 때였는데 늦은 가을비가 주룩주룩 내려요. 이게 뭔지 도저히 모르겠는데, 뭔가 너무 가까이 있는 것도 같은데, 또 생각하면 전혀 막막해요. 하루가 지나서 아침 9시에 다시 출근을 하고 청소를 하고 법문을 들으려고 이어폰을 귀에 끼우는데 갑자기 머리가 띵 하더라고요. 그러더니 마음속에서 '내가 살아 있잖아' '살아 있네' 이런 이야기가 나오는 거예요. 저도 깜짝 놀랐어요. 속으로 '도대체 이게 뭐지?' 하는데 눈물이 주르륵 흐르더라고요. 계속 '이게 뭐지?' '이게 뭐지?' 그러다가 선생님은 좀 어려우니 몽ㅇ님한테 문자를 넣었어요. "쌤, 이게 도대체 뭡니까?" 하고 물으니 몽ㅇ님이 "아! 알았군요." 그러더라고요. 그래도 저는 잘 모르겠더라고요. 그냥 그런가 보다 했죠.

아무튼 그날 점심 약속이 있어서 지하철을 타는데, 시청역인가 계단을 내려오는데 아무것도 없는 거예요. 발을 딛기는 딛는데 아무것도 없어요. 그러니 또 '이게 뭐지?' 뭔지는 모르겠는데 참 이상한 거예요.

그래서 토요일 법회에 참석했을 때 선생님 면담을 했어요. 면담을 하니까 선생님이 좋은 일이라고 말씀하시면서 한 달 정도 지켜보자고 하시더라고요. 그 이후로 아무 할 일이 없어요. 정말 아무 할 일이 없는 거예요. 배가 진수식을 할 때 보면 배를 묶어 놓은 밧줄을 도끼로 딱 자르잖아요. 그러면 배가 출발을 하죠. 그렇게 딱 자르는 것처럼 제가 이걸 찾는다고 막 헤매던 게, 어느 순간 바로 없어져 버린 거예요. 근심 걱정도 없고 아무런 문제가 없었어요. 그래서 한 달 후에 면담을 다시 했죠. 그랬더니 목요일 법회에 참석하라고 하시더라고요.

체험한 뒤에 지금까지 몇 년이 지났으며, 그동안 공부에 어떤 변화가 있었습니까?

첫 체험 뒤로는 5, 6년 정도 지난 거죠. 당시 제가 제주도를 오가야 할 일이 생겼어요. 제주도에 어머니가 사시거든요. 그래서 건강을 돌봐 드릴 겸 제주도를 오가면서 한 달은 제주도에서 살고 한 달은 다시 부산 와서 살고 그렇게 된 거죠. 이 일로 또 선생님하고 면담을 하게 됐는데, 선생님이 옛날에는 절에서 제자가 소식이 오면 큰스님이 어디를 못 가게 5년은 잡아 뒀다는 얘기를 하시는 거예요.

저는 그게 가면 안 좋다는 식으로 들리는 거예요. 그러니 그 말이 저한테 딱 걸렸어요. 공부를 더 열심히 해야 하는데, 일 때문에 부산과 제주를 오가면서 법회에도 참석하지 못하고, 그러니 공부가 안 되는 게 아닌가 하고 겁이 딱 나더라고요. 부산에 있으면서 공부를 해야 하는데 못 하는 것 같으니까 잘못하는 것 같고 그래서 얼마나 헤맸는지 몰라요.

그렇게 계속 헤매다가 한 일 년 반인가 지나고 정진법회에 갔는데 선생님이 무슨 말을 하셨거든요. 근데 그 말을 딱 듣는 순간 '아. 이거였네. 이거였네.' 하고 걸린 게 탁 풀리더라고요. 그전에도 주위 보살님들이 한 생각이 일어나서 그런 거라고 얘기를 해 줘도 그게 안 들렸어요. 스스로 사로잡혀 있었어도 그걸 몰랐던 거죠. 그런데 정진법회에서 탁 풀리고 나니까 그냥 깨끗해요. 정말로 할 일이 없더라고요.

그러고는 또 시간이 갔죠. 그러다가 어느 날엔가 TV를 보는데 문득 마음이 두 개가 있는 거예요. 저는 걸림이 전혀 없는 줄 알았는데, 그게 아닌 거예요. 예전에 분별하던 그 마음이 또 딱 일어나서 보이는 거예요. 그래서 그런 채로 또 정진법회에 갔죠. 2019년 봄 정진법회였던가 그래요. 끝나는 날 법회였는데, 선생님 법문을 듣다가 그게 해결이 되더라고요. 그때 모든 일이 있어도 아무 일이 없다는 게 납득이 갔어요. 공부가 이렇게 조금씩 변하더라고요.

체험하기 이전의 삶과 지금의 삶을 비교한다면 어떻습니까?

옛날에는 재물에 대해 욕심도 많았어요. 사람이 생활을 해야 하잖

324

아요? 그렇게 일이 있으면 걸리고 걸리면 힘들고, 뭐 그렇게 살았죠. 그런데 지금은 뭘 해도 하는 게 없으니까 걸리는 게 없어요. 있거나 없거나 그런 거에 크게 개의치를 않아요.

릴○의 네이버밴드에 있는 법문도 듣거든요. 얼마 전 추석을 지났을 때인데, 릴○님 법문에서 "여여했습니까?" 하고 묻는 거예요. 추석에 일이 얼마나 많아요? 손자가 셋이거든요. 아주 소란스러워요. 예전에는 애들이 왔다 가면 아주 정신이 없었어요. 혼이 쏙 빠져요 아주. 그런데 이번에는 똑같은 일이 있었는데도, 아무 일이 없는 거예요. 그러니 여여했냐는 질문에 답을 할 필요가 없었어요. 이렇게 마음이 변해 간다는 걸 제가 알겠더라고요.

새로 공부하는 후배들이나 도반들에게 당부하실 말씀이 있으면 해 주십시오.

체험을 못해서 안달하는 사람도 있겠고, 체험을 하고도 저처럼 헤매는 사람도 있을 텐데 무엇보다 공부는 꾸준히 하면 되는 것 같아요. 저는 예전에 뭐에 걸리면 마음에서 불이 났어요. 공부에 걸리는 것도 마찬가지였어요. 공부를 해야 하는데 못한다는 거에 걸리면 아무것도 안 돼요. 일도 못하고 공부도 못하고, 그게 한 생각에 걸린 건데도, 그걸 몰라요. 그게 아무것도 아니지만, 일단 사로잡히면 앞이 캄캄해지는 거죠. 근데 그건 공부 과정에서 자연스러운 것 같아요. 그럴수록 꾸준히 공부하는 게 바로 해결책이더라고요. 무슨 일이 있든지 꾸준히 공부하는 게 제일 중요하다고 말씀드리고 싶습니다.

38. 안○숙 2020년 녹취

안녕하세요. 지금부터 공부 체험 이야기를 시작하겠습니다. 먼저 올해 연세가 어떻게 됩니까?

70세입니다.

무심선원에서는 몇 년 동안 공부하셨습니까?

9년 정도 공부했어요.

무심선원에서 공부하기 전에는 어떤 공부를 하셨는지 간단히 말씀해 주세요.

선 공부를 하기 위해 이런저런 선원과 선방에 4년 정도 다녔어요.

무심선원에서 공부하다가 체험한 이야기를 해 주십시오.

법문을 듣는데 갑자기 회오리바람처럼 뭐가 싹 빠져나가는 것 같았고, 다 텅 비었어요. 그냥 이름뿐, 앞에 있는 컴퓨터니 뭐니 다 비었더라고요. 이게 뭔 일인가 싶어 놀라서 가만히 있는데, 갑자기 소변이 마려우니까, 내가 없는데 화장실을 가는 거예요. 그런데 이게 뭔지를 모르겠어요. 선생님께 물어봤더니 화장실 가는 그 자리라고 얘기해 주셨어요. 그런데 이상하게 나는 그게 안 와닿고 다 텅 빈 것, 텅 비어서 《금강경》이 다 알아지는 거예요.

그 다음 날 빨래를 널려고 베란다에 나가서 밖을 보니 바람에 나무가 흔들리는데, 갑자기 혜능 스님이 말씀하신 "바람도 아니고 나무도 아니고 마음이 흔들린다."라는 법문이 저절로 다 알아지는 거예요. 진짜로 다 알아져요. 그런데 다 텅 비었다는 느낌이 너무 강해서 이 자리라는 게 안 와닿더라고요.

그리고 법회에 왔는데 선생님 법문은 다 알아듣겠는데, "똑! 똑! 똑!"(책상을 두드리며) 이 자리라고 하면 개운하지가 않은 거예요. 그러면서 계속 선생님 법문을 들었어요. 그러던 어느 날 남편과 TV 뉴스를 보는데, 문득 이 자리가 너무 또렷하게 드러나는 거예요. 그 후 법회에 와서 첫 시간 법문을 듣고 있는데, 선생님께서 어떻게 내가 하고 싶은 얘기를 다 아시고 그대로 다 법문을 하시는 거예요.

그래서 선생님의 몸이 불편하시다고 다음에 면담을 하라고 하는데도, 선생님께 너무 말하고 싶어서 면담을 했어요. 그전에는 무슨 일이 생기면 "내가 있니?" 하면 해결이 됐는데, "똑! 똑! 똑!"(책상을 두드리면서) 이 자리가 진짜 확실해지니까, 이제는 "내가 있니? 너는 헛거야." 이런 것도 없이 그냥 이 자리(책상을 두드리며). 그렇게 하고 나니까 법문이 재밌고 잘 들리고 그랬어요.

체험한 뒤 지금까지 몇 년이 지났습니까?

9년 정도 된 것 같아요.

그동안 공부에 어떤 변화가 있었습니까?

변화가 많았어요. 이 공부를 하고 나니 이상한 일들이 있어요. 누군가 나를 까닭 없이 비난하면 예전 같으면 화를 내거나 그것에 대해 반응을 했을 텐데, 그게 그대로 오롯이 보이고 마음이 움직이지 않는 거예요. 나에게 거슬렸던 일들이 그냥 분별 없이 보이니까 결국 내 것이에요. 또 몇 년 전에 크게 교통사고가 났는데, 나 스스로도 놀랐어요. 그 순간 그냥 순응하는 것처럼 '이게 내 마지막인가 보다.' 하고 담담했어요. 차를 운전하고 있는데 내리막길에서 브레이크가 안 듣고 기어변속이 안 들어가는데도 놀라지 않고, '아, 이게 내 마지막 프로그램인가 보구나.' 하는 생각이 들고 순응하고 힘을 빼고 담담했어요. 다행히 많이 다치지 않고 목숨을 건졌지만 마지막 순간에도 담담했어요.

또 한동안은 알 수 없는 자신감이 있었어요. 그래서 선생님께 "선생님, 저는 이 알 수 없는 자신감을 어떻게 하면 좋아요?" 하고 물어도 봤어요. 예전에는 어디를 가도 '공부를 해야지 그런 건 하면 안 돼.' 하고 이 공부에만 매달리고 살았어요. 그러던 어느 날 그게 없어져 버렸어요. 바리스타를 배우고 사람들과 어울리는데 별로 부딪침이 없어요. 오히려 사람들이 어떤 공부를 하냐고 물어봐서 이 공부를 소개하기도 했어요.

또 어느 날은 법문을 들으며 아침에 눈 뜨고 앉아 있는데, 갑자기 정말 (손가락을 올리며) 이것뿐이니까, 정말 "이것뿐." 하나가 정말 와닿으니까, '그냥 순응하면서 살면 되는구나. 나쁘고 좋고 이게 아니라 그냥 살면 되는구나.' 하는 게 와닿는 거예요. '정말 좋은 거 나쁜 거 없이 순응하고 살면 되는구나.' 이런 생각이 드니까 너무 달라져요. 지난번 법회에 왔을 때 한 시간 법문을 듣는데 선생님과 말을 하면 너무 잘 통할 것 같은 기분이 들어서 또 면담을 했어요. 그 전에는 공부를 해야 하니까 '이거 하면 안 되고 저거 하면 안 돼.' 했는데 이제는 그냥 되는대로 살아요. '다 이것이지.' 하고 살아요. 아주 편하게 살아요.

체험하기 이전의 삶과 지금의 삶을 비교한다면 어떻습니까?
지금은 애달플 게 없어요. 걱정할 것도 없고 순응하고 살아요.

새로 공부하는 후배들이나 도반들에게 당부하실 말씀이 있으면 해 주십시오.
너무 욕심 부리지 않으면 되는 것 같아요. 너무 욕심을 부리는 사람이 더 늦더라고요. 저는 그런 거 없었거든요. 그냥 편하게 했어요. 처음 공부하는 사람들은 욕심내지 마세요. 누구든지 이 공부를 하려 한다면 다른 말은 필요 없고, 너무 욕심내지 말고 법회에 그냥 와서 선생님의 법문을 들으시라고 권합니다. 사실 저는 아는 게 없어요. 아는 것은 없지만 어느 날 보면 내가 달라져 있고, 또 생각도 안 했는데 어느 날 보니까 '이게 또 순응하면서 사는 거구나.' 하고, 저절로 되는 것이지요. '이것은 이것이기 때문에'라는 정해진 길은 없더라고요. 그래서 처음 공부하는 분들에게는 욕심내지 말고 선생님 말씀만 잘 들으면 된다고 말씀드립니다.

39. 양○웅 2020년 녹취

안녕하세요. 지금부터 공부 체험 이야기를 시작하겠습니다. 먼저 올해 연세가 어떻게 됩니까?

1944년생으로 올해 77살입니다,

무심선원에서는 몇 년 동안 공부하셨습니까?

무심선원과 인연을 맺은 지가 어언 10여 년이 되었네요.

무심선원에서 공부하기 전에는 어떤 공부를 하셨는지 간단히 말씀해 주세요.

무심선원에 오기 전까지는 주로 문자 공부에 치중하고 있었어요. 어느 날 대혜종고 스님의 《서장》을 읽던 중 너무 문자에만 치우친 번역에 짜증이 나 있던 차에 우연히 김태완 선생님의 《서장》을 접하게 되었는데, 문자에 구애받지 않고 거침없이 풀어 나가시는 선생님의 직지설법에 곧바로 매료되어, 이분이야말로 내가 그토록 찾아 헤매던 선지식임에 틀림없다는 확신을 갖게 되었지요. 수소문 끝에 본원은 부산에 있으나 서울 대원정사에서도 매주 일요일 법문을 하고 계신다는 것을 알게 되어 서둘러 서울법회에 참석하게 되었어요.

무심선원에서 공부하다가 체험한 이야기를 해 주십시오.

무심선원에 다닌 지 1년 정도 지났을 무렵 해운대 정진법회 때 일입니다. 그날따라 평소에는 그렇게 겉돌기만 하던 선생님의 직지인심 "이것이다." "이것뿐이다."라는 말씀이 짜릿한 전율로 다가왔어요. 방금 뭔가 나를 퉁 치고 간 것 같은데, 그게 뭔지는 모르지만… 여하튼 그날 이후로 서서히 변하고 있는 자신을 발견했고, 그동안 나를 꽉 짓누르고 있던 온갖 의문이 사라져 가더군요.

그러나 한편으론 70여 년이나 오온(五蘊)을 주재해 온 '거짓 나'에게 사로잡혀 살아온 삶이었기에 아상(我相)이 쉽게 없어지지는 않았지만, 10여 년 동안 꾸준히 선생님의 설법에 훈습을 받게 되니, 지금은 나름대로 걸림 없는 삶에 익숙해진 것 같습니다. '해탈'이니 '열반'이니 하는 말이 귀신 씨나락 까먹는 소리로 들리고… 지금은 《반야심경》의 마음에 장애가 없어지는 것, '심무가애(心無罣碍)'가 구경(究竟)이라는 선생님의 가르침을 몸으로 경험하며 살아간다고나 할까요?

체험한 뒤 지금까지 몇 년이 지났습니까?

9년 정도 된 것 같습니다.

그동안 공부에 어떤 변화가 있었습니까?

선생님과 첫 번째 면담에서 두 가지 질문이 생각나네요.

"관세음(관자재)보살은 실존 인물입니까?"

"윤회는 있는 겁니까?"

선생님은 빙긋이 웃으시며, "공부해 보면 알게 됩니다."라고 하셨어요.

그때 저에게 분별심으로 딱 잘라 말씀해 주시지 않은 가르침이, 훗날 저로 하여금 분별을 벗어나 마음에 장애가 없는 중생이 바로 관자재보살이요, 부처라는 안목을 스스로 터득할 수 있게 해 주셨어요.

체험하기 이전의 삶과 지금의 삶을 비교한다면 어떻습니까?

5년 전에 저는 즉시 수술을 받아야 할 만큼 위험한 암 선고를 받았습니다. 10여 시간이 걸리는 수술을 받기 위하여 수술대 위에 눕게 되니, 어쩌면 이생이 마지막일지도 모르는 순간임에도 불구하고, 간호원이 수술 도구를 만지작거리는 소리가 다른 데서 나는 것이 아니더군요. 한계 상황에서 맛보는 이 자리라고 할까요? 불현듯 선생님 모습이 떠오르며 가르침에 합장할 뿐이었습니다.

새로 공부하는 후배들이나 도반들에게 당부하실 말씀이 있으면 해 주십시오.

무심선원에 다니기 시작하면서 제가 했던 가장 큰 실수는 '깨달음에 대한 강한 상(相)'(얻으려는 마음)을 가지고 임한 것이랍니다. 깨닫고 보면 결국 한 물건도 없다는 것을 그처럼 귀가 따갑도록 들으면서도, 저는 늘 깨달음에 대한 강한 상에 머물러 설법을 듣고 있었어요. 그러다 보니 하루 빨리 견성해야 한다는 강박관념에 사로잡혀 허공을 휘둘러 뭔가 잡으려고 애쓰고 다녔죠. 선생님께서는 늘 '색즉시공(色卽是空)'을 이해해 봐야 이해로만 그칠 뿐, 돈오(頓悟)해야 색즉시공의 실상을 체험하게 된다고 말씀하시잖아요? 지금 당장 깨달음에 대한 상을 확 떨쳐 버리고 오직 간절한 마음으로 선생님 설법을 듣다 보면, 반드시 이 속의 사람이 될 시절인연을 만나게 될 것임을 확신합니다.

40. 유○희 2020년 녹취

안녕하세요. 지금부터 공부 체험 이야기를 시작하겠습니다. 먼저 올해 연세가 어떻게 됩니까?

83세입니다.

무심선원에서는 몇 년 동안 공부하셨습니까?

8년 정도 된 것 같습니다.

무심선원에서 공부하기 전에는 어떤 공부를 하셨는지 간단히 말씀해 주세요.

진언(眞言)을 외웠어요. 참 많이 했어요. 신묘장구대다라니를 하루에 500독씩 15년 한 다음에, 다시 다른 진언을 5년 동안 18,000독 했어요. 20여 년 진언을 한 것 같아요.

무심선원에서 공부하다가 체험한 이야기를 해 주십시오.

처음 선생님을 뵈니까 법문에서 "마음, 마음." 하시더라고요. 그래서 저는 마음을 찾겠다고 석 달을 잡고 공부했는데, 막상 해 보니 안 되더라고요. 가진 게 너무 많아서 버리는 데 시간이 너무 많이 흘렸어요. 그래서 안간힘을 썼다고 해야 하나? 약이 극도로 오르더라고요. 약이 올라 어찌할 바를 모르고, 잠도 못 자고, 밥도 못 먹고, 소화도 안 되었죠.

그런 지경까지 갔는데, 어느 날 누가 무릎을 툭 치는데 체험이 왔어요. 그날 뭐라고 해야 할까? 고맙기도 하고, 분하기도 하고, 그렇게 만감이 교차하더라고요. '내가 들고 있던 이건데, 이걸 모르고 그렇게 찾았나?' 하는 생각이 드니까 눈물도 쏟아지고 그랬어요.

그러고는 쭉 그냥 지냈는데, 어려운 일이 있어도 그전 같으면 힘이 들 텐데 그냥 아무 일 없이 편안하게 지나가는 그런 식으로 살았어요. 그러나 선생님 법문을 들으면 "망상, 분별."을 많이 말씀하시는데, 이 망상분별이 쉽게 안 없어지더라고요. 그게 망상인 줄 알면서도 마음대로 안 되는 게 그거더라고요. 나도 모르게 끌려가곤 했어요.

체험한 뒤 지금까지 몇 년이 지났습니까?

5년 정도 된 것 같아요.

그동안 공부에 어떤 변화가 있었습니까?

많죠. 점점 더 걸리는 게 없이 편안해졌고, 옛날 같으면 난리를 쳤을 일도 아무 일도 아닌 듯이 나도 모르게 그냥 지나가요. 또 경계가 오더라도 뭔가 하고 보면 경계가 싹 없어져요. 저는 공부라고 해서 열심히 하지는 않고 그냥 편안하게 지내면서 볼 것 다 보았어요. 그러면서도 그 속에서 '저걸 보고 어떻게 반응이 오나?' 하고 보면 아무것도 없어요. 싱겁게 다 지나가고 있어요. 그냥 밥 잘 먹고 지금까지 아무 일 없이 내세울 것 없이 너무 좋아요.

한 가지 좀 아쉬운 게 있다면 더 일찍 이것을 알았더라면 하는 아쉬움이랄까? 내가 나이가 많잖아요? 그래서 이것을 좀 더 일찍 알았더라면 하는 생각이 들지만, 그렇다고 지금 그것을 탓할 수는 없고 지금 이런 것만이라도 너무 좋아요. 지금 코로나 때문에 집에 있잖아요? 그런데 그게 아무렇지도 않고, 그냥 편하게 혼자 지내고 있어요. 안 나가도 너무 좋아요. 코로나 때문에 여러 사람이 고생을 한다는데, 나는 고생보다는 득이 더 많은 거 같아요. 혼자 조용히 있으니까 오히려 더 좋아요.

체험하기 이전의 삶과 지금의 삶을 비교한다면 어떻습니까?

비교도 안 되죠. 비교할 것도 없거니와, 비교할 필요도 없어요. 예전에는 너무 우습게 살았던 거고, 지금이 진짜죠. 지금 이대로 공부를 조금 더 야무지게 하고 세상을 떠났으면 하는 생각뿐이에요. 죽는 것은 무섭지 않아요. 그 전에는 무서웠어요. 전생 후생이 있다고 해서 정말인 줄 알고 무서웠는데, 지금은 아무렇지도 않아요. 아무렇지도 않아요. 때가 되면 가는 거지. 코로나도 그래요. 나를 위해서 단속하는 것도 있지만 자손들 때문에 조심하는 거지, 아무것도 없어요. 가면 가는 거지. 걱정될 게 없어요. 이만큼이라도 맛을 봤다는 게 너무 좋아요.

새로 공부하는 후배들이나 도반들에게 당부하실 말씀이 있으면 해 주십시오.

요즘 사람들 똑똑해서 너무 아는 게 많아서 그것을 내려놓아야 하는데 안 내려놓으니까 그게 손해예요. 저도 나름 아는 게 많고 똑똑하다고 자부하고 3개월 만에 끝내겠다고 했는데, 알고 보니 그게 너무 가지고 있는 게 많아서 시간이 많이 걸렸잖아요? 다 버려야 해요. "내려놔라, 내려놔라." 해도 그것을 못 알아듣더라고요. 선생님 법문을 듣다 보면 좋은 말씀을 많이 하시는데, 나는 지금까지 전혀 듣지 못한 것처럼 생각되지요. 그러다가 들리게 되면 '저 말씀은 내가 처음 듣는 얘기지.' 이렇게 되더라고요. 좋은 말씀을 많이 하셨지만, 내가 갖고 있는 게 많아서 들어오지 않았던 거예요.

내가 내려놔야 하는데 그걸 모르죠. 빨리 버리는 사람이 빨리 입문하는 거지, 다른 거 없어요. 전 그것 버리느라고 혼났어요. 너무 가지고 있는 게 많았지요. 진언을 생각해 보세요. 다라니 하루 500독이면 혓바닥과 입 안이 한바탕 부르터 헐어요. 진언이 살살 잘 돌아가다가 누가 질문이라도 하면 끊어져요. 매일 아침에 진언하는 수행을 15년 동안 했으니 그것을 내려놓기가 얼마나 힘들겠어요? 너무 아는 게 많아서 혼났어요. 몸부림쳤어요. 그렇게 하지 않으면 안 되더라고요.

똑똑하고 복 많은 사람들이 많지만 전 그렇지 못했어요. 친정 형제들도 많았고 먹고사는 게 어려워서 정말 고생하고 살았어요. 그런 환경에서 자라 이 공부를 하려니까 이 공부에 얼마나 매달렸겠어요? 부처님을 스승이자 애인이자 아버지로 여겨 의지하고 공부했어요. 그러나 아무리 해도 안 되었어요.

그러다가 어느 날 친구가 무심선원 얘기를 해 주어서 선생님 법

337

문을 들었는데, 한마디에 '왜 내가 이것을 못 하느냐?' 하고 시작했던 거예요. 그런네 가지고 있는 게 많아서 좋은 말씀이 제 귓속으로 안 들어오더라고요. 그거 버리느라고 시간 많이 내버렸죠. 그렇지만 버리면 버릴수록 이익이 있더라고요. 그래서 이 나이에 이렇게 호강하고 있어요.

젊은 사람들도 내려놔야 해요. 아는 거 내려놓고 '기역 자도 난 몰라.'라고 해야 공부하기에 좋을 거예요. 그래야 이득이 되지요. 지금 현대인은 가진 것이 너무 많아요. 핸드폰도 전 잘 몰라요. 전화와 메시지 보내는 것뿐이니까요. 알려 줘도 마음에 담아 두지 않아요. 오늘 날짜도 몇 월이든 며칠이든 다 필요 없어요. 알려고 하면 저절로 알게 되고 필요할 때 살펴보면 되지만, 이제는 그런 것들에 매여 있지 않아요. 너무 고마운 세상이고 선생님께 감사드려요.

41. 윤○일 2020년 녹취

올해 연세가 어떻게 됩니까?

44세입니다.

무심선원에서 몇 년 공부하셨습니까?

31세에 무심선원을 알게 되었고, 그때가 2007년이었는데 여름 정진법회에 처음 참석했습니다. 지금까지 13년이 되었네요.

무심선원에서 공부하기 전에는 어떤 공부를 하셨는지 간단히 말씀해 주세요.

대학교 다닐 때는 불교에 관심이 생겨서 ○○회를 좀 다녀 봤습니다. ○○회의 불교대학도 다녀 보고 깨달음의 장, 나눔의 장이라고 하는 수행 프로그램에도 몇 차례 참석했죠. 또 심리상담소에서 운영하는 프로그램에도 몇 번 참석해 보고 그랬습니다. 뭔가 나를 찾고 싶었거든요.

그러면서 좀 더 공부를 하고 싶어서 전공을 바꿔 심리상담 대학원에 들어갔습니다. 제가 다닌 대학원은 한 불교 사학재단에서 새로 문을 연 곳이었는데 커리큘럼이 다양해서 요가나 호흡 수련, 비파사나 수행, 이런 과목들이 있었어요. 그래서 이론적인 불교 공부도 좀 하고 절 수행도 해 보고 이것저것 조금씩 접해 보는 계기가 되었습니다.

그러면서 정신세계에 대한 책을 접했는데, 제 나름으로는 결국 불이(不二)로 귀결된다는 결론을 내렸습니다. 당시 저는 서양 사상가 켄 윌버에 심취해 있었고, 숭산 스님이나 오쇼 라즈니쉬, 마하라지 이런 분들의 책을 읽었는데, 그분들은 공통적으로 "이것도 아니고 저것도 아니다."는 식의 말씀을 하더라고요. 그런데 이런 말을 통 이해할 수가 없잖아요. 도대체 모르겠으니 좀 찾아가서 물어보고 싶어도, 켄 윌버는 미국에 있고 다른 분들은 다 돌아가셨으니 물어볼 수도 없고 정말 답답했습니다.

그러던 차에 수업 중에 한 교수님이 김태완 선생님의 《선으로 읽는 금강경》 책을 권해 주시면서, 불교에 관심이 있는 분들은 꼭 읽어 보라고 하시더라고요. 김태완 선생님 책을 보면 뭔가 다르다면서 말이죠. 그래서 바로 서점으로 달려가 책을 사서 읽었죠. 그리고 알게 됐죠. 한국에서 '불이'를 말씀하시는 살아 계신 분이 있구나 하는 걸 말이죠. 책에 나온 홈페이지에 들어가 정진법회가 있다는 걸 알고 나서 참여하게 되었습니다.

무심선원에서 공부하다가 체험한 이야기를 해 주십시오.

처음 공부를 할 때는 석사 논문을 준비 중이었는데, 켄 윌버가 제시하는 의식의 발전단계에 따라 심리학과 깨달음을 엮어서 문헌 연구를 해 보려고 하고 있었습니다. 그런데 깨달음을 경험해 보지 못

했으니 논문은 엄두도 못 내고, 그러다가 무심선원에 오게 된 거죠.

정진법회에 처음 참여했을 때 놀랐던 점은 다들 연세가 많은 어르신들인데 쉬는 시간마다 이어폰을 끼고 계속 뭔가를 들으시는 거예요. 당시 MP3 기계가 막 등장하던 시점이었습니다. 그런데 어르신들이 MP3 기계를 하나씩 들고 다니면서 뭔가를 들으니 속으로 '이분들은 참 음악을 좋아하시는가 보다. 참 고상하신 분들이구나.' 생각했죠. 정말 음악을 들으시나 궁금하긴 했지만 물어볼 사람도 없고 해서 그냥 넘어갔습니다. 조용한 분위기에 아무도 말을 걸지 않고 해서 오랜만에 고요하게 지낼 수 있어서 저는 참 편했거든요.

아무튼 3박 4일 법회 중 이틀이 지나고 점심때인가 녹음과 녹화를 하던 분이 말을 걸어와서 처음으로 이런저런 대화를 하게 되어 물어봤죠. 대체 무슨 노래를 이렇게들 들으시는지 말이죠. 그랬더니 빵 터지면서 막 웃더니 노래가 아니라 법문을 듣는 거라고 했습니다. 의아했습니다. 당시 저는 공부란 수행을 하는 거라고 생각하고 있었는데, 법문을 듣는 게 공부라니 이상하잖아요. 그런데 또 법문을 듣기만 하면 공부가 된다고 하니 이것만큼 좋은 게 또 어딨겠나 싶기도 했죠.

당시 가지고 있던 MP3 기기에 법문을 몇 시간 담아서 듣기 시작했습니다. 저도 쉬는 시간만 되면 법문을 듣는 사람 중 한 사람이 되었죠. 그런데 무슨 말씀인지는 몰라도 좋더라고요. 법문을 들으면 고요해지고 차분해지고 그러면서 편하기도 하고 말이죠. 그렇게 여름 정진법회는 지나갔습니다.

그때는 서울법회가 없었고 선생님께서 수원에서 법회를 하실 때였는데요. 수원법회는 한 번 갔다가 뭔가 분위기도 딱딱한 것 같고 해서 이후로 법회는 가지 않았습니다. 또 당시에 저는 아상(我相)으로 가득해서 책만 보고도 깨달을 수 있다고 생각하면서 논문도 쓸 겸 선생님 책을 다 읽어 보자 하고 그때부터 선생님 책만 팠습니다.

일 년 정도가 지났지만 당연히 아무런 소득이 없었습니다. 아무리 책을 봐도 도무지 모르겠고 아무런 진전이 없었죠. 책만으로 되는 게 아니더라고요. 그런데 마침 2008년 8월부터 서울 남산 대원정사에서 김태완 선생님 서울법회가 시작되었습니다. 그래서 이제부터는 정말 법문을 들어야겠다는 생각에 법회에 계속 참여하고 법문을 듣기 시작했습니다. 다시 법문을 구매해 시간이 날 때마다 법문을 들었죠.

또 얼마간 시간이 흘렀습니다. 어느 날 문득 '나는 왜 이 공부를 하는가?' 하는 의문이 갑자기 강하게 다가왔습니다. 그래서 곰곰이 생각해 보니 여러 이유가 있더군요. 가장 큰 이유는 부처가 되고 싶다는 것이었습니다. 부처는 대단한 사람이니 한마디로 대단한 사람이 되고 싶은 거였습니다. 공부에 목적이 있지 않고 대단한 사람이 되고 싶은 거에 목적이 있는 거였습니다. 갑자기 너무 부끄러워졌습니다. '목적 자체가 잘못되었는데 공부가 될 리가 없었구나.' 깊이 반성하는 계기가 되었습니다.

목적을 바로잡고 나니 다시 의문이 들었습니다. '쓸데없는 목적이 없다면 정말 왜 공부를 하는가?' 하고 말이죠. 한참을 고민하다 보니 문득 '내가 정말 공부를 좋아하는구나.'라는 것을 알게 되었습니다. 어떤 목적도 관계없이, 제가 그저 법문 듣는 것을 좋아하고 있더라고요. 좋아한다는 것을 확인하니 그때부터는 마치 공부가 애인처럼 느껴졌습니다. 물론 볼 수도 없고 만질 수도 없고 저 멀리 있어서 다가갈 수 없는 애인이지만 그에게 다가가고 싶은 간절함이 있었습니다. 이후로 또 공부에 매달리면서 시간이 흘러갔습니다.

그렇게 법문을 듣던 중 어느 날 법회 시간이었던 것 같습니다. 선생님께서 하는 법문 중에 일화나 불교 이론 등 웬만한 것은 다 이해를 하고 있던 것 같습니다. 문득 '다른 이야기는 다 알아듣겠는데, 선생님께서 이거다 이거다 하실 때 그 '이것'을 내가 정말 모르는구나.'라는 사실이 갑자기 분명해졌습니다. '아. 내가 이걸 정말 모르는구나.' 이게 확연해지니 오직 '이것'만 남은 것 같았습니다. 마치 '이것'과 내가 서로 검을 한 자루씩 들고 대치하는 것 같은 그런 느낌이랄까요? 아무튼 '이것' 하나만 해결하면 되는 거구나라는 것이 강렬하게 다가오면서 이후로는 계속 법문을 듣든 뭘 하든 그냥 '이것'을 해결하고 싶을 뿐이었습니다.

그 사이 유사 체험 같은 것도 수없이 했습니다. 법문을 듣다가 뭔가 환해진다거나 시원해진다거나 하는 경험들이 일어나곤 했는데 이런 경험들은 꼭 월요일이나 화요일에 일어나는 거예요. 그럼 저는 '아! 나도 체험을 한 건가?' 하면서 한편으로 기쁜 마음에 일요일이 되면 선생님께 점검을 받아 봐야겠다 하고는 며칠 지내 보면 하루이틀 만에 그런 체험은 흔적도 없이 사라지고 기억 속에만 남는 거였습니다. 막상 일요일이 되면 선생님께 드릴 말씀이 없어져서 점검은커녕 법회에 참석만 하고 왔다 갔다 그랬습니다. 그러다가 이게 경계 체험이라는 것을 알게 되고 욕구가 너무 크다 보니 일어나는가 보다 하면서 이후로는 이런 게 오더라도 왔다 가는 거니 별로 신경을 쓰지 않게 되었습니다.

아무튼 목표가 '이것'이니까 이것을 잡아서 취하려고 하는 욕구가 무척이나 강했는데, 이런저런 경계 체험을 지나며 내가 '이것'을 취하려고 했던 모든 노력이 수포로 돌아가는 시간을 보내다 보니 정말 '이게 내 힘으로 되는 게 아니구나.'라는 완전한 포기가 일어나더라고요. 안내 책자에 있는 선생님 공부 체험기에도 나오고 법문에도 자주 말씀하시니 사실 의식적으로는 '그렇지. 포기해야지.' 하고 있었는데, 이게 의식적으로 포기한다고 되는 게 아니라 진짜 이런 일이 일어나더란 말이죠. 두 손 두 발 모두 들고 탁 포기하니 한편으로는 절망적이었지만, 한편으로는 뭔가 무척 마음이 편했습니다. 애쓰지 않아도 되는 거잖아요. 할 수 있는 게 없어서 절망적인데, 애쓰지 않아도 되니 마음은 편하고 참 이상했습니다.

아무튼 애쓸 일은 없는데, 이후로 온 세상은 마치 회색으로 퇴색된 것처럼 느껴지고 저는 사막 같은 그곳에서 말라 죽어가는 풀뿌리 같은 느낌과 절망 속에 있던 것 같습니다. 그리고 한편으로 '이것'은 종이 한 장 너머에 있는 것처럼 아주 가까운데 그 종이를 뚫지 못하는 안타까움에 미칠 것 같은 느낌도 오고 가고 했던 것 같습니다.

그때쯤 부처님 전생담 중에 설산동자 이야기가 막 공감이 되는 거예요. 진리의 말을 하는 야차에게 몸을 뜯어먹히면서 게송 한 구절을 청하는 이야기 있지 않습니까? 그 심정이 막 이해되는 거예요. '깨달음 같은 거 다 필요 없다. 평생 깨닫지 못해도 좋으니 다만 "이것"만 확인할 수 있다면 온몸이 뜯어먹혀도 여한이 없겠다.'는 생각을 하곤 했습니다.

이렇게 6년이 흘렀고 2013년 여름 정진법회 때였습니다. 정진법회에 참여할 때는 '이번에는 꼭 확인하고 싶다.'는 의지를 불태우곤 했는데, 마지막 시간까지 아무런 소득이 없었습니다. 절망적이었지만 남은 한 시간까지 법문에 귀를 기울여 보자는 심정으로 선생님 법문을 듣고 있었습니다. 그런데 법문을 듣는 중간 '이것'을 취하려고 하는 욕구가 또 일어나는 것을 발견했습니다. 그래서 속으로 '아. 또 이런 쓸데없는 짓을 하고 있구나.' 하면서 잡생각을 치우고 법문에 귀 기울이던 그 순간, 선생님께서 두 손을 흔들며 "이것밖에 없습니다."라고 말씀하시는데, 마치 꿈에서 번쩍 깨듯 정신이 번쩍 들더니 이 자리가 환하게 밝아졌습니다. '이것'은 선생님만 갖고 있고 저는 없는 줄 알았는데 아니었습니다. 작은 내가 우주 속에 있는 줄 알고 있었는데, 우주가 내 안에 있었습니다. 선생님은 여기서 법문을 하고 계셨고, 저도 여기서 법문을 듣고 있었습니다. 뒤집혀 있던 축이 획 다시 뒤집혀 제자리를 찾는 것 같았습니다. 멈춰서 아무 소리도 나오지 않던 라디오의 버튼이 찰카닥 눌러지더니 드디어 음악이 흘러나오는 듯했습니다.

그렇다고 이전까지의 경계 체험처럼 어떤 느낌이나 고양된 감정을 동반하는 특이한 경험은 아니었습니다. 그냥 분명히 밝혀졌고, 그 순간 저는 그냥 알았습니다. '아! 내가 드디어 발을 디뎠구나.' 하고 말이죠. 그런데 없던 곳에 디딘 게 아니었습니다. 늘 디디고 있었는데 몰랐던 거죠. 본래 갖고 있다는 말이 실감됐습니다. 물속에서 물을 찾고 있다는 말 역시 같은 거였죠. 한편으로는 온 우주 끝까지 기쁨의 소리를 지르고 싶으면서도, 한편으로는 너무 허탈했습니다. 이게 뭐라고 이제껏 그렇게 찾아왔는지 말이죠. 결국 스스로가 스스로에게 속고 있던 건데 속는 줄 모르고 제자리에서 찾아다녔으니 정말 기쁘면서도 허탈했습니다. 그저 언제나 부처님 손바닥이었던 것입니다.

체험한 뒤에 지금까지 몇 년이 지났으며, 그동안 공부에 어떤 변화가 있었습니까?

7년 정도 지난 것 같습니다. 처음 한두 달은 정말 갓 태어난 호랑이가 소를 잡아먹을 것처럼 포효한다는 말처럼 가슴이 벅찼습니다. 그토록 염원하던 것을 확인했고, 선생님 법문이 진정 들리기 시작했으니까요. 법문이 이렇게 재밌는 줄 처음 알았습니다.

그러던 차에 당시 어떤 거사님께서 네이버밴드를 운영하고 있었는데, 거기서 아는 척 몇 마디 적은 적이 있습니다. 그런데 곧 다시 보니 그게 너무 부끄럽더라고요. 가슴은 벅차도 막상 말로 하려니 말도 안 나오고 억지로 몇 마디 하고 보니 그게 그렇게 부끄러울 수가 없었습니다. 그래서 '공부 이야기를 함부로 하는 게 아니구나.' 생각하면서 묵묵히 해야겠다 싶었습니다.

조금 더 시간이 흘러 들뜸이 가라앉고 보니 발을 디디기는 디뎠는데, 디딘 자리가 있더란 말이죠. 뭔가 어긋난 것 같은 부조화가 있는 거예요. 그렇게 또 몇 년이 흐르면서 어떤 날은 정진법회 법문을 듣던 중에 뭔가 쑥 빠져나가는 것 같더라고요. 무척 시원했습니다.

지금은 이렇다 저렇다 공부에 대해 판단한다거나 생각하거나 하지는 않지만, 대혜 스님의 "익숙했던 것에서 멀어져 가고, 낯선 것에 익숙해져 간다."는 말씀이 조금씩 납득이 갑니다. 선생님께서 자주 말씀하시는 "이 공부는 적어도 20년은 해야 한다."는 말씀도 납득이 가고요. 체험이 어려운 게 아니라 공부를 다져 가는 게 더욱 어렵다는 것을 확인하고 있습니다.

체험하기 이전의 삶과 지금의 삶을 비교한다면 어떻습니까?

삶이란 무엇인가에 대한 고민을 하지 않습니다. 어떻게 살아야 하는가에 대한 고민도요. 예전에는 이것저것 따져 가며 손해를 안 보려고 노력한 적도 많았고 뭔가를 추구하려고 애쓰기도 많이 했는데, 한마디로 할 게 없다는 게 크게 달라진 점입니다. 그냥 할 게 없어요. 뭔가 투명하고 비어 있는 것 같고 그렇습니다. 그렇다고 한 티끌도 없이 공부가 온전하냐 하면 그렇지도 않습니다. 저는 예전부터 공부가 좀 더딘 편인 것 같은데요. 좀 게으른 면도 있고요. 그래서 그런지 뭔가 좀 느릿느릿 가는 것 같아요. 그렇다고 조급하지는 않습니다. 그저 한 걸음 한 걸음 갈 뿐이죠.

새로 공부하는 후배들이나 도반들에게 당부하실 말씀이 있으면 해 주십시오.

별로 드릴 말씀은 없습니다. 어차피 꾸준히 공부하다 보면 모두 확인하실 거고, 확인하고 나면 결국 또 자기 공부를 해야 하는 거니까요. 앞서도 말씀드렸지만 체험을 하는 것은 오히려 쉽고 이후 공부를 꾸준히 그리고 철저하게 하는 게 정말 어려운 것 같습니다. 우리 도반님들 모두 꾸준히 공부하셔서 큰 공부인이 되시기를 기원할 뿐입니다.

42. 이○경 <small>2020년 녹취</small>

올해 연세가 어떻게 됩니까?

1964년생이니까 57세입니다.

무심선원에서 몇 년 공부하셨습니까?

2014년 8월 말에 동국대에서 하시는 법문을 처음 듣기 시작했습니다. 그러니 만 6년이 됩니다.

무심선원에서 공부하기 전에는 어떤 공부를 하셨는지 간단히 말씀해 주세요.

중학교, 고등학교 시절 기독교에 심취했고, 대학 시절에는 천주교 신앙을 가졌고, 결혼할 즈음 ○○○선원을 10년 정도 다니면서 공부하고, 그 이후 ○○회에 6개월 정도 다녔습니다. 그 이후 유튜브에서 김태완 선생님 법문을 보고 놀라움과 충격을 받고서 거사와 함께 바로 서울 총무님께 연락하고 참석하였습니다.

무심선원에서 공부하다가 체험한 이야기를 해 주십시오.

2015년 2월말 즈음, 공주에 있는 불교 연수원에서 열린 겨울 정진법회의 마지막 시간 법문을 듣는 중에 선생님이 "이것이 도입니다." 하시면서 탁자를 탁탁 두드리는 소리에 가슴속의 덩어리가 쿵 하고 떨어졌습니다. 가슴속이 후련해지고 텅 비어 있는 듯 갑자기 편안함을 느꼈습니다. 정진법회 후 집으로 돌아오는 도중에도 마음이 잔잔해져서 요동을 느낄 수가 없었지요.

다음 날 친정집에 아주 황급하고 황망한 일이 생겨 친정아버지가 전화를 주시고 일을 해결하라고 하셨는데, 평소라면 제 가슴이 콩닥콩닥 뛰고 조바심이 일어났을 텐데 전혀 동요되지 않았습니다. 친정아버지를 안심시켜 드리고, 그날 해야 할 일을 미루어 두고 급한 일을 해결하기 시작했습니다. 이런저런 복잡한 일이 벌어진 와중에도 마음에 동요 없이 밤늦게까지 일을 해결하였습니다.

갑자기 일어나는 모든 일의 앞뒤가 숨겨진 면이 없고 보이는 그대로가 전부라는 느낌이 왔고, 만나는 사람마다 마음이 편안하였습니다. 보이는 물체의 면면이 모두 입체적이지 않고 평면인 듯하고, 특히 운전하는 자동차 안이 입체적이지 않고 평면인 듯하여 손으로 만져 본 기억도 있습니다. 세상이 이차원적으로 나타나 시야가 아주 단편적으로 보였습니다.

하루이틀 지나면서 기억이 희미해져서 '내가 치매 아닌가?' 하고 의심하기도 했습니다. 시간이 흐를수록 생각 쉬어짐이 심해져서 따로 기록이 필요할 정도였지만, 생각이 쉬어지니 살기 더 편해지는구나 싶더군요.

오래전의 일이어서 자세한 기억은 나지 않으나, 그 후 오래지 않아 자고 일어났더니 나를 싸고 있던 세계가 완전히 텅 비어 있었습니다. 내 몸은 존재하고 모든 것이 그대로인데 나를 둘러싼 세계가 텅 비어 있고, 머리는 있는데 뭔가 없어진 듯 그 기분을 말로 표현할 수가 없었습니다. 그동안의 걱정근심이 어디론가 없어진 듯, 생각하는 나는 이렇게 존재하는데 근심이 없어진 듯하더군요.

마음은 더욱더 안정되고 편안해져서 직장에서 일어나는, 부딪히는 일들이 자연스럽고 저절로 이루어지는 듯했습니다. 지금도 직장의 대소사와 집안의 일들이 마음에 걸리기는 하지만 예전처럼 끄달려 가기보다는 지켜보는 편입니다.

체험한 뒤에 지금까지 몇 년이 지났으며, 그동안 공부에 어떤 변화가 있었습니까?

체험한 후 5년이 지났습니다. 공부를 해야 한다는 강박관념은 많이 없어져서 자유로워졌고, 법문을 들으면 행복하고, 생활에서 일어나는 충돌들에도 편안해졌습니다. 그러나 공부가 정체된 듯한 면이 있습니다. 직장생활과 집안의 대소사에서 일어나는 문제들이 아직은 힘들고 고달프기도 하지만, 그 강도는 아주 약해지고 있고 저의 대처도 지혜로워지고 있습니다. 저절로 더욱더 편안해지고 있습니다.

체험하기 이전의 삶과 지금의 삶을 비교한다면 어떻습니까?

지금 생각해 보면 체험 전에는 아주 힘든 나날이었습니다. 좌충우돌 생활 전반이 걱정근심으로 가득 찼고 편한 시간 없이 꾸역꾸역 엮어 가는 생활이었죠. 체험 후에는 세상일이 편해지고 쉽게 생각되고 인위적으로 하는 일이 없어져서 주어지는 대로 사는 삶이 되었습니다. 아직 고뇌가 몰려오는 경우도 많으나 체험 전에 비하면 금방 잊어버리고 편해집니다. 대신 일들이 쉬이 풀려 가지요. 건망증이 심해져서 메모는 필수입니다. 체험 전에는 생각이 많아 고통을 불러온 듯합니다. 체험은 신묘한 일입니다. 석가모니 부처님을 만난 것과 김태완 선생님을 만난 것은 천운입니다. 부처님과 선생님께 엎드려 절합니다. 석가모니 부처님의 깨달음은 인류의 구원이었지요.

새로 공부하는 후배들이나 도반들에게 당부하실 말씀이 있으면 해 주십시오.

이 공부는 기존의 교육 방식으로 접근하기에는 쉬운 공부가 아닙니다. 태어난 이후 말과 글을 통해 교육받고 일정한 방법으로 훈육받은 것이 도리어 역효과를 내는 것을, 이 마음공부를 하면서 절실히 깨닫는 시간들이었습니다. 저절로 되는 공부를 열심히 외우고 반복하면서 애써서 수련해야 한다고 알고 있었으니 말입니다.

마음공부 초기에는 기존의 반복교육 방식으로 접근하겠지만 법문에 익숙해지면서 마음을 따라가는 공부가 될 겁니다. 편안하게 시작하고 선생님의 법문만 반복해서 듣다 보면 어느새 어느 곳에 자연스레 서 있을 것입니다. 그사이에 낙담도 되고 처절한 내 모습도 많이 보일 것입니다. 그게 공부인 게지요. 마음이 헤아릴 수 없이 깊은 바다의 밑바닥으로 떨어져 더이상 솟아날 희망이 없는 상황으로 변화되는 처절함과 수많은 절망 후에 찾아오는 묘법이 체험이지요.

원래 우리는 이렇게 가볍고 편안한 모습으로 왔음에도 이를 알지 못해 힘겹게 살아가지요. 부처님의 깨달음으로 인류는 해탈할수 있음을 알았습니다. 하나뿐인 딸에게 줄 유산은 마음공부뿐입니다. 이것이 진실한 유산이지만, 부모가 강요하여 되는 것이 아니라스스로 알아 가고 찾아가는 저절로 되는 공부이기 때문에, 지금은걸어가는 모습만 보고 있습니다.

43. 이○강 2020년 녹취

올해 연세가 어떻게 됩니까?

77세입니다.

무심선원에서 몇 년 공부하셨습니까?

2008년에 왔으니까 12년 됐군요.

무심선원에서 공부하기 전에는 어떤 공부를 하셨는지 간단히 말씀해 주세요.

예전에는 주로 선방에서 참선을 했습니다. 이 선방, 저 선방을 다니면서 참선을 한 10년 정도 했지요. 불교를 처음 접한 것은 더 이전인데, 그때는 기도를 좀 해 보다가 선방에 가서 공부를 좀 해 봐야겠다 싶어서 갔어요. 당시에도 공부의 길을 찾던 중에, 길을 모르니까 선방에 들어가서 공부를 한 거죠. 그런데 한 몇 년 해 보니까 '아! 이건 아닌 것 같은데.' 하는 걸 느꼈어요. 나름대로 공부를 오래 했다고 하는 사람들을 두드려 봤더니 공부를 통해 뭔가를 얻은 반응은 없더라고요. 무턱대고 그냥 있어요. 그래서 '아! 이거는 아닌데, 아닌데.' 하면서도 다른 길을 모르니까, 저도 그냥 무턱대고 앉

354

아서 그렇게 한 10년, 시간만 보낸 거죠.

그러다가 어느 날 '이거는 정말 아니다. 이제는 정말 내가 참 스승을 한번 만나야겠다.'는 마음을 갖고 있었는데, 어떤 지인을 통해서 김태완 선생님의 《선으로 읽는 대승찬》 책을 얻어서 보게 되었어요. 그 책을 받자마자 밤새도록 다 읽었어요. 밤새 읽고 나서 보니 남는 게 '이것!' 하나뿐이더라고요. '그래! 도대체 이게 뭘까?' 하면서 이거는 한번 내가 밝혀 봐야겠다 싶어서 무심선원을 찾아왔어요. 당시 무심선원은 해운대에 있었는데, 남산동에서 해운대로 막 옮겨온 참이었죠.

무심선원에서 공부하다가 체험한 이야기를 해 주십시오.

그렇게 선원에 와서 김태완 선생님 법문을 듣게 됐어요. 처음에는 너무 새로웠어요. 제가 그간 공부를 하면서 다른 스님들 법문도 많이 들었는데, 일반 스님들이 하는 법문과 선생님이 하는 법문은 정말 판이하게 달랐어요. '어떻게 이렇게 상큼한 법문이 있을까?' 빠져들더라고요. 그래서 무턱대고 또 오는 거죠. 이 길이 어떻다 하는 것도 역시 몰랐지만 여기에는 뭔가 있겠다는 생각에 계속 왔어요.

그렇게 몇 년 지났을까? 그때는 수요법회도 있었거든요. 수요법회는 오전과 저녁에 했는데, 창원에서 오던 보살들이 오전에 한 시간 법문 듣고 가기가 아깝다고 몇 명이 모여서 소참식으로 공부 이야기를 하는 모임이 있었어요. 그래서 거기 한번 가 봐야겠다 싶어서 법회 마치고 점심 먹고 참여를 했죠. 가니까 각자의 경험담을 얘기하더라고요. 듣고 있는데 어느 보살이 자기는 귀가 문드러질 정도로 법문을 들었다고 하는 거예요. 어떻게 보면 아무렇지도 않은 말인데, 그 한마디가 마치 야구방망이로 귀를 때리는 것 같았어요. '아! 그렇구나! 이런 게 있구나!' 싶었죠.

그렇지 않아도 어떤 거사가 저를 보고 보살님은 너무 안이하게 공부를 하는 것 같다고 했거든요. 저보고 거문고 줄이 너무 늘어졌다는 거예요. 그런 말을 몇 번 들었던 참인데, 귀가 문드러질 정도로 법문을 들었다는 말에 충격을 받으니까 저도 완전히 달라졌어요. 옛말에 발심만 제대로 하면 일주일만 공부해도 이 자리를 알 수 있다는 말이 있듯이 저도 정신이 퍼뜩 들었어요. 그러고서 한 2주일 동안은 완전히 제가, 제가 아니었어요. 너무 분해서 밤마다 울었죠. 주변에서 너도 나도 체험했다고 하는데 나는 뭐가 모자라서 이 공부에 진전이 없나 하면서 밤새도록 울고 그랬어요.

그러다가 어느 날 도반들하고 한 식당에서 점심을 먹고 좀 더 앉아서 이런저런 얘기를 하고 있는데, 주방에서 그릇을 포개 놓잖아요. 그게 와장창 무너지더라고요. 그런데 그 "와장창." 하는 소리가 가슴에 내리꽂히는데, '그래 이거야! 이거!' '저 소리야. 저 소리.' 하는 체험이 오더라고요. 그 후로 지나가는 자동차 소리도 이거고. 전부 이거예요. 마침 눈이 조금씩 오고 있었는데, 눈이 땅에 닿자마자 사르르 녹는 것도 바로 이것이었어요. 저는 그렇게 되더라고요. 그 때가 선원에 오고 한 4, 5년 지났을 때였어요.

체험한 뒤에 지금까지 몇 년이 지났으며, 그동안 공부에 어떤 변화가 있었습니까?

7, 8년 정도 지난 것 같네요. 체험을 한 직후에는 편하다고나 할까? 그때까지 공부를 한답시고 정말 많이 헤매고 다녔잖아요? '이 자리를 위해서 내가 이렇게 많이 돌아다녔구나.' 꼭 몸으로 여기저기 돌아다녔다는 게 아니고 정신적으로 정말 헤매고 다닌 거죠. 그러니까 '이제는 더이상 헤매지 않아도 되는구나.' 하는 안도감이 들어요. 처음에는 이런 안도감이 들었습니다. 그 해 집에 화재가 났는데도, 스스로도 놀랄 정도로 마음이 차분해지고 안정이 되고 걱정이 들지 않더라고요.

그리고 그 이후로 일 년인가 지났어요. 텔레비전을 보는데 어느 프로그램에 나온 사람이 "바로 이거야." 하는 거예요. 그 얘기를 듣는데 처음 체험했을 때 내려앉는 것보다 더 완전히, 내가 완전히 송두리째 빠져나가 버리더라고요. 그러고 나니까 선생님 법문도 더 잘 소화가 되고 그렇게 되더라고요.

그렇게 한 4년, 5년이 평범하게 지나갔어요. 2017년인가 됐는데, 그때 집안에 우환이 하나 생겼어요. 그때 정말 어려움을 겪었거든요. 안팎으로 너무 어려움을 겪다 보니까 정신이 나가는 것 같더라고요. 그래서 안 되겠다 싶어서 다시 공부에 매달렸습니다. 6, 7개월 동안 미친 듯이 선생님 법문에 매달렸어요. 그때는 선원 옆에 있던 동백섬이 제 법당이었습니다. 아침에 일어나면 대충 챙겨 먹고 동백섬에 와요. 동백섬에서 하루 종일 법문만 듣는 거예요. 선생님 법문을 들으면서 마음의 위로를 받고 안정도 찾고 저녁이 되면 다시 집에 가요. 그렇게 6, 7개월 하니까 엄청 성장된 기분이 들더라고요. 모든 게 안정이 됐어요.

돌아보니 나를 아프게 한 것은 아무 쓸데 없는 것이었어요. 정말 한 마음이었는데, 그 한 마음 바꾸는 게 그렇게 오래 걸리더라고요. 한 마음 딱 바꾸고 나니까 그냥 다 지나가는 것뿐인데, 그때는 그걸 못 견뎠던 거죠. 이제는 정말 편안합니다. 지나고 나서 보니 약간은 알겠더라고요. '내가 조금 변했구나.' 하는 것을 스스로 느낍니다.

이제 남은 인생의 목표는 과연 나 자신의 공부가 얼마나 진전이 있을까? 그걸 확인하는 거예요. 그래서 제가 나이도 있지만 운동해서 체력관리도 하는 게 단지 오래 살려고 하는 게 아니라, '이 공부가 얼마나 더 진전될지 지켜보자.' 하는 심정이거든요. 그래서 지금은 아는 척도 모르는 척도 안 하고 그저 묵묵히 공부하고 있습니다. 끝까지 공부해 봐야겠다는 생각뿐이죠.

체험하기 이전의 삶과 지금의 삶을 비교한다면 어떻습니까?

정신적으로 아주 성숙했다는 것을 느끼죠. 이 공부를 하면서 체험했다는 사람들은 공통적으로 편안하다는 것을 느껴요. 그런데 그 편안함에 안주하는 게 아니고 자꾸 더 공부해 나가다 보면 자신이 넓어진다는 게 느껴져요. 남을 배려하고 솔선수범하고 다독거리고, 하여튼 부드러워졌다고 할까요. 자연스럽게 지혜가 앞서게 되는 것 같습니다. 또 안목이 커진다는 것도 느껴집니다. 이거는 공부를 해 봐야 알아요. 단지 '보는 눈이 넓어졌다' 이런 게 아니라 깊어지는 것도 있는데, 아무튼 공부하는 분들은 다 아실 겁니다.

새로 공부하는 후배들이나 도반들에게 당부하실 말씀이 있으면 해 주십시오.

저 스스로 제 공부를 성숙했다고 보지 않기 때문에 공부에 대해 이렇다 저렇다 드릴 말씀은 없어요. 다만 어떻게 하든지 열심히 선생님 법문을 들으라는 것뿐이에요. 거기에 다 해답이 있습니다.

그러고 보니 생각나는 게 하나 있네요. 제가 처음 체험했던 그때, 아마 2012년, 13년 무렵일 거예요. 무심선원에서 체험자들이 정말 많이 나왔어요. 그러다 보니 선원 분위기가 무척 달아오르더라고요. 그런 분위기가 사람들 공부를 독려한 것도 없잖아 있겠지만, 한편으로는 사람들이 너무 들뜨고 경솔하고 그랬어요. 일부 도반들은 마치 선원을 학원처럼 느끼는 것 같았어요. 빨리 공부하고 빨리 체험하는 게 가장 중요한 것처럼 사람들이 받아들이는 것 같고, 체험을 하고 못하고를 가지고 잘나고 못나고를 구분하는 것처럼 보이기도 하고 그랬죠. 또 일부 쉽게 체험했다고 하는 사람들은 매우 경솔한 언행을 보이기도 하고 정말 어수선했습니다. 저도 그때 선원을 그만 나와야 하나 하고 심각하게 고민할 정도였어요. 이러면 안 되는데 싶더라고요. 선원은 학원이 아니잖아요? 체험을 한다고 공부가 끝나는 게 아니고 시작인데도, 오히려 체험했다고 방방 뜨고 그러는 걸 보면 참 아쉬웠어요. 다행히 그 뒤로 조금씩 분위기가 잡혀서 조금씩 괜찮아졌어요.

도반들이 선원을 학원이나 직업 학교처럼 여기는 것 같아 보일 때는 무척 아쉽습니다. 공부가 물론 제일 중요하지만, 공부만 하면 끝이라는 식으로 왔다가 가고 왔다가 가면서 선원을 배려하지 않는 것 같을 때는 안타까워요. 무심선원은 우리가 평생 공부해야 하는 장소이자 다 같이 만들어가는 법당입니다. 선원을 가정처럼 여기고 소중히 아꼈으면 좋겠어요. 서로 다독거리고 협조하면서 선원을 가꿔 나가면 얼마나 좋을까요. 자기 공부만 하면 그만이다, 이렇게 생각하시지는 않았으면 좋겠습니다.

안녕하세요. 지금부터 공부 체험 이야기를 시작하겠습니다. 먼저 올해 연세가 어떻게 됩니까?

올해 62세입니다.

무심선원에서는 몇 년 동안 공부하셨습니까?

4년 공부했습니다.

무심선원에서 공부하기 전에는 어떤 공부를 하셨는지 간단히 말씀해 주세요.

무심선원 오기 전에는 위빠사나-사마타 수행을 십수 년 하고 다녔습니다.

무심선원에서 공부하다가 체험한 이야기를 해 주십시오.

무심선원에 온 뒤 몇 달 안 되어 외국 출장을 갔다가 호텔에서 늘 하던 대로 밤에 선생님 법문을 듣고 있었어요. 선생님 법문에 생각을 따라가지 말고 말을 따라가지 말라는 말씀을 늘 들었는데, 그때 말을 따라가지 말라는 그 말씀에 갑자기 딱 멈춰졌습니다. 제 가슴은 따듯해지고 열이 나는 것 같았어요. 그러다가 아랫부분으로 이동하는 듯하더니 따듯해지면서, 평소 말씀하신 물동이를 이고 가다가 밑동이 빠지면 온몸이 다 젖는 것처럼 밑으로 쑥 내려갔습니다. 그러고는 어떤 일인지 모르겠고 정신이 없었습니다.

그다음 날 일어나니 많이 달라져 있었습니다. 지금 생각하니 분별이 많이 없어진 것 같았습니다. 편안하고 좋은 날들을 환희에 차서 한참을 보냈습니다. 그리고 선생님과 면담을 하고 "싹이 나왔으니 잘 키우라."는 말씀을 하시길래 처음에는 그냥 두었습니다. 그리고 서너 달이 지나고 나니 옛날처럼 다시 답답해지는 게 가끔 느껴졌습니다. 그러면 그 자리를 찾으려고 다시 들어가고 '의도를 내면 안 되는데' 하면서도 또다시 들어가고 하다 보니 점점 지나면서 테크닉이 자꾸 발달하니까 '이 자리' 단어만 들어도 쑥쑥 들어가서 편안하게 지냈습니다.

체험한 뒤 지금까지 몇 년이 지났습니까? 그리고 그동안 공부에 어떤 변화가 있었습니까?

그렇게 편안하게 지내는 게 전부라고 생각했는데 3년여가 지나고 보니 그 자리에 쉽게 들어가서 즐겁게 생활하면 편안하고 좋은데 계속 조작을 해야 하는 겁니다. 조작하지 않고 놔두면 아무것도 아닌, 물에 물 탄 듯하고 그런 딜레마에 빠져 있었는데, 주변에 도반님의 도움을 받아서 "그냥 두면 된다."는 그 말 한마디에 '아 이것구나.' 하는 그런 감이 왔습니다.

잠시는 되는 듯하다가 자꾸 찾는 그 자리를 쑥쑥 들어가려고 하는 의도가 있었습니다. '아, 나는 아무것도 할 수가 없구나. 내가 할 수 있는 것은 농땡이 치고 노는 거다.' 하는 그런 생각도 들어서 선생님 법문하실 때도 멍하니 멍 때리는 경우도 있고 일부러 잠을 청하는 때도 있습니다.

도반이 도움을 준 그 길로 가는 것이 지금은 확실히 감을 잡은 것 같습니다. 그냥 둬야 합니다. 제가 체험한 지 3년밖에 안 되었으니까 시간이 지나면 지날수록 더 익숙해지고 하다 보면 나중에 저절로 되지 않을까 하는 기대를 가지고 농땡이를 치고 있습니다. 그래도 이 길로 가면 될 것 같다는 감은 온 것 같습니다.

체험하기 이전의 삶과 지금의 삶을 비교한다면 어떻습니까?

체험하기 이전의 삶은 지옥이었습니다. 저한테 큰 아픔이 있었는데, 그 아픔을 잊으려고 매 순간 알아차림을 해서 저를 괴롭혔어요. 가슴이 답답하고 터질 것 같고, 이런 마음을 다른 길로 돌려서 억누르고 살았습니다. 그러다가 체험하고 난 뒤로는 안심이 되었어요. 내 자리가 있으니까 나만의 쉼터랄까 도망갈 자리가 있으니까 훨씬 수월해지고 자신감도 생기고 당당해진 것 같기도 하고요. 내가 갈 길이 있다는 것, 내 자리가 있다는 것이 큰 도움이 되었습니다. 그리고 모든 것을 허용하게 됩니다. 있는 그대로 둡니다. 어느 하나 버릴 게 없고 세상은 빈틈없이 잘 돌아가고 있음을 가슴으로 받아들입니다.

새로 공부하는 후배들이나 도반들에게 당부하실 말씀이 있으면 해 주십시오.

이것을 너무 어렵게 접근하는 사람이 많은데, 그리고 막 집중하려고 하는데, 이것은 사실 어려운 게 하나도 아닌 것 같습니다. 지금 와서 느끼는 게 사실 누구나 다 있는 것입니다. 나한테 다 가진 것을 그냥 확인하는 것밖에 안 되는데, 그것을 단시간 내에 하려고 집중을 하고 나를 괴롭히고 합니다. 나중에는 너무 힘들어서 하소연하는 사람들을 봤는데, 그냥 여유 있게 슬슬 생활하면서 해도 됩니다. 너무 각 잡아서 하지 말고 그냥 편안하게 법문 들으면서 기본에 충실해야 한다는 거죠. 내가 지금 가지고 있는 것, 있는 그대로 다시 확인하는 것이니까 너무 자신을 압박하지 않는 것이 좋습니다.

45. 이○자 2020년 녹취

올해 연세가 어떻게 됩니까?

69세입니다.

무심선원에서 몇 년 공부하셨습니까?

5, 6년 된 것 같습니다. 아마 2014년부터 시작한 것 같네요.

무심선원에서 공부하기 전에는 어떤 공부를 하셨는지 간단히 말씀해 주세요.

처음에 시민선방에서 공부를 시작했습니다. 그때 제가 50대 초반 정도 되었으니까 거의 20년이 다 되네요. 당시 선방에서 공부할 무렵에는 스님이 가르쳐 주신 대로 좌선을 했습니다. 좌선을 하면서 7년 정도 흐르니까 잡히는 게 하나도 없다는 것을 알게 되었어요. 몸은 차분하게 내려앉았지만 뭔가 만족하지 못한 그런 상태였어요. 그때 한 보살님과 친분이 있었는데, 이 보살님이 선방을 다니면서 무심선원에도 다닌다는 걸 알게 되었죠. 어느 때인가 그 보살님이 무심선원에 대해서 슬쩍 말씀을 하더라고요.

그래서 "나도 한번 가 보면 안 될까?" 하고 보살님께 물어봤더니

365

저보고 알음알이가 많아서 무심선원에서 공부하기 힘들 것 같다고 하는 거예요. 저는 속으로 '그렇지 않다'고 생각했는데, 아무튼 무심선원에 가 보고 싶었어요. 사실 선생님이 어떤 분인지도 궁금했습니다. 그래서 무심선원에 공부하러 나오게 된 거죠.

무심선원에서 공부하다가 체험한 이야기를 해 주십시오.

와서 선생님 법문을 들었는데 처음 몇 주는 뭘 모르면서도 그냥 들었어요. 그렇게 10번 정도 법회에 참여하면서 선생님 법문이 군더더기 없이 깔끔하다는 게 분명하게 느껴졌어요. 그때 무심선원에 뜻을 두어야겠다고 생각했죠.

당시 선방을 같이 다니던 보살님 몇 명이 같이 공부하러 왔는데, 1년 정도 지나니까 다 안 나오더라고요. 그게 다 인연인 것 같기도 한데, 저는 아무튼 계속 나왔어요. 그때 좌선을 같이 겸했는데, 그러니까 선방을 다니면서 선원에 공부하러 나왔습니다. 병행을 한 거죠. 사실 그때는 조금 간을 봤다고 해야죠.

그런데 어느 날인가부터 선생님 법문에 서서히 젖어 들게 되더라고요. 저 자신도 모르게 그랬어요. 그래서 선방을 그만 다녀야겠다고 마음먹었죠. 근데 선방에 대한 습이 얼마나 굳어졌는지 잘 안 되더라고요. 그때까지 15년 정도 선방을 다녔거든요. 그렇게 1년 정도 지난 후에 결국 선방을 그만 다니게 되었죠. 그리고 선생님 법문에 전념하게 됐습니다.

선방을 그만두고 선원에만 전념하면서 정진법회는 한 번도 빠지지 않고 다녔습니다. 선원에 온지 3년 정도 지났을 때였던 것 같아요. 마곡사에서 정진법회를 할 때였는데 가을이었습니다. 그때 보온병을 갖고 있었는데 떨어뜨렸거든요. 그게 발에 걸려서 도르르 굴러서 툭 떨어지는데, 그 소리가 뭔가 이전하고 다르게 들리는 거예요. 그리고 정진법회를 마치고 집에 오는데 뭔가 기분이 좋은 거예요. 그래도 뭔지는 몰랐죠. 뭔지는 몰랐지만 아무래도 선생님 면담을 해 봐야겠다는 생각이 들더라고요. 그래서 다음 정진법회에 가면 한번 면담을 해야겠다고 마음먹었죠.

그런데 가을 정진법회를 다녀온 이후로 점점 저 스스로가 너무 태평스러워지는 거예요. 그게 느낌하고는 달라요. 제가 저를 제어할 수가 없어요. 걸림이 없는데 이게 뭔지 모르겠는 거예요. 한 번도 겪어 보지 못한 거라서 뭔지는 모르겠는데 저 스스로가 그냥 놓이는 거예요.

그 뒤 어느 날 저녁에 잠을 자려는데 잠이 안 오는 거예요. 갑자기 가슴이 너무 답답한 거예요. 혹시 심장에 이상이 생겼나 싶을 정도였는데, 가만 보니 심장은 이상이 없는 것 같아요. 그래서 그냥 자려고 하다가 도저히 잠을 이룰 수가 없어요. 뭔가 느낌이 이상해요. 벌떡 일어나서 불을 켜고 옆에 있던 무심선원 소식지를 폈죠. 이 달의 법어를 읽는데 그게 확 들어오더라고요. '아! 바로 이거구나.' 확 들어왔어요.

그러니까 지난 몇 달간 뭔가 확인을 한 것 같은데 잘 몰랐거든요. 그런데 법어를 보는 순간 알겠더라고요. 말하자면 제가 이미 갖고 있던 것을 또 가지려고 하다 보니 답답한 것이었어요. 들고 있으면서 들고 있는 줄 몰랐던 거죠. 들고 있는 줄 모르고 또 찾으려고 했다는 것을 알았어요. 법어를 보는 순간 그게 딱 떨어져 나가더라고요. 그때가 12월 말이었는데, 토요일 법회에 참여했을 때 선생님 면담을 바로 들어갔죠.

체험한 뒤에 지금까지 몇 년이 지났으며, 그동안 공부에 어떤 변화가 있었습니까?

올해 12월이 되면 3년이 되는 것 같아요. 그 후로 이유가 없는 생활이 시작됐어요. 사건이 없어졌다고 해야 하나? 뭔가 붙을 게 없어요. 아무튼 목요법회에 참석하면서 스스로 안목이 변해 간다는 것이 실감되더라고요. 그러다 보니 이 공부에 시간이 오래 걸린다는 걸 확실히 알겠어요. 선생님이 법문에서도 자주 말씀하시잖아요? 30년은 공부해야 한다고 말이죠. 정말 그런 것 같아요.

체험하기 이전의 삶과 지금의 삶을 비교한다면 어떻습니까?

예전하고 지금을 비교하면, 예전에는 참 어리석었죠. 좌선하면서 공부했던 그 시간이 정말 어리석었다는 것을 알게 됐어요. 한 번 계합하고 그때를 돌아봤을 때, 문득 이런 생각이 들 정도였어요. 그러니까 당시 저 자신을 막 때리고 싶더라고요. 선방에 15년 정도 있던 시간이 너무 어리석고 안타까운 거예요. 기가 차더라고요. 그때도 정말 열심히 했거든요. 좌선을 하면서도 이게 아니다 할 때도 있었지만, 그것도 습이라서 계속 거기에 매달렸던 거죠. 그렇게 허송세월을 했어요.

　지금도 선방에 앉아 있는 사람들을 보면 정말 안타까워요. 그런 분들에게 어떤 기회가 있어서 한 번 얘기를 하게 되었는데, 손톱도 안 들어가더라고요. 가치관이 정말 다르다는 걸 느껴요. 먹어 보지 않은 맛은 절대 알 수가 없구나 하고 알게 됐죠.

새로 공부하는 후배들이나 도반들에게 당부하실 말씀이 있으면 해 주십시오.

방금 전에 말한 것처럼 아직도 선방에서 좌선을 고집하는 분들이 많아요. 보면 안타깝고 답답하죠. 지도하시는 분들도 자기 법이 확실하지 않은 상태에서 전달을 하니 무슨 도움이 되겠어요? 그래서 전에 가깝게 지내던 분에게 안타까운 마음에 한번 얘기를 해 본 적이 있어요. 그런데 막상 대화를 나눠 보니 잘못했다가는 아주 큰 오해를 불러일으킬 수 있겠더라고요. 고정관념이 너무 강하게 박혀 있어서 말이 통하지가 않아요. 그래서 이 공부는 아무에게나 함부로 얘기할 게 아니라는 것을 느꼈습니다.

또 여기서 같이 공부를 해도 막상 얘기를 나누면 생각의 차이가 매우 크다는 것을 실감한 적이 있어요. 그래서 이 공부는 자기 스스로 환희심이 나서 시작해야지, 타인의 권유나 강요로 해서는 안 된다고 확신합니다. 이 공부는 오로지 선생님 법문 안에서 본인이 해결해야 하는 일이죠.

그러니 공부하는 사람 본인이 보여 주는 수밖에 없는 것 같아요. 자기가 자기 공부를 통해 사람이 달라진다는 것을 말없이 보여 주는 게 제일 좋은 것 같습니다. 그리고 의외로 이 마음공부를 한다고 하는 사람들이 상(相)이 아주 대단합니다. 저 역시 물론 그런 면이 있겠지만, 우리 도반들하고 같이 공부를 하면서 보면 공부를 대하는 마음가짐이 서로 다르다는 것을 많이 느껴요. 그렇다고 그걸 뭐라고 얘기할 수는 없어요. 그건 스스로 깨야 할 수밖에 없는 거니까요.

제 입장에서 선생님은 마지막 스승이시고, 이 공부를 끝까지 해보려고 합니다. 공부는 자기가 먹어 봐야 맛을 아는 거잖아요. 자기가 스스로 증명하는 것이니, 달리 다른 방법은 없는 것 같아요.

46. 인○영 2020년 녹취

안녕하세요. 지금부터 공부 체험 이야기를 시작하겠습니다. 먼저 올해 연세가 어떻게 됩니까?

67세입니다.

무심선원에서는 몇 년 동안 공부하셨습니까?

2006년부터 공부해 왔으니 햇수로 15년 되는군요.

무심선원에서 공부하기 전에는 어떤 공부를 하셨는지 간단히 말씀해 주세요.

여러 가지 잡다한 공부 좀 했고, 불교는 주안 ○○사에 다니면서 ○○ 스님과 △△ 스님 법문을 들었고, △△사 ◇◇ 스님의 만상좌인 ○○ 스님과 인연이 있어 스님의 지도에 따라 절하기, 단전호흡, 경전독송 등을 좀 했습니다.

   초등(국민)학교 5학년 2학기 국어책에 실려 있던 박두진 선생님의 '돌아오는 길'이라는 동시가 있어요. "비비새가 혼자서 앉아 있었다./ 마을에서도 숲에서도 멀리 떨어진/ 논벌로 지나간 전봇줄 위에/ 혼자서 동그마니 앉아 있었다./ 한참을 걷다 뒤돌아봐도/ 그때까지 혼자서 앉아 있었다." 이 시(詩)를 처음 본 저는 전기에 감전된 듯이 한동안 그 시상(詩想)에 꽂혀 있었고 그냥 그 시를 외우게 되었습니다. 그 후로 무언가 그 시는 늘 어떤 강렬한 메시지를 주는 것 같이 평생 제게 숙제처럼 다가왔고, 60세가 되어 그 시가 주는 메시지를 전달받게 되었습니다.

"한참을 걷다 뒤돌아봐도 그때까지 혼자서 앉아 있었다."는 것은 시간이 소멸된 '이것!'을 말하고 있었습니다. 청록파 시인으로 유명하신 박두진 선생은 말년에 불교에 깊이 심취하셨고 그때 쓰신 시 가운데 하나가 이 '돌아오는 길'이었습니다. 이 시는 동시(童詩)이지만 선시(禪詩)이기도 합니다.

고등학교 시절부터 막연한 불안감에 시달리면서 정신 집중이 어려웠던 저는 정형외과 전문의가 되고, 마산의 종합병원에서 엄청난 자동차 사고 환자들과 씨름하던 중, 단 30분도 잠을 자지 못하고 밤새워 수술하는 날도 여러 번 있었습니다. '이러다 죽을 수도 있겠구나.'란 생각이 들면서 죽기 전에 오래된 불안감의 근원을 찾아야 한다는 생각이 떠올라 닥치는 대로 '삶의 진실, 진리, 영원히 변하지 않는 것' 등을 찾아보게 되었습니다. 더욱이 리스 보증 문제로 20여 년 동안 경제적 불구자가 되어 힘든 생활을 하게 되면서 더욱더 이런 삶이 내 인생에서 무엇을 의미하는지에 대한 치열한 욕구가 더해져, 결국 버텨 낼 몸을 위한 '꾸준한 운동'과 망가져선 안 될 '투명한 마음'을 위해 부모님 때부터 다닌 성당과 교회에 나가 보기도 하고 풍수지리, 명리학 등을 공부해 보기도 하였지만, 결국 불교를 공부하게 되었습니다.

불교 경전을 읽고 필사하고 주안 ○○사의 ○○ 스님과 △△ 스님의 설법을 들으면서, 서울 △△사 ○○ 스님(◇◇ 스님의 맏상좌)의 안내 하에 경전 암송, 108배를 아침저녁으로 십몇 년간 하였지만 목마름이 사라지지 않았습니다.

결국 ◇◇ 스님과의 친견을 부탁드리려던 때에 옛날 군대 시절 같은 방을 썼던 ROTC 출신의 백○열 사장과 우연히 안부 전화를 하던 중,《선으로 읽는 금강경》이란 책을 소개받았습니다.

무심선원에서 공부하다가 체험한 이야기를 해 주십시오.

《선으로 읽는 금강경》을 쓰신 김태완 선생님과의 인연은 그렇게 이어지게 되었습니다. 저는 2006년부터 선생님 회상에 나가면서 공부를 시작했지만 공부에 진전이 없었고, 환자를 진료하고 치료하면서 잠을 잘 때도 선생님의 법문을 녹음해서 수년간 계속 들었지만 소용이 없었습니다.

서울법회가 없는 날에는 부산 노포동과 화개 시원산장에 계셨던 박홍영 노거사님을 찾아뵙고 법문을 들었지만, 이 역시 소용이 없었습니다.

그래서 답답한 마음이 심해지면서 우울증 증상까지 나타나, 매일 운동을 하며 약 4, 5킬로를 걸을 때에 2킬로 정도는 천천히 뛰다가 점점 전력 질주를 하는데 가슴이 아파 오기 시작했습니다. 실제로 저는 혈압이나 고지혈증도 없었지만 유전적으로 관상동맥의 꾸불꾸불한 정도가 심한 데다가 전력 질주를 2, 3년간 하다 보니 관상동맥에 더욱 부담이 되었던 모양입니다. 결국 후일 가슴을 열고 우회수술을 받게 되었습니다.

그 당시 저보다 훨씬 뒤에 시작하신 분들도 '이것!'을 체험하시는데, 저는 요지부동… 쓰라린 가슴에 깊이 절망하면서도 마치 휴지 같은 제 몸이 동아줄에 묶여 끌리듯이, 법회에 참석하는 것이 너무 힘들고 부끄러워도, 어쩔 수 없이 어떤 힘에 이끌리듯 참석할 수밖에 없었습니다. 그러나 제 마음속에서는 '그래, 나는 안 되는구나. 그러나 선생님 법문이 너무도 좋고, 법회에서 법문을 듣고 나면 머리에 남는 것은 아무것도 없지만 이상하게 편해져서 눈물도 나고 하니까 그냥 죽을 때까지 이렇게라도 공부하자!'라고 생각하고 있었습니다.

그러던 어느 날 새벽 3시쯤인가? 작게 틀어 놓은 핸드폰의 법문 소리에 잠을 깨어 창밖을 보니 문득 흐릿한 아파트 건물에 붙어 있던 모든 이름표가 없어진 느낌으로 '이것!'이 다가왔습니다. 처음에는 그게 무언지 잘 인식이 되질 않았지만, 점점 더 마주하는 모든 사물에서 이름이 없어진 느낌이 분명해지고, 항상 마음속 저 깊은 밑바닥에는 흔들리지 않는 무엇이 모든 불안과 걱정을 없앤 채 든든하게 자리 잡고, 어떤 의심이나 의문도 없이 너무도 편하고 말할 수 없는 안정감을 주어 지금 당장 죽어도 여한이 없을 것 같았습니다.

특히 어떤 위급한 상황이 될수록 '이것!'이 더욱 깊은 안정감을 주면서 결코 흔들림 없는 '이것!'을 선명하게 확인시켜 주고 있었습니다. 심장 수술을 받기 위해 수술실로 향하는 순간에도 어떤 두려움이나 흔들림도 없이 마치 유체이탈한 상태로 내 몸을 쳐다보는 듯한 느낌은, '아! 바로 이것이로구나.' 하면서 강렬한 믿음을 주었던 것은 결코 잊을 수가 없습니다.

그렇게 몇 달이 지난 어느 날 선생님께서 먼저 알아보시고 꾸준히 '이것!'을 잘 가꿔 나가도록, 사실 어떻게 할 수 있는 것이 아니니 너무 잘하려고 의식하지 않고 그냥 꾸준히 법문을 듣고 공부 욕심을 부리지 않는 것이 중요하다고 말씀하셨습니다.

특별히 아이들에게 미안한 이야기지만 아이들이 어려움을 겪을 때마다, 그리고 수술 후 엄청난 혈변을 쏟으며 위중한 합병증으로 다시 중환자실에 옮겨져 목숨이 경각에 달했던 순간순간들에도 오히려 어떤 흔들림도 없이 '이것!'이 큰 힘이 되어, 눈곱만큼씩 제 몸이 꾸준히 힘겹게 회복되는 그 모든 과정이 제게는 정말 소중한 공부거리가 되었음을 특별히 감사하게 생각하고 있습니다.

그래서 불교 경전에서도 이 공부는 세속의 일들이 잘 풀리는 순경계 때보다는 잘 풀리지 않는 역경계 때에 더 잘 공부하게 된다고 합니다. 또 큰 수술 뒤 급성 위장출혈로 심각한 위험에서 겨우 몸을 추스르면서 저는 중환자분들이 얼마나 힘들고 어려운 상황에서 버텨 나가는지를, 치료하는 의사로서 경험하기 힘든 경험을 통해 많은 환자분이 의사에게 말하지 못하는 많은 사실이 간과되고 있다는 소중한 것들도 같이 경험하게, 세속의 의사로서의 소명의식으로 새롭게 각인되게 되었습니다.

체험한 뒤 지금까지 몇 년이 지났습니까? 그리고 그동안 공부에 어떤 변화가 있었습니까?

약 7년 정도 지난 듯합니다. 그사이에 큰 수술도 받고 심각한 후유 증이 생겨 목숨이 경각에 달한 적도 있고, 이상하게 아이들 일이 잘 되는 듯하다가도 잘 안 되고, 몸의 회복 상태도 무수한 어려움을 겪 으면서 거기에 더해서 여러 가지 세속의 일이 연속적인 인연이 되 어 다가왔지만, 그렇게 힘겨운 상황들을 걱정하거나 조바심 내지 않았습니다. 그 모든 일의 흐름이 읽혀지면서 그냥 그 흐름에 맡겨 서 흘러가다 보면, 모든 인연 되는 일은 스스로의 흐름의 결과를 보 이면서 그것이 마치 최선의 결과처럼 느껴졌죠. 그런 경험을 할 때 마다 너무도 '이것!'이 대단하고 고맙고 의지가 되었어요. 어떤 두려 움이나 불안감도 없이 늘 평정심이 유지되니, 노거사님과 김태완 선생님이 얼마나 소중한 분들인가를 뼈져리게 느끼게 됩니다.

체험하기 이전의 삶과 지금의 삶을 비교한다면 어떻습니까?

세속의 모든 일은 그 일 자체가 갖는 속성이 있는 것처럼 느껴집니 다. 그래서 그 속성에 무관하게 그 일의 결과를 인위적으로 만들려 하는 것이 얼마나 어리석고 위험한 일인가 하는 것이 느껴집니다. 결국 인연 되는 모든 일에 대해서는 미리 예단하지 않고 그 흐름에 따라가다 보면 어떻게 대처해야 하는지를 자연히 알아차리게 되고, 그냥 그대로 따라가다 보면 모든 것이 편안해진다는 것을 깨닫게 되었습니다.

그런 속성이 느껴질 때까지 자신의 생각을 내지 않고 지긋이 기 다리면서 그냥 바라보는 것을 세속에서는 참을성이라 하는데, 우리 선에서는 왜 이 '참을 인(忍)'을 불법이라 하는지 공감하게 되었습니다. 더욱이 이러한 삶이 대자유인의 삶이 아닌가 하고 느껴져서 역시 노거사님과 김태완 선생님께 이 순간에도 너무도 고맙고 감사한 마음뿐입니다.

새로 공부하는 후배들이나 도반들에게 당부하실 말씀이 있으면 해 주십시오.

아직 계합에 이르지 못한 분들에게 드리고 싶은 말씀은, 이 공부의 핵심은 '얼마나 아상(我相)을 많이 희석시킨 채 계합에 이르는가?'라는 데에 있다고 믿습니다. 경우에 따라서는 아상이 많이 남아 있는데도 계합을 하는 경우도 많은데, 이런 경우에는 소위 뒷공부인 보림에 상당히 많은 지장이 따르게 되는 것 같습니다.

제 경우에 비춰 본다면 시간이 좀 걸린다 해도 아상을 좀 더 많이 희석시킨 상태에서 계합을 하는 경우가 뒷공부에 훨씬 더 많은 효과가 있는 것 같습니다. 그런 면에서 세속의 학식이 많은 법조인이나 의사, 고학력자 같은 분들의 공부가 어려운 이유이기도 합니다. 따라서 이런 분들의 경우엔 더 깊은 절망감이 느껴지는 상황이 한동안 지속되지 않으면 세속 공부의 뿌리 깊은 습관을 떨쳐 내기도 어렵고, 떨쳐 내더라도 계합 이후의 뒷공부도 순탄하게 공부하기가 어려울 것이라고 믿어집니다.

계합을 이룬 분들께 드리고 싶은 말씀은 이 공부의 모든 것은 결국 초발심뿐이란 것입니다. 처음 설레는 마음으로 선생님을 찾아뵙고, '아! 이분을 통해서 꼭 이것과 만나고 싶다.'는 강렬한 그 마음이 계합을 이루고, 상당한 시간이 흘러서도 늘 그 초발심의 마음이 그대로 간직될 수 있느냐가 이 공부의 핵심이라고 믿어집니다.

계합을 이루고 시간이 지나면서 이 공부의 길이 매우 밋밋하게 느껴지면서, 도대체 자연히 공부가 된다는데 그렇게 되는지 마는지 잘 모르는 것 같은 느낌을 받게 됩니다. 그러나 사실은 그런 상황이 바로 공부가 자연히 쌓여 가는 것이므로 그런 것 자체를 따로 생각하는 그것이 과거 세속에서 쌓인 습관에 따른 망상인 것입니다. 제 경우엔 이것이 매우 중요한 부분으로 이럴 때일수록 '어떻게도 할 수 없는 이것뿐인데, 무슨 망상을 또 하는 거지?' 하고 자연스레 스스로 다그쳐집니다.

바쁜 세속의 일상 속에서 '이것!'을 확인하는 특별한 시간이나 상황을 만들 수는 없었습니다. 다만 왠지 수술받은 곳이 뻐근해지고 무언가 불안하고 불편하게 느껴지는 순간이 가끔 있는데, 그럴 때면 문득 '이것!'이 선명해지면서 한숨이 푹 쉬어지고 '아! 어떻게도 할 수 없는 이것뿐인데, 또 망상을 하고 있었구나.' 하고 '이것!'이 분명해지면 날아갈 듯 편해지고 가벼워지면서 자연히 합장을 하고 노거사님과 김태완 선생님께 고마운 마음으로 가득하게 됩니다. 특히 아침저녁 산책길에서 듣는 김태완 선생님의 법문은 처음 걸음마 배우는 아이가 한 걸음 한 걸음 익혀 가듯이 들리면서, 이 공부에서 초발심이 얼마나 중요한지를 뼈저리게 느끼게 됩니다.

47. 전 ○ 2020년 녹취

안녕하세요. 지금부터 공부 체험 이야기를 시작하겠습니다. 먼저 올해 연세가 어떻게 됩니까?

올해 59세입니다.

무심선원에서는 몇 년 동안 공부하셨습니까?

5년째 공부중입니다.

무심선원에서 공부하기 전에는 어떤 공부를 하셨는지 간단히 말씀해 주세요.

예전에 오랫동안 불교계통이 아닌 단체에서 공부를 했습니다. 80년대 사회적으로 정신적으로 한창 혼란했던 시기와 맞물려 우리나라에서도 라즈니쉬 같은 인도 성자들의 가르침이 크게 몰려올 때가 있었는데, 20대부터 심한 정신적 목마름으로 방황해 오던 터라 우리나라에도 유사한 단체가 있다는 걸 알게 된 즉시 현실적인 모든 걸 접고 공부를 시작했습니다.

무심선원에서 공부하다가 체험한 이야기를 해 주십시오.

체험은 예전에 공부하던 단체를 그만두고 선원을 만나기 전에 어떡하든 혼자서 해결해 보겠다고 몸부림치고 있을 때였어요. 아침에 출근해서 제 의자에 앉았는데 갑자기 체험이 있었어요. 체험한 순간에는 도대체 무슨 일이 일어났는지 잘 몰랐어요. 시간이 멈추고 모든 게 정지한 느낌이 있었는데요. 이것도 그 순간이 지나고 난 다음 들어온 느낌이었습니다. 어쨌든 그 당시 느낌은 모든 것이 그대로 다 있는데 완전히 정지해 버렸고, 텅 비어 아무것도 없는 것 같은 느낌이었어요. 또 그 후 직장에서 일을 하고 있었는데 다시 한 번 갑자기 모든 게 그냥 멈췄어요. 그런 체험이었어요. 세상 모든 게 다 있는데 세상이 멈춰진 것 같고 아무것도 없는 거예요.

체험한 뒤 지금까지 공부에 어떤 변화가 있었습니까?

김태완 선생님께서도 누누이 하시는 말씀이지만, 저 또한 공부하며 지나온 시간을 돌아보면, 일단 체험도 중요하지만 체험 이후부터의 공부가 정말 본격적인 공부의 시작이라는 생각을 저절로 하게 됩니다. 체험을 해서인지 뭔지 모르게 훨씬 편해지고 단순해지긴 했지만, 여전히 뭐가 뭔지 모르는 상태였기에 계속 구체적인 이해를 찾아 이 책 저 책, 이 정보 저 정보 기웃거리며 헤매고 있었고 갈증이 멈추지 않았어요. 그러다가 우연히 만나게 된 옛 도반이 보내 준 선생님의 법문 파일을 듣는데 '아! 이거구나.' 하는 게 와닿더라고요. 그래서 선원까지 오게 되었습니다.

법문을 들으면 선생님께서 계속 이 자리를 가리키시니까, 계속 법문을 듣다 보니 이해를 원하며 핑핑 돌아가던 머리가 점점 더 깨끗하게 씻겨 나간다고 할까요. 이 자리에 대한 힘이 점차 더 커진다고 할까요. 아무튼 계속 법문을 듣다 보니 그동안 뭐가 뭔지 캄캄하고 보이지 않던 것들이 하나둘 점차 드러나며 '아! 이런 거였군.' 하고 저절로 알아지게 되더라고요. 그러면서 점차 더 편안해졌어요. 시간이 지나면서 좀 더 밝아지고 더 안정되게 제자리를 잡아 갔다고 할까? 물론 그동안 공부를 해 오면서 때로는 공부의 욕심으로 때로는 일상의 일에 부닥쳐 자괴감도 크게 느끼며 비틀거렸고, 지금도 여전히 공부는 진행 중입니다. 어쨌든 시간이 지나면서 더 밝아지고 저절로 계속 새로운 안목이 열린다는 생각이 듭니다.

그리고 지나고 나서 느끼는 건 항상 머리는 훨씬 앞서간다는 것이며, 진실은 머리와는 전혀 상관없다는 것이에요. 어떤 상황에서건 머리로 빨리 해결하려 하지 말고 물러서지 않고 버티는 게 중요한 것 같아요. 그렇게 버티고 있다 보면 항상 갑자기 일순간에 문제 상황이 끝나게 되고, 이전보다 수월해져 있는 자신을 발견하게 되는 거죠.

체험하고 확실하게 변화가 있다면 더 분명하고 아무 일 없이 안정되었다고 할까요? 아직은 일상에서의 모든 경우에 전혀 흔들리지 않을 수 있겠다고 감히 말할 수는 없지만, 그래도 '이제는 더이상 헤매고 다니지는 않겠구나.' 하는 생각을 하게 됩니다. 그리고 여전히 살아가는 일상이 앞으로도 공부가 되겠죠.

체험하기 이전의 삶과 지금의 삶을 비교한다면 어떻습니까?

말할 수가 없죠. 절대 예전으로는 못 돌아갑니다. '이제야 비로소 있어야 할 본래의 내 자리로 돌아왔구나.' 하는 생각이 들어요. 그전에는 뭐가 뭔지 몰라서 애타게 찾아 헤매고 불안한 삶이었다면, 이제는 명확히 두 다리로 우뚝 선 것 같은 느낌, 있어야 할 자리에 안심하고 있을 수 있다고 할 수 있죠. 그러나 솔직히 평소에는 아무 생각 없이 살고 있습니다.

새로 공부하는 후배들이나 도반들에게 당부하실 말씀이 있으면 해 주십시오.

처음부터 끝까지 이 공부는 자기가 어떻게 애쓴다고 해서 되는 공부가 아니잖아요? 체험 이전이나 체험한 후나 공부에서 자기가 할 수 있는 것은 아무것도 없어요. 오히려 자기가 어떻게 해 보려 하는 이것으로 인해 공부가 막히고 힘들어지는 것이기에 의도적으로 해 보려고 하는 그것이 빨리 포기되는 게 좋죠. 그러나 그것도 의도적으로 되는 건 아니고 일단은 법문을 열심히 들으면서 버티다 보면 저절로 쉬어지고 놓여지는 것인데요. 그렇게 시간이 지나다 보면 체험도 오고 공부는 저절로 익어 갑니다. 오직 본인의 간절한 마음을 놓지 말고 버티고 있으라고 하고 싶어요. 진실이 저절로 스스로를 드러낼 때까지 버텨 내시길. 그것을 못 견디고 또 다른 곳을 찾아서 헤맨다면 결국 헤매다가 끝나게 되겠죠.

저도 무심선원에서의 공부는 아직 그리 긴 시간이라고 말할 수는 없지만, 20대부터 시작해서 여태까지 겪어 온 공부의 경험으로 감히 말할 수 있는 건, 선원장님을 만난 건 내 인생 가장 큰 행운이었고, 누구든지 발심만 확실하고 이 공부를 한다면 어둠에서 깨어나 명백한 진실을 누릴 수 있다는 말씀을 드리고 싶습니다.

48. 정○숙 2020년 녹취

올해 연세가 어떻게 됩니까?

62세입니다.

무심선원에서 몇 년 공부하셨습니까?

7년 되었습니다.

무심선원에서 공부하기 전에는 어떤 공부를 하셨는지 간단히 말씀해 주세요.

일반 사찰에 다니면서 기초 교리와 경전 공부를 했고요. 기도를 주로 하면서 절에 다녔습니다.

무심선원에서 공부하다가 체험한 이야기를 해 주십시오.

처음에는 도반 몇 명과 같이 소문을 듣고 선원에 왔습니다. 이런 법문을 접하는 건 처음이었기 때문에 무슨 말씀을 하시는지 전혀 알지 못했고 그냥 듣고 가기를 반복했습니다.

　그러던 어느 날 무심선원 월간 소식지에 선원의 살림살이가 투명하게 공개되는 걸 보고 뭔가 다르다는 걸 느꼈고, 법문에 임하는 여러 대중의 진지함에 점점 믿음이 가기 시작했어요. 그 후에도 계속 법문을 듣다 보니 생각이 많이 줄어드는 것을 느꼈습니다. 일단 해 보지 않은 체험은 뭔지 모르니 남의 일이라고 여기고 있었는데, 필요 없는 망상이 줄어든 것만으로도 저한테는 큰 소득이었습니다.

그 당시에는 선원에서 법문을 듣는 것 외에 개인적으로는 《금강경》을 계속 반복해서 들었습니다. 《선으로 읽는 금강경》을 읽은 후에 집안일 말고는 법문을 듣는 게 일상이 되었죠. 어느 날은 이어폰을 끼고 걷다가 순간적으로 멈춰 서기도 하고, 그러다가 나를 온전히 버려야 한다는데 그럴 자신도 없고 왠지 두려운 마음도 생기더군요.

그때 나이가 오십 중반이었는데 지금 결단을 내리지 않으면 나머지 인생을 지금까지 살아온 것처럼 별로 충만하지 못한 삶을 살겠구나 싶은데, 그게 정말 싫더라고요. 그래서 더욱 열심히 공부해 보자고 마음먹었습니다.

그리고 한 달쯤 지났던 것 같아요. 그동안 법문을 들으면서 나름 이해하는 것도 있고 해서 알 듯 모를 듯했었는데, 그날은 아침부터 법문을 듣는데 바보가 된 것처럼 아무것도 모르겠는 거예요. 그래도 계속 듣고 있었는데 도무지 알 수가 없고 답답해서 정말 미칠 것 같더라고요. 안 되겠다 싶어서 법문 듣기를 멈추고 기분 전환이라도 하자고 쇼핑을 갔습니다. 쇼핑을 가도 마음은 뒤숭숭하고 편치가 않았어요. 저녁때쯤 집에 와서 저녁 먹고 잠자리에 들려고 하는데 너무 답답해서 이러다가 죽겠다 싶기도 하고, 그래서 이 공부를 이제 그만 해야겠다는 생각이 들더라고요.

그때 우리 집에 늦둥이 재수생이 있었는데, 수능도 얼마 남지 않는 시점에서 내가 잘못되면 아들은 어떻게 되나 하는 생각에 공부를 괜히 했다는 생각이 들고, 눈을 감고 자면 꼭 죽을 것 같기도 하고 여러 생각이 계속 저를 괴롭히는 거예요. 그러다가 '죽으면 죽는 거지, 에라 모르겠다.' 하고 자포자기하는 심정으로 잠자리에 들었습니다.

그런데 죽을 것만 같았던 전날과 달리 아침에 멀쩡하게 깨어났어요. 어수선했던 마음은 온데간데없고 아무렇지 않더라고요. 그래서 다시 법문을 계속 들었죠. 그로부터 며칠이 지나고 어느 날 아침 《금강경》을 들으면서 설거지를 하는데, 나도 모르게 설거지를 하다 말고 거실로 가서 눈도 깜빡여 보고 손뼉도 쳐 보고 걸어도 보고 하는데, 있는 그대로일 뿐 찾을 게 없었습니다. 이것 아님이 없었어요.

뜻도 모르고 읽던 《법화경》의 집으로 돌아온 아들 이야기도 생각나고, 나름대로는 잘 살아왔다고 생각했는데 내 생각에 갇혀 우물 안 개구리로 살면서 주위의 인연들, 특히 가족들이 많이 힘들었겠구나 하는 생각과 쓸데없는 일에 힘을 빼고 살아온 세월이 억울하고 어처구니가 없고 아무튼 여러 생각이 스쳐 지나갔습니다.

그리고 이제라도 바른 법을 알았으니 선생님 말씀을 깊이 새기며 꾸준히 공부해야겠다고 다짐했죠. 법을 일깨워 주신 선생님께 두 손 모아 합장 올립니다.

체험한 뒤에 지금까지 몇 년이 지났으며, 그동안 공부에 어떤 변화가 있었습니

까?

6년 정도 지났습니다. 체험하고 한동안은 이 자리를 놓치고 많이 헤맸다면, 지금은 그냥 이대로 이것밖에 없다는 것이 확연합니다.

체험하기 이전의 삶과 지금의 삶을 비교한다면 어떻습니까?

일상적인 삶은 그때나 지금이나 똑같습니다. 예전에는 미리 걱정하고 생각으로 많은 두려움을 느꼈다면, 지금은 그런 부분에서 많이 가벼워졌습니다. 인연 따라 살면서 생각의 감옥에서 풀려나고 있는 중입니다.

새로 공부하는 후배들이나 도반들에게 당부하실 말씀이 있으면 해 주십시오.

선생님 법문 중에 가끔 믿음을 말씀하시는데, 저는 처음 선원에 온지 얼마 안 되는 시점에 선원 소식지와 법문에 임하는 여러 대중의 진지함 등 생소한 환경이 무척 신선하게 다가왔거든요. 일반 사찰이나 대중 선원과는 뭔가 다르구나 하고 느끼면서 선생님께서 전달하려는 말씀이 무엇인지를 확인할 때까지 공부를 밀고 나가야겠다는 믿음이 자연스럽게 생겼습니다. 그래서 지금도 돌아보면 도반님들께 믿음이 정말 중요하다고 말씀드리고 싶어요. 온전히 믿으니 법문에 집중하게 되고, 자연스럽게 어느 순간 자기 할 일을 마치면 법문만 듣게 되더라고요. 그러니까 믿는 만큼 몰입할 수 있는 것 같습니다. 그러니 무엇보다 진실한 믿음을 갖고 공부에 임하라는 말씀을 꼭 드리고 싶네요.

49. 조○숙 2020년 녹취

안녕하세요. 지금부터 공부 체험 이야기를 시작하겠습니다. 먼저 올해 연세가 어떻게 됩니까?

올해 60세입니다.

무심선원에서 공부하기 전에는 어떤 공부를 하셨는지 간단히 말씀해 주세요.

특별히 다른 곳에서 공부한 적은 없고요. 학창 시절부터 불교 학생회에서 시작해서 불교에 대한 지식 공부는 했지만, 수행은 한 번도 한 적이 없습니다. 불교 서적은 많이 봤습니다. 깨달으면 어떤 일이 일어나고 깨달으면 얼마나 세상 살기가 편할지 알았기에 20대에 불교에 심취했지만, 깨달을 수 있을까에 대한 확신이 없었기에 내 인생 전체를 걸기에는 자신이 없었습니다. 불교는 신문이나 방송에서만 접했지만 저 깊은 미련은 항상 있었죠. 애들 다 키우고 '이제 내 인생, 부처님 공부 할 거야.' 할 때쯤 정신적으로 버틸 수 없는 상황이 생겼어요. 깨달으면 이겨 낼 수 있다는 믿음은 있었지만 언제 깨달을지 영원히 안 될 것 같아 돌아섰는데요. 기도라도 열심히 해 보자 하고 진언도 해 보고 경전도 독송해 보았지만 힘이 되지 못했어요.

무심선원에서 공부하다가 체험한 이야기를 해 주십시오.

그러던 중, 간화선에 관한 토론회가 있다고 해서 가게 되었는데, 그곳에 참석하신 김태완 선생님을 뵙고선 저분이면 법 공부에 대해 기대하는 것을 다 내주실 것 같은 확신 같은 믿음이 들었어요.

2012년 여름 정진법회에 참석하면서 공부가 시작되었어요. 첫 정진법회 법문을 듣는데, 예전에 경전을 읽으면서 기도할 때, '앞뒤가 안 맞아서 이해가 안 되는데 기도가 제대로 될까?' 하던 구절들이, 마치 어려웠던 수학 함수 문제가 더하기 빼기처럼, 쉽게 와닿게 되었어요. 선생님 말씀 중에 정리가 다 되는 거예요. '이제 여기서 하면 되겠다.' 생각하고 선생님께서 하지 말라는 짓은 의식하는 데까지는 절대로 안 하려고 하면서 법문을 들었어요. 예전부터 궁금한 것이 너무 많았는데 어느 순간 법문 자체가 너무 재미있으면서 빠져들었어요.

그런데 1년 반 정도 지나고 나니 재미있던 법문이 갑갑해지면서 주변 도반들이 체험했다는 소식을 들으니 난 안 될 것 같기도 하고 '내가 잘못하고 있는 것 아닌가? 내가 너무 노력을 안 했나?' 하고 여유가 없어지면서 그냥 앞이 깜깜한 절벽 같고 영원히 못 벗어날 것 같은 상황을 느끼니 아무것도 할 수가 없는 거예요. 그래서 가족과 밥 먹는 시간 빼고는 공부에 집중했어요.

그러다가 공부를 많이 하신 도반님과 대화를 나누는 중에 체험이 왔는데 그 순간엔 몰랐어요. 그분이 "공부를 어떻게 하느냐?" 하고 몇 가지 질문을 했는데, 그분이 공부를 많이 했다 하니 있는 그대로 최대한 내 상태를 드러내어 조언을 받으려고 노력했어요. 함께 걸어가면서 대화를 나누는데 내딛는 발걸음이 뭔가 이상하고 몸이 둥둥 뜨는 것 같고 머리도 띵하고 이상했어요. 앉아 얘기를 하는데 평소와는 뭔가 다르다는 것을 느끼겠더라고요.

《마조어록》을 한번 보라고 해서 집에 와서 보고 있는데 '어! 이것 이야기하는 거잖아. 다른 게 아니네!' 했어요. 선생님께서 '이것!' 하실 때도 그것에 대한 궁금증마저 의식일까 싶어 한 톨의 의식도 하면 안 된다는 생각에 '움직이면 생각이다.' 하고 꼼짝을 안 했어요. 그래서 처음부터 막히기만 했던 것 같아요. '이것!'에 대해 관심 가질 엄두조차 못 냈죠.

다음 날 자고 일어나니 세상이 분명 있기는 있는데, 내가 여태까지 경험하지 못한 세상이 같이 있는 거예요. 분명하게 있는데 이것을 말로 표현할 수가 없는 거예요. '이것을 어떻게 얘기하지?' '이것은 한 개도 아니고 두 개도 아닌데 분명히 있는데?' '선생님께 말씀드려야 하는데, 어떻게 표현을 해야 하나?' 생각하니 막막한 거예요. 분명히 평소 사는 대로 똑같이 살고 함께 있었는데, 그동안 몰랐던 거죠. 정말 10도 정도 방향을 바꾸면 있었던 것 같은데 앞만 봤다는 느낌이 그때 느낀 가장 진실한 표현이었어요.

선생님 법문에서 "시간이 지날수록 더 분명해진다." 하셔서 2주 정도 지나서 면담을 하고선 자신감이 생겼어요. 법문 중에 "지금 말하는 게 아니다." 하셨는데 '저 말씀이 뭔가?' "석가모니 부처님이 돌아가실 때 한 말씀도 안 하셨다." 하는 앞뒤가 안 맞던 말들이 그

곳에서 구슬 꿰듯이 통하여 '이것!'이었던 거예요. 나한테 나타난 것은 없지만 내 정신세계가 뒤집어진 것은 느꼈어요. 선생님 면담에서 책 보지 말라 하셔서 아직까지 책은 안 보고 있어요.

체험한 뒤 지금까지 공부에 어떤 변화가 있었습니까?

체험한 지는 5, 6년 정도 되었어요. 체험 후 세속적인 생활의 변화는 엄청나게 일어났지만, 법에 있어선 변화가 있었다 없었다 할 부분이 없는 것 같아요. 선생님 법문을 들을 때 선생님 경험 부분이 공감되는 게 많아지지만, 아직 와닿지 않을 때도 많아요. 그때는 그렇게 생각했는데, 지금은 다르게 와닿을 때는 공부하는 재미를 쏠쏠하게 느끼기도 해요. 그렇지만 세속적인 고통에선 힘들고 갑갑한 것이 없진 않아요. 힘들어도 공부 전의 그 힘든 것이 아니어서 공부의 힘을 느끼죠.

체험하기 이전의 삶과 지금의 삶을 비교한다면 어떻습니까?

일상생활이 확 달라졌죠. 우리가 막연히 지식으로 "아무것도 없다. 내가 없다. 세상은 다 생로병사 한다." 그런 것 자체를 나 스스로 확인하고 체험하면서, 일상생활이 다 일어나고 있는데 일어나지 않는 그런 상태가 지금 현 상태라고 할까요?

새로 공부하는 후배들이나 도반들에게 당부하실 말씀이 있으면 해 주십시오.

아무리 선생님 법문을 열심히 듣는다고 하더라도 내가 의식하지 못하는 사이에 '하지 말라'는 것을 참 많이 하고 있어요. 시간이 갈

수록 '나는 이렇게 받아들였는데 그게 아니었구나.' 하는 게 정말 많아요. '하지 말라'는 것을 여전히 하고 있는 도반들이 공부가 안 된다고 엄청 힘들어하는 것을 종종 봅니다. 정말 법문에 제대로 충실했는지? 이것을 1순위로 두는가? 스스로 점검해야 합니다. '발심'이 사람마다 다 다를 수밖에 없지만, 진짜 진심이면 언제나 '이것'밖에 없어서 꼭 확인할 수 있습니다.

50. 차○남 2020년 녹취

올해 연세가 어떻게 됩니까?

올해 51세입니다.

무심선원에서 몇 년 공부하셨습니까?

2015년 가을부터 선원에 왔습니다. 가을이 되면 만 5년이네요.

무심선원에서 공부하기 전에는 어떤 공부를 하셨는지 간단히 말씀해 주세요.

다른 선원에서 이 공부를 7년 했어요. ○○선원이요. 39세에 ○○
선원에서 체험하고 거기서 7년을 공부했네요. ○○선원에서는 7일
집중수련이라고 해서 먼저 화두 타파 체험을 합니다. 어떤 사람은
3일 만에 하는 경우도 있는데, 체험을 해야만 공부를 시작할 수 있
어요. 체험하고 스님과 면담을 한 후에 본격적으로 공부를 시작할
수 있습니다.

아무튼 집중 수행 당시 저는 7일 동안 수행을 하느라 아주 기진
맥진한 상태였거든요. 몸의 불편함이 너무 커서 이대로 가다가는
죽을 수도 있겠다 싶을 정도로 몸 상태가 좋지 않았어요. 먼저 공부

하신 분들이 화두 공부를 끝내면 다 좋아진다고 하니까 공부를 계속할 수밖에 없었어요.

그러다가 7일째 체험이 오더라고요. 물론 그 전까지 많은 경계가 지나갔습니다. 그런데 그게 모두 경계라고 하니 무시하고 계속 공부를 했습니다. 제가 당시 확인하고 싶은 것은 이 손가락을 움직이는 놈이 뭔가를 찾는 거였는데, 그걸 끝까지 모르겠더라고요. 상기가 되기도 하고 몸이 너무 힘들었죠. 그런데 마지막 날에 얇은 초승달이 벽 속에서 나와서 제 품에 들어오는 걸 보았어요. 그게 들어올 때 정말 큰 자비로움이 느껴지는 거예요. '이렇게까지 자비로울 수 있을까?' 그러면서 굉장히 많이 울었던 것 같아요.

그런 모든 과정에서 내가 지금껏 나름 열심히 살아온 삶이, 그 꼬라지가 부끄러워졌어요. 그 전까지는 내가 보고 있던 세상이 전부인 줄 알았는데, 그 공부의 과정을 거치면서 내가 봤던 세상이 다가 아니고 모르는 세상이 더 클 수 있겠다 싶었어요. 그렇게 공부 점검을 받고 공부를 시작하게 되었습니다.

그런데 당시 생활법문을 하시던 회장보살님이 수백 명의 대중 앞에서 손을 들었다 내리시더니 "이거 알지?" 그러시는 거예요. 근데 저는 모르겠는 거예요. 손가락 움직이는 건 안다고 점검을 받고 공부를 시작했는데, 그 보살님 질문에 답을 못하겠더라고요. 그래서 다시 화두 공부를 해야 하나 했는데, 할 수가 없는 거예요. 너무 힘들었기 때문에 그럴 자신이 없었어요. 그러다가 어느 날 스님 법문 중에 잘 몰라도 계속 공부를 하게 되면 어느 때 인연이 맞는다는 내용이 있었어요. 거기서 공부하던 사람 중에 저 같은 사람이 더러 있구나 싶었어요. '아! 다른 사람은 전부 아는 줄 알았는데 나처럼 모르는 사람이 더러 있구나. 그러니까 믿고 가면 인연이 펼쳐지겠구나.' 하고 공부를 계속하게 된 거죠.

그러면서 일 년, 이 년이 지나고 공부가 나아지는 것 같아요. 당시 매일 1시간은 좌선을 하고 1시간은 법문을 들었어요. 어느 날부터인가 편안한 곳에 제가 적응하기 시작했어요. 아주 편안해요. 생각도 일어나고 사라지는데, 그건 중요한 게 아니고 편안함이 익숙해지고 커지기 시작하더라고요. 그래서 제 느낌에 깨달음이 성취되면 이 편안한 자리가 영구불변할 거라는 느낌이 들었어요. 이놈만 알면 이 편안한 자리가 어떤 일이 있어도 변치 않을 거라는 생각에 더욱 열심히 했던 것 같아요. 이 편안한 자리가 앉아 있을 때만 지속되는 게 아니라 생활 속에서 어떤 파도가 밀려와도 이런 편안한 상태가 깨지지 않고 유지되는 그런 게 펼쳐질 줄 알았어요.

그렇게 한 5년 정도 지났는데 공부에 진전이 없어요. 가족도 편해지고 저도 편해지고 다 좋아진 것 같은데, 공부가 나아가지 않는 거예요. 그때는 ○○ 스님 법문을 들었는데, 법문을 듣다 보니 문득, '나'라는 놈이 있는데 '나'라는 놈이 사라지면 게임이 끝나겠구나, 하는 생각이 들었어요. '나'라는 놈만 사라지면 이 공부가 끝나겠다는 생각이 든 거죠. 그런데 계속 공부를 할수록 이 '나'라는 느낌이 강해지는 것 같은 거예요. 사라져야 할 '나'가 더 강해지는 느낌이 들어요. 편안한 자리는 분명히 있는데 '나'라는 것은 더욱 강해지는 거예요. '사라져야 할 게 왜 더 강해지고 선명해지지?' 하는 의문이 들었죠.

공부를 처음 시작할 때 ○○ 스님이 법문 중에 "내가 가리키는 것은 달인데, 어떤 사람들은 가리키는 달은 안 보고 손가락만 본다."는 말을 하신 적이 있어요. 저는 그때 '참 바보구나. 달을 보면 되지 왜 손가락을 보나?' 했거든요. 아니, 세끼 밥 먹으면서 이 공부만 하는 사람들 중에 그런 사람이 누가 있겠나 싶어서 스님이 저런 법문을 왜 하시지 하는 생각이 들었던 적이 있었죠. 그런데 5년이 지나서 7년이 다 되어 가는데 문득 '손가락을 보는 바보가 내가 아닐까?' 하는 의문이 들기 시작했어요.

그 당시 회장보살님 생활법문 중에 여기 공부하는 도반들 중 절반은 썩었다는 얘기도 하셨거든요. 그 썩은 절반 중에 내가 있는 게 아닌가 하는 의문이 드는 거예요. 이런 질문이 계속 제 안에서 올라오는 거예요. 그러다가 여기서는 내가 답을 못 얻겠구나 싶더라고요. 그럼 다른 곳에 가서 손가락을 보는 건지 아닌지 다시 확인해 봐야겠더라고요. 그러니까 제대로 공부를 하고 있는지 확인해 줄 과외 선생님을 찾아봐야겠다는 생각이 들었죠.

당시 도반 중에 강○영 보살님이 있었어요. 이분이 그때 ○○선원에서 공부를 하다가 나갔어요. ○○선원에 다닐 때 남달라 보이던 도반이었죠. 그래서 강○영 보살님께 연락해서 내가 지금 과외 선생님이 필요한데, 나는 스승을 보는 안목이 없으니 공부할 수 있는 곳을 소개해 달라고 했더니 무심선원을 알려 주더라고요.

무심선원에서 공부하다가 체험한 이야기를 해 주십시오.

무심선원에 와서 3개월 정도 법문을 듣고 알았어요. 제가 손가락을 따라다닌다는 사실을 말이죠. 손가락을 보고 있는 게 내가 아닐까 하는 의심이, 내가 손가락을 보는 사람이라는 것을 확실히 알게 되었죠.

○○선원에 다닐 때는 제가 뭔가를 알고 있다고 생각했던 것 같아요. 당시에 법문을 들을 때도 내용은 의미가 없다는 말을 듣고 그렇게 듣고 있는 줄 알았는데, 어느 순간 제가 그런 내용들을 아는 것으로 갖고 있더라고요. 무심선원에 와서 김태완 선생님 법문을 들으면서 그간 제가 가지고 있던 오류들이 잘려 나가는 걸 느꼈어요. 이전까지는 오류라는 것도 몰랐는데 선생님 법문을 들으면서 오류를 확인하고 그게 잘려 나가더라고요.

처음에는 가리키는 손가락의 팔을 자르는 느낌이었어요. 뭔가를 가리키는 것은 하나같이 다 잘라 버렸어요. 제가 그간 공부하면서 안다고 생각했던 모든 오류가 다 잘려 나가는 거예요. 그걸 보면서 '내가 엄청난 오류가 있었구나.' 하고 알았죠. 안다고 착각했던 모든 오류가 다 잘려 나가 버렸어요. 오류라는 것을 확인하면 잘려 나가더라고요.

어리석은 개는 흙덩이를 쫓아가고 사자는 흙덩이를 던지는 사람을 문다는 얘기를 전에도 많이 들었는데, 예전에는 그 말을 듣고도 몰랐던 거예요. 그런데 김태완 선생님 법문을 들으면서 손목이 잘리고 팔이 잘리고 오류가 잘려 나가면서 '내가 따라다녔구나.' 하는 것을 확인하게 되더라고요. 그러다 보니 불안감이 생기는 거예요. 또 흙덩이를 따라다닐까 봐 걱정되는 거예요.

그런데 김태완 선생님 법문 들을 때를 살펴보니, 죽비를 치고 선

396

생님 말씀이 시작되면 그 말씀을 계속 따라다녀요. 그런데 끝날 때 죽비를 딱 치면 시작했던 그 자리에 돌아와 있는 거예요. 말을 따라다니는 건 어쩔 수 없는데 앉은 자리를 벗어나지는 않겠구나 하고 안심이 되었어요. 적어도 선생님 법문을 듣고 있으면 내가 오류는 만들지 않겠구나… 그러니까 법문에 신뢰가 생겼어요.

그렇게 시간이 흘렀어요. 그런데 또 이런 생각이 들어요. 오류는 안 만들어서 좋아, 그런데 내가 뭔가를 하기는 해야 깨달음을 얻든지 뭔가를 할 텐데, 선생님 법문은 아무것도 못 하게 하니까, 뭘 하려고 하면 탁 쳐 버리고 또 탁 쳐 버리니까, 뭘 어떻게 해야 뭐라도 될 텐데, 하려고 하면 쳐 버리니 할 수 있는 게 없어요. 그러다 어느 순간 쇠뿔 속에 쥐가 갇힌다는 비유가 와닿아요. 예전에는 이 얘기를 법문 중에서 많이 들어도 몰랐는데, 어느 순간 이 말이 와닿았어요. 왜냐면 제 입장이 그랬거든요. 갇히고 나니 알겠더라고요. 수염 하나 움직일 수 없겠구나. 털 하나 움직일 수 없겠구나.

그걸 또 다르게 설명하면 이렇습니다. 저는 ○○선원에서 도를 찾겠다고 배낭을 메고 출발을 했어요. 한참을 다니다가 이렇게 쇠뿔 속에 딱 갇혔는데, 갇힌 자리를 살펴보니 출발했던 집 앞인 거예요. 한참을 다닌다고 다녔는데 털끝 하나 움직이지 못하는 여기에 와서 보니 출발했던 그 자리예요. 그런데 여기서 눈앞의 문만 열면 찾아다니던 파랑새가 있을 것 같아요. 문만 열면 될 것 같은데 문을 열 수가 없어요. 금방이라도 열릴 것 같은데 문을 열기 위해 할 수 있는 게 없는 거예요. 바로 눈앞인데, 그 문이 점점 두꺼워져요. '아. 은산철벽이구나.' 뒤로는 못 가요. 앞으로도 갈 수는 없어요. 뭘 해야 될 것 같은데, 뭘 하려고만 하면 선생님이 다 쳐내 버려서 못하게 하는 거예요.

법문을 듣다가 '아. 그렇지. 내가 할 수 있는 게 아무것도 없지. 내가 할 수 있는 게 없으니 이 공부는 기약이 없구나.' 그러다 보니 알겠어요. 이 공부가 단기전이 아니라 장기전인 거예요. 할 수 있는 것도 없고 계속 서 있는 건 힘드니까, 그 자리에 주저앉았어요. 느낌이 그래요. 할 수 있는 것은 없으니 앞만 쳐다보면서 주저앉았어요. 저 문이 언제 열릴까, 그런데 문도 없어요. 그냥 철벽 같아요. 그러니 어떻게 해요. 가만히 앉아 법문 들으면서 기다릴 수밖에요.

'죽을 때까지 공부한다고 내 공부가 되려나?' 이런 생각도 들어요. 그래도 그냥 법문 들으면서 앉아 있는 거예요. 뭘 어떻게 하겠어요? 이런 입장이 한참 갔던 것 같아요. 그런데 그즈음 몸도 많이 아팠어요. 안 좋은 데가 있어서 수술도 하고, 합병증이 와서 체력도 많이 떨어지고 아주 몸과 마음이 만신창이였어요. 정말 힘들었죠. 그래도 그때까지 한 10년 공부를 해서 제가 좀 단단한 줄 알았거든요. 그런데 너무 힘드니까 그게 와장창 무너지는 거예요. 내세울 게 아무것도 없어요. 그러니까 '아. 내가 정말 모르는구나.'를 아주 확연히 알게 되더라고요. 진짜 나를 모른다는 것을 아주 확연히 알게 되었던 시기였어요.

그러다가 몸이 좀 회복이 되어서 2017년 겨울 정진법회에 참석하게 되었죠. 마지막 날인가 그래요. 마지막 날 첫째 법문이었던 것 같아요. 저는 그때 입장이 아무것도 할 수 있는 게 없으니 그냥 앉아 있을 수밖에 없다는 거였어요. 아니, 그런 줄 알았어요. 그런데 법문 중에 색수상행식으로는 이것을 알 수 없다는 말씀을 선생님이 하시는데, 저는 정말 아무것도 할 수 없는 입장인 줄 알았거든요. 그런데 아니었어요. 제가 요가를 했거든요. 그래서 저는 몸에 흐르는 기운에 민감해요. 그런데 문득 그때, 제가 기운으로 이것을 확인하려는 욕구가 남아 있다는 것을 확인한 거예요. 두 손 두 발 모두 놓고 있는 줄 알았는데, 내가 뭔가를 할 수 있는 게 조금 남아 있었다는 아주 작은 의도가 이때 확인이 되더라고요. 완전히 포기한 줄 알았는데, 아니었던 거죠. 그런데 이 작은 의도가 확인되자마자 진짜 완전히 꺾여요.

'이 공부는 정말 내가 할 수 있는 일이 아니구나. 죽기 전에 할 수 있을지 기약이 전혀 없구나.' 하는 완벽한 좌절 속에서 갑자기 확 드러나는데, 내 안에서 '이거야? 이거였어?' 어이가 없는 거예요.

그때부터 선생님 법문이 들리기 시작하는데 톱니바퀴가 딱 맞물려 돌아가는 느낌인 거예요. 어긋나게 돌던 톱니바퀴가 딱 맞아서 도는 것 같은 느낌이 들더라고요. 시계 속에 있는 수많은 톱니바퀴가 딱 맞아서 막 돌아가기 시작하는 것 같아요. 그리고 법문이 와닿는 거예요. 법문이 막 들어와요. 그때 비로소 선생님이 정말 대단하시구나, 하고 알겠더라고요.

체험한 뒤에 지금까지 공부에 어떤 변화가 있었습니까?

처음 체험을 했을 때 사실 너무 어이가 없었어요. 10년을 헤매면서 집안일 빼고는 공부에 올인했는데, 너무 평범해서 막 욕이 나와요. 이거는 원래부터 있었던 건데 이걸 왜 몰랐을까, 그러면서도 또 이 공부를 안 했으면 몰랐을 것 같아요. 그리고 깨달으면 깨닫는 순간 '나'가 사라지는 줄 알았어요. 그런데 그게 아니라 아주 강하고 단단한 '나'가 서서히 옅어지는 느낌이에요.

아무튼 그래도 법문을 계속 듣고 공부를 하는데, 체험하고 법문이 다 들어오는 것 같으니까 그런 줄 알았는데, 점차 안 와닿는 게 있더라고요. 다 와닿는 게 아니에요. '불이(不二)'라는 부분은 탁 튕겨 나가요. 다른 말들은 쑥쑥 들어오는데 '불이'는 튕겨 나가요. 그러다 보니 공부가 불이문을 통과해야 한다는 말이 자꾸 들려요. '아! 불이문을 통과해야 공부가 확고해지는구나.' 생각이 드니까 제가 불이문을 통과하지 못했나 보다 하고 또 시간이 흘러요.

그냥 공부를 하는 거죠. 불이문을 통과하면 공부가 좀 되겠구나 하면서도 불이문이 어디 있는지도 알 수 없고, 불이를 통과하든 안 통과하든 할 만큼 했고, 어차피 할 수 있는 게 아무것도 없으니, 그냥 법문만 들었어요. 그런데 어느 날 내가 불이문 앞에 와 있다는 느낌이 들어요. 은산철벽 앞에 있던 것하고 조금 비슷한 것 같기도 해요.

화엄일승법계도 10시간짜리 법문이 있는데 그 법문이 다른 법문보다 강렬하게 다가오는 거예요. 그러다가 정진법회에 또 갔어요. 언제인지는 정확히 기억이 안 나요. 정진법회에서 선생님 법문 중에 심우도 얘기하는 부분이 나왔어요. 소를 찾아다니다가 쇠꼬리를 잡고, 고삐를 잡고, 이런 말씀을 하세요. 듣다 보니 '아. 내가 쇠고삐를 잡았구나.' 느낌이 들어요. 그러다 보니 '내가 굳이 쇠고삐를 잡고 있을 필요가 있나?' 이런 생각이 들어요. 아무튼 그렇게 정진법회를 마치고 집에 왔어요.

평소처럼 법문을 듣고 있는데 뭔가 이상해요. 평소와 많이 달라요. 둘째 날도 법문을 듣는데 평소와 많이 달라요. 셋째 날에 작정하고 앉아서 법문을 들었어요. 법문을 듣는데 어떤 느낌이나 체험은 아니에요. 그냥 제 머릿속에 '원래 아무 문제가 없었구나. 내가 아무 문제가 없구나.' 그런데 나만 아무런 문제가 없는 게 아니고 항상 걸렸던 '내 남편도 아무 문제가 없구나.' 전에 나는 이 공부 해서 괜찮고 상대방은 문제가 있는 줄 알았거든요. 그런데 그냥 오로지 아무 문제가 없어요. 상대를 넘어서 '이 세상 모든 사람이 아무 문제가 없구나.' 입에서 그냥 이 소리밖에 안 나와요. "정말 아무 문제가 없었구나. 아무 문제가 없구나."

그러고 나서 보니 이 공부를 시작하기 전, 예전 ○○선원에 가기 전의 나도 아무 문제가 없었어요. 마음공부라는 것을 하기 전에도 이미 나는 아무 문제가 없었던 거예요. 하지만 그렇다고 또 문제가 없었던 건 아니죠. 그때로 돌아가면 아무 문제가 없었을까요? 문제가 있는 것도 아니고 없는 것도 아니에요. 그럼 그 옛날 내가 있던 자리와 지금이 같을까요? 같기도 하고 다르기도 해요.

체험하기 이전의 삶과 지금의 삶을 비교한다면 어떻습니까?

저는 이 공부를 하면서 뭔가 극적으로 바뀌었다기보다는 하면서 계속 좋아진 것 같아요. ○○선원에서 공부를 시작하고 2, 3년 지나고 나서 아이들이 놓아지더라고요. 애들이 아무 문제가 없었어요. 내가 손을 대서 애들이 문제가 생기는 거라는 게 알아지니까 애들이 놓아지더라고요. 이후로는 남편이 걸린 채로 있었어요. 남편에 걸려 있는 게 저 자신의 부족함으로 다가오더라고요. 그 부족함이 공부의 원동력이 된 것 같아요.

하지만 어쨌든 ○○선원에서 공부를 시작하고 나서 한 5년간 대인관계나 제 삶의 꼬질꼬질함이 지속적으로 좋아졌어요. 이후로 무심선원의 공부가 더해지면서 제 문제에서도 풀려나게 된 계기가 된 거죠. 아마 ○○선원에서의 공부가 없었다면 저는 무심선원에서 공부를 못 지어 갔을 거예요. 무심선원에 와서 보니 선생님 말씀을 듣고 발심해서 공부하는 분들이 정말 대단하다는 생각이 들어요.

저는 ○○선원에서 기본을 닦았기 때문에 무심선원에서 도약을 할 수 있었던 거지, 밑바탕이 없었다면 이 공부를 못 했을 거예요. 저는 ○○선원 공부가 초석이 되었고 무심선원 공부는 날개를 달아 주었다고 생각해요.

그리고 공부를 시작하기 전, 그러니까 10년 이전의 삶도 바꾸고 싶지 않아요. 그 삶이 공부를 시작하게 된 원동력이 되었으니까요. ○○선원에서 공부하기 전에 저는 요가를 했어요. 요가를 할 때 명상을 많이 했는데, 어느 날 깊은 명상에 들어갔을 때 유치원 다니는 나이의 아이가 보이는데 그게 나였어요. 고개를 푹 처박고 있는데 너무 슬퍼 보여요. 너무 슬퍼 보여서 그 아이의 어깨에 손을 얹고 "너 왜 그러니?" 하고 위로하고 달래 주고 싶은데 저는 그 아이를 건드리지 못했어요. 그 아이의 슬픔, 아픔을 제가 감당할 수가 없을 것 같아서 제가 나와 버렸어요. 명상을 멈춘 거죠. 그때 제 안의 아픔이 있다는 것을 자각했어요. 이걸 해결해야겠다는 생각이 들더라고요.

경제적으로는 별문제가 없었지만 마음이 항상 힘들었어요. 그러니까 자연스럽게 '이 마음을 어떻게 하지?' 의문이 들더라고요. 요가를 하면서도 "마음을 잡는다는 게 바람을 잡는 것보다 어렵다."고 하니까, '이 마음이 대체 뭔데 나를 이렇게 힘들게 하나?' 의문이 드는 거예요. 그런데 요가 수련을 하고 나면 마음이 편안해져요. 그렇지만 시간이 지나면 또 성이 나고 화가 나요. 전과 똑같아지는 거예요. 열심히 수련과 부딪쳐서 해결된 줄 알았는데, 아니에요. 이게 반복되는 거예요.

비유를 들면 물병에 흙탕물이 있는데, 흔들면 흙탕물이었다가 시간이 지나면 싹 가라앉죠. 맑아진 줄 알았는데 또 흔들면 다시 흙탕물이 되는 거죠. 그러니 방법은 바닥에 있는 흙을 들어내 버리면 되는 거잖아요. 이걸 들어내면 되는데, 마음에서 이걸 들어내는 방법을 모르겠는 거예요. 그렇다고 인도로 명상을 수련하러 가야 하나? 그건 또 상황이 허락하지를 않았어요.

마음공부 하면 불교잖아요? 불교에서 답을 찾아야겠다는 생각이 들더라고요. 그래서 불교대학이나 불교를 가르쳐 주는 곳을 찾고 있던 중에 어떤 보살하고 교류가 있었는데, 그분이 제가 하고 싶은 공부를 하고 있었어요. 그래서 물었어요. 보살님은 제가 하고 싶은 공부를 하고 있는 것 같은데 대체 무슨 공부를 하냐고 물었어요. 그게 ○○선원에 가게 된 인연이 되었어요.

저는 공부하기 이전의 그 삶이 저를 공부로 이끌어 준 인연이 되었다고 생각해요. 그 삶이 있었기 때문에 공부를 시작할 수 있었던 거죠. 공부를 하기 전에는 해결해야 할 것이 있었기 때문에 시작을 했고, 하면서 계속 좋아졌고 무심선원에 와서 날개를 달았지만, 이게 다 인연이라서 삶의 모든 시간이 필요했던 것 같아요.

새로 공부하는 후배들이나 도반들에게 당부하실 말씀이 있으면 해 주십시오.

공부를 하려면 거문고 줄 고르듯이 공부해야 한다는 말이 맞는 것 같아요. 예전에는 이 말이 와닿지 않았어요. 하다 보니까 알겠어요. 공부를 하는 둥 마는 둥 할 거면 시작도 하지 말고, 끝까지 밀고 나갈 자신이 있으면 공부를 시작하라고 하고 싶어요. 어쨌든 공부는 해 놓고 나면 이루 말할 수 없는, 그 누구도 부럽지 않은 입장이 펼쳐질 것이라고 말할 수 있어요.

　만약 공부하시는 분이 엄마라면—엄마들은 자식한테 마음을 쏟잖아요. 자식 잘되라고. 이거 해라, 저거 해라, 뭐 관심도 많고 모든 정성을 다하잖아요—그런 관심과 정성을 자신에게 돌려 오로지 자신의 공부에 쏟으라고 말씀드리고 싶어요. 자기 공부가 어느 정도 궤도에 올라가면 자식은 제가 알아서 스스로 성장해 있더라는 말을 꼭 해 주고 싶어요. 자식들 걱정은 그만 하고 그 마음을 자기 공부로 돌려서 거문고 줄 고르듯이 공부하시기 바란다는 말씀을 드리고 싶습니다.

51. 최○화 <small>2020년 녹취</small>

안녕하세요. 지금부터 공부 체험 이야기를 시작하겠습니다. 먼저 올해 연세가 어떻게 됩니까?

67세입니다.

무심선원에서는 몇 년 동안 공부하셨습니까?

7년 정도 공부했습니다.

무심선원에서 공부하기 전에는 어떤 공부를 하셨는지 간단히 말씀해 주세요.

그냥 일반적으로 하듯이 불교 학생회에 가입해서 학생들이 하는 수련도 하고, 경전도 보고, 방학 때는 수련대회도 가고 했습니다. 결혼해서는 남편이 유학자(儒學者)라서 불교와는 거리가 있었지만, 마음속에는 늘 불교에 대한 갈증이 있었지요. 남편이 돌아가신 후부터 산에 다니고 여행 다니면서 틈틈이 불교 공부를 했어요. 《법화경》《금강경》 등 경전 공부를 좀 했어요.

　유명하다는 스님들도 찾아다녔지만 마음에 차질 않았어요. 그러다가 지인으로부터 김태완 선생님 법문을 들어 보라는 권유를 받고 듣기 시작했어요. 처음에는 아무런 기대를 하지 않았어요. 아상(我相) 때문에 그랬지만 '뭐 별거 있을까? 인터넷으로 들어 보라는데 별것 아니겠지.' 하고 들었는데, 처음 1시간을 듣고는 '이분이 바로 내가 찾는 선지식이고 도인이구나.' 하는 생각이 들더라고요. 그래서 그길로 그날 저녁부터 선생님 법문에 몰입하게 된 거죠.

무심선원에서 공부하다가 체험한 이야기를 해 주십시오.

2014년 마곡사 여름 정진법회가 끝나고 집에 왔는데 '이거 그만 해야겠다. 되지도 않을 일을 내가 괜히 헛짓을 하고 마음만 졸이고 있었구나. 안 되겠다.' 하고 공부를 하지 않으려고 했지만, 저녁에 또 법문을 듣게 되더라고요. 그리고 얼마 지나지 않아서 손자를 학교에 데려다주는 길이었어요. 계속 마음이 안 좋고 기분도 나쁘고 하여 길에 돌도 없지만 발로 툭툭 차면서 "에이~ 다 이거라는데 답답하기만 하고 이게 뭔지 도대체 알 수도 없고." 하면서 걸어가고 있는데, 손자가 옆에서 불평을 하는 거예요. "할머니 때문에 뭐가 잘못됐고 어쩌고저쩌고." 얼핏 귓전으로 들리는데, 바로 그때 체험이 왔어요. 순간 모든 게 다 사라졌어요. 처음에는 이게 무슨 일인가 너무 깜짝 놀라서 체험인지도 몰랐죠. 그러다 2주 정도 지나서 선생님께 상황을 말씀드렸더니 쉬는 자리를 얻었으니까 책은 보지 말고 여기에 익숙해지도록 하라고 하시더군요.

첫 체험 후에는 빨리 공부하고 싶어서 시간만 나면 법문을 계속 들으니까, 제가 꿈을 잘 안 꾸는데 꿈에도 법문 듣는 꿈, 선생님 만나는 꿈을 자주 꿨어요. 그렇게 하다가 그해 겨울 북한산엘 갔다가 넘어져 무릎 골절이 됐어요. 그때 딱 느껴지는 게 옛날 같으면 '이제 산에도 못 가고 큰일 났네.' 하고 걱정이 앞서고 짜증이 났을 텐데, 무릎이 아파서 배낭도 선배가 져 주고 뒤에서 천천히 따라 내려오는데 전혀 걱정이 안 되었어요. 웃음이 실실 나오고 너무 신기한 거예요. 너무 좋더라고요. '이 공부가 이런 거구나.' 하며 감탄했지요.

그리고 음력설 때가 되어 딸과 식구들이 다 여행 가고, 다리에 깁스하고 집에 혼자 있으면서 2주간 법문만 듣고 있으니까 너무 좋은 거예요. 그때 좀 공부가 된 것 같은 느낌이 들더라고요. 그러면서 언뜻언뜻 "그래, 언설이 다 방편이지." 혼자 그러기도 했죠. 하여튼 체험 후에는 제가 가지고 있는 깨달음이 따로 있었는데, 몇 년 지나서인가 갑자기 그것이 스르륵 없어지더라고요. 그게 없어지면 사람들 대하는 게 훨씬 편할 거라고 선생님도 말씀하셨어요. 그런데 정말 그 이후로는 공부와 관계없는 사람을 만나도, 전에는 싫었지만 이제는 그냥 아무렇지도 않게 되더군요. 물론 한참 지나면 '그만 떠들고 집에 가야지.' 하는 생각이 들기도 하지만, 점점 편해지더라고요. 소소하게 체험한 것들은 잘 생각이 안 납니다.

체험한 뒤 지금까지 몇 년이 지났습니까?

7년 정도 되었습니다.

그동안 공부에 어떤 변화가 있었습니까?

글쎄요? 변화라면 선생님 법문에 납득하는 부분이 늘어나고 있다고나 할까요? 그냥 사는 게 다 공부다, 하며 지냅니다.

체험하기 이전의 삶과 지금의 삶을 비교한다면 어떻습니까?

체험하기 전에는 분별로 사니까 시시비비 따지며, 스스로 적당히
포장하고 살았죠. 내가 불교인이니까 '화내면 안 되지. 집착하지 말
아야 돼. 자비로워야 해.' 등등. 그래도 잘 실현되진 않았는데, 지금
은 그냥 생긴 대로 살게 되었다고 해야 하나요? 그게 많이 변한 거
죠. 하여튼 이러거나 저러거나 일상생활에서 안달하지 않고 점점
편히 지내게 되는 것 같습니다.

새로 공부하는 후배들이나 도반들에게 당부하실 말씀이 있으면 해 주십시오.

당부할 말이 뭐 있겠어요? 선생님 법문 열심히 듣는 거 말고 없지
요. 저는 딴 사람 법문 안 듣고 선생님 법문만 들으면서 공부했어
요. 선생님 법문 잘 들으면 되지요. 한 우물을 파는 게 중요하다는
생각이 듭니다.

52. 최○희 2020년 녹취

올해 연세가 어떻게 됩니까?

56세입니다.

무심선원에서 몇 년 공부하셨습니까?

2015년부터니까 5년 조금 더 지났네요.

무심선원에서 공부하기 전에는 어떤 공부를 하셨는지 간단히 말씀해 주세요.

불교는 전혀 몰랐고 불교와 관련된 공부는 전혀 한 적이 없어요. 그냥 어려서부터 영성 관련 책을 재미로 많이 읽어 봤죠. 어릴 때 탈무드 봤던 게 기억이 나는데요. 아무튼 틱낫한, 오쇼 라즈니쉬, 라마나 마하리쉬, 기타 철학책 그런 종류를 봤죠. 종교도 불교가 아니고 성당을 다녔어요. 열심히 다녔던 건 아니고 가끔 앉아 있다가 오고 그랬습니다.

그리고 사실 영성 관련 책을 열심히 읽게 되었던 계기는 선원 오기 1년 전이니까, 2014년에 직장을 그만두게 되었어요. 17년 다니던 직장을 그만둔 게 당시 저한테는 정신적으로 굉장히 타격이 컸어요. 마음이 굉장히 괴롭더라고요. 그래서 머리를 좀 비우려면 걸어야겠다는 생각이 들어서 산티아고 순례길을 갔어요. 가서 하루에 6시간에서 8시간 정도 걷고, 자고 일어나면 또 걷고, 그렇게 3개월을 걸었어요. 산티아고는 한 달 동안 800km 걷고 이후 체코까지 무작정 걸었죠.

처음 걸을 때는 '생각만 좀 멈췄으면 좋겠다.'는 심정으로 걸었어요. 그런데 한 달 정도 걸으니까 배낭도 무겁고 그냥 생각이 안 나는 거예요. 걸을 때는 발끝만 보고 걷게 되고 그러면서 생각이 끊어지는 것 같더라고요. 그때쯤 마음이 많이 정리정돈이 되더라고요. 그러니까 풍광도 눈에 들어오고 여행을 온 기분도 좀 나고 그랬습니다. 그렇게 3개월이 지나서 한국에 온 이후는 계속 영성 관련 책에 파묻혀 있었죠. 이런 책들을 무작위로 막 읽었어요. 그러다가 무심선원에 오게 되었죠.

무심선원에서 공부하다가 체험한 이야기를 해 주십시오.

그러니까 2015년 봄이었는데 제가 살던 집은 다른 지역에 있었어요. 당시 부산에는 어머니가 살고 계셨고요. 그때 어머니가 아프셔서 잠시 부산에 왔는데 지인이 전화로 "부산에 무심선원이라는 곳이 있으니 한번 가 보고 분위기를 파악해 줄 수 있겠냐?" 하고 부탁했어요. 그래서 시간이 있으면 다녀오겠다고 약속했죠. 홈페이지를 먼저 살펴보니까 그때는 수요일 오전에 법회가 있더라고요. 그래서 해운대 바다도 볼 겸 겸사겸사 다녀오면 좋겠다 싶어서 왔죠.

수요일 오전에 법회에 참석했는데, 당시 저는 선원이라는 곳을 처음 왔어요. 그래서 신기한 마음에 살펴보는데 벽에 '거사님' '보살님' 자리를 구분하는 표식이 붙어 있었어요. 그게 무척 생소하고 재미있어서 인상적이었는데 아무튼 마음은 무척 편안하더라고요.

그리고 앉아 있다가 선생님 법회가 시작되었는데 한마디도 못 알아듣겠는 거예요. 외국어처럼 무슨 말인지 전혀 들리지도 않고 그래서 그냥 가만히 앉아 있었어요. 그런데 어느 순간부터 심장이 쾅쾅 뛰는 거예요. 옛날 영화 같은 거 보면 나무 기둥 같은 것으로 성문을 부수는 장면이 나오잖아요. 그런 것처럼 나무 기둥이 제 가슴을 막 치는 것 같은 거예요. 선생님이 "이거라니까." "이거라니까." 그러실 때마다 가슴이 쾅쾅 울리는 것 같고, 몸은 마치 용광로 속에 들어가서 녹는 것 같고 그렇게 정신이 좀 이상했어요. 그런 채로 한 시간이 지나가면서 법회가 끝나 가는데 저도 모르게 눈물이 살짝 나오더라고요. 그래서 속으로 '이게 뭔가?' 싶기도 하고 뭔가 묘한 심정으로 법회를 마치고 나오려고 하는데 어떤 분이 밥을 먹고 가라는 거예요. 그래서 좋다고 자연스럽게 앉아서 밥도 먹고, 커피도 마시고, 얘기도 나누고 그러다가 나와서 부산에서 제 집으로 가려고 부산역으로 가는 버스를 탔는데 계속 뭔가 멍한 거예요.

부산역에서 버스를 내려서 기차를 타려고 걸어가는데 갑자기 세상이 멈춘 것처럼 느껴지면서, 스위치를 탁 끄면 불이 꺼지는 것처럼 뭔가 탁 꺼지더니 머리가 없어지는 것 같고, 제가 있는 건지 없는 건지, 있는데 없는 것 같고, 없는데 있는 것 같고 뭔가 이상한 거예요. 그러면서 몸속이 텅 비어 있는 것처럼 그런 느낌이 있었던 것 같고 그랬어요. 근데 이게 어려서부터 늘 있었던 건데 잊고 살았던 것 같은 그런 느낌도 들더라고요. 이런 체험이 너무 생소하고 이상해서 처음에는 굉장히 놀라고 그러다가 너무 당연한 것처럼 느껴지는 거예요. 그런데 이게 굉장히 짧은 순간이었어요. 말로 하면 장황하지만 이 모든 게 한순간에 지나간 거였어요. 그리고 당시에는 '이게 뭐지?' 하면서 잘 감당이 안 되더라고요. 그러면서 기차를 타고 집으로 왔어요.

집에 도착하고 다음 날 아침에 눈을 떴는데, 세상이 너무 아름답고 뭔지 모르겠는데 기분이 좋고 즐겁고 그렇더라고요. 그러다가 법회를 또 가 봐야겠다 싶어서 며칠 지나 일요일에 서울법회를 갔죠. 그러면서 내가 겪은 이게 뭔가 궁금했지만 선생님을 찾아뵙지는 못했어요. 면담은 6개월 있다가 하라는 문구를 봤던 게 기억이 나서 면담은 못 했는데 법회에 자꾸 참석을 하고 싶은 거예요. 그래서 법회에 참석하면서 법문을 듣는데 잘 들리더라고요. 그래서 그때부터 본격적으로 선원을 다니게 된 거죠.

체험한 뒤에 지금까지 몇 년이 지났으며, 그동안 공부에 어떤 변화가 있었습니까?

많은 변화가 있었죠. 처음 1, 2년 정도는 정말 많이 울었어요. 속은 괜찮은데 선생님 얼굴을 보고 법문만 들으면 눈물이 폭포수처럼 흐르는 거예요. '속은 괜찮은데 왜 자꾸 눈물이 날까?' 이러면서 2년 정도를 울고 다녔어요. 그리고 그때는 선원에 오는 게 제 생활의 첫 번째였어요. 선원에 와서 앞에 앉아서 법문을 듣는 게 전부였죠.

제가 겪은 게 도대체 뭔지 싶어서 정신적으로 무척 혼란스럽기도 했어요. 그리고 저는 불교를 처음 접하다 보니까 용어도 무척 생소하고, 그러다 보니 법문을 듣는 것 말고는 길이 없겠구나 싶어서 열심히 선원에 와서 법문 듣고 그랬죠.

1, 2년 동안은 눈물도 많이 나고 그랬지만 심리적으로는 많이 편했어요. 그 전에는 허허벌판을 헤매고 다녔는데 마치 집에 온 것처럼, 그런 안도감이 느껴지더라고요. 그러면서도 머릿속에서는 내가 겪은 게 도대체 뭔가 싶어서 열심히 선원을 다닌 겁니다.

그러다가 어느 순간에 마음이 막 불안해지는 거예요. 또 다른 갈증이라고 해야 하나? 그런 게 해소가 안 되는 거예요. 제가 겪은 그런 경험을 더욱 분명하고 확실하게 알고 싶은데 그게 안 되니까 공부가 많이 불안하게 되더라고요. 공부를 잃어버리는 느낌, 끄달림에 휘말리면서 다시 돌아오지 못할 것 같은 그런 불안감이 있었어요. 그래서 이래서는 안 되겠다 싶어서 2018년 1월에 아예 부산으로 이사를 했습니다. 그러면서 계속 선원 다니고 법문에 의지하고 그랬죠.

처음에 선원에 다니기 시작할 때는 '선원에 1, 2년 다니면 공부라는 게 손에 잡히지 않을까?' 싶기도 했었는데, 공부를 하면 할수록 공부가 더 어려운 것 같고 절망감이 오더라고요. 뭔가 더 알 것 같은데 뭐가 뭔지 모르겠고 그랬죠. 그러면서도 꾸준히 선원에 다니면서 2, 3년 정도가 지났습니다. 작년이었나? 문득 제 삶이 다시 제자리를 찾은 것 같은, '아! 그냥 이렇게 사는 거구나.' 이런 느낌이 불현듯 들더라고요. 그 전에는 경계 체험이나 이런 걸 바랄 때도 있고 머릿속으로 법문을 헤아리고 그랬는데, 어느 순간 많이 쉬어지면서 요즘에는 그냥 법문을 듣고 있어요. 그냥 살고 그냥 일하고 그 냥 그래요. 마음이 좀 자유로워진 것 같고 그렇습니다.

체험하기 이전의 삶과 지금의 삶을 비교한다면 어떻습니까?

체험하기 전에는 늘 우울하고 뭔가 늘 불만족스럽고 그랬어요. 세 상에서 가질 수 있는 것들을 어느 정도 다 가졌어도 마음은 늘 공 허했어요. '이게 전부가 아닌데…' 이런 식이었죠. 그러다 보니까 취 미를 갖기도 하고 열중할 수 있는 걸 쫓아다니기도 하고 그랬죠. 아 무튼 늘 우울하고 채워지지 않는 불만족 같은 게 계속 있었던 것 같아요.

그런데 이 공부 하고 이러면서 '내가 예전에 왜 그렇게 살았지?' 이런 생각이 들더라고요. 지금은 예전에 안정적으로 직장생활 할 때와 비교하면 여러모로 불안정하고 불명확하고 그런데도 이런 게 전혀 문제가 되지 않아요. 미래를 걱정한다거나 과거를 돌아보며 왜 그랬을까 자학하고 그런 것들이 없어졌죠.

요즘은 그냥 이렇게 사는 자체가 만족스럽고 그래요. 돌아보면 '아무 일도 없었는데, 왜 그렇게 머리를 쥐어짜며 살았나?' 하는 생 각이 들기도 합니다.

새로 공부하는 후배들이나 도반들에게 당부하실 말씀이 있으면 해 주십시오.

제 경험을 비추어 말씀을 드리자면 두 가지 정도가 있어요.

저 같은 경우는 아무것도 모르고 선원에 왔잖아요? 불교가 뭔지 공부가 뭔지 아무것도 모르고 선원에 와서 처음 수요법회 참석하고 며칠 있다가 바로 서울법회에 간 건데, 그러다 보니 사람이 모두 저와 같은 체험을 한 줄 알았어요.

그런데 가서 보니 어떤 분들이 누구는 체험을 하고, 누구는 체험을 안 하고, 공부를 이렇게 하고, 공부를 저렇게 해야 하고, 이런 식으로 굉장히 많은 말씀을 하시는 거예요. 그게 처음에 정말 생소하고 의아했어요. 마치 체험을 로또 당첨처럼 인식하는 것 같다고 느껴졌거든요. 그래서 처음에는 '선원이 좀 이상한 곳이 아닌가?' 하는 생각도 들었어요. 그렇지만 또 선생님 법문을 듣고 앉아 있으면 뭔지는 모르겠지만 제 안에서 '이 공부를 꼭 해야겠구나.' 하는 확신이 드는 거예요.

그러니까 선생님 법문을 들을 때와 사람들이 체험을 로또 복권처럼 얘기하는 그 느낌이 너무 다르더라고요. 그래서 이후로는 그런 식의 얘기에는 귀를 기울이지 않고 법문에만 귀를 기울여야겠다 하고 법문을 들었거든요. 물론 이건 제가 그렇게 받아들인 것이고 저의 분별일 수도 있지만, 처음 오신 도반님들도 정말 목이 말라서 오신 거라면 주변의 도반님들 이야기보다는 선생님 말씀에 귀를 기울이시는 게 좋지 않을까, 말씀을 드리고 싶어요.

또 하나는 같은 맥락일 수도 있지만, 제 경험을 바탕으로 말씀드리는 거니까요. 저는 처음 선원에 왔을 때 주변 도반님과도 관계가 좋고 잘 지내야 한다는 생각을 좀 했거든요. 그러다 보니 도반님들과 관계를 돈독하게 하려고 노력한 적도 있는데 그게 어느 순간 서로에게 독이 되는 경우가 있었어요.

선원에 공부하러 왔으면 공부에만 집중하면 됐는데 그땐 그걸 잘 몰랐어요. 그러니 도반님들도 선원에서는 공부에 집중하는 게 최우선인 것 같아요. 그러다가 의도치 않게 안 좋은 일이든 좋은 일이든 일어나더라도 그런 것으로 공부를 포기하지 않으면 좋겠다는 것을 말씀드리고 싶습니다.

이 공부는 어쨌든 죽을 때까지 하는 거니까 어떤 일이 있더라도 공부만 바라보고 한 걸음씩 나가는 게 좋지 않을까 싶습니다.

3부 김태완 선원장의 공부 이야기

〔2003년 3월 대담〕

선생님께서는 어떤 식으로 공부를 하셨는지 저희가 알기 쉽게 구체적으로 말씀해 주시기 바랍니다.

저의 그때 상황이 박사과정에서 선불교를 공부하면서 선(禪)을 주제로 하여 박사논문을 써야 한다는 그런 마음의 부담을 안고 있는 상황이었습니다. 그러나 선이라고 하는 것은 책만 가지고는 알 수가 없었기 때문에 여러 가지로 고민을 하고 있었는데, 마침 스승님(훈산 박홍영 거사)을 그 당시에 우연한 계기로 만나서 그 회상에서 공부를 했죠. 아마 제 기억으로는 일주일에 두 번 정도 그분에게 갔던 것 같아요. 가면 《원오심요》니 《서장》이니 《임제록》이니 《육조단경》이니 하는 그런 어록을 내놓고 설법(說法)을 하시곤 했습니다.

  그 당시 스승님은 부산대학교 앞에서 하숙집을 하고 계셨어요. 하숙집 주인 할아버지셨는데, 처음에 그분의 회상에 나가서 그분을 만나 보니까 그냥 할아버지인데도 뭐라 할까, 불신감 같은 것은 없었던 것 같아요. 하여튼 그 당시에는 그분에 대하여 이러니저러니 하는 판단 같은 것을 내릴 입장은 아니었고, 그냥 제가 선에 대하여 목이 마른 상황이었어요. 선에 대해서 저는 아무것도 공부해 본 적이 없었습니다. 실제로 절이나 선방이나 이런 곳에 가 본 적도 없었고, 스님들을 만나 본 적도 없었고, 아니 솔직히 대학원에서 선을 전공으로 삼기 전까지는 선에 대하여 읽은 책도 거의 없었습니다.

대학의 철학과에서 동서양의 철학을 대강 훑어보았지만, 모두가 잘 짜여진 이론의 체계이고, 현재 내가 목말라하는 그 무엇에 대한 해답을 주진 않더군요. 그래서 불교가 나의 목마름에 대한 해답을 주지나 않을까 하는 기대를 가지고 대학원에서는 불교를 공부했습니다. 불교의 역사 그리고 초기불교, 소승불교, 대승불교의 교리를 공부하며 석사과정을 보내면서, 결국 선이 내 목마름을 실제로 적셔 줄 살아 있는 불교라는 사실을 알았어요. 그 뒤 여러 가지 선에 대한 안내서나 선어록 등을 읽었습니다. 그러나 그런 책들은 단지 역사적인 사실을 전달하거나 해석하고 있을 뿐이었으므로, 선 그 자체를 알고 싶은 의문과 목마름은 더욱 커져 가기만 하는 그런 상황이었습니다.

그러다 스승님을 만난 것입니다. 학문이 아닌 선을 직접 가르치고 계신 분을 처음 만난 거지요. 그러니까 저로서는 그냥 선에 대해서 목말라 있는 그런 상황이었으므로, 이분이 어떤 사람이고 어떻게 보이니까 이분 밑에서 공부를 하면 되겠다 안 되겠다 하는 그런 판단 자체를 아예 안 했어요. 안 한 것이 아니라 그냥 그런 생각 자체가 안 일어나더라고요. 그런 생각이 없었어요.

그저 그냥 설법을 한번 들어 보니까 무슨 말인지 통 모르겠고, 모르니까 졸리기도 하고 따분하기도 하고 그랬죠. 그러나 달리 어디를 가야 할지 몰랐기 때문에, 어쨌든 스승에 대한, 처음엔 스승이란 그런 생각조차도 없이 그저 하숙집 주인 할아버지였는데, 그분에 대한 믿음이라는 게 저도 모르게 생겼던 것 같아요. 처음 대하는 순간에 '아, 이분에게 무언가 있구나!'라는 그런 느낌을 저도 모르게 받았는지도 몰라요.

여하튼 저는 선을 실제로 맛볼 기회를 원하고 있었는데, 그런 기회가 아주 쉽게 학교 바로 앞에서 왔기 때문에 좋았습니다. 저는 오히려 절에 나가는 것을 좀 부담스럽게 생각했던 것 같아요. 왜냐하면 스님이라는 존재와 예법 같은 것에 대해서 부담이 있더라고요. 그러나 이분은 하숙집 주인 할아버지시니까 아무 부담이 없었죠. 그래서 그냥 부담 없이 가서 앉아 있었습니다. 저는 특별히 질문을 해 본 적도 없고, 그분도 저한테 이런저런 말을 건넨 적도 없었습니다. 그냥 뒷자리에 가서 조용히 앉아 듣고 있었을 뿐이에요.

어쨌든 공부를 해 보자는 심정으로 앉아 있었을 뿐인데, 그렇게 시간이 한 몇 달 지나니까 참 가기가 싫어지더라고요. 왜냐하면 그 법회라는 것의 분위기가 익숙한 분위기도 아니었고, 법문도 도대체 무슨 이야기인지 영 모르는 이야기였고…. 그렇지만 마음속에 어떤 신뢰는 있었던 것 같아요. 여기에 분명히 무언가 있긴 있다. 뭔지 모르지만 여기서 내가 이것을 다 캐내어 보고, 그러면 내 나름대로 판단이 설 것이고, 그때가 되면 어딘가 다른 곳에서 또 공부할 수도 있지 않을까? 일단 여기에서 캐내 볼 만큼 캐내 보자. 그런 생각이었던 것 같아요. 그러면서도 스승에 대한 신뢰감이랄까? 어쨌든 그

421

분을 한 번도 의심해 본 적은 없습니다. 분명히 이분이 뭔가를 알고 계시는구나! 이런 생각을 가지고 있었죠. 그분이 알고 있는 것을 나도 알고 싶다는 그 생각밖에 없었어요. 특별히 마땅하게 다른 데 갈 곳도 없고 해서 계속 거기를 다녔죠.

하나 기억나는 것은, 같이 공부하던 도반들과 가끔 공부가 끝난 뒤에 학교 앞의 찻집을 찾아 차를 마시곤 하였는데, 그때마다 그분들이 말씀하시길, "여기에서 끝을 내 보아라. 반드시 좋은 결과가 올 것이다."라고 격려를 하시더군요. 이 격려에도 상당히 힘을 입었던 것 같아요. 일반 사회생활에서 만난 그런 인간관계가 아니라 도반이라고 하는 그런 인간관계는 또 다른 어떤 정 같은 게 느껴지더라고요. 그런 것들이 참 편하고 좋았어요.

그렇지만 저는 공부를 모르니까 공부에 대해서는 어떤 말도 할 수 없었어요. 그래서 입을 다물고 항상 듣는 입장이었죠. 그냥 앉아서 무조건 듣기만 했어요. 모르니까 질문도 못 하겠더라고요. 무조건 아무 질문도 없이, 좋다 나쁘다는 그런 판단도 없이, 그냥 듣기만 했어요. 저는 그런 기질이 좀 있는 거 같아요. 뭐냐 하면, 어떤 일이 닥쳤을 때 그 일을 완전히 내 손아귀에 쥐고서 자신 있게 이야기하기 전까지는 곰처럼 묵묵히 매달리는 그런 특성이 좀 있는 것 같아요. 그러니까 그런 자세로 매달렸던 거죠.

그러다 몇 달이 지나니까 같이 공부하러 갔던 후배 대학원생이 공부가 좀 됐다고 하면서 스승님하고 대화도 하더라고요. 그래서 저는 부럽기도 하고, 한편으로는 자존심도 상하고, 그렇지만 겉으로는 그 후배를 격려도 해 주고, 칭찬도 해 주고 하면서도 속으로는

"나도 반드시 해낼 것이다."라는 오기랄까 자신감 같은 것도 있었습니다. '언젠가는 되겠지….'라는 기대도 있었고.

그러면서 또 일 년 정도가 흘렀던 것 같아요. 말귀를 못 알아들으니까 가면 그냥 멍하게 앉아 있는 겁니다. 가끔 졸기도 하면서 말이죠. 그러나 시간이 점점 지날수록 어떤 변화가 오느냐 하면, 처음 몇 개월 동안에는 분위기가 적응이 안 되어 몸이 뒤틀려서 삼십 분도 못 앉아 있고, 밖에 나가고 싶고 그러던 것이 시간이 좀 지나니까 그 분위기에 익숙해지는 거예요. 말하자면 훈습이 되어서 그 분위기가 익숙해지고 좋아지고 편안해지기 시작했어요. 그러니까 이제는 즐겁게 법회에 참석하게 되더라고요. 거기에 앉아 있으면 편하고, 앉아 있는 동안에는 뭔가 조금씩 세속적인 번뇌망상 같은 것들이 없어지는 것 같기도 하고, 좌우간 편안하더라고요. 그렇게 되니까 법회가 없어도 시간만 나면 스승님을 찾아가는 겁니다. 심심하면 갔죠. 일주일에 몇 번씩 가서 법회도 듣고 도반들과 이야기도 나누고 하면서, 회상에서 스승님과 접촉을 자주 가졌죠.

그래도 여전히 공부는 막막하였습니다. 제 나름대로는 화두(話頭) 드는 것을 한번 시도해 보았는데, 저는 화두를 정말 하루도 못 들겠더라고요. 하루가 뭐야, 한 시간도 채 못하고 짜증이 났어요. "이렇게 하여 무슨 공부가 되겠나?" 하는 의문이 생기고…. 지금 이렇게 목이 마른데 애써 화두를 든다는 것이 당장 나에게 실질적으로 아무런 효과가 없었어요. 그렇다고 지금의 이 목마름을 가시게 해 줄 무슨 특별한 방법이 있는 것도 아니었습니다. 수행(修行)이라는 이름으로 내가 어떤 노력을 하더라도, 그것이 해답을 줄 것 같지가 않았습니다. 사실 몇 년간 목마름에 발버둥치며 도달한 결론은, 내가 의식적으로 어떤 노력을 해도 안 될 것이라는 절망적인 것이었습니다. 이 끈질긴 의식이라는 감옥 밖으로 탈출하고 싶은데, 아무리 둘러보아도 의식뿐이었거든요. 결국 모든 손을 놓아 버리고 아무것도 하지 않고, 그저 목마름에만 맡겨 놓을 수밖에 없었습니다. 목은 마른데 손쓸 방법은 없고, 그러니까 오로지 설법의 회상에 그저 의존한 것입니다. "하다 보면 어찌 되겠지." 하는 기대만 가지고, 법회에 참석하는 그것만 믿고서 그냥 그렇게 왔다 갔다하고 있었던 겁니다.

그렇게 시간이 지나면서 차차 뭔가 손에 잡힐 듯 말 듯 하게 되더라고요. 그러면서도 여전히 확실하게 잡히지 않으니까 자신감도 없고, 막막하기도 하고, 두렵기도 하고 그렇더군요. 잡힐 듯 말 듯 할 때도 조급하게 생각하지는 않았습니다. 저는 저 자신을 믿었어요. "하면 되겠지. 죽기 전에는 되겠지." 하면서(웃음). 그러면서 학교 공부는 조금 밀쳐놓고, 책 보는 것도 당분간 접어 두고—책이 보기 싫어지더라고요—그냥 법회에 참석하고 그 분위기에 젖어서, 오로지 이 공부에만 매달려 있었어요. 그 기간이 몇 개월인가 꽤 된 것 같은데, 그때 제가 더욱 분명히 느낀 게 뭐냐 하면, "내가 의식적으로 공부를 해서는 절대로 안 되는구나! 어쨌든 나 자신의 힘으로는 이것은 절대로 안 되는 것이다."라는 거였어요. 그래서 내 힘으로 해낸다는 것은 포기해 버렸고, 그냥 '되겠지'라는 희망만 가지고 법회에 열심히 참석했던 겁니다.

왜냐하면 내가 의식적으로 노력하면 벌써 이 헤아리는 생각이 나오면서 내가 원하지 않는 방향으로 가 버리더라고요. 그렇기 때문에 "이런 식으로 공부를 해 볼까, 저런 식으로 공부를 해 볼까?"라는 식의 공부에 대한 생각은 아예 하지 않았어요. 공부에 대한 생각을 하게 되면 헤아리는 마음이 그 순간부터 다른 데로 가 버리는 겁니다. 그래서 "이건 아니다."라는 생각이 들었죠. 공부라는 생각 자체를 안 하고 그냥 법회에만 무조건 참석한 거예요. 스승님에게만 의존하면서 법회에만 참석한 거예요. 그러니까 나 자신을 완전히 놓아 버리고, 포기를 하고, 그냥 법회에 의지했던 겁니다.

법회에 참석하는 동안에는 거기에 푹 빠져 있고 집에 돌아오면 마음속에는 항상 그 갈망이 상처처럼, 하나의 부담으로 자리하고 있으니까 늘 부담을 느끼고 있는 거지요. 법문을 듣는 것은 말을 듣고 이해하는 것이 아니었습니다. 말을 이해하는 건 나에게 공부가 아니었어요. 그냥 그 법회 분위기에 푹 젖어서 그 분위기 속에서 의식이 아닌 그 자리에 젖어 들어가는 것을 원했던 거지, 제가 머리로 말을 이해하는 것을 원했던 것은 아니거든요. 말이라는 것은 학교에 다니면서 너무도 많이 익혀 왔고, 저는 그러한 말의 구속이 싫었고, 공부는 말이 아니라는 걸 너무도 잘 알고 있었어요.

법회 자리에서도 스승님께서 말씀하시는 그 말의 내용은 항상 동일한 것이기 때문에, 몇 번 들으면 똑같은 말이기에 더 들을 것도 사실 없는 것이었죠. 그러니까 말을 들으러 가는 게 아니라 거기에서 말 아닌 이것에 빠져들어 가고 거기에 내 가슴이 열리기를 원했던 것이지, 머리로 이해하는 것을 원했던 것은 아니었기 때문에 간절하게 가슴이 열리기만을 원하고 있었던 거죠. 그래서 말엔 관심이 없었어요.

사실 저도 지금 여기서 설법(說法)을 하고 있지만, 말하는 내용 자체는 항상 똑같은 거예요. 똑같은 내용인데 이해를 못 하니까 계속 가슴만 답답했죠. 말하자면 동일한 송곳으로 계속 가슴을 찌르고 있었지만 가슴에 구멍이 나지 않았던 거예요. 송곳은 언제나 동일하니까 "어떤 송곳으로 나를 찌르는가?" 하는 그런 생각은 할 필요가 없는 거예요.

그렇게 가슴이 열리기만을 바라고 앉아 있었는데, 어느 여름날 스승님께서 법문을 시작하신 지 몇 분 지나지 않아 말씀하시길, "선이란 다름이 아니라 이것이 바로 선이다!"라고 하시며, 손가락으로 방바닥을 톡톡 치시는 거예요. 그 순간 꽉 막혀 있던 게 마치 순간적으로 섬광처럼 눈앞에서 싹 스쳐 지나가는 그런 식이었어요. 싹하고 스쳐 지나가는데, "어, 그래 이거!" 하고 탁 통하더라고요. "아, 결국 이분이 여태까지 이야기한 것이 전부 이것이구나!" 마치 지금까지 내 머릿속에 이분 이야기가 다 녹음되어 있었지만 그 녹음이 여태까지 한마디도 풀려서 들리지 않았는데, 그때 순간적으로 스쳐 지나가니까 그 녹음되어 있던 것들이 싹~ 하고 다 풀려서 들리는 식으로 소화가 다 되어서 내려가 버리는 거예요. 마치 엉클어져 있던 녹음테이프가 풀리면서 빠져나가듯이 말이죠.

그런데 그것은 순간적이니까, 그 당시에는 그것에 대해서 이야기도 안 했습니다. 어쨌든 그 후부터는 그분이 무슨 말씀을 하시는 건지는 알겠더군요. 그러고 나서도 이분이 하시는 말씀은 알아듣겠는데 그래도 여전히 의심 하나 없이 확고부동하고, 가슴이 딱 안정되고, 아무 문제가 없이 되었느냐 하면, 그런 게 아니에요. 여전히 모든 문제가 그대로 남아 있어요. 불안하고 답답하기는 마찬가지예요. 그러면서도 그분의 말씀을 알아듣고 나니까 점차점차 조금씩조금씩 자꾸자꾸 시원해지더라고요.

그 후 어느 날인가 혼자 집에서 책을 보다가, 그 구절이 지금도 기억나는데, "온 세계는 전부 신의 은총이다."라는 구절을 보는데 이번에는 온몸에서 열기 같은 게, 갑자기 온몸이 후끈 달아오르면서 온몸에 전율이 스쳐 지나가는 그런 묘한 느낌이 들더군요. 그러면서 "아! 아! 그래그래." 하면서 정말 온 세계가 축복으로 가득 차 있는 느낌이 들기도 했어요. 그런 식의 경험이 몇 번 있었어요.

그리고 시간이 점차 지나면서 가슴속에서 "아, 이놈이구나! 내가 그토록 갈구하고 갈망했던 게 바로 이놈이구나!"라고 하는 것이 점점 더 뚜렷하게 확인되더군요. "이놈이구나! 이런 게 있구나!" 그런데 그것이 확인될 때의 그 느낌이라고 하는 것은, 밑바닥이 없는 텅 빈 허공 속에 발을 딛고 있는 것 같기도 하고, 동시에 아주 강렬하여 모든 힘을 그 속에 다 가지고 있는 무엇 같기도 하였습니다. 뭔가 뚜렷이 잡히는 것은 없지만, 모든 것이 다 해체되어서 아무런 갈등이나 분별이 없는 심연 같았어요. 나중에 제가 원자로 같다는 비유도 듣곤 했는데, 좌우간 뭔가가 있어요. 거기에 의지해 있으면 잡생각이 안 일어나고 안심이 되고 안정이 되는 반면, 생각을 따라가면 항상 불안한 거예요. 생각을 따라가면 불안하고, 흔들리고, 떨리고 그렇더라고요. 그러나 불덩이와 같은 거기에만 의존하면 안정이 되고, 안심이 되고, 마치 엄마 품속에 들어와 있는 것 같은 포근함과 안정감이 있어요. 거기에 의지하고 있으면 여러 욕망이나 감정이나 생각으로부터 많이 자유로움을 느꼈습니다. 하여튼 그런 게 있더라고요.

하지만 그 당시엔 그게 뭔지 뚜렷하지는 않고, 막연하게 그놈이 항상 내 곁에 있다는 느낌이 들고, 그런 확인의 느낌 속에서 안심이 되더라고요. 그러면서도 그것이 나와 확실하게 하나가 되었다는 그런 느낌은 아니었죠. 아직까지는 목이 마르고, 그립고, 미흡한 거예요. 그러니까 항상 그놈과 하나가 되어 있으려고 하는 그 욕구밖에 없었어요. 그런 시간이 몇 년 지난 것 같아요. 그놈에 대한 느낌이 어떨 땐 강하게 왔다가 어떨 땐 희미해졌다가, 주기적으로 그렇게 되더라고요. 어떨 땐 아주 강하게 내가 정말 흔들림 없는 그 자리에 있는 것 같기도 하다가 어떨 땐 아닌 것 같기도 하고 말이죠.

그렇지만 스스로 아직 공부가 부족하다고 여기는 것이, 또 어떤 점이 남았느냐 하면, 삼매(三昧)에 빠지는 버릇이 생겨 있더군요. 삼매가 뭐냐 하면 잠시 혼자 있는 시간들, 쉬는 시간에 의자에 앉아 있으면 어떤 알 수 없는 심연 같은 게 있어요. 그걸 우리가 공(空)이라고 그러는 거 같은데, 알 수 없는 심연 속으로 푹 빠져드는 겁니다. 그렇게 깊이를 모를 허공과 같은 심연 속으로 빠져들면 아무 생각도 없고 욕망도 없고 한없이 편안한 거예요. 아무리 피곤할 때도 앉아서 십 분만 그렇게 빠져들고 나면 마치 오랫동안 수면을 취한 것 같은 상쾌함이 있어요. 그러니까 그러한 재미에 한동안 빠져 있었어요. 그런데 그렇게 삼매에 빠진다는 것은, 빠져들어 갈 때가 있고 빠져나올 때가 있기 때문에 그것 역시 기복이 있는 거죠. 공부에 아직은 문제가 있다는 것이죠. 자기가 비록 맛을 보고 이 자리에 있다 하더라도, 말하자면 법의 맛에 취해 있는 것이라고나 할까?

그 후에 불교신문에 《서장》과 《임제록》을 강의한 것이 계기가 되어, 찾아오시는 분들과 더불어 공부를 함께 하게 되었습니다. 사람을 깨어나도록 이끌어 준다는 것, 남과 더불어 공부를 공유한다는 이것이 저의 공부에 많은 도움이 되었습니다. 지도를 하다 보니 제 공부의 부족한 점이 계속해서 드러나고, 계속 보완이 되어 나갔지요. 저로 말미암아 새로 깨어나는 경험을 하시는 분들에게 제가 도리어 배우기도 했습니다. 남녀노소를 불문하고 모두들 진지한 관심을 가지고 진실한 믿음을 가지는 분들은 하나둘씩 깨어나는 경험을 하시고, 저와 경험을 공유하게 되었습니다. 그런 과정을 통하여 저는 더욱 이 자리에 익숙해져 가고 있었습니다.

그러면서도 여전히 일주일에 한 번씩은 스승님의 법회에 참석하여 설법을 들었습니다. 그러던 어느 날 법회를 들으며 앉아 있는데 갑자기 모든 의식이 천천히 하나의 점으로 모여들기 시작하더군요. 그러더니 마치 욕조 바닥의 마개를 빼면 물이 물 빠지는 구멍으로 모여들어 쏙 하고 빠져나가 버리고 모든 것이 깨끗해지듯이, 한 점으로 모인 의식이 쏙 사라져 버리고 전체 허공이 한 점이 되어 버리더군요. 나타나는 모든 것이 다만 이것일 뿐, 다른 것은 그 가능성조차도 사라져서 없어요. 갑자기 모든 것이 너무나 가벼워졌습니다. 아무런 무게도 느끼지 못하겠어요. 전혀 힘이 들지 않아요. 눈앞에 나타나는 모든 일은 너무나 당연하고 너무나 평범할 뿐이고, 다른 생각을 하려고 해도 도무지 되질 않아요. 어긋나고 싶어도 어긋나지지가 않는단 말이예요. 훨씬 더 편안하고 자유로웠습니다.

예전에 삼매에 빠져들곤 할 때는 나에게 무슨 문제가 생기고, 어떤 경계가 다가오고 하면 삼매 쪽으로 피했거든요. 눈으로 보고 듣고 하는 대상들은 별문제가 아니었어요. 어떤 경계가 제일 심한 거냐 하면 감정적인 문제, 사람이죠. 사람이 제일 안 떨어져 나가는 경계더라고요. 사물은 문제가 안 돼요. 사람은 감정적으로 서로 공감을 하고 교류를 하기 때문에, 상대가 공부가 된 사람이면 상관이 없어요. 공부가 된 사람들은 이 자리에서 통하기 때문에 문제가 안 되는데, 공부가 안 된 사람을 대할 땐 그 사람하고 나하고 아무런 유대관계가 없으면 괜찮은데, 인간적으로 여러 가지 정이 있고 이렇게 되면 그 영향으로부터 자유롭지가 못하더라고요. 그 관계란 부모, 형제, 친구, 제자, 그런 인간관계들이죠. 공부가 된 사람들 사이에선 부담이 없는데, 부모나 아내나 자식이나 친구라든지 동료, 제자 등 정을 주고, 마음을 열어 놓고 교류한 사람들을 대할 때는 옛날의 세속적인 정(情)으로 쉽사리 이끌려 가 버리는 거예요. 그 경계가 정말 안 떨어져요. 그럴 때마다 나는 어디로 피하느냐 하면 빨리 혼자 있으려고 하고, 혼자 있으면 삼매 속으로 빠져들면서 자유로워지곤 했었어요. 계속해서 나는 이 자리에 있으려고 발버둥을 쳤던 것이죠.

그런데 한 점이 되는 이 체험 이후에는 상황이 달라졌어요. 어떠냐 하면, 그러한 삼매에 빠지는 것이 아니라, 그냥 언제나 다른 것이 없어요. 훨씬 더 자유로워진 것이지요. 공부를 한다는 그런 생각도 없고, 그저 평소의 일거수일투족이 다른 것이 없고, 이것뿐이라는 생각조차도 없었어요. 이 한 점이 되는 체험을 비유하여 말하면, 흰 백지 위에 조그마한 점이 하나 있는데 연필을 쥐고 위에서 그 점 하나를 정확하게 찍는 것과 같습니다. 처음에는 수없이 옆으로 빗나가겠죠. 그러다가 어느 순간에 정확하게 딱 찍게 됩니다. 그렇게 되면 거기서 연필을 떼지 않는 거죠. 딱 고정시켜 버리는 거죠. 또는 전기선을 연결할 때 플러스 마이너스 연결선이 서로 빗나가기만 하고 잘 안 맞다가 어느 순간 정확하게 딱 맞는 때가 오죠. 그러면 계속 불이 켜지죠. 그런 식으로, 그래서 계합(契合)이라고 하는데, 이 자리는 아주 작은 점 같지만 딱 들어맞으면 흔들림 없이 고정되어 버리는 자리가 있어요. 거기에 딱 들어맞는 경험을 하게 되니까 이제는 감정이라든지 그런 모든 경계가 나를 흔들어 놓지 못해요. '피하고 피하지 않고' 그런 것도 없어요. 그런 것들이 다가와도 이제는 주위만 맴돌지 나에게 직접 영향을 주지는 못하더라고요. 그러니까 많이 자유롭고 많이 편안해진 거죠. 달리 손쓸 일이 없어요. 그냥 평소대로 생활하는 거예요. 그야말로 배고프면 밥 먹고 목마르면 물 마시는 거지요. 그것뿐이지 특별하게 법이란 게 없어요. 그야말로 손 가는 대로, 발 가는 대로, 생각 가는 대로 그렇게 그저 살고 있을 뿐이었죠. 그런데 그것이 끝이 아니었습니다.

〔2010년 4월에 덧붙임〕

나 자신이 이만큼 자유로워지고 선원의 일도 여러 가지로 바쁘고 하자 스승님의 회상에 공부하러 가는 횟수가 점점 줄어들었습니다. 그리하여 선원을 열고 나서 2, 3년 뒤에는 스승님의 회상으로 공부하러 가는 일은 그만두고, 가끔 시간이 날 때 들러서 인사만 드렸습니다. 이제는 스승에게 의지함 없이 나의 길을 스스로 한 발 한 발 나아가야겠다는 내면의 욕구도 있었고, 나 자신의 공부는 나 스스로 완성해야지 언제까지나 스승의 영향 아래에 있을 수는 없다는 것도 알았습니다. 장성한 자식이 독립하여 자기의 길을 찾아간다고 해야 할까요?

한편 무심선원이란 이름으로 선원을 열어 놓고 또 신문에 글도 쓰고 하여 이름이 알려졌기 때문인지 종종 마음공부 하는 분들이 찾아오셔서 대화를 요청하곤 하였습니다. 이런 분들을 만나는 일은 언제나 저의 공부를 돌아보는 기회가 되었습니다. 그분들은 자신의 공부를 드러내 보이시고 저는 제 공부를 드러내 보이면서 서로 탁마하고 공부하는 기회로 삼는 것이지요. 여러 부류의 공부인들이 찾아왔습니다. 어떤 분은 분명하게 외도(外道)의 길에 서 있었고, 어떤 분들은 저와 같은 길에 서 있었습니다.

이런 분들을 만나면서 저는 제가 분명히 세속에서 해탈하여 얽매임 없고 머묾 없고 흔들림 없는 자리에 있다는 사실을 확인했습니다만, 한편으로는 아직은 해탈한 자리의 힘이 세속의 분별과 시비의 힘을 압도할 만큼 충분히 강하지는 못함을 느끼기도 하였습니다. 마치 빨리 자라서 어른이 되고 싶은 아이처럼 좀 더 강하고 확실하고 흔들림 없기를 갈망하였습니다. 그러나 일부러 선지식이라고 알려진 사람들을 찾아다니면서 네 공부가 높으냐 내 공부가 높으냐 하고 겨루어 보는 일은 하지 않았습니다. 그렇게 해 볼까 하는 생각도 있었으나 그 순간 내면에서 시비심과 승부욕이 일어나는 것을 보고는, 그렇게 하는 것이 도리어 공부에 방해가 될 것만 같았기에 그만두었습니다. 이렇게 싹이 올라와 자라고 있는 내 공부가 아무런 방해 없이 순수하게 본래의 성품에 따라 자랄 만큼 충분하고 완전히 잘 자라 주기를 바랄 뿐이었습니다.

또 어떤 부분에서는 분명하게 판단이 서지 않아서 애매한 부분이 있기도 했습니다. 찾아오는 분들을 만날 때도 그분들의 공부의 큰 테두리가 옳은 길에 있는지 그른 길에 있는지는 분명히 판단되었지만, 미세한 부분에 들어가서는 공부가 어느 정도로 완성되어 있는지를 잘 판단할 수 없는 경우가 많았습니다. 이것은 물론 나의 공부가 그렇게 미세한 부분까지 초점이 정확히 맞아 있는 것이 아니었던 까닭에, 나의 눈도 그렇게 미세하지 못했던 것이지요. 온갖 것으로부터 많이 자유롭고 또 언제나 흔들림 없는 자리에 있기 때문에 바른 공부의 길에 들어서 있다는 것은 알겠는데, 아직 스스로의 힘과 능력이 부족함 또한 분명하게 느꼈던 것입니다.

또 입으로는 분명 여법(如法)하고 앞뒤가 맞는 분명한 말을 자신만만하게 하면서도 마음속은 그렇게 자신만만하지 못하고 무언가 부족한 듯한 느낌을 지울 수 없기도 하였습니다. 이전보다는 많이 자유로워졌다고 하지만 역시 아직 육체와 마음의 감각이나 의식을 경험하고 인식하는 것에서 완전히 자유롭지는 못했습니다. 많이 가벼워졌지만 여전히 육체가 있고 마음이 있어서 그 장애에 걸려 있었죠. 특히 어쩌다 욕망에 끄달릴 경우나 가족이나 친지 등 사람들에 끄달릴 경우에는 언제나 자신의 공부가 아직 부족함을 뼈저리게 느끼곤 하였습니다. 그리하여 하루에 일정한 시간은 혼자만 있는 시간을 가지는 것을 여전히 좋아하였습니다. 집안 식구들이라든지 친지들도 여전히 부담스러운 존재였으므로 집에서도 가능한 혼자 있는 시간을 가지려고 했습니다.

그 당시에는 선원이 금정구 남산동에 있었는데, 저녁에 연산동 토곡에 있는 집으로 돌아올 때는 지하철을 동래역에서 내려, 온천천 강변 산책로를 따라 한 시간 정도 혼자 걸어서 집으로 오는 것을 즐겼습니다. 물론 평소에 부족한 운동을 겸하는 산책이기도 했지만 혼자서 냇가 산책로를 걸어가는 것은 공부의 시간이기도 했습니다. 홀로 이 자리, 이 법과 함께 걷는 것은 언제나 즐거운 일이었습니다. 말하자면 법의 즐거움에 취하여 한 발 한 발 걸음을 옮겼다고나 할까요? 산책로 주변의 풍경이나 사람들은 눈에 들어오지 않고 오로지 내 마음자리, 이 법의 자리와 마주하며 걸었습니다.

그러던 어느 날이었습니다. 몇 년도인지 기억은 없습니다만, 지금이야 이렇게 이야기를 하지만 사실 저는 언제나 지금 이 자리에 머물러 있고자 하기 때문에 내가 언제 어디서 무슨 체험을 했는가 하는 것은 생각하지도 기억하지도 않습니다. 지금의 이 이야기도 공부하는 사람들에게 조금이라도 공부에 대한 믿음을 주리라는 기대 때문에 억지로 이야기하는 것입니다.

그날 저녁도 여느 때와 마찬가지로 혼자 법에 젖어서 산책을 하고 있었습니다. 그런데 연산교라는 무지개다리 밑을 지나는데, 문득 마음이 없어져 버렸습니다. 마음이 없어지니 법의 자리라고 할 것도 없었습니다. 갑자기 허공처럼 아무것도 없었습니다. 육체는 여전히 이전처럼 걷고 있고, 보고 듣고 느끼고 생각하는 것도 이전과 다름이 없었지만, 육체든 감각이든 느낌이든 생각이든 모두가 아무것도 없는 허공과 같아서 아무런 걸림도 장애도 되지 않았습니다. 이제 비로소 정확히 초점이 들어맞고 틈이 사라져서 완전히 하나가 되었다는 것을 알았습니다. 마음이 없고 법이 없으니 모든 경계에도 대상에도 전혀 걸림이 없고 끄달림이 없었습니다. 그날 저녁 집에 도착하여 아내와 아이들을 보아도 이전과는 확연히 다르게 전혀 성가시지 않았습니다. 사람들과 함께 있어도 마치 아무도 없는 것처럼 너무나 자유로웠습니다. 사람들도 없고 나 자신도 없고, 마음도 없고 세계도 없었습니다. 공부니 법이니 하는 생각도 나지 않았습니다.

너무나 상쾌했습니다. 마음이 없어짐으로써 비로소 모든 구속에서 해방이 되더군요. 사실 그 이전에는 늘 바로 (손으로 탁자를 두드리며) 이 자리에 깨어 있긴 하였으나, 마음이 있었기 때문에 마음에서 일어나는 욕망이나 마음에 부딪히는 경계들이 언제나 성가신 것이었고 극복의 대상이었습니다. 장애가 있고 걸림이 있었던 것이지요. 그런데 이제 마음이 없고 보니 사람도 없고 세계도 없고 진리도 없고 공부도 없고 깨달음도 없었습니다. 그야말로 티끌 하나 걸릴 것이 없어요. "산하대지에 티끌 하나 보이지 않는다."는 방 거사의 말이나, "깨달음을 얻는 부처가 없는데 또 무슨 깨달음이 있겠는가?"라고 하는 경전의 말을 비로소 알겠더군요.

그 이후에는 경전의 말이나 선사(禪師)들의 말이나 아무런 걸림 없이 보는 족족 저절로 소화가 되었습니다. 그 이전에 애매했던 구절들도 이제는 그냥 술술 수긍이 되니 감탄도 절로 나왔습니다. 누가 공부에 대하여 말하면 그 세밀한 부분까지 판단이 되었습니다. 이른바 세간에 이름을 날리는 유명한 선사들의 실제 살림살이가 어떤지도 알아보겠더군요. 거위왕은 우유와 물을 섞어 놓으면 물은 버리고 우유만 마신다는 말이 와닿았습니다. 육조 스님의 "본래 한 물건도 없다."는 말씀, 《금강경》의 "얻을 법이 조금도 없다."는 말씀, 《반야심경》의 "얻을 것이 없기 때문." 또는 "장애가 사라진다." 또는 "색이 공이고 공이 색."이라는 말씀, "만법에 자성(自性)이 없다."는 말씀, "중도(中道)는 무주(無住)."라는 말씀, "아공(我空)과 법공(法空)."이라는 말씀, "어리석은 사람은 바깥 경계를 없애려 하지만, 지혜로운 사람은 자기 마음을 없앤다."는 말씀 등이 모두 참으로 평범한 말이더군요. 어느 때에는 어떤 책에서 "만약 세계가 둘이 아니라면 바로 지금 눈앞의 일이 모두 진실이다."라는 구절을 보았는데, 이 말도 크게 공감되며 감동이 일었습니다. 또 《마조어록》에 있는 "서 있는 곳이 곧 진실이고, 발길 닿는 곳마다 주인공이다."라는 구절이나, "중생이라고 마음이 작은 것도 아니고 부처라고 마음이 큰 것도 아니다."라는 구절도 진실하게 와닿았습니다. 또 대혜가 《서장》에서 말한 "어리석음도 헛된 망상이요, 깨달음도 헛된 망상이다.

헛된 약을 가지고 헛된 병을 치료함에 병이 나아 약을 치우면, 여전히 다만 옛날 그 사람일 뿐이다. 만약 따로 사람도 있고 법(法)도 있다면, 이것은 삿된 외도(外道)의 견해다.”라는 구절도 분명하게 와 닿았습니다.

2005년 가을부터는 한국학술진흥재단의 지원을 받아 《대혜보각선사어록》 30권을 번역하기 시작하였습니다. 그동안 보아 온 한국 간화선의 행태에 많은 의문점이 있었으므로, 간화선의 창시자가 말하는 선(禪)은 어떤 것인지 알고 싶어서 대혜종고의 어록 전체를 번역하는 일을 맡았던 것입니다. 3년 이상이 걸린 힘든 번역 작업이었습니다만, 대혜의 어록을 통하여 많은 공부를 할 수 있었습니다. 한국 간화선에서 일반적으로 알려진 것들 가운데 의문을 가졌던 문제들의 답을 모두 얻을 수 있었습니다만, 그보다는 법과 방편을 보는 대혜의 안목(眼目)을 접한 것이 공부에 큰 도움이 되었습니다.

대혜를 통하여 부처님의 깨달음이 무엇이고 불교의 방편이 무엇인지를 확실히 알게 되었습니다. 유식학(唯識學)에서 말하는 “일체유심(一切唯心), 만법유식(萬法唯識), 유식무경(唯識無境).”이라든지, 《원각경》에서 말하는 “세계도 깨달음도 꿈과 같고 환상과 같다.”라든지, 《유마경》에서 말하는 “법(法)은 볼 수도 들을 수도 느낄 수도 알 수도 없다. 만약 보고 듣고 느끼고 안다면, 이것은 보고 듣고 느끼고 아는 것일 뿐, 법을 찾는 것이 아니다.”라고 하는 말들도 확연히 알게 되었습니다. 대혜의 가르침과 대혜가 인용한 경전과 조사의 말씀들은 제가 깨달은 것을 입증해 주는 증거이기도 하였습니다. 대혜의 어록을 통하여 저는 저의 깨달음과 안목을 미세하고 세밀하게 다듬었습니다.

특히 《화엄경》을 읽다가 앙굴리마라가 임산부 집에 탁발 간 공안을 소화한 뒤에 대혜가 말하기를 "참된 금강권(金剛圈)이란 바로 자기의 마음임이 밝혀져야 비로소 벗어날 수 있다."라는 구절을 보고 대혜의 선이 어떤지를 확실히 알았습니다. 그리하여 이런 시를 쓰기도 하였습니다.

내가 나를 속이고
내가 나에게 속았구나.
내가 나의 감옥이요
내가 나의 해탈문이로다.

내가 없으니 세상도 없고
세상이 없으니 속임도 없다네.
내가 없으니 감옥도 없고
내가 없으니 해방도 없도다.

온갖 일이 여전히 일어나지만
하나의 일도 일어난 적이 없다네.
있는 것이 곧 없는 것이니
있음도 아니고 없음도 아니로다.

마음 밖으로 벗어나려고 하므로 마음은 감옥이고, 마음 안에 머물러 있으려고 하므로 마음은 감옥입니다. 내가 나를 속이고 내가 나에게 속습니다. 내가 나의 감옥이고 내가 나의 해탈문입니다. 문득 마음이 사라지면 안도 없고 밖도 없고, 나도 사라지고 감옥도 사라져서 걸림이 없습니다. 티끌 하나라도 마음이라고 할 무엇이 있다면, 아직 마음이 있는 것입니다. 마음이 없다면 보고 듣고 느끼고 생각함에 어떤 물건이 있어서 장애가 되겠습니까?

이처럼 마음도 없고 세계도 없다는 깨달음 뒤로는 시간이 지날수록 이 깨달음을 더욱 확신하게 되고, 더욱 힘을 얻게 되고, 더욱 세밀해지고, 더욱 자신만만해지고, 더욱 눈이 밝아져서 무엇을 보더라도 의심이 없게 되었습니다. 마음이라 할 것도 없고 법이라 할 것도 없으니, 둘이니 둘이 아니니 하는 말도 필요가 없고, 깨달음이니 어리석음이니 하는 차별이 없고, 부처라 할 것도 없고 범부중생이라 할 것도 없고, 티끌먼지 하나 걸릴 것이 없습니다.

법이니 마음이니 나니 타인이니 하는 온갖 것은 아직 깨달음이 원만하지 못하여 생긴 그림자입니다. 마치 여름날 정오에 곧은 막대기를 태양을 향하여 세우는 것과 같습니다. 막대기가 조금만 기울어져도 그 모습이 그림자로 생겨서 차별되는 무엇이 있는 것 같습니다. 그러나 막대기가 정확히 태양과 일치하면 그림자는 사라지고 온통 태양의 밝음이 있을 뿐 어떤 차별되는 물건도 없습니다. 이와 같이 정확히 계합되면 둘이 없습니다. 나와 세계가 둘이 아니고, 나도 없고 세계도 없습니다. 변함없이 이전처럼 생활하지만 나도 없고 세계도 없습니다. 나도 없고 세계도 없지만, 당장 앞에 드러나는 보고 듣고 느끼고 아는 일들은 너무나 생생합니다. 생생하면서도 앞도 없고, 뒤도 없고, 안도 없고, 바깥도 없고, 이것도 없고, 저것도 없습니다. 사물 하나하나가 마음이니 사물과 마음에 차별이 없고, 사물과 사물에 차별이 없습니다. 마음이 따로 없고 경계가 따로 없고, 경계가 곧 마음이요 마음이 곧 경계입니다. 사물사물이 마음이고 마음마음이 사물입니다. 사물도 없고 마음도 없어서 마음에도 막히지 않고 사물에도 막히지 않습니다. 대혜의 선이 다만 이러할 뿐이고, 역대 조사의 선이 다만 이러할 뿐이고, 부처님의 법이 다만 이러할 뿐입니다.

박훈산 거사님이 저를 깨달음의 문으로 안내하신 첫 번째 스승이시라면, 대혜의 어록은 저의 공부를 증명해 주고 온갖 의문을 해소해 주어 공부를 세밀하게 갈고닦아 준 두 번째 스승이었습니다. 이 몸을 낳은 이는 부모님이지만, 이 마음을 드러낸 이는 스승님들입니다. 스승님의 은혜는 헤아릴 수가 없습니다.

• 무심선원 법회 안내 •

법이 있을 뿐 사람은 없는 것이 법회(法會)입니다.

부산 무심선원 정기 법회

장소 문현동 한일오피스텔 13층

(지하철 2호선 문현역 1번 출구)

시간 매주 토요일 오후 2시 반~3시 반 / 4시~5시

서울 무심선원 정기 법회

장소 안암동 개운사 경내 불교상담개발원 1층 강당

(지하철 6호선 안암역 1번, 2번 출구)

시간 매주 일요일 오후 2시 반~3시 반 / 4시~5시

대구 무심선원 정기 법회

장소 명덕사거리 불교대구회관 6층 법당

(지하철 1호선, 3호선 명덕역 1번 출구)

시간 매주 화요일 오후 2시 반~3시 반 / 4시~5시

법회 문의 전화

부산 무심선원 : 051-515-7226

서울 무심선원 : 010-8548-7276

대구 무심선원 : 010-3791-7226

마음공부 체험기

초판 1쇄 발행 2021년 5월 17일
    2쇄 발행 2022년 5월 12일
지은이 김태완

펴낸이 김윤
펴낸곳 침묵의향기
출판등록 2000년 8월 30일, 제1-2836호
주소 10401 경기도 고양시 일산동구 무궁화로 8-28,
    삼성메르헨하우스 913호
전화 031) 905-9425
팩스 031) 629-5429
전자우편 chimmukbooks@naver.com
블로그 http://blog.naver.com/chimmukbooks

ISBN 978-89-89590-89-7 03220